做理想信念的引路人

主编 沈 军

编委 牛震云 王华蓓 祝望北 马玉娟 刘荣铁
姜 杉 刘静静 常 伟 张亚红 李 喆
戴 为 徐 洁 杨 勇 向 文 潘跃金
陈 军 陈 熹 王小东 李 锐 李雪玲

河北大学出版社
·保定·

出 版 人：朱文富
责任编辑：韩立霞
装帧设计：赵 谦
责任校对：杜启昌
责任印制：常 凯

图书在版编目（CIP）数据

做理想信念的引路人 / 沈军主编 . -- 保定 ：河北大学出版社，2022.5
ISBN 978-7-5666-2031-6

Ⅰ . ①做… Ⅱ . ①沈… Ⅲ . ①中学教育－教育研究 Ⅳ . ① G632.0

中国版本图书馆 CIP 数据核字（2022）第 083863 号

ZUO LIXIANG XINNIAN DE YINLUREN

出版发行：河北大学出版社
地址：河北省保定市七一东路2666号　邮编：071000
电话：0312-5073003　0312-5073029
网址：www.hbdxcbs.com
邮箱：hbdxcbs818@163.com
印　　刷：保定市北方胶印有限公司
幅面尺寸：185 mm × 260 mm
字　　数：540 千字
印　　张：28.5
版　　次：2022年5月第1版
印　　次：2022年5月第1次印刷
书　　号：ISBN 978-7-5666-2031-6
定　　价：98.00 元

前　言

从 1947 年聂荣臻元帅创办的晋察冀军区荣臻子弟学校，到今天一校七址的八一学校教育集团，学校走过了艰辛而收获满满的 75 年。在党和国家领导人的亲切关怀下，学校伴随着共和国的成长一路发展壮大。20 世纪五六十年代，毛泽东、周恩来、朱德等老一辈无产阶级革命家曾接见我校师生代表，并寄语我们要秉承传统、培育英才；80 年代，聂荣臻元帅“继往开来，开拓无前”的题词为我们指明了新时期办学的方向；90 年代，国家领导人为我校题写校名，给予八一学校永远的鞭策；进入 21 世纪，学校的发展依然受到各级领导的关注，得到协作学校和共建单位的大力支持。尤其是 2016 年第 32 个教师节来临前夕，习近平总书记回母校看望、慰问八一学校师生，更是让我们倍感振奋、倍受鼓舞！

两个多小时的行程中，习近平总书记带给我们很多感动。流连于 20 世纪 50 年代老校址全景图前，他深情追忆桑梓离情，其情之深、意之切，深深地感染了在场的每一个人；在科普小卫星课堂，他兴致勃勃地观看学生们研发的我国首颗中学生科普小卫星，临行之际还不忘嘱咐孩子们“发射时别忘了通知我一下”，学长般的亲切随和令学生倍受鼓舞；在高中数学组办公室，他跟老师们仔细交流了对课程安排、教育改革的感受，鼓励大家坚持文化自信，避短扬长，是谆谆教诲，却亲切如话家常，温暖了老师们的心；信步操场，看到小学生在足球训练，他鼓励孩子们尽情享受驰骋绿茵场时的酣畅，寄语八一学校要培养更多的足球人才；看到曾经教过自己的语文老师陈秋影和英语老师陈仲韩，他快步上前，亲切询问老师们的身体状况和生活情况，拳拳之情溢于言表。而习近平总书记那句“到这儿就没有首长了，都是学生”，更是带给我们前所未有的感动，也激励我们对学校的未来发展、对教育做出进一步思考。

一、办一所什么样的学校

不忘初心，才能继续前进。一所学校也是如此，只有传承学校的历史，明确学校的发展愿景，才能行而不辍、履践致远。八一全校教职工根据校史、围绕学校文化发展定位，明确要办一所有担当、有品质、有情感的学校。

一是要办一所有担当的学校。

从 20 世纪 80 年代起，八一学校党总支就提出了“党员是一面旗帜”的号召和“我管我管好、我管我负责”的要求。在教育均衡发展、优质资源共享和京津冀协同发展的大背景下，八一学校先后接收了原万泉河中学、彩和坊小学和北京市第 67 中学，承办延庆康庄中学，在河北省保定市承办九年一贯制学校。在此期间，我们克服了干部紧缺的困难，用愿景凝聚人心，用发展破解难题。目前八一学校一校七址，成为集小学部、初中部、高中部、国际部、附属玉泉中学、延庆分校、保定分校于一体的较大规模教育集团。

八一学校始终秉承“正直、自信、包容、担当”的办校宗旨。在办学中，我们注重渗透社会主义核心价值观，引导学生“记住要求、心有榜样、从小做起、接受帮助”，在“五四”表彰会、品质班级评选、“地球一小时”等学生活动中，在校团委、学生会、校园记者站、“根与芽”等各种学生团体中，引入担当文化，倡导责任意识。尤其是作为全国红十字示范校，常年坚持义务支教、爱心奉粥、敬老助残等公益活动；作为国际生态学校，将绿色理念引入课堂、教材及教育内容，引导八一学子成为胸怀祖国和人民、热心环保、珍惜生命、关爱人类的栋梁之材。

二是要办一所有品质的学校。

为了寻求特色发展，我们重新梳理八一学校建校史，经过两年调研和反复修改，形成八一学校“品质文化”理念体系。

在人才培养上，提炼出八一学校十二品质基因，分别是独立、忠诚、文明、阳光、责任、诚信、开放、勇敢、尊重、创新、执着、雅趣。全年每月一个主题基因，开展各种特色活动。比如 9 月主题是“尊重”，低年级学生可以理解成尊重父母、尊重师长，中年级学生可以理解为尊重他人、尊重生命，高年级学生则可以理解为尊重国际规则、尊重多元文化。通过这种浸润式教育，潜移默化地培育学生尊重的基因。

在传统文化教育中，我们以“品质文化”为引领，形成了国学必修、学科渗透、传统技艺和文化活动四类课程，基本实现全学段贯通、多学科渗透。我们开发“诗经往事”“来自孔子的智慧”“美丽汉字”等校本选修课程，组织文化游学，开展京剧、书法等社团活动，同时在环境建设方面努力追求品质，突出传统文化的典雅与厚重，让学生时刻接受中华优秀传统文化的滋养和浸润。

在教育教学工作中，我们坚持提高质量，注重内涵发展。在海淀区教育综合改革活动中，八一学校精心打造基于核心素养的品质课程。围绕“品质文化”，突出军魂、学科、生态办学特色，形成了军魂铸人、STEAM、领导力等一批品质特色课程，积极探索深度学习、项目学习、混合式教学等教与学模式变革，努力为每个学生提供适合的教育。我们有信心全方位推动八一学校进入海淀区乃至北京市综合改革第一梯队。“十四五”期间，八一学校会为办好百姓家门口的学校和把海淀建成更高水平、更高质量、更富活力、更具特色的现代化教育强区发挥更大作用。

三是要办一所有情感的学校。

正如20世纪六七十年代八一校园内师生经常同唱的一首歌那样：“我们在一个革命大家庭，遇到困难人人向前，荣誉面前相互推让，团结就有力量!”多年后的今天，这所校园师生亲如一家的珍贵情感仍在绵延，团结向上的力量始终在积蓄，八一精神凝聚着所有八一人的灵魂!

我们给90岁高龄的老教师贺寿，送去学校的慰问；组织“彩虹舞蹈队”，丰富老年人的生活；邀请老领导、老教师返校，专访记录他们宝贵的经历、经验与建议；为老教师专门修建活动中心，让他们时刻感受八一学校的温情。

我们也深知实现学校精神的传承、品牌的塑造和学生的成长，离不开一支“心有爱、教有方、行有序”的强有力的教师队伍。为培养热爱教育、能传承八一精神的“四有”教师，我们积极搭设平台，努力解决他们的后顾之忧，用情感的纽带联系全体教师。

办一所有情感的学校，还包括让所有的八一学子热爱母校，把八一学校作为他们内心深处的精神家园。为此，我们着力打造爱校荣校文化，从谈八一学校为我做什么到我为八一学校做什么，从我以八一学校为骄傲到八一学校为我而自豪，让热爱母校的厚重情感伴随学生的一生。

二、建设一支什么样的教师队伍

习近平总书记提出，一个人遇到好老师是人生的幸运，一个学校拥有好老师是学校的光荣，一个民族源源不断涌现出一批又一批好老师则是民族的希望。教育是一项事关灵魂的事业，教师是要做学生成“人”的摆渡者。为此，习近平总书记对全体教师提出了殷殷期望：“广大教师要做学生锤炼品格的引路人，做学生学习知识的引路人，做学生创新思维的引路人，做学生奉献祖国的引路人。”

当天参加座谈会的一位青年教师在感受中这样写道：“何其有幸，我选择了三尺讲台！何其有幸，我成为一名八一人！何其有幸，我可以近距离感受习近平总书记的母校温情！原谅我一个初出茅庐的青年教师至今仍觉昨日之事恍若隔世，总书记的幽默机智、平易近人以及对母校的拳拳赤子之心无一不让我感动涕零。”

“四个引路人”引发了八一学校全体教职工深深的共鸣。为什么会产生这样的共鸣？这源于八一学校70多年如一日的坚守，始终不忘初心，牢牢记住自己的根，坚守“思想领先、艰苦奋斗、高度负责、严格要求”的“八一精神”。多年来，八一学校教师秉持爱生如子的情怀，用自己的人格、学识、阅历、经验，点燃学生对真善美的向往。

我想，“四个引路人”正是对师者何以为师最好的诠释，也是学校建设教师队伍的方向指引。做好学生的“引路人”，仁爱之心是根本，道德情操是前提，扎实学识是基础，授人以渔是关键。

千教万教教人求真，千学万学学做真人。5年来，八一学校全体教师争做“四有好老师”，当好“四个引路人”，涌现出大批甘于奉献、工作扎实、勇于担当、成绩突出的优秀教师，他们当中既有循循善诱、谆谆教诲的教师前辈，又有求真务实、苦练内功的青年教师，还有退休后仍在继续“发光发热”的老教师……他们把对事业的忠诚、对学生的爱，融入每一节课、每一次活动、每一个与学生的相处之中，他们将年华和智慧倾注于三尺讲台，将满腔热忱奉献给教育事业，将大千世界展现在学生面前，引领他们去观察、去思考、去探索、去追求。他们是有大情怀、大风范、大学问、大视野、大智慧、大功力、大格局、大作为的“大先生”，他们是八一学校最可爱的人！

三、培育一群什么样的学生

烽火摇篮育英才，桃李芬芳遍四海。75年来，八一学校为国家建设培养了一大批杰出人才。从八一学校走出的校友，很多人成为学术大师、兴业英才和治国栋梁，他们用实际行动谱写了一曲探索与创新、开拓与进取的光辉乐章。从校友身上，我们能看到八一学子的独特风貌。他们在为祖国发展贡献青春、智慧和力量的同时，也牵挂母校，哪怕年逾花甲，也常怀感恩之心——殷子烈、郑星校友，为学校一次次慷慨捐助，解燃眉之急；前文化部副部长陈晓光校友，为母校谱写校歌、接受访谈，激励一代代八一学子奋进不止；画家胡乐平、作家马国超校友，为母校挥毫运笔绘就丹青，留下墨宝，增添学校文化艺术氛围……他们为学弟学妹们树立了尊师爱校、传承美德的好榜样。师恩难忘，难忘恩师。虽然匆匆岁月带走了时间，模糊了记忆，却磨灭不了这份浓浓的师生情谊。

奋斗是青春最亮丽的底色。习近平总书记对老区寻根的赞许、对卫星研制的肯定、对校园足球的厚望，鼓舞着每一位八一学子，为他们的成长注入了强大的动力。这次灵魂的洗礼，成为很多学生终生难忘的一课，也让我们更加坚定了培养“品德好、品行优、品位高的国际创新人才”的育人目标。此外，我觉得中小学生成长还有以下几个关键点：

一是要修身立德，志存高远，培养高尚道德情操。

教育立德，最重要的就是树立社会主义核心价值观。青年的价值取向决定着社会未来的价值取向，同学们要自觉加强道德培养，从小让社会主义核心价值观的种子在心中生根发芽。要有一条主线，即把国家、人民、民族放在心中。有这样的指向和追求，就会感到生命有意义、人生有动力、做事有准心。要注重养成健康、乐观、向上的品格，增强社会责任感、创新精神，努力使自己成长为有文化修养、有人文关怀、有责任担当的人。

二是要勤学上进，追求卓越。

学习是获取知识的途径，也是人生进步的阶梯。学生的本质是学习，要乐于学习、勤于学习、善于学习；既要向书本学，也要向实践学；既要向课堂学，也要向社会学；既要向老师学，也要向同学学。勤学上进，追求卓越，不是一下子能做到的，有时需要成绩和信心的激励，有时需要面对差距积极追赶，其中最为关键的是，叩问心灵，挑战自我，一步步建立自信。

三是要强健体魄，健康身心。

一个人既要文明其精神，也要野蛮其体魄。健康的身心、强健的体魄，要从良好的生活习惯中来，从经常的劳动和体力锻炼中来，从高尚的怡情养性中来。良好生活习惯的养成，要从吃饭、睡觉、卫生等每天面对的一件件具体事情做起。中小学生要重视体育，积极参与体育锻炼，使体魄真正地强健起来。要努力做一个心灵纯洁、人格健全、品德高尚的人。

四是要锤炼意志，努力坚韧。

一个人的意志品质是决定他能走多远的重要因素。面对这样或那样的困难和挫折，是勇往直前还是退缩回避，是越挫越勇还是自暴自弃，直接考验一个人的意志力。从古至今，中华民族很多英雄人物钢铁般的意志，都源于对理想信念的执着，源于人生的反复磨砺。同学们要自觉培养不畏艰难、顽强奋进的意志品质，只有经历风雨，才能见到彩虹。

一代人有一代人的长征路，一代人有一代人的担当，实现中华民族伟大复兴，是一场接力跑，青年学生要接好前辈手中的接力棒，以青春之我、奋斗之我跑出最好的成绩，不负韶华、不负时代，潜心为学、逐梦前行，让人生在实现中国梦的奋进追逐中展现出勇敢奔跑的姿态，不断谱写新的青春之歌。

四、再回首：讲好八一故事，分享智慧经验

习近平总书记的激励与鞭策引发了全体师生的热议与思考。5 年过去了，我们认真

贯彻习近平总书记“四个引路人”的讲话要求，深刻反思新时代的“八一精神”内涵，始终坚持把立德树人作为根本任务，坚守为党育人、为国育才的信念，不忘初心，牢记使命。

5年来，八一学校领导班子成员努力提升理念的高度、学识的厚度、思考的深度、阅历的宽度、观察的锐度和言行的温度，坚持以教育家的智慧办学，以教育家的情怀育人，既传承八一学校历史，又不断锐意创新，一言一行皆见初心，一举一动均担使命。

本书正是5年来八一学校积极落实习近平总书记“四个引路人”要求的实践集。全书从引学校办学之路、引教师发展之路、引学生成长之路、引家校协同之路四个层面，对5年来的不辍探索与实践进行总结。编写实践集的同时也是自我梳理、自我审视、自我革新的过程，我们希望将我们的心之所想、行之所践分享给广大的教育同行，用实际行动带动更多的同行当好“四个引路人”。

在本书中，读者将看到八一学校的社会责任担当：30年初心不改，做教育帮扶的躬行者；主动分享教育成果，做教育智慧的贡献者；积极开展集团化办学，做教育均衡的深耕者。八一学校以一所大校的担当与胸怀，无私忘我、甘为人梯，正引领着越来越多的学校走上品质化办学之路。

在本书中，读者将看到八一学校的教师发展之路：加强党的领导，培养高素质教师队伍；坚持事业为上，选好引路人；促进干部教师流动，盘活队伍资源，用好引路人；抓住不同成长需求，育好引路人；创新管理机制，留住引路人。八一学校通过“五位一体”的师资建设路径，深入实施人才强校战略，构建一流师资队伍，形成了“鹰击长空，鱼翔浅底，万类霜天竞自由”的人才发展新局面。

在本书中，读者将看到八一学校的学生成才之路：发挥党的领导，让学生知党爱党跟党走；创新德育模式，给学生中国精神的浸染；通过生涯规划，引学生走向更好的自己；深化课程改革，育学生面向未来的素养；特色品牌育人，为学生搭建梦想的舞台。八一学校通过五大育人抓手系统整合育人资源，打通多维度、全方位、立体化的支撑学生成长的通道，引领学生走向德智体美劳“五育并举”的全面成长之路。

在本书中，读者还将看到八一学校“家校社”共育的探索之路：建立家校沟通机制，实时增进家校沟通；举办预约家长会，叩开家长的“心门”；创新家长开放日，开启一扇通往学校的新窗口；开设家长讲堂，让家长成为教育的同行者；建设家长学校，让家长与时代同行，与孩子共成长；开展特色亲子活动，让家长在学生成长中不缺席、不越位。八一学校通过六大策略深度推进家校协同，形成“家校社”教育合力，推动全程、全员、全方位育人格局的落地深化。

八一学校今天所取得的荣耀，是几代领导干部带领全体教师坚守育人初心、永葆教育情怀而结出的累累硕果。我们会像习近平总书记希望的那样，“继往开来，开拓无前”，让“思想领先、艰苦奋斗、严格要求、高度负责”的“八一精神”历久弥新，永远激励“八一人”；让“为学生的品质人生奠基”的办学理念与“造就品德好、品行优、品位高的国际创新人才”的育人目标烙印在八一师生的实践中。我们将全面贯彻党的教育方针，坚守“八一底色”，丹心励耘，薪火承继；担负教育使命，做课改中坚，为国育英才；以一流标准，创一流学校，从历史的厚重中找寻力量，在教育综合改革的大潮中谋求发展、追求卓越。

北京市八一学校校长　沈军

目 录

第一篇　牢记习近平总书记嘱托，当好新时代教育的“引路人”

在第32个教师节前夕，习近平总书记回母校看望八一师生的情景，仿佛还历历在目。他在座谈会上的话语也犹在耳畔：教书育人是一件快乐的事情。孟子讲君子有三乐，其中之一就是得天下英才而教育之。教师要把学生造就成什么样的人，自己就应该是什么样的人。好老师要有理想信念、有道德情操、有扎实学识、有仁爱之心，还要当好学生锤炼品格、学习知识、创新思维和奉献祖国的引路人。

“四有好老师”是站在教师个体自主发展的角度，强调师道和师德的建设；“四个引路人”则是站在师生共同成长的角度，强调师心与师术的砺炼。习近平总书记的殷殷期望时刻激励着八一师生不断努力！

5年来，我们重温“四个引路人”，把习近平总书记对教育的重托铭记于心；我们认识“四个引路人”，在反思追问中深化“八一精神”的时代内涵；我们践行“四个引路人”，以“四个引路人”作为行动纲领和标准，在全面育人上丹心励耘。5年来，八一学校涌现出一大批有信念、有温度、有担当的“引路人”，演绎着感动人、教育人、激励人的“八一故事”。

一、铭记于心，重温“四个引路人”

2016年9月9日，对北京市八一学校来说是一个既难忘又特别的日子。习近平总书记来到八一学校，看望慰问母校师生，向全国广大教师和教育工作者致以节日的祝贺和诚挚的问候。

习近平总书记首先来到学校图书馆楼，参观校史展、学校帮扶河北阜平学校成果展、国防教育展，了解学校发展变化、教学改革、结对帮扶等情况。这些资料唤起了他对当年学生时代的许多回忆。在老校园照片前，习近平总书记指着照片上一处处熟悉的建筑，追忆往事，如数家珍。

习近平总书记走出图书馆，来到天工苑通用技术中心，走进科普实验室，听取关于学校与中国航天科技集团航天人才开发交流中心共同开发的科普小卫星课程的情况介绍，察看模型卫星和工程样星实物，同老师和学生交流。得知他们研制的中国首颗中学生科普小卫星计划于第二年发射进行实测实验，习近平总书记肯定了通过科普活动激发学生想象力和创造力的做法，勉励同学们把科学爱好和科学实践从中学到大学连贯起来，不断取得更多成果。习近平总书记指出，素质教育是教育的核心，教育要注重以人为本、因材施教，注重学用相长、知行合一，着力培养学生的创新精神和实践能力，促进学生德智体美劳全面发展。习近平总书记的一句“你们的小卫星发射时别忘了通知我一下”，让广大师生倍感振奋。

高中部教师集体办公室，一些教师正在办公，习近平总书记来到他们中间，同他们握手交谈，详细了解他们的工作、学习、生活情况和对教育改革的感受，并祝他们教师节快乐。看到学生们为老师制作的“敬师树”，习近平总书记指出，教师是传播知识、传播思想、传播真理的工作，是塑造灵魂、塑造生命、塑造人的工作，理应受到尊敬，要在全社会弘扬尊师重教的良好风尚。

习近平总书记来到操场上，六年级的足球队员正在训练。校园足球活动在八一学校拥有浓厚氛围。在学校体育场边，习近平总书记观摩了小学生足球训练课。小球员们兴奋地跑过来，习近平总书记关切地询问他们的训练和比赛情况，大家你一言我一语讲了自己的心得，几位小球员还展示了球技。回忆起当年踢足球的情景，习近平总书记用生动的话语告诉孩子们：“我现在身体这么好，都是小时候体育运动打下的基础。德智体美劳都要全面发展，其中体育对陶怡性情、历练意志有重要作用。”习近平总书记同大家合影，希望同学们把足球爱好保持和发展下去，在足球运动中感受集体力量、体验运动乐趣、强健身体素质，希望通过发展校园足球培养一批优秀足球运动员。在另一块场地上，一位体育老师正带领一些女生上武术课，练习长拳基本动作。习近平总书记驻足观看，谈到了发扬民族体育的问题，并祝她们越练越好。

习近平总书记来到艺术中心的会场，与北京市优秀教育工作者代表及学校师生代表合影留念。当看到曾经教过自己的语文老师陈秋影以及英语老师陈仲韩时，习近平总书记快步上前，亲切询问老师们的身体状况和生活情况。见到当年的老教师，习近平总书记十分高兴，同他们一一握手，愉快地回忆往事，聊起其他老师、同学的近况。

随后，习近平总书记同教师、学生代表座谈。座谈会由习近平总书记亲自主持，八一学校校长沈军、教师张亚红、学生牟迪铃和方亦昕等先后发言。

一开场，习近平总书记提到教师节以及对全国教师的祝福时，特别站起来对全场鞠躬，表达对教师深深的敬意。在校长沈军发言的开场白中，刚一说“首长”两个字，习近平总书记马上说：“到这儿就没有首长了，都是学生。”一句“近乡情更怯”，让师生紧张的心情放松下来，感受到了“师兄”和长者回家的亲近感。

在近两个小时的座谈中，习近平总书记分别就着力办好基础教育、教师队伍建设与学生综合素质培养三个方面发表了重要讲话。习近平总书记的重要讲话，是新时期深入推进基础教育综合改革的行动指南，是新时期大力加强教师队伍建设的根本遵循，是新时期全面培育少年儿童综合素质的顶层设计。

习近平总书记对每个问题的阐述都如数家珍地回溯到自己在八一学校学习生活的经历。从习近平总书记的倾情讲述中，我们能够感受到一位老校友对母校的深情，也让八一学校思考师者的道德底色：师者当如兰——踏三尺讲台，握三寸粉笔，融三生情谊，育三千桃李；洒一身汗水，捧一颗爱心，尽一世辛劳，守一方杏坛。

在座谈会上，习近平总书记对广大教师提出了新要求：“广大教师要做学生锤炼品格的引路人，做学生学习知识的引路人，做学生创新思维的引路人，做学生奉献祖国的引路人。”习近平总书记在座谈会上的讲话，让全体教师备受鼓舞，也为全体教育工作者指明了方向：为个性而教，为未来而教，为民族而教。这也是一名教育工作者应有的教育情怀。

考察结束时，八一学校师生来到校园道路两旁和大礼堂前，同习近平总书记依依惜别，热烈的掌声和欢呼声此起彼伏。习近平总书记同大家热情握手，向师生们挥手致意。

二、反思追问，认识“四个引路人”

“四个引路人”进一步指出了教师的责任，点明了教师的角色与作用。习近平总书记的一番话，让八一学校全体教师对多年来的坚持更加笃定，也让老师们看到一个好老师应有的标准，为精进之路指明方向。在“四个引路人”的引领下，八一学校深化认识，积极反思“八一精神”的时代内涵，深刻理解“四个引路人”的精神内核，进一步明确“四个引路人”所赋予的价值精髓。

（一）引导自我守正笃实，继承“八一精神”

八一学校要想发展，就必须牢牢记住自己的根。八一学校的根在晋察冀军区创办的荣臻子弟学校，八一学校的根在战火硝烟里老师用身体护住学生的无私无畏中，八一学校的根在敌机轰炸间隙学生坚持学习的琅琅书声中，八一学校的根更在“思想领先、艰苦奋斗、高度负责、严格要求”的“八一精神”中。

“八一精神”的提出始于1987年，至今已35年。在35年的发展历程中，一代代校长接过“八一精神”的薪火，弦歌不辍；一批批教师留下“八一精神”的脚印，身体力行，构筑起了红色八一学校的精神谱系。“八一精神”是推动学校走过昨天、走到今天、走向明天的思想灵魂与精神支柱。无论在哪个时代，“八一精神”都有其丰富的精神实质和催人奋进的磅礴力量。

“八一精神”的提出及内涵演变经历了三个阶段。

第一个阶段是 1987 年至 2010 年。徐顺意老校长提出了“思想领先、全面发展、团结一致、艰苦奋斗、高度负责、严格要求”的办学指导思想。“八一精神”的提出始于改革开放初期，集中体现了改革开放时代中国人民革故鼎新的超越精神、披荆斩棘的革命精神、敢为人先的创新精神、只争朝夕的追赶精神、敢闯敢试的攻坚精神、脚踏实地的务实精神、直面难题的担当精神等七种精神品质。无论对干部、教师还是学生，徐校长提倡以优良的品质和崇高的道德为前提，以共同的价值观和信仰为基础，始终保持精益求精、尽心负责的优良传统。对学校提出要发扬“三种精神”，落实“四项指标”，培养“严”的校风。对党员干部进行提高素养、牢记宗旨的教育，强化公仆意识，统一“领导就是服务”的大局认识，落实领导作风“四条标准”，号召党员干部吃苦在先，享受在后。对教师提出“讲师德、讲团结、讲奉献”的要求，形成互帮互学、以老带新、一人有难大家支援的良好风尚。对师生关系提出教师对学生真挚的爱要体现为对学生的高度负责，既要严格要求，又要关怀呵护，拿出满腔热忱和关爱去引导和教育学生。对学生提出“对己讲仪表，对人讲礼貌，学习讲勤奋，在家讲孝敬，社会讲公德”，树立崇高的理想和科学的世界观、人生观和价值观。八一学校与人民军队有着特殊感情，始终保持着军队学校的优良传统，全校师生牢固树立共产主义信念，把对党和人民的深厚感情转化为对事业的忠诚和对学生的爱，转化为勤奋学习和立志成才的实际行动，树立了学校融洽、和谐、守纪、奋进、向上的良好形象，形成了“校兴我荣”的凝聚力。

第二个阶段始于 2011 年学校启动文化重构之际。此时正值《国家中长期教育改革和发展规划纲要（2010—2020）》颁布实施的第一年。在传承与发展的理念指导下，沈军校长带领老师们经过一年的精心打磨，建立了以“品质文化”为统领的理念体系，将“八一精神”作为理念体系的重要组成部分保留了下来，并在解读上形成新的共识。“思想领先”指品德高尚、追求进步、思想开放、与时俱进；“艰苦奋斗”指迎难而上、坚忍不拔、崇尚质朴、开拓进取；“高度负责”指勇于担当、尽心尽责、全力以赴、不辱使命；“严格要求”指严谨细致、精益求精、至臻至善、追求卓越。一言以蔽之，“八一精神”就是要永远保持前瞻的思维、永远坚守朴素的作风、永远捍卫责任的天职、永远紧握严格的标尺。

第三个阶段是 2016 年习近平总书记回母校后，学校又对新时期“八一精神”的内涵进行了深刻反思。习近平总书记多次指出：“每个时代都有每个时代的精神，每个时代都有每个时代的价值观念。”这不但意味着重大的“历史性跃迁”已然出现，而且意味着需要有新的时代精神来把握这个“历史性跃迁”的时代。同理，今天的教育改革已经完成“四梁八柱”，进入“全面施工内部装修”阶段，今天的八一学校已经是一所较大规模的集团化学校，当“八一精神”与新时代相遇，那么它也必将被赋予新时代的内涵，担负起新时代的使命与担当，焕发出新时代应有的生命力。尤其是习近平总书记回母校时对“八一精神”的高度认可，更让八一师生深深触动。“八一精神”作为学校品格的凝练，是教育目标的诠释和教育内涵的解读，更是校风建设的核心和学校一切工作的根本。作为八一学校的宝贵财富，我们不仅要坚守“八一精神”，更要在新时期赋予它新的内涵。

1. 思想领先——“四个意识”导航

思想领先是立足发展，树立一种卓越的理念。新时代催生新事物，在社会发展日新月异、科学技术突飞猛进、教育政策层出不穷、学校办学新益求新之时，我们既面临来自各个方面的挑战，也遇到发展的难逢机遇，如果拥有领先的思想，势必会抢占先机，实现快速发展。因此，对于学校而言，始终立于教育的高地，让自己站得更高，看得更远，以一种领先的意识看世界教育风云之走向和变化，勇于冲破思想观念的障碍，勇于突破模式框架的藩篱，提前做出预判并采取积极的应对策略；对于教师而言，需了解新一代学生的个性特点，把握未来社会对人才质量提升的需求，做好教育理念创新和教育模式创新的思想准备；对于学生而言，要关注时事，关注民生，时刻把自己的学习生活同祖国的建设发展和人民群众追求美好生活的愿望联系在一起，在积极了解未来世界所有之不确定性中建立强大的自信，有对未知之学的强烈好奇心与探索欲。

“思想领先”就是用“四个意识”引领学校办学方向。学校坚持立德树人，全面贯彻党的教育方针，牢牢把握政治意识、大局意识、核心意识、看齐意识，始终坚守“忠诚于党的教育事业”，培养具有中国精神的品质公民，致力于造就品德好、品行优、品位高的国际创新人才。中学阶段青少年正处于人生的“拔节孕穗期”，学校要精心引导和栽培，引导学生扣好人生第一粒扣子。

2. 艰苦奋斗——“四个自信”强基

艰苦奋斗是立足改革，发扬一种勇毅的作风。习近平总书记指出，中国改革已经进入深水区，容易的、皆大欢喜的改革已经完成了，好吃的肉都吃掉了，剩下的都是难啃的硬骨头。中国教育改革也步入攻坚期，“有甜头”的、“吃肉”的甚至“喝汤”的改革基本完成了，接下来会有更多无法预知的困难，必须要有敢于啃硬骨头、敢于涉险滩的魄力。对学校而言，就是要具备更大的政治勇气和智慧，发扬敢于出击、敢战能胜的斗争精神，在推进改革中采取全面发力、多点突破的方法，聚合起推进教育深化改革的正能量；对教师而言，就是要练就一口钢牙准备“啃硬骨头”，打造一条钢船准备“涉险滩”，永葆面对艰难困苦和复杂问题勇于解决的顽强斗志，誓做改革中坚，发挥硬核力量；对学生而言，就是要有“筚路维艰、奋斗以成”的坚强信念，勇敢地踏路前行，迎难而上，在意志淬炼、能力历练、实践锻炼中收获一个又一个成长。

“艰苦奋斗”就是用“四个自信”建设特色育人之路。作为一所从战火硝烟中走来的学校，学校的教育始终根植红色历史，骨子里的红色基因从未磨灭。学校始终以新时代中国特色社会主义思想铸魂育人，引导学生增强中国特色社会主义道路自信、理论自信、制度自信、文化自信，厚植爱国主义情怀，把爱国情、强国志、报国行自觉融入坚持和发展中国特色社会主义教育事业、建设社会主义现代化强国、实现中华民族伟大复兴的奋斗之中。

3. 高度负责——“四个引路人”尽责

高度负责是立足基业，树立一种执念的态度。对学生高度负责是八一学校的优良传统，无论是“为学生的品质人生奠基”的办学理念，还是“正直、自信、包容、担当”的核心价值观，这一系列观点都体现了学校如何办学和如何育人的态度。对学校而言，这个基业既是教育事业，更是民族大业，就是以高度的政治责任感为党育人、为国育才，坚定社会主义办学方向，完成立德树人的根本任务，对每名学生负责，对每位教师负责，对每个家庭负责；对教师而言，这个基业是职业，更是事业，是对职业有高度的忠诚，对事业有执着的追求，对学科有强烈的热爱，对学生有真挚的关怀，对学校的发展有责无旁贷的担当意识，对传播知识、传播思想、传播真理，塑造灵魂、塑造生命、塑造新人的时代重任有强烈的使命感，始终尽心任事，全力以赴；对学生而言，基业有现在的学业，有未来的专业、职业以及要肩负的民族复兴大业，要对自己、对家庭、对社会、对国家和民族、对所有事物负责，树立对个人生涯从体验、选择、规划到发展的责任意识。

“高度负责”就是用“四个引路人”打造专业教师队伍。在锤炼品格上，通过各种行之有效的方式方法培养学生具有健全的人格和优良的品格；在学习知识上，既教学生知识，又教学生方法；在创新思维上，创设宽松的氛围和环境，提供思考、探索的空间，激发学生的创新热情，培养学生独立思考的能力，引导学生进行创造性学习；在奉献祖国上，教育学生对祖国、民族、社会的科学认知，使学生具备强烈的责任意识、积极的生活态度和正确的人生价值。每一名八一学校的“引路人”都应秉承正、严、实、爱的作风，为学生品质人生的奠基躬耕不辍。

4. 严格要求——“四个相统一”律己

严格要求是立足质量，建立一种至臻的标准。过去我们对学生严格要求，对自我严格要求，现在的严格要求应体现一种新时代标准。对于基础教育来说，均衡发展和高质量发展就是标准。对学校而言，办好人民满意的教育就是学校一以贯之的标准，围绕这个标准就要有一流的文化、一流的教育、一流的人才、一流的师资、一流的管理、一流的环境、一流的资源，以及一流的口碑、一流的品牌等；对教师而言，就是自觉按照党和人民的要求锤炼自己，以“四有好老师”和“四个引路人”鞭策自己，以“四个相统一”完善自己，向具有引路人素养的“大先生”看齐，有大情怀、大风范、大学问、大视野、大智慧、大功力、大格局和大作为；对学生而言，就是用时代新人的标准要求自己，在坚定理想信念上下功夫，在厚植爱国主义情怀上下功夫，在加强品德修养上下功夫，在增长知识见识上下功夫，在培养奋斗精神上下功夫，在增强综合素质上下功夫，做品德好、品行优、品位高的新时代品质公民。

“严格要求”就是用“四个相统一”成就人师典范。扎实推进师德师风建设，坚持教书和育人相统一，坚持言传和身教相统一，坚持潜心问道和关注社会相统一，坚持学术自由和学术规范相统一，引导教师以德立身、以德立学、以德施教，如此才能完成塑造灵魂、塑造生命、塑造新人的时代重任，当好中华民族“梦之队”的筑梦人。“四个相统一”确立了新时代教师律己之标准，倡导教师严格要求自己，做为人师表的榜样，做人民教师的表率。

（二）引导学生正步人生，坚定“理想信念”

“要做学生锤炼品格的引路人，做学生学习知识的引路人，做学生创新思维的引路人，做学生奉献祖国的引路人。”习近平总书记寥寥数语，却指出了身为人师的精要。教育是什么样子，明天就是什么样子。教师“一个肩膀挑着学生的未来，一个肩膀挑着民族的未来”。三尺讲台所承载的价值，绝不仅仅是教人识字算数，既然是引路人，就要把好方向带好人。习近平总书记指出，教师不能只做教书匠，而要成为大先生。所谓先生就是“达者为先，师者之意”，不仅仅是传道、授业、解惑，不仅仅是陪伴、守望、放手，更主要的是要明确自身的角色定位，永远以领先的思想、优秀的人格、美好的品行、广博的学识走在路的前方，以心育心、以德育德、以人格育人格、以品质育品质，在示范中、引导中促进学生发展，担当起学生的指导者和引路人的责任。“引路人”是新时代教师努力的定位与方向。

“四个引路人”的提出，明确了新时代的师生关系，即教师要处在正确的“位置”，既然是引路，就是带领学生走向正确的方向，走上前进的道路。要把握方向，坚定目标，推动前进，保持定力，方向和目标就是理想，前进和定力就是信念，因此，“引路人”就是做学生理想信念的引路人。身为引路人，教师要有热爱教育的坚定和淡泊名利的坚守，要有矢志改革的坚持和不怕牺牲的坚强。

每位教育工作者要深刻理解习近平总书记的教育思想，主动领悟“四个引路人”的深刻内涵。我们的教育要努力培养社会主义建设者和接班人，“四个引路人”就是要坚守为党育人、为国育才的崇高信仰：做学生锤炼品格的引路人，以培养学生敬党、爱国的情感；做学生学习知识的引路人，以培养学生信党、知国的思想；做学生创新思维的引路人，以培养学生为党、治国的能力；做学生奉献祖国的引路人，以培养学生护党、报国的意志。“四个引路人”就是引导学生正步品质人生，坚定理想信念，永远听党话，始终跟党走。

1. 锤炼品格——培养敬党、爱国的情感

做学生锤炼品德的引路人，要求教师要有道德情操，成为学生的道德榜样，以德养德、润物无声地浸润学生的心田，引导学生树立正确的世界观、人生观、价值观，增强学生价值判断、选择、塑造的能力，培养敬党、爱国的情感。

世界观是一个人对整个世界的根本看法。世界观建立在一个人对自然、人生、社会和精神的科学的、系统的、丰富的认识基础上，它不仅仅是认识问题，而且包括坚定的信念和积极的行动。引导学生树立正确的世界观，就是要以理想信念教育为核心，帮助学生形成中国特色社会主义的共同理想信念，使他们树立远大的共产主义理想，确立马克思主义的坚定信念。

人生观，是一个人对人生问题的根本看法，是对人生目的、意义的认识和对人生的态度。引导学生树立正确的人生观，就是要帮助学生树立坚定的人生理想和正确的人生态度，坚持个人发展与国家民族复兴的目标相统一，把个人理想与国家命运相结合，选择正确的人生奋斗道路。

价值观，是一个人对价值问题的根本看法，包括对价值的实质、构成、标准的认识。引导学生树立正确的价值观，就是要明辨是非判断的价值准则，使学生形成积极向上、符合我国社会主义核心价值观的价值体系。

2. 学习知识——培养信党、知国的思想

做学生学习知识的引路人，要求教师要有扎实学识，成为专业精深、知识渊博且有良好信息素养的智慧型教师，引导学生建立正确的历史观、文化观、科技观，激发学生学习的内驱力，培养其信党、知国的思想。

一个民族的历史是这个民族安身立命的基础。历史观正确与否，关系人心聚散、国家兴亡、民族盛衰。尤其是在今天，对中国历史的诠释、对正确历史观的弘扬，关系重大。引导学生树立正确的历史观，需要深刻把握人类发展的历史规律，在对历史的深入思考中汲取智慧。当代青少年需要在正确历史观的指引下，站在中华民族伟大复兴征程上，端正历史观，更好开创未来。

文化是一个国家、一个民族的灵魂。文化兴国运兴，文化强民族强。党的十九大报告提出：“文化自信是一个国家、一个民族发展中最基本、最深沉、最持久的力量。”引导学生树立正确的文化观，就是培养青年学生的文化自信，为其提供丰厚的人文滋养，帮助他们形成民族自尊心和自豪感，弘扬中华民族优秀传统文化，不断创造中华文明的新辉煌。

党的十八大以来，习近平总书记关于科学技术的一系列重要讲话告诉我们：科技是国家强盛之基，创新是民族进步之魂。引导学生树立正确的科技观，就是带领学生了解科学技术前沿，学习科技知识体系，探索科技发展问题，在学生心中埋下一颗科技的种子，牢记科技报国的时代使命。

3. 创新思维——培养为党、治国的能力

做学生创新思维的引路人，要求教师要有探索精神，成为一名拥抱变革、主动创新、不断突破的学术型教师，做到启之以道、教之以法、授之以渔，引导学生树立正确的创新观、实践观、奋斗观，鼓励他们坚定地把创新创造和艰苦奋斗融入实践，培养为党、治国的能力。

创新是一个民族进步的灵魂，是一个国家兴旺发达的不竭动力。引导学生树立正确的创新观，需要把握与时俱进的时代脉搏。学校要通过制度创新、文化创新，营造创新教育的氛围，把谋求学生的主动发展作为促进学生进步的主要目标，给学生创造一个自主发展的空间。教师应打破传统教育方式，培养学生自主创新意识，丰富学生课堂生活，让学生充分发挥想象力，以饱满的热情和活力投身学习，更好地适应社会需求及社会发展，成为新时代的创新栋梁。

实践是认识的来源，是认识发展的根本动力，是检验认识正确与否的唯一标准。引导学生树立正确的实践观，就要紧跟民族未来的前进方向，培养学生把所学知识应用于真实生活情境中的意识和能力，在实践中锻炼学生的动手操作能力，让学生在实践中求真理，把实践本领运用到建设祖国现代化强国中去，运用到民族复兴的伟大实践行动中来。

奋斗，是中华民族的光荣传统，是民族精神的生动写照，也是中国价值、中国精神在新时代的价值承载。中华民族五千多年的发展历程，就是生生不息奋斗的历程，中国共产党团结带领全国各族人民实现中华民族从站起来到富起来再到强起来的过程。引导学生树立正确的奋斗观，需要传承中国共产党人的奋斗精神，树立与时代共进步、与祖国共命运的奋斗意识，带领全体学生投入到民族复兴的伟大实践中，争做新时代的奋斗者。

4. 奉献祖国——培养护党、报国的意志

做学生奉献祖国的引路人，要求教师要有理想信念，怀揣“人生为一大事来”的教育理想，建树“捧着一颗心来，不带半根草去”的教育情怀，兢兢业业扎根教育，将学生的成长与未来同国家的发展与命运、社会的进步与文明有机关联，引导学生树立正确的国家观、民族观、服务观，让学生认识到并发挥出自身的价值，树立起报效祖国的强烈愿望，培养护党、报国的意志。

国家好，民族好，大家才会好。国家观内含着对国家繁荣富强使命的自觉担当和对中国道路的深刻理解，青少年理应是正确国家观的践行者。要引导学生树立正确的国家观，高扬爱国主义的红色旗帜，深入开展国情教育和形势政策教育，使爱国主义成为莘莘学子的坚定信念、精神力量和自觉行动，增强学生建设国家的意识，引导学生在筑起中国梦的道路上实现人生价值。

民族意识能够唤起民族成员对民族文化的认同、对民族利益的关注，它表现在凝聚民族精神、维护民族生存、促进民族的发展和进步方面。引导学生树立正确的民族观，需要铸牢中华民族共同体的意识，重视历史教育作为培养学生民族意识的载体作用，帮助学生了解、认识本民族的历史，增强学生的民族自尊心、自信心和自豪感，使其义无反顾地肩负起实现中华民族伟大复兴的历史使命。

全心全意为人民服务，是中国共产党的根本宗旨，是我们党的最高价值取向。当代青少年从小在党旗下长大，要把炽热红心烙在党旗上，立志永远跟党走，做好接班人。引导学生树立正确的服务观，就要引导他们从小树立为人民服务的思想，不断营造“服务育人”的良好氛围，积极引导青少年学生参加各种社会实践活动，在社区公益、社会劳动、城市服务、全球治理等综合实践中提升服务意识和能力。

三、丹心励耘，践行“四个引路人”

越是对星辰大海充满向往，越需要脚踏实地付诸实际行动。距离第 32 个教师节已经过去了 5 年的时间，八一学校始终不忘初心，牢记使命，认真贯彻习近平总书记“四个引路人”讲话要求。5 年来，八一学校无论是在理念层面，还是在行动层面都有了质的飞跃，全体教师丹心励耘、勇担使命，在办学实践中积极践行“四个引路人”，并取得了显著的效果。

（一）培根铸魂，铺绘底色

做好学生锤炼品格的引路人。八一学校的老师爱生如子，用自己的人格、学识、阅历、经验，点燃学生对真善美的向往，以德养德，润物无声地浸润学生的心田，传承中华传统美德，践行社会主义核心价值观，增强学生价值判断、选择、塑造的能力，引领他们的身心健康地成长。从珍爱生命、健全人格、自我管理等基本要点到认识自我、发展身心、规划人生等综合表现，再到社会适应的调节自我、适应环境、认识社会等自主发展意识的可持续发展状态，八一学校的老师爱生活、懂生活，也带动自己的学生去健康生活。八一学校的老师言传身教，教会学生强健体魄、健康身心，从良好的生活习惯中来，从经常的劳动和体育锻炼中来，从高尚的怡情养性中来。面对工作、学习和生活，八一师生敞开胸怀，拥抱自然，点点滴滴播撒阳光，经年累月铸就美好。拥有 30 年操场情结的体育特级教师黄虹老师曾写过这样一首小诗：在蔚蓝的天空下/阳光照在草坪上/与孩子们一起上课/你会觉得那是一种愉悦的享受/远远听到雪地上学生的欢笑声/你会不由得有一种喜悦挂上心头/就像清晨在林中听到悦耳的鸟鸣/闭上眼/翕动鼻翼/感觉那种甜丝丝的阳光味道。也正因爱这方校园，爱这里的老师和同窗，怀念在八一学校这片沃土的成长，我们每年培养的许多初中毕业生，像 G2020 届 1 班邹箫桐和 G2021 届 1 班刘和声，中考成绩都可以报考最好的学校，但他们毅然选择继续留在八一学校就读高中。还有从 1992 年开启，坚持了 30 年的“老区寻根”活动，更是让不忘初心、不怕艰难、不畏险阻、意志坚韧的红色基因，随着 75 年的建校历史融入八一学校全体师生的骨子里。

（二）启智润心，丰厚学养

做好学生学习知识的引路人。八一学校的老师一边努力夯实学识，一边给学生创设良好的学习氛围和更大的发展空间。面对教育深综改，八一学校以“造就品德好、品行优、品位高的国际创新人才”为育人目标，突出“军魂铸人、科技育人、生态立人”办学特色，构建了以生涯发展为引导的品质课程体系，根据学生需求增加个性化和选择性，力争为每名学生提供适合的教育。重视学生发展指导，坚持从品行、学业、生涯、心理和生活指导等五个方面下功夫，为学生的品质人生奠基。科学规划义教阶段，依据学生年龄特点和认知规律，探索九年一贯制学业指导、德育教育、心理辅导和生活帮助，提高教育实效。高中阶段教育，依据学生自身发展愿望和未来社会对人才的需求，全力支持学生在相关领域深入探索。从礼仪修养讲座、练习到传统文化研讨、实践，从 Office 365 信息技术学习到“梦创家”职业招聘演练，从干部的“领导力”浸润式培训到全体教师的 PBL 项目化学习再到学生每周半天丰富的项目式课程，我校干部、师生多层面、多角度参与体验、互动学习、提升。可以说，从管理方式、教学模式到课程内容、学习方式，八一学校都已经走在了探索实践的路上。八一学生的核心素养鲜明地指向了人文底蕴、科学精神和审美情趣，而这些的形成，则是靠勤奋刻苦的学习态度、积极向上的学习动力以及不断向好的学习品格。正如语文特级教师王建稳老师感言：充分挖掘文本的多重价值，从文字学习走向文化感悟。我们通过在文言文教学中的文化渗透，让学生去触摸他们的灵魂，在重履他们漫漫精神历程的同时，经受一次次深刻而美好的心灵洗礼。《寡人之于国也》中的“仁政”“王道”思想，《侍坐》篇中的“浴乎沂，风乎舞雩，咏而归”中的“和谐”政治观，烛之武的智勇、荆轲的大义、蔺相如的肝胆相照、苏武的威武不屈……文本中传统文化的精魂血脉，传递给我们强大的精神能量，滋养着学生的精神世界。美术特级教师张尊高老师也说：国画、书法、篆刻、美术鉴赏、工艺等无不渗透着中华民族几千年文化的精髓。我们充分挖掘美术课程中的人文精神和教育资源，在课堂教学中将民族传统文化精华与美术教育有机结合，在潜移默化中感染学生，让学生在与传统文化的亲密接触中，感受美、欣赏美、创造美、热爱美。G2019 届高三 1 班王季萌同学被海淀学区评为“最美中学生”，她品学兼优、兴趣广泛、善于合作，积极投身公益和社会实践。她是国学小达人、中国舞的专业爱好者、机器人全球赛的冠军成员，她还热爱写作，做过诗集主编和八一学校官微特约撰稿人，她修身与力学并进，学养与情怀共存，是八一学子成长与收获的缩影。

（三）慎思明辨，创新实践

做好学生创新思维的引路人。八一学校鼓励老师具有探索精神，主动拥抱变革、不断突破传统，同时又能做到启之以道、教之以法、授之以渔；注重培养学生的创新能力，教给他们寻找和获取知识的方法，引导他们多思、多想、多问、多辨，提高独立发现问题、分析问题、解决问题的能力。通过形式丰富的个性化、项目式、任务型、研究性学习，培养学生知识迁移的高阶能力，最终达到如教育家朱熹所言：“举一而反三，闻一而知十，及学者用功之深，穷理之熟，然后能融会贯通，以至于此。”八一学校的科技教育从普及性科学实践活动到项目式课程开展 STEAM 实践教育再到高水平科技社团引领发展三个层面展开，在落实全员基础素养与认知能力的同时，为学生的不同需求提供多样选择，贯通培养帮助其学有所长。近 5 年，我们开设卫星测控与应用、月球探测车设计与制作、无人机原理与制作、北斗卫星导航原理与应用等项目式课程，开设科普小卫星课程，以此培养学生的逻辑思维、批判思维、工程思维、创新思维、科学素养、创新精神与实践能力，提升其探究和动手技能。G2018 届毕业生朱迅就以此经历获得加分，进入清华大学深造。学校还引进设计思维实验室、FabLearn 创新实验室、社交情绪实验室等高端实验室，为学生的创新思维发展启动引擎。八一学校在发展规划中，确立了“造就创新素养突出的现代学生、成就创新品质卓越的现代教师、铸就创新动力强劲的现代学校”的战略目标，目的就是全面贯彻“创新驱动”战略，培养国家需要的高素质创新人才。我们提出到 2035 年，把八一学校建成世界一流科技高中。这是八一学校全体教职工的共同愿景，是对建设科技强国和创新型国家最好的行动诠释。

（四）任事担当，奉献祖国

做好学生奉献祖国的引路人。八一学校的价值观是正直、自信、包容、担当。

作为一所由中国共产党在战火硝烟中创办的红色学校，八一师生的血脉里流淌着理想信念、家国情怀和责任担当。八一学校的办学使命是“培养具有中国精神的品质公民”。“中国精神”就是八一学校全体教职工源源不断的精神动力和道德滋养。八一学校的老师爱岗敬业、求真务实，75 年来为国家培养了数以万计的行业精英和富有建树的国家栋梁；八一学校的学生爱校爱国，有使命担当，人人力争成为凝聚中国灵魂、传播中国文化、弘扬中国精神、推广中国价值、展示中国力量的文明使者。八一学校是全国红十字示范校，“人道・博爱・奉献”的红十字精神在八一校园已传承了整整 38 年。八一学校不断涌现援藏援疆的青年教师；八一学校不断接力为打工子弟学校义务支教的学生榜样；八一学校发挥启明星作用，辐射 200 多所航天科技联盟校的近 3000 名学生，投身科学探索；八一学校不忘校史，带动 20 多所红色教育协作体学校，肩负使命，全面育人……八一学校将学生的成长与未来，同国家的发展与命运、社会的进步与文明有机关联，让学生认识到并发挥出自身的价值，树立起报效祖国的强烈愿望。通过日常的老区帮扶助学、红十字爱心捐赠、公益敬老助残等活动，学生从小学会奉献爱心、智慧和力量，将来步入社会后去奉献事业、人民和国家。

5 年来，北京市八一学校按照习近平总书记的期望和要求砥砺奋进，在新时代“八一精神”内涵的指引下，以先进的理念、科学的管理、人文的情怀，积极建设一支具有“四个引路人”素养的教师队伍，扎实推进育人方式变革。在追求自身高质量发展的同时，八一学校在倾情帮扶和不求回报的分享中不断扩大优质教育资源半径，为教育公平均衡和高位优质发展主动担当。八一学校还将学校的学习服务功能积极向社会延伸，将家长作为教育路上的同行者，传播家教智慧，探索家校社共育新模式，引导家校协同之路。雅思贝尔斯曾说：“教育是一棵树摇动一棵树，一朵云推动一朵云，一个灵魂唤醒另一个灵魂。”八一学校正是以教育情怀推动教育情怀，以教育理想唤醒教育理想，以生命成长激发生命成长，以教育智慧启发教育智慧，展示了其“四个引路人”的生动实践。

第二篇　引学校办学之路：优质均衡，名校担当

北京市八一学校由党和人民军队创办，自1947年建校，在党和政府以及社会多方的扶持下，经过70余年的发展和文化积淀，已经成为一所既具有深厚底蕴又具有一定社会影响力的现代化历史名校，为社会培养了数以万计的优秀毕业生，他们之中很多人已成为国家栋梁，学校也因此被誉为“领袖的摇篮”。不管是从办学理念、办学实力，还是从办学特色、办学影响力来说，八一学校都是名副其实的名校。名校自有名校的担当，八一学校所追求的从来不是关起门来办教育，而是主动肩负起一所名校的责任与使命。

在践行习近平总书记“四个引路人”的道路上，八一学校领导一直在思考一个问题：作为一所名校，如何将我们对教育的理解、思考、探索辐射给更多的学校？多年来，八一学校一直在用行动寻求答案。从默默坚守的教育帮扶到成果共享的特色辐射，再到携手并进的集团化办学，从教育帮扶的躬行者到教育智慧的贡献者，再到教育均衡的深耕者，八一学校以一所名校的担当与胸怀，正引领着越来越多的学校走上品质化办学之路。

一、初心不改，做教育帮扶的躬行者

习近平总书记指出：“扶贫必扶智，让贫困地区的孩子们接受良好教育，是扶贫开发的重要任务，也是阻断贫困代际传递的重要途径。”近年来，海淀区坚持“抓基层党建、促精准扶贫、办满意教育”的工作思路，高度重视东西部扶贫和对口支援工作，积极发挥海淀教育强区的示范作用。按照北京市扶贫和对口支援工作部署，八一学校对口帮扶河北省易县、赤城县，内蒙古自治区敖汉旗、科右前旗；对口支援新疆维吾尔自治区和田市；对口协作湖北省丹江口市。此外，学校还与银川市西夏区和北京市延庆区、怀柔区建立了交流合作关系，立足对口支援“六省九地市”的总体战略框架，多措并举探索教育扶贫新路径。

大力促进教育公平，是努力办好人民满意的教育的重要任务，作为一所发达地区具备优质教育资源的学校，主动帮扶欠发达地区的薄弱学校，对促进教育公平同样具有重要意义。正是基于这样朴实的认知和教育情怀，八一学校长期以来将教育扶贫作为学校的重点工作之一，并且已成为学校的悠久传统。作为一所从革命老区走进北京的学校，学校早在 1992 年，就组织师生前往阜平，开展“老区寻根”活动，始终心系老区发展，一坚持就是三十年。学校还积极参与援疆、援藏支教活动，多次派老师深入新疆和田地区、西藏拉萨地区进行长期支援。近年来，学校出色承担了北京市及海淀教委指定的手拉手对口帮扶工作，助力北京市延庆区康庄中学、河北省易县狼牙山五壮士红军小学等五所对口支援学校建设。此外，学校还接待内蒙古自治区敖汉旗教师来校跟岗培训，接待青海玉树地区的孩子们来校进行学习交流……八一学校要尽一校之力，最大程度投入教育帮扶，在教育帮扶中积极践行名校的社会担当。

（一）寻根助学，心系革命老区

1947 年的春天，聂荣臻元帅在晋察冀军区司令部所在地——河北省阜平县沟槽村，亲手缔造了我军第一所子弟学校——荣臻子弟小学，这是北京市八一学校的前身。从此，八一学校与阜平便有了割舍不断的血脉亲情。

聂帅曾说“阜平不富，死不瞑目”。八一学校是从阜平走出去的学校，八一学校与革命老区有着深厚的情感。从 1992 开始，学校每年都积极参与阜平的“老区寻根”活动，组织师生分批前往老区寻根、追寻校史，并持续不断地为老区提供资金、物资、人才等支持，全面推进老区教育帮扶工作。阜平县基本情况可用“太行山区、革命老区、贫困地区”来概括。“老区寻根”活动，不是娱悦身心的旅游，也不是让师生随心所欲地走走看看，而是深入基层，让他们踏着先辈的足迹，探寻八一学校的根脉，怀着感恩的心去回报曾经孕育了八一学校的老乡们。“老区寻根”于八一学校，不仅是一种传承，更是一份责任和担当。

2016 年，习近平总书记到八一学校考察时特别谈到教育均衡。他指出，要优化教育资源配置，逐步缩小区域、城乡、校际差距，特别是要加大对革命老区、民族地区、边远地区、贫困地区基础教育的投入力度，保障贫困地区办学经费，健全家庭困难学生资助体系。要推进教育精准脱贫，重点帮助贫困人口子女接受教育，阻断贫困代际传递，让每一个孩子对自己有信心，对未来有希望。因此，当习近平总书记了解到八一学校长期不懈地开展帮扶阜平革命老区活动时，连声说“很好”。

1. 三十载寻根路，诉不完八一情

八一学校全面推进老区教育帮扶工作，促进优质教育资源持续不断注入帮扶地区，积极助力革命老区教育脱贫。“老区寻根”活动范围越来越大，从城南庄扩展到阜平革命老区、西柏坡革命圣地、华北烈士陵园、晋察冀边区革命纪念馆、唐县白求恩柯棣华纪念馆等；内容越来越丰富，组织学生活动、送课活动、青年教师培训、党员活动等。随着寻根活动的不断深入，参加活动的师生不仅知道了革命老区的历史、现状，而且抱着一种感恩的心来回报老区，学会饮水思源，明白今天的幸福生活是在党的领导下无数革命先烈用鲜血换来的，是老区人民做出很大贡献换来的。

八一学校党员在阜平开展主题活动

八一学校向阜平向阳庄八一小学捐赠学习用具

八一学校的“老区寻根”活动坚持了30年，先后走过了四大阶段。第一阶段是“三同教育”，也就是同吃、同住、同劳动，师生在与老区人民的密切相处、情景交融过程中，忆初心、悟初心、守初心、践初心。第二阶段是通过资金支持，完善老区学校的基础设施，改善办学条件，并接收四批共15名阜平的优秀学子到八一学校免费学习，通过切实有效的方式，为老区培养了更多优秀人才。第三阶段是为老区的两所小学——城南庄八一希望小学和向阳庄八一小学设立奖学金。从2000年开始，学校每年拿出近两万元作为奖学金，奖励这两所小学五、六年级近1/3的学生，对老区贫困学生、贫困家庭做正向、积极的引领和激励。第四阶段是让阜平学校的优秀学子在活动中体验优质教育。学校邀请老区的优秀学生到北京免费游学，组织参观景点和滑雪、滑冰等活动，激发同学们立志成才、报效祖国的奋斗激情。

张冠武老师是八一学校原政教处主任，也是“老区寻根”活动的创办人之一。当问及这么多年来“老区寻根”活动一代代传承的动力是什么的时候，张老师动情地说道：

一个教育活动，能够坚持几十年，我认为不只在全区，在全市乃至全国都是不多见的。它之所以一代代地坚持，其动力是两个认同：一是对我校独特教育资源的认同，二是对“老区寻根”活动教育效果的认同。

第一，寻根活动能够传承、坚持这么多年，离不开师生对我校这个独特的教育资源的认同。我校是1947年3月1日诞生的。1947年，正值解放战争开始的第二年。当时晋察冀军区的司令员兼政委是聂荣臻，军区司令部长期设在阜平县城南庄。当时的聂司令员对各方面发展非常重视，尤其非常重视教育。看到许多干部上了前线，聂司令员觉得干部子弟不能够就这样散着，当时就提出来：“办个学校，培养革命后代。”于是就在城南庄乡的沟槽村借用百姓的民房，用木板搭设桌椅，创办了荣臻子弟学校，后来也叫荣臻小学。当时学生只有50名，教职员工24人。罗瑞卿当时看望师生时说：“这是全军第一所军队子弟学校，是很有意义的。”学校从诞生到发展的历程凝结着聂帅这样的老一辈无产阶级革命家的心血，这是我校独特的教育资源。

咱们学校的建校地，实际上是和新中国成立前毛主席在农村的最后一个指挥所——西柏坡有关。毛主席到西柏坡之前曾到过阜平县城南庄。当时还有一个故事：毛主席在城南庄有一次遇险。聂司令员炊事班中的一个采购员被敌人收买，成为暗藏的特务，当时就想谋害聂司令员，一直没有得手。毛主席来到这里后，特务机关就指示他做出标记，要进行轰炸。此人用酒瓶碎渣在主席的驻地撒了一圈，给了敌人提示。警报响后，聂司令员叫人把主席架着到防空洞避过一劫。主席在城南庄待了34天，很多思路，包括三大战役的构想，都是在这里提出的。这次事件后，学校就转移到了西柏坡。

这些在晋察冀边区革命纪念馆里都有介绍。这里目前已经是我校的爱国主义教育基地，也是独特教育资源的一个内容。

阜平县人民为中国革命付出了巨大牺牲，做出了巨大的贡献。有这么个数字，当时全县有 9 万人，2 万人参战，6000 人牺牲，几乎户户有战士、村村有烈士。革命老区有很多艰苦奋斗、为革命英勇牺牲的模范事迹。这个教育资源是非常难得的。咱们寻根活动，狭义上讲学校诞生地是我校的根，广义上讲整个革命老区都是我校的根，我认为这也是新中国建立的根，是革命精神的根。

第二，“老区寻根”活动能够传承、坚持这么多年，是对寻根活动取得良好教育效果的认同。“老区寻根”活动中，师生与当地的老党员、老区的村民进行广泛的接触，有时学生也会和当地的同龄人同吃同住，吃派饭。通过参观、访问、座谈等一系列活动，师生受到了深刻的教育。百闻不如一见，参加活动的师生有了深刻的体验。回来后，“老区寻根”小分队的代表在每年的开学典礼上发言汇报，在全校产生了很好的反响。学生会、团委发动学生为老区的孩子捐书、捐文具等，对在校学生形成了广泛的教育。师生们很认可这样的活动，家长们也很认可。家长从最初的不放心，到看到孩子们的变化——懂事了、懂礼了等，纷纷请求让自己的孩子参加“老区寻根”活动。这个活动也得到了区里的充分肯定，多次在区里宣传。这种对教育效果的认同，我觉得也是重要动力。

2. “造血式”帮扶，多举措引领当地教师成长

“扶贫先扶智，扶智先强师。”加强贫困地区教师队伍建设，提升贫困地区教师教学能力是教育扶贫的重要一环。在“老区寻根”的过程中，学校一直在思考一个问题：如何最大限度地改变当地的教育面貌？答案非常明显，教育帮扶的关键不在于硬件设施多么先进，而在于教师队伍的培养，要以先进的管理理念、育人理念为引领，加强老区教师队伍建设，推动教育帮扶由“输血式”向“造血式”转变，努力培养一支带不走的、留得下的优秀教师队伍。

多年来，八一学校坚持将优质教育资源送至革命老区，通过送课、人才支援、教学培训等方式，引领当地教师专业提升，不断提高当地教师专业素养，提升老区学校办学水平。参与老区送课的各位教研组长高度重视，与对方学校班主任进行沟通，积极了解学情，认真做好“以学生为主体”的课堂教学设计，将不断打磨的涉及小学、初中、高中不同学科的 8 节课程送进老区学生的课堂，让当地师生切实有了“外面的课堂原来如此”的见识感知。从老区孩子的脸上，送课的八一教师们看到了他们对知识的热切渴望，老区的领导、教师们也更加直观地了解到北京的教育，进一步加强了

交流的决心。

八一学校教师前往老区送课

当地学生正在向送课教师认真学习

在送教送课的同时，八一学校还坚持开展跨越地域的深度研讨活动，热情接待阜平县的教师代表前往北京参观学习。学校精心设计了培训手册，明确每一天的工作安排。为了保证学习效果，每一个学科都挑选出优质课程进行展示，多角度帮助阜平老师了解课程。学校还积极组织智慧分享活动，结合九年一贯制课程、深度学习项目等，立足学科特色，与阜平来京教师进行各学段的教学研讨。围绕班级文化、教学策略等话题，两地教师之间进行互动式深入探讨。座谈会上，阜平老师也纷纷表达了自己的学习感受——激动于八一学校提供的学习机会；感动于各学科老师精益求精、一丝不苟的工作精神；触动于每一位教师全力以赴的工作状态；心动于八一学校的精彩课堂。

投身教育，需要情怀，更需要担当。在八一学校，每年都有青年教师奔赴阜平向阳庄小学帮扶帮教，为老区的孩子们送教、送课、送图书，送去首都教育的温暖，这也是八一学校青年教师的必修课。“老区寻根”活动同样也让八一学校的教师多了一份情怀和使命，这份情怀与使命也在教师群体的互相影响中实现升华。

3. 以爱担当，为老区孩子点亮希望之灯

八一学校通过选派老区优秀学生到八一学校上学、设立奖学金、研学奖励等多种方式，为老区孩子点亮希望之灯，助贫困学子圆梦。早在1997年，八一学校的教师在“老区寻根”时看到那里的学生勤奋学习，但学习环境不好，就考虑如何进一步支持老区的教育，为老区培养人才。后经研究决定：选派老区优秀学生到八一学校来上学。当时从城南庄小学选了两个孩子，向阳庄小学选了一名学生，后来陆续增到14人。他们所有的在校费用都由八一学校承担。学校非常关心他们，当时的政教处、团委负责管理，班主任、科任老师都很热心，周六日把他们带到自己家里去。后来由派优秀生到学校学习，改为对这两所学校五、六年级的优秀学生进行奖励，不仅扩大了帮扶面，也进一步激励老区学生，让他们毫无后顾之忧地安心投入学习。

张慧英老师至今还记得自己刚入职八一学校时，亲身感受到学校对阜平来校学习的孩子全方位的关照和前辈们对这些孩子发自内心的关爱，这让她对教师这个职业有了更多的思考。

有爱方能担当

张慧英

记得我刚刚进入八一学校的那一年，在开学不久的班主任会上，听年级组长嘱咐一位实验班的老班主任说，要特别关注这几个孩子，他们刚来，一定要了解孩子们有什么困难，我们要帮孩子们及时解决。后来我才知道，这几个特殊的孩子，并非有什么显赫的家庭背景，而是来自我们学校的发源地——河北阜平老区。学校为了报答老区人民当年的恩情，不仅帮助他们建立了向阳庄希望小学，而且每年专门拨出名额为希望小学的优秀毕业生提供进京读初中的机会。

那些孩子来到我们的学校，学校给他们提供了最好的食宿，还让这些孩子进入最好的实验班学习。那些孩子刚入学时学习基础并不好，老师们无偿给他们补课，让他们尽快赶上班里的同学，班主任老师们更是给了这些孩子们无微不至的关心。孩子生病了，老师们带着看病，还带回家照顾。

记得有一次一个孩子到办公室来，一个老师看到这个孩子的鞋都漏脚趾头了，心疼不已，第二天就给这个孩子买了一双新的运动鞋。在老师们的带领下，班里的孩子们也对这些来自贫困老区的小伙伴关爱有加，每一次外出活动，不需要老师嘱咐，很多孩子都会给这几个孩子带来很多很多的食物。这些孩子在学校、老师、同学的关爱下，度过了快乐充实的三年初中时光，为他们今后的人生奠定了坚实的基础。

在八一学校这个温暖的大家庭中，他们获得最多的并不是知识本身，而是八一学校全体师生给予他们的关心和爱护，以及无私的帮助。八一学校全体师生用大爱给这些来自贫困山区的少年们照亮了人生前行之路。

教育最能够吸引我们的，莫过于在我们伴随学生们共同成长的生命历程中，也体验着收获的艰辛与快乐。既然选择了教师这个职业，学生的成长就是我们教育事业的全部追求。仁爱之心是八一学校老教师传承给我们的新一代八一教师的一种崇高的职业精神，我们要把这种精神坚守并传承下去，让“仁爱”成为我们职业厚重的底色，用爱去教育感染学生，把爱作为我们事业永恒的主题，因为有爱方能担当。

“老区寻根”使广大师生受到了生动的革命传统教育和切实的国情教育，更加明确了自己的责任和义务。“老区寻根”活动让八一师生埋下了关于忠诚的铮铮誓言：心系革命老区，心系祖国，因为我们都是中华儿女，都有一颗中国心。

（二）投身支教，倾情援疆援藏

从 20 世纪 80 年代起，国家开始实施教育援藏政策，此后又开始教育援疆。教育支援西藏、新疆是党中央、国务院制定的一项战略决策，事关国家发展稳定与民族地区人才培养。选派优秀教师对新疆、西藏地区进行教育支援是八一学校长期坚持的一项重要工作。近年来，学校逐步加大援助工作力度，由最初的每期一年，到现在的每期两年。每次援疆援藏的动员刚下达，学校教师就积极响应号召，主动报名参加。其间涌现出了许多生动感人的人物和故事。例如，张嵩老师曾于 2015—2017 年前往拉萨北京实验中学进行为期两年的援藏支教生活，染病回京医治后，又义无反顾地再次回到西藏继续工作；李红梅老师作为海淀区带队老师，带领 20 位教师前往新疆和田支教，她以记住学生名字为切入点，深入家访、座谈，用首善大爱赢得维吾尔族学生、家长的认可与好评，被当地学生亲切地称为“老师妈妈”。他们的事迹真正体现出了八一学校教师的无私奉献精神以及共产党员的勇于担当精神。

除了新疆和西藏，学校还委派特级、正高级教师前往甘肃支教，接待青海玉树、内蒙古自治区敖汉旗的老师和孩子们来学校学习、生活。在八一学校，前往教育薄弱地区支教的优秀骨干教师多为党员教师，他们用自己的一言一行体现着八一学校的精神风范，有效提升了当地的教育教学水平，改变了当地教师的教学理念，帮助他们开阔了视野，充分发挥了党员教师的先锋模范作用。

1. 八一学校“老师妈妈”的援疆支教故事

李红梅老师是八一学校第二位前往新疆和田地区执行援疆支教任务的教师，支教工作历时两年。2018 年 8 月，作为海淀区教育委员会派往援疆支教队伍的队长，她身先士卒，带领 20 位教师前往新疆。在赴和田转机时，遇突发同行教师得病，她主动提出留下来陪同病人就医。抵达和田后，又因当地工作需要，被临时调整派往和田五中，她服从组织安排，很快融入了受援地学校。开学伊始，学校分配教学任务，李老师欣然受命。虽然有着北京先进的教学理念、丰富的教学经验，但是面对新的学情，面对从未经历过的一个教学班级 64 个人（全部是少数民族学生）的教学环境，面对每周 6 天工作时间，15 个教案、15 节课、3 个早读的教学任务，还有社团活动，李老师还是以乐观的心态、饱满的热情投身到新的工作之中，发挥专长优势，与当地教师、学生、家长打成一片。

2019 年 1 月 13 日，“大爱援疆，情满和田——2018 年和田地区援疆干部人才演讲比赛”在和田地区广播电视台演播大厅落下帷幕。李红梅老师代表北京援和指挥部参加了北京、天津、安徽三省市援和演讲比赛。她结合自己援疆的真实故事，做了题为《人到和田情深深　为伊憔悴终不悔》的演讲，令在场听众潸然泪下。李红梅老师最终进入决赛，并获得了二等奖。

李红梅老师（左三）参加演讲比赛获奖

李红梅老师用实际行动践行了“首善、实干、团结、奉献”的北京援疆精神，时刻谨记自己的身份是“人民教师”，名片是“共产党员”，不忘援疆初心，牢记援疆使命，为实现新疆社会稳定和长治久安贡献了自己的一分力量。两年后，她回到八一学校，继续投入集团内部支教工作中。在2020年八一学校第二届教师荣誉表彰大会上，她被评为“十佳教师”。她这段援疆经历更是感动、激励了无数人。

万里黄沙可赏春花秋月，三尺讲台方见碧血丹心

李红梅

说起和田，你的第一反应是什么？

条件艰苦？你对了！每年浮尘天气260天以上，“每天吃上半斤土，白天不够晚上补”是真实生活的写照，也是乐观心态的再现。和田人是处风沙而不惊的，老师习惯，学生适应，2018年一个汉语班64名学生，6天“15＋3”的教学任务；2019年毕业年级，两个班级130名学生，6天“18＋4”的教学任务，我是累并快乐着！

我与和田像久别重逢的老友，初见却不陌生，不熟悉也很亲切。两年来，在和田，每天都有故事在发生……

最美好的遇见

我与他们的初见，满怀兴奋与期待——迎接我的却是黑漆漆的教室、密密麻麻的小脑袋和不屑一顾的表情，因为他们换老师的频率是“下节课的惊喜随时有”。

卡耐基说：“一般人对自己的名字比对地球上所有的名字叠加起来都感兴趣。”我想把这“一招儿灵”用一用。没想到，学生们用不太流利的汉语说：老师，别麻烦了，去年的那个老师离开时还只能说“你”“那个同学”。“我们的名字和你们不一样，有点长，还很像。”孩子们的忠言，我听着却有点刺耳。“赌一个？我五天记住你们全部名字。”学生们“呵呵”。那几天我像神经质一样，“伊力亚尔·买买提阿布都拉、阿依夏姆古丽·阿卜杜热依木……”对着人脸念着名字，对着作业想人脸，孩子们也特别热情地帮助我——“老师，我是谁？”“阿卜杜许库尔·阿不都吉力力。”“老师，你好厉害啊！”四天，我能准确无误地喊出每一个孩子的名字，融洽了师生关系，更看到了他们眼神中的那份接受和认同。

有一次，当阿迪力·伊敏在课上突然转过头，恨恨地盯着同学，笔攥得紧紧的，口中嘟囔着我听不懂的维吾尔语，我微笑着喊出他名字时，他渐渐地把拳头放松、身子坐正了。“怎么啦？”他使劲咬住嘴唇，不说话，脸憋得红红的，眼睛只是盯着地面。等待，在我微笑的等待中，他用不流利的汉语说：“那个同学骂我没有爸妈。”原来，在他小时候爸爸就去世了，妈妈扔下他再无踪影。看着他拘谨窘迫的样子，我的心颤

了一下，好痛！“爸爸”“妈妈”两个词，在一个14岁少年的心中竟是这样不能触碰的痛。我的眼泪一下就出来了，想过去抱抱他，他却生疏地使劲往外躲闪。我不敢再勉强，俯身在他耳边悄悄地说：“我做你的老师妈妈，好吗?”慢慢地，他稍有点进步和高兴的事都愿意和我分享。“老师妈妈，我住校了!”“老师，我给你背这首诗。”看着他一点点变得活泼，背书日渐主动积极，我这个“老师妈妈”别提多高兴了！

排黑尔丁在分班后留言说：“老师妈妈，你不要放弃我们啊!”艾克代在演讲前拉着我的手说：“老师妈妈，给我点儿信心吧!”

扶贫先扶智，团结情在先。前线指挥部丁勇总指挥所言：教育援疆，政治是首要任务，在孩子心中植下团结的种子，期待长出民族团结的参天大树，为新疆的安定与团结贡献一分力量！

最真情的付出

分配工作时，领导说：这个汉语班换老师多，学生接触汉语晚，会难带一些。但是，想象和现实的差距还是惊到了我。

日常作业，一片刺眼红；单元测试，大片空白，及格者不过2人；课堂上，老师兴致盎然，学生交头接耳地说着维吾尔语……着实打击我的满腔热情。没别的招儿了，“撸起袖子加油干”吧！

字音字形错得一塌糊涂，我就一笔一画带着他们写，鼓励他们用手指头比画着来读音调；举办趣味小活动，自掏腰包派发奖品，帮他们鼓劲……课上课下说普通话的孩子越来越多，作文从几十字慢慢地能凑成上百字，从抄写原文逐渐能写出自己的真实体验，班级成绩持续进步，总结会上得到领导实名表扬。

站稳讲台，吸引学生，守住课堂是底线；做好教研，开放课堂，推广经验是常态。在和田，我的教案是共享的，作业批改是做检查范本的，指导青年教师备课是真诚的，帮助有需要的人是热情的。

一个初春的早晨，电话骤响：“喂，老师，早上好，我现在在你的门口。”怀揣紧张狂奔下楼，迎接我的是一张略显歉意的面孔：“老师，我要参加MHK考试，想让你帮我，有没有时间?”她一脸认真诚恳的样子，我也只有答应。她一把挎住我的胳膊，高兴地说：“那我就每天早上来你房子，一起去学校，路上你教我，不会的可以和你电话说吧?”我还能说什么呢，谁让我是她的语文老师呢！后来，去上班的路上有我俩练习口语的画面，食堂里有我给她分析题干、解读答题思路的定格，微信中有我给她修改的简答题和作文表达……

“首善实干、团结奉献。”在援疆人心中，这样的信念是坚定而执着的。蔡奇同志称援疆人为“前方将士”。这一声“将士”，有“露从今夜白，月是故乡明”的思念，有“谁来保卫祖国，谁来保卫家”的使命。没错，倘若再给我一次选择，我依然会无怨无悔地担当起这份责任！

最动情的难忘

援疆，委于我心的实在是太多，真的无法以轻巧的“得失”二字来衡量这因浸透了汗水、泪水与欢笑而格外充实的时光。

我难忘——出发前一晚妈妈的电话：“红梅啊，这些年妈从来没拖你后腿，这次请假回来陪我几天，行吗?”泪如雨下的我是知道原因的：弟妹在上海治病，侄子需要照看，坚强的母亲因为精神和体力双重压力向我求助。一边是年迈的母亲要求我回家，一边是集体将出发奔赴和田，分身无术的我无助、痛苦，思虑再三，安排亲属去照料母亲，忍痛乘上了飞往和田的航班。今年 4 月，弟妹撒手人寰，当时老家疫情严重，我要是回家奔丧，网课得找人代，也有可能在返回时受到影响。我不是薄情寡义，但是家事国事相遇时，我选择了“国先于家”，说服了母亲和家人。北京援疆是大事，我虽然渺小但也不能掉链子。

我难忘——参加援疆指挥部演讲比赛、撰写诗朗诵文稿、修改串词兼任主持人的忙碌。

我难忘——通过电台为农牧民送去普通话学习时的激动。

我难忘——我把八一师生的捐赠送到孩子们手上时的喜悦。

我难忘——那一天黄沙漫天，经历航班延误两个多小时、行程近 5000 公里的劳顿，沈军校长和刘静静副校长飞往和田慰问我，见到亲人我“竟无语凝噎”。那一刻，所有的辛劳与委屈都化作了甘甜。沈校长在和田的停留时间只有 90 分钟，他没有休息片刻便马不停蹄地与我援派校领导见面。用沈校长的话说：“给红梅撑腰，娘家来人了。”泪眼婆娑依依惜别之际，校长殷殷嘱咐我要保重身体多学习。沈校长、牛书记带领的八一学校，就是在我困顿时给我温暖的支撑，我需要时给予我有力帮助的娘家人！感谢八一学校给了我成长的沃土，各位领导对我的信任与支持，各位同仁给我的帮助与关爱！

作为八一学校的教师，“艰苦奋斗，思想领先，严格要求，高度负责”的“八一精神”早已深深烙印在骨子里。

“没有什么使我停留/除了目的/纵然岸旁有玫瑰、有绿荫、有宁静的港湾/因为有你们，我会一直向前！”

2. 病愈重返援藏工作岗位的八一学校青年教师张嵩

2018 年 2 月 6 日，在中关村国家自主创新示范区展示中心举办了 2017 年度“感动海淀”十大文明人物颁奖典礼。经过宣传动员、系统推荐、个人自荐、初选、网络投票、评审等多个环节，北京市八一学校张嵩老师等十位在平凡岗位上做出不平凡事迹的基层工作者，被评为2017年度“感动海淀”十大文明人物。张老师也是十位获奖人物中唯一的一名教育工作者。

八一学校援藏青年教师张嵩接受表彰

2015年7月，八一学校接到了援藏支教任务，张嵩老师第一时间报了名。2015年8月底，张老师第一次踏上了高原的土地，当天晚上就出现了高原反应。接下来的一个月里，感冒、发烧、牙龈发炎……这些问题都一起冒了出来。怕家里人担心，他一个人扛着。雪上加霜的是，按照拉萨的课程安排，学生晚上上课要到10点才结束。未等痊愈，他便开始承担一周33节课的教学任务。

当发现当地孩子跟不上自己的教学进度时，张老师开始有针对性地做出改变，依据学情调整教学进度和教学方式。一方面，他将课上听写的比重增加，进行分组听写竞赛，并适当奖励学生一些学习用品；另一方面，他创造性地让班上的孩子当起了自己的“小助教”。为了拉近和学生之间的距离，他坚持徒步几个小时走家串户与藏族学生贴心沟通。

在张嵩老师看来，作为一名化学老师最重要的使命，就是让孩子们喜欢上化学，感受到化学在日常生活中的魅力。化学是一门以实验为基础的学科，化学教学离不开实验，但他发现，拉萨北京实验中学的老师们几乎不做实验，是设备器材跟不上吗？其实也不尽然。在与一名老师的聊天中，张老师了解到，学校购买的数字化实验器材在实验室里放了快三年，一直无人问津。他跑去一看，这些器材表面都蒙了厚厚一层灰，而这本来应该是帮助孩子们直观观察化学反应过程、了解微观变化的重要工具。于是，他积极推动实验教学，和当地老师一起研究数字化教学在初、高中的应用可能。在他支教结束时，全校所有老师都已经掌握了这套实验器材。此举吸引了西藏不少其他学校的老师前去取经。

他怀着一颗敬业奉献之心努力创新，在学校里首次开设了一门化学实验选修课，设计了一系列贴近生活的实验设计，如茶水怎么变成墨水、酒精灯如何自燃、怎么把可乐凭空消失……让学生对化学产生了浓厚的兴趣。得益于他留下的课件、教案、药品、器材，他开设的化学实验选修课如今成了学校的常态选修课。目前，拉萨北京实验中学的化学实验教学已经走在了拉萨各中学的前列。

两年的支教过程中，张老师不但默默承受着伤病带来的困扰，更经历了与亲人离别的痛苦，然而他用自己的实际行动，再现了北京支教教师的形象，用初心书写新时代党员教师的使命与担当，获得了拉萨市“优秀援藏干部”的称号。

在雪域绽放青春的格桑花

张　嵩

有人问是什么让我坚持援藏两年，我的想法很简单：这样的工作总得有人做，我年轻，又是一名男同志，在高中化学组里也算是顶梁柱，更重要的是，我是一名党员。所以我报名并不是一时冲动，这是我心甘情愿的选择。

勇挑重担，坚持工作为重

第一次到高原地区生活，身体的反应非常明显，在那里的第一个月时间里，我先后出现了感冒、发烧、牙龈发炎等症状。因为来自八一学校这样的大校，我被委以重任。当地的教学节奏是：一周 6 天课，每天分上午、下午、晚上三个时段，每天的最后一节课在晚上 10 点结束。起初我被安排了高三两个班一周 22 节课的教学任务，后来由于组内老师外出培训，我的工作量曾一度增加到三个班一周 33 节课。面对超负荷的工作，我打趣地说：“我是黑着天上班，黑着天下班。”但让人欣慰的是当地学生渴望学习，珍惜知识改变命运的机会。在早读、晚读之前，校园到处都可以看到这样的场景：学生或席地而坐或倚着窗台在学习。让我特别有感触的是，当我和学生逐渐熟悉起来后，在下午放学和晚自习的答疑时间，差不多半个班的学生都会围在我的办公桌前，甚至有的学生会趴在办公桌上，希望能第一个得到老师的答疑解惑。当地经常会停电，粗算起来一个月有时停电会达十次左右，但学生丝毫不受其影响，自然而然地会拿出手电筒等照明设备继续学习。在老师、学生们的共同努力下，我所教的两个班，一个班升学率达到了百分之九十，另一个班达到了百分之百。

不畏艰难，坚守教师本分

在和学生的聊天中我了解到，这所学校的学生基本上来自藏地牧区，祖祖辈辈都是牧民，生活非常艰苦，能来上学是一件很不容易的事。于是我们几个援藏教师决定利用休息时间进行家访。我们不仅自掏腰包给孩子们送去一些生活必需品，还借此机会更好地了解学生们的现实需求，以便为他们在学习之外提供更多的帮助。我们走访的家庭大多坐落在只有几户人家的小村庄，连平坦的路都没有，交通非常不便。我们即使早晨8点左右出发，抵达学生家里也已是午间了。山高路远的家访拉近了我与学生之间的距离，也让我进一步了解了他们。一名初一的女生，她每周回家都要独自步行4个多小时的山路，这么远，别说孩子，就连大人走起来都上气不接下气。她父母常年在外，只有奶奶带着姐弟三人一起生活。知道老师要家访，一家人提前一周就准备食材并力邀我们吃午饭。事先我们也了解到，这样的藏民家里有时候一周都吃不上一顿米饭，所以提前也有思想准备，但中午我们到达时还是非常震惊，只见桌上摆着三盘炒菜——这些我们看起来极为普通的饭菜，在这里却是他们家里用一周时间能准备的最丰盛的午饭了——只为了招待远方而来的客人。我们让他们一起吃，他们推脱说吃过了，但我们知道他们是想让我们先吃。当时，那位老者很自责地和我们说牛奶煮糊了，我们这才知道，她们一大早就采集了牛奶，等我们快要到时专门加热，好让我们尝到温牛奶。他们淳朴的笑脸和积极乐观的心态，让我们体会到藏民的友善。

示范引领，带动团队成长

由于缺乏集体教研、集体备课意识，学校老师各自为营，甚至同一个年级的老师之间都很少沟通。这样既不利于年轻教师的成长，也不利于本学科教学工作的开展。我和另一个援藏老师带头推进每周的教研活动，做到次次教研活动准时参加，积极发表意见。每逢老师做课、教学比赛，我们都会全程参与并提供帮助。慢慢地，当地老师体会到了集体教研的优势，教学能力得到增长，参与的积极性越来越高。当地的一位浦姓老师，工作3年多了，竟都没有教学师傅，而且私下和我们说觉得援藏老师来对她们没什么帮助。4月初，为了参加拉萨市理科教学比赛，她主动让我们帮忙提意见。我们在办公室一待就是一天，从最初的教学设计到终稿的确定，我们全程参与指导，其他老师也积极配合实验器材的准备。最终这位老师获得了市级奖项。赛后这位老师对我说："多亏你们的帮助，我收获很大，以后做课都不怕了，大家都这么帮我，以后化学组谁需要我，一定随叫随到。"我想，我走了，不但要留下一批教学资料、培养一批教学骨干，还要传播教育理念、传承团队精神。

格桑花是青藏高原上最常见的花。在藏人眼里，一般叫不出名字的野花都可以称为"格桑梅朵"，藏族同胞视之为象征着爱与吉祥的圣洁之花。格桑在藏语里是幸福的意思，所以也叫幸福花。我觉得我只是做了我该做的，也收获了成长。我用真情为雪域奉献了教育智慧，我的青春像格桑花般绽放在高原之上，我也收获了为师的幸福。

李红梅老师、张嵩老师不仅是八一学校的优秀教师代表，更是八一学校数百位教师的缩影，在他们身上出色地体现了“思想领先、艰苦奋斗、高度负责、严格要求”的“八一精神”。他们不忘初心、牢记使命，心中有大义、肩上有责任，坚持首善标准，践行援疆援藏精神，为促进新疆、西藏地区的长治久安和繁荣发展，为两地教育事业的发展做出了卓越的贡献。他们倾心支教、播撒大爱、甘于奉献、勇于担当，谱写了精彩的援疆援藏支教的美丽篇章。

（三）结对手拉手，共筑同心圆

为推动教学模式的现代化，共享优质教育资源，促进城乡教育的均衡发展，全面落实现代教育技术的推广与运用，八一学校自2017年起积极承担北京市及海淀区教委指定的五所学校的手拉手对口帮扶工作。

八一学校手拉手学校名录

序号	手拉手学校名称	学校所在具体位置	建立手拉手关系时间
1	狼牙山中心小学	河北省保定市易县	2017年12月
2	丹江口市丁家营镇九年一贯制学校	湖北省丹江口市丁家营镇	2018年11月
3	易县西山北中心小学	河北省保定市易县	2019年9月
4	赤城县白草镇九年一贯制学校	河北省张家口市赤城县白草镇	2019年11月
5	延庆康庄中学	北京市延庆区	2019年11月

1. 长路漫漫送课，一片赤诚共研

八一学校把推进教育公平、推动城乡义务教育一体化发展，作为自己义不容辞的使命。2017—2021年，八一学校积极响应国家精准扶贫的号召，长路漫漫送课，一片赤诚共研。学校根据结对学校的实际需求，坚持人员帮扶、智力支持、跟岗学习相结合的方式，多措并举，建立长效机制，助力帮扶学校实现内涵式发展，带动更多学校共同发展。同时，学校长期支持被帮扶学校新教师的招聘和培训工作，促进教师队伍迅速成长。5年来，学校多次派出专业管理团队和精锐教师团队前往手拉手学校，开展调研、送课、共研等手拉手帮扶活动：

2018年10月19日，八一学校校长助理陈军、大队辅导员李艳燕、海淀区语文学科骨干兼年级组长高进娥老师、海淀学区英语学科带头人刘元元老师、海淀区教育系统青年岗位能手张与忱老师一行 5 人，来到狼牙山五壮士红军小学进行对口支教帮扶。

2019 年 9 月，八一学校党委牛震云书记带领八一学校骨干教师，全面协调帮扶工作，进行多学科现场课展示，为接下来一系列精准扶贫工作指明了前进方向、明确了目标责任。

2019 年 11 月 13 日，八一学校党委牛震云书记带领小学部李艳燕、刘丽娜、郭志华、刘艺婷、张路 5 名教师和 24 名少先队员，来到狼牙山五壮士红军小学开展送课和少先队员交流活动。

2019 年 12 月，八一学校陈军主任带领学校骨干教师，到河北省赤城县白草镇九年一贯制学校进行教学、教研交流，商讨进一步合作共进的计划及安排。

2020 年 2 月，八一学校帮助丹江口丁家营镇九年制学校解决疫情期间线上教育力量不足的困境，为学校推荐了适合小学低年级阅读，知识性、趣味性、教育性都很符合学校需要的线上学习内容。

2020 年 9 月 14 日、2020 年 10 月 13 日，八一学校选派经验丰富、专业能力强的初中骨干教师贾颖、张华生老师，为延庆康庄中学初三学生做考前培训辅导，指导学科复习。初中历史教研组长王可老师，与延庆康庄中学历史组，在线上进行了初三备课经验交流。

2020 年 10 月 22—27 日、11 月 2—7 日，副主任徐洁、张文野，主任助理王秀平老师带队，携解志斌、吴宏力、胡婧、孙新乐、王帅、于洁、宋佳洋老师一行 10 人，前往河北省易县西山北中心小学、狼牙山中心小学两所手拉手帮扶学校，进行送课交流。

2020 年 12 月 3 日，王华蓓、张立红副校长和课程与教学中心陈熹主任，带领学校各学科优秀教师，前往延庆康庄中学，与当地的老师进行师徒结对，促进学校师资力量迅速成长。

2020 年 12 月 15 日，八一学校小学部各学科教研团队与易县西山北小学、赤城县白草镇九年一贯制学校、湖北丹江口市丁家营镇九年一贯制学校、河北易县狼牙山五壮士红军小学的老师们，通过视频开展共同教研活动。

……

一次次的活动、一趟趟的行程，无不彰显着八一学校作为一所名校的责任与担当。教育是成风化人的事业，需要久久为功。教育帮扶不能靠一时的激情，而需要长期不懈的坚持与奋斗不止的努力。只有这样，才能把教育帮扶这件功在当代、利在千秋的大事办好。

2. 开展形式多样的手拉手帮扶活动

每学期开学，八一学校都会主动联系手拉手学校，了解需求、专项诊断，开展一系列各具特色、颇有成效的教育帮扶活动，如特色学科送课、教育教研送课、教师跟岗培训、专题讲座等，毫无保留地将教育教学的最新成果共享给手拉手学校的老师们。

以 2020 年 10 月前往河北省易县西山北中心小学、狼牙山中心小学两所手拉手帮扶学校开展送课交流活动为例。

北京市八一学校赴河北省易县西山北中心小学、狼牙山中心小学送课交流活动纪实

2020 年 10 月 22—27 日、11 月 2—7 日，副主任徐洁、张文野，主任助理王秀平老师带队，携解志斌、吴宏力、胡婧、孙新乐、王帅、于洁、宋佳洋等老师一行 10 人，前往河北省易县西山北中心小学、狼牙山中心小学两所手拉手帮扶学校，进行送课交流。

活动准备初期，八一学校组织教师召开两次行前动员会，根据易县教育实际情况，设计送课内容。各位授课教师与易县教师进行了充分的课前沟通，了解了学生学情，为此次交流设计了有针对性的活动。

一、同课异构

八一学校教师精心选送了四节课，涉及语文、英语、道德与法治学科。教师们准备充分，本着“立足学生实际、促进个性化发展”这一主题思想，选择了适合农村学生、适合实际的教学方法和教学环节，以常态但又不失严谨、生动的形式，展现了教师们扎实的教学基本功。在宽松、和谐、平等的氛围中，学生们学习兴趣浓厚，积极主动参与课堂活动。八一学校小学教师们成功、精彩的教学演绎，受到了易县两校教师们的一致好评。此次教学活动，以“同课异构”形式进行，同一课程不同的教学设计，让参与活动的教师们在对比中借鉴学习。

狼牙山中心小学领导及教师，先后观摩了红军小学陈兴华老师、八一学校宋佳洋老师执教的《我们神圣的国土》同课异构教学展示。王帅老师准备的是四年级道德与法治课《正确认识广告》，孙新乐老师执教的语文课是《精卫填海》。

八一学校授课教师，以严谨的教风、精准的教材解读能力、精湛的教学技艺、娴熟的课堂驾驭能力，为驻地学校上了精彩的教学示范课，为两所学校送上了富有八一学校特色的教学理念和教学经验，传递了新的教育教学信息，为搭建城乡教育一体化发展互相学习、相互促进、共同提高的平台贡献了力量，得到了所在学校干部、教师们的高度称赞。

八一学校宋佳洋老师讲授道德与法治课

王帅老师在西山北中心小学讲授《正确认识广告》

二、教研交流

同课异构教学结束后，老师们共同开展了语文、英语、道德与法治教学交流研讨座谈会。于洁老师为当地教师带来了“单元主题学习”的专题分享；吴宏力老师以“扎实教研，共同成长”为题，为兄弟学校的领导及教师们，介绍了八一学校英语教研组一路走来的心路历程，同时解答了教师们的困惑。

于洁老师为狼牙山中心小学教师说课

八一学校小学部英语教研组组长吴宏力老师发言

三、专题讲座

八一学校的区级带头人，为易县教师们开展了专题讲座。解志斌老师就如何落实年级管理，以及各学科间如何整合进行了说明，并介绍了学校先进的年级管理经验和特色学科活动。

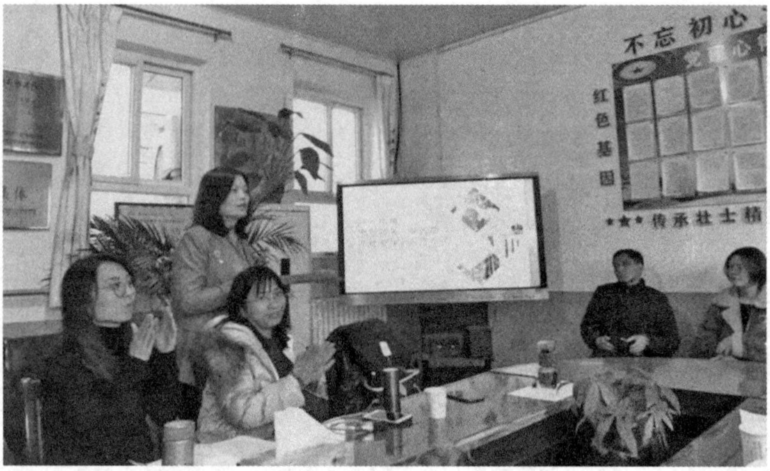

八一学校区级带头人解志斌老师做专题讲座

王秀平老师有着数十年的班主任工作经验，她表示，班主任工作其实充满了智慧和方法。在王老师的故事里，有收获、有思考，有笑语、有泪水，有成功、有失败……但归根到底，她有的是一颗投身教育、矢志不渝的心。她的分享，让在场的教师无不为之动容。

王秀平老师传授做班主任的经验

孙新乐老师用实际行动，告诉每一位教师：每个班主任都有自己的特点，一定要找到适合自己的带班方式；比经验和技巧更重要的，是以身作则，是公平对待每一个学生，是日复一日的付出，是永远对学生保持真诚。

海淀区优秀班主任孙新乐老师进行交流分享

通过此次交流活动，易县两所学校的教师们感受到了北京市先进的教育理念，学习到了先进的教学方法，也加强了两地教师的沟通交流，推动了两地资源的优势互补，在指引小学教育教学发展方向的同时，提升了教师的执教水平，为进一步加快易县教师队伍建设做出了贡献。

新冠肺炎疫情期间为了不影响帮扶工作，八一学校也在积极转变帮扶思路，利用线上平台开展线上帮扶活动。2020 年 2 月，八一学校相关负责老师主动通过微信和电话了解湖北省丹江口丁家营镇九年一贯制学校在疫情期间的现状、困难和需求。面对该学校线上教育力量不足的困境，八一学校开展线上公共资源、家校联盟公众号资源聚焦素养发展专题帮扶，给丁家营镇九年一贯制学校推荐了适合小学低年级阅读，知识性、趣味性、教育性都很符合学校需要的线上学习内容——家校联盟公众号中的三大板块：书香家长志愿者课堂，低段侧重于绘本故事，中高段关注知识讲座；假期特殊陪伴，挑选了一个外交官爸爸的“云陪伴”；年级活动的推送。丹江口丁家营镇九年一贯制学校迅速在班主任德育群中推送，要求在家校群下发，家长与学生同阅读。根据电话和家访时老师反馈，大部分家长和孩子们都参与了学习，有很多感触和收获。

此外，八一学校还多次组织开展教研组长、备课组长之间的点对点、人对人的教研帮扶等活动，派出几十位教师参与线上听课，开展评课及交流反馈工作。

以 2020 年 12 月组织的五校线上联合教研活动为例。

2020 年 12 月 15 日，严寒冬日里，八一学校小学部却热火朝天。为助力教师能力提升、更新教研团队教育理念、共享优质教育资源，各学科教研团队进行远程送教。

河北省易县西山北小学、河北省赤城县白草镇九年一贯制学校、湖北省丹江口市丁家营镇九年一贯制学校、河北省易县狼牙山五壮士红军小学的老师们，通过视频与八一学校共同开展联合教研活动。语文组、数学组、英语组分别奉上了三节精彩的备课、说课分享，艺术组、体育组、科信组围绕教研主题进行了深入学习与交流。

学科	教研主题
语文	围绕一年级的三节校内研讨课《秋天》《四季》《江南》进行说课、评课
数学	1. 围绕三年级的两节校内研究课《什么是周长》《长方形的周长》进行说课研讨 2. 以“把握概念本质发展空间观念”为题，结合空间观念的目标要求及学生的学情分析，对整个单元进行构架
英语	1. 教育部国家中小学云课堂和教育电视台《同上一堂课》的教学录制活动分享 2. 三年级上册第三单元的整体教学设计、课时设计、教学亮点 3. 围绕三年级上册第四单元第二课时进行具体详细的说课
艺术	如何辨别“非项目化学习”和“浅项目化学习”
科信	以研究京西稻为主题的螺旋衔接式系列课程落地研讨
体育	围绕各年级学生体质健康测试数据进行研讨

以语文教研组活动为例，语文教研组始终关注学生语文能力的纵向进阶和部编版教材的横向关联，备课精钻教材、把握学情，确立单元主题、设计单元整体教学，进行观摩课展示与研讨。活动围绕一年级的三节校内研讨课《秋天》《四季》《江南》进行说课、评课。

丹江口市丁家营镇九年一贯制学校教师参与联合教研活动

西山北中心小学教师参与联合教研活动

张彬老师教授《秋天》

武兴乐老师教授《江南》

通过这次远程教研与交流，易县西山北中心小学的老师表示："这次活动接触到了许多教育新理念，也认识到了教学上的不足。同时，深深感受到了学习的重要性。在今后的教学中，我将立足于本职工作，加强理论学习，转变教育教学观念，用心实践新课改，铺设好自己的专业化发展之路。"

赤城县白草镇九年一贯制学校的老师表示："八一学校老师的讲解非常清晰，基本功扎实，能用看似普通却操作难度很大的方式，激发学生的学习兴趣，迥异的风格使整个课堂焕然一新。老师们很细心，注重新旧知识的衔接，善于质疑，同一问题能用不同解决方法来取舍，呈现了丰富多彩的课堂画面，新颖、自然、有活力、生活化。通过这次听课，我更加理性地反思了自己的课堂设计，争取以后成为一名更优秀的教师。"

易县狼牙山五壮士红军小学的老师表示："课堂教学始终是教学最重要的部分，要认真上课，努力营造课堂氛围，使课堂充满活力，让学生在教师设计的环节的引导下，调动他们的积极性、主动性，培养学生的想象力、创造力，发展他们的思维，提升他们的能力，出色完成教学任务……"

丹江口市丁家营镇九年一贯制学校的老师表示："通过参加此次活动，对单元整体教学设计有了更好的把握，也更加明白了单元整体教学设计的重要性，要学会根据需要，对教材内容进行删减整合。同时，做好教学的前提是要充分了解教材、了解学生、了解学业水平，选择可行有效的方法进行教学。"

区域内外教育协作，能够有效缩小区域、校际之间的教育差距，提高基础教育学校的均衡化和优质化水平。作为首都学校，八一学校肩负着带动同区学校、拉动贫困地区学校共同发展的责任与使命。手拉手教育帮扶活动缩小了城乡教师之间的距离，切实促进了教师的专业发展，进一步推进了现代教育技术的普及，为几所对口学校的长足发展增添了动力。几所学校在越来越密切的交流活动中互相学习、共同成长，携手共进，谱写了京冀鄂教育新篇章！

（四）共情空中课堂，共享教育智慧

在教育改革不断深化、互联网技术日新月异的今天，教育帮扶也应因时而进、因势而新，不断创新内容和形式、途径和方法。教育信息化超越了时空的樊篱，以现代教学理念为指导，借助信息技术手段，汇聚各类资源开展教与学，与贫困地区传统课堂教学同向同行，是实现教育扶贫的重要路径。

《同上一堂课·名师课堂》是中国教育电视台在疫情期间推出的共享学习资源，助力"停课不停教不停学"，辅助全国各地学生进行学习，将国家空中课堂平台上源源不断的优质教学资源传播到中西部地区。八一学校积极响应，调集初高中部多位名师打造课程内容，参与课程直播，让偏远地区孩子共享优质教育资源，也为受援地教师提升教育教学能力、拓展教学思路提供了帮助，全力促进教育资源公平、开放与均衡。

为进一步做好疫情期间学生居家学习教育供给，北京市教委、海淀区教委分别组织名师录制优质课程，给学生们提供更加符合本地学段学情的在线学习内容。八一学校精诚团结、精心备课、精细施教，中小学部共计近百位特级教师、学科带头人、骨干教师录制了140余节优质课。为了让优质的教育资源能够辐射更多的学生，八一学校老师还积极参与到教育部、高教社、儿基会、海淀区教委等不同单位组织的线上课程录制工作中，通过云端互动，助力优质教育资源共享。

近年来教师参与市级及国家级线上公开课程录制一览表

序号	学部	学科	教师	主题	录制类别
国家级					
1	初中	化学	丁灵巧	像科学家那样实验	教育部——《同上一堂课》
2	初中	化学	宋晓萌	像科学家那样思考	教育部——《同上一堂课》
3	初中	美术	刘晓明	学做浮雕第一课时——装饰浮雕	国家中小学课程资源
4	中学	体育与健康	黄虹	说课、看课的技巧（2节）	教育部、高等教育出版社国培空中课堂讲座
5	初中	体育与健康	黄虹	初中田径学赛练一体化教学	教育部、联合国儿童基金会空中讲堂讲座
6	高中	政治	靳荣	世界的物质性	教育部部编教材
7	高中	政治	李梦枭	运动的规律性	教育部部编教材
8	高中	美术	张尊高	抒情与写意——文人画	国家中小学课程资源
9	高中	地理	徐亚辉	气候专题	教育部——《同上一堂课》
10	高中	信息技术	刁文水	数据，为我所用	中国教育学会中小学信息技术教育专委会——线上公开课
11	高中	信息技术	崔琳	ATM自动提款机——顺序结构	中国教育学会中小学信息技术教育专委会——线上公开课
12	高中	信息技术	巴军	《缤纷世界》——认识计算机解决问题的一般过程	中国教育学会中小学信息技术教育专委会——线上公开课
13	高中	信息技术	王祺磊	《缤纷世界》——Turtle来描绘世界	中国教育学会中小学信息技术教育专委会——线上公开课

续表

序号	学部	学科	教师	主题	录制类别
市级					
14	初中	数学	严鸥鸿	二元一次方程组复习与小结 1	北京市中小学空中课堂
15	初中	数学	严鸥鸿	二元一次方程组复习与小结 2	北京市中小学空中课堂
16	初中	数学	严鸥鸿	含参数的二元一次方程组	北京市中小学空中课堂
17	初中	英语	曲红茹	初三复习指导	北京市中小学空中课堂
18	初中	英语	曲红茹	初中英语指导	北京市中小学空中课堂
19	初中	历史	王可	清朝前期的社会经济发展	北京市中小学空中课堂
20	高中	历史	李晓明	晚清时期外来侵略的不断加深	北京市中小学空中课堂
21	中学	体育与健康	黄虹	以阳光的心态面对（2 节）	北京电视台、北京市中小学空中课堂
22	高中	体育与健康	黄虹	高中体育教材必修模块——体育与健康知识	北京市中小学空中课堂
23	高中	体育与健康	黄虹	高中体育与健康模块系列讲座（4 节）	北京市中小学空中课堂
24	高中	体育与健康	王逸	体能模块	北京市中小学空中课堂

不管做什么事，只有带着真心真情去做才能做好，教育帮扶也不例外。教育帮扶难在坚持不懈，贵在持之以恒，需要高度的社会责任感，更需要涵养仁爱之心、济世之志。在八一学校，教育帮扶不是“昙花一现”，也不是“摆花架子”，而是一项抱有“水滴石穿”“铁杵磨针”必胜信念的工程，是一项讲求常态长效的工程。30 年初心不改，30 年砥砺前行，八一学校坚持做教育帮扶的躬行者，在与偏远地区学校深度对接与帮扶中，真正再现了八一教师的情怀和风范，诠释了八一学校全体教师对实现教育公平和均衡的初心和使命。

二、特色辐射，做教育智慧的贡献者

办学特色是学校在长期的办学过程中所表现出来的有别于其他学校的独特的办学风格、独到的办学理念，以及在人才培养、教学研究、校园文化等方面形成的特色。长期以来，八一学校一直在思考一个问题：如何影响和带动更多的学校走上特色化发展之路？除了贫困地区、偏远地区的学校，还有很多迫切求发展、求创新的学校，他们苦于没有先进的理念引领，没有优质的资源支撑。因此，在 2016 年习近平总书记回母校后，八一学校充分发挥自身的办学特色和优势，在 2017 年发起成立了红色联盟和航天科技联盟，以红色教育、科技教育为抓手开展特色辐射，同时以八一学校具有领先水平的校园足球、美育工作为重点，带动了一众学校的特色发展，积极争做教育智慧的贡献者。

（一）成立红色联盟，传承红色基因

为继承红色基因，落实立德树人，2017 年 3 月 1 日，在各地区教育主管部门的支持下，北京市八一学校、重庆江津中学、张家口六中等原“足迹”活动学校共同发起成立了“八一教育协作体联盟”暨“红色教育联盟”。这里的“八一”意为“传承聂荣臻元帅的人民解放军的红色基因”。联盟旨在联合具有红色革命历史，与聂帅生前学习、战斗、工作和生活过地方的学校，搭建以“弘扬聂帅精神、传承红色基因、着眼未来教育、共育品质人才”为宗旨的教育服务协作平台，探索适合中国素质教育改革的模式与途径，培育红色基因，弘扬聂帅精神，激发联盟内学生树立崇高理想、崇尚科学、探索未知、敢于创新的热情，提升青少年科学素质，培养社会主义接班人。这是国内首个传承红色基因的教育协作体联盟，一个拥有红色基因、崇仰聂荣臻元帅的联盟就此诞生。我们将共同把聂帅爱国奉献、求实奋进、科学创新的精神传承下去。

“八一教育协作体联盟”成立现场

“八一教育协作体联盟”覆盖了北京、河北、海南、湖南、甘肃、广东、新疆、重庆等省份。联盟发端是聂荣臻元帅走过的学校，先是五地六校，后来逐渐扩展为红色学校，大部分位于革命老区。联盟把近20所具有红色背景的学校聚集在一起，形成资源共享机制。每个学校都有相同的红色基因，可以说，不同的学校，同一条血脉，大家通过结成联盟，互通有无、互相帮助、互相合作、互相依靠，寻求共同的发展。各联盟校之间开展多种文化交流活动，加强教师之间的交流与学习，推出去、请进来，通过提高教师水平，实现学校整体教学水平的提升。此外，各校针对学校基础建设、课堂建设、学校信息化建设等多方面进行深入交流，真正实现教育协作及优质资源互补。作为第一个秘书长学校，八一学校担负起第一届“盟主”的重托，积极谋取教育协作体的共同发展。

“八一教育协作体联盟”学校名单

序号	协作体学校名单
1	北京市八一学校
2	北京市八一学校附属玉泉中学
3	北京市八一学校保定分校
4	河北省保定市阜平县城南庄八一希望小学
5	河北省保定市阜平县向阳庄八一小学
6	河北省张家口市第六中学
7	河北省石家庄市鹿泉区第一中学
8	湖南省湘乡市东山学校
9	广东省深圳市盐田区高级中学
10	广东省深圳市盐田区外国语学校
11	广东省深圳市盐田区田心小学
12	新疆维吾尔自治区疏勒县八一爱民学校
13	63710部队长征学校
14	甘肃省酒泉卫星发射中心东风中学
15	重庆市江津中学
16	甘肃省酒泉卫星发射中心东风小学
17	新疆维吾尔自治区巴州马兰小学
18	海南省昌江县思源实验学校

自联盟成立以来，八一学校积极组织并参与联盟活动，传承红色基因、弘扬红色文化，让各校的红色教育更丰富、更深入。如 2017 年 3 月在北京开展“传承红色基因、弘扬聂帅精神、锻造品质人生”的足迹活动，设计开展了观看天安门升旗仪式、文化展示活动、参观中华文化航天博物馆、参观航天五院、友谊滑冰等丰富的活动内容。

联盟校的同学们参观天安门国旗护卫队训练营地

江帆院士向联盟校的同学们讲解航空航天知识

联盟校同学们参观中国航天员科研训练中心

在这段短暂而美好的时光里，联盟校的学生感受到来自不同地域、不同学校的热忱与激情，每个人都在知识、视野、人际交往等方面有所收获，更加珍惜目前和平安定的生活，并坚定了为中华民族崛起而读书的信念。

忆往昔，八一学校20世纪90年代参与“东风行动”，与聂荣臻元帅生活战斗过的五地六校（后为六地七校）共同携手，建立合作交流平台，学聂帅事迹、走聂帅道路、做聂帅传人；看如今，八一学校在新课程改革的理念下，建立“八一教育协作体联盟”，汇集十二地十八校，共同携手，继续传承红色基因，弘扬聂帅精神，开启教育合作新篇章！“八一教育协作体联盟”的建立，为联盟校之间建立了一个资源互补的平台，充分发挥了八一学校红色教育示范带头作用，保护、传承和发扬了“无正直，不八一”的良好道德规范，捍卫并打造了八一学校红色教育品牌。

（二）发起航天科技教育联盟，领衔推进航天科技教育

八一学校建校以来，以科技教育助力强国强军梦始终是贯穿学校发展的主线。航天科技教育一直是八一学校的一张闪亮名片，小卫星项目、STEAM课程、高端实验室课程、科技竞赛和活动、翱翔计划等具有制高点的品牌项目，使学校科技教育具有广泛的社会影响力。

2016年9月，习近平总书记回到母校。他走进实验楼，来到天工苑的科普小卫星课堂，仔细观看学生们正在研发的我国首颗中学生科普小卫星，向指导教师和学生了解卫星实验内容和特色功能。看到八一学校小卫星研制团队的展示，习近平总书记非常高兴，嘱咐同学们小卫星发射时别忘了告诉他。当年的12月28日，我国首颗由中学生研制的小卫星在太原卫星发射基地发射成功，八一学校的同学们写信给习近平总书记，他很快就回了信。习近平总书记在信中说：希望你们保持对知识的渴望，保持对探索的兴趣，培育科学精神，刻苦学习，努力实践，带动更多青少年讲科学、爱科学、学科学、用科学，努力成长为祖国的栋梁之材，将来更好为实现中华民族伟大复兴的中国梦贡献力量。

为落实习近平总书记嘱托，培养航天后备人才，2017 年 4 月 23 日，中国航天科技教育联盟在北京市八一学校正式成立。联盟由国家航天局、中国航天科技集团指导支持，中国航天科技国际交流中心、北京市八一学校、中国人民大学附属中学、西安交通大学附属中学、北京航空航天大学、北京理工大学、南京理工大学等 7 家单位联合发起。

中国航天科技教育联盟启动

联盟通过高校、科研院所及中小学的协同共建，积极推动基础教育阶段航天科技教育工作，有效推动了航天科技创新人才的贯通式培养。

1. 加强联盟建设，整合优质航天教育资源

航天科技教育联盟整合全国各地优质航天科技教育资源，搭建航天科技教育服务平台，凝聚政府、教育界、产业界、学术界以及其他社会各界的共识与合力，广泛开展国内外航天科技教育领域的资源交流、技术交流、学术交流及教育培训。航天科研院所发挥航天产业优势，带领中小学生参与卫星、火箭、深空探测等科普与创新活动；高等学校发挥人才培养优势，与中小学开展卫星研制与应用合作，联合各成员单位共同探讨贯通式人才培养模式；各级教育主管部门发挥管理部门作用，总结航天科技教育管理和实践经验，组织课题申报，开展航天科技教育相关研究，探索产教融合的素质教育改革模式与途径；各类教育服务机构发挥市场优势，开发系列航天科教课程，组织航天科技竞赛，开展航天科普师资培训，建设航天科教云平台、专家资源库及教育师资库；各中小学则积极发动全体师生热爱航天、学习航天、探索航天，依托各类

联盟平台组织丰富的航天科技教育活动，建设航天主题实验室和体验中心，为联盟推荐优质生源。

经过几年的发展，联盟队伍不断壮大，目前中国航天科技教育联盟理事单位全国有近500所学校，其中包括湖南81所、山东48所、黑龙江39所、湖北35所、陕西29所、北京22所、四川21所、山西18所、浙江17所、河北15所、江苏14所、辽宁14所、河南14所、广西12所、甘肃12所、安徽12所、江西11所、吉林11所、内蒙古11所、广东9所、福建9所、贵州7所、云南5所、天津4所、上海3所、重庆3所、海南3所、新疆3所、宁夏2所、青海1所。

此外，联盟还积极加强自身建设，定期召开联盟理事会，共谋联盟未来发展。联盟理事会的召开进一步完善了联盟的组织机构及运行机制，发挥联盟理事单位的作用，引导联盟理事长单位、理事单位积极参与联盟发展规划制订、重大项目实施等工作，达到联盟单位协作共赢的目标。同时，也推动了航天科普资源的整合、发展战略研究和不同专业开展学术交流等工作。在联盟的日常管理方面，联盟秘书处积极组织走访成员单位，定期刊发联盟信息，强化联盟成员之间的联系。

2. 全方位开展航天科技教育，助力航天创新人才培养

近年来，航天科技教育联盟通过举办航天科技教育校长论坛、推进中国青少年科普卫星工程、推进航天科技与教育创新工程、开展航天科普公益活动等多重举措，全方位开展航天科技教育，助力航天科技创新人才培养。

举办航天科技教育校长论坛，发挥联盟顶层平台优势。作为航天日主场活动的重要板块，联盟先后围绕“新时代新人才培养与评价”“新高考”等主题组织召开航天科技教育校长论坛，每期论坛吸引400余名中小学校长、高校招生负责人和相关领导参会，国家国防科技工业局领导先后为中国中学生科普卫星工程授旗。论坛凸显了中国航天科技教育联盟的顶层平台优势，将航天科研院所、高校、中小学联合起来，形成了联系紧密、互为支撑的“金三角”。在每年的国家航天日主场活动中，八一学校围绕主题在论坛上做主旨发言，分享实践经验，带动更多学校开展航天科技教育，为培养航天创新人才夯实基础。

推进中国青少年科普卫星工程，发挥小卫星“启明星”作用。为落实习近平总书记“回信精神”，联盟将中国青少年科普卫星工程作为开展航天科普教育的重要抓手，系列工程进展顺利，目前“八一 01 星”“八一 02 星”“八一 03 星”已顺利发射，“八一 04 星”“八一 05 星”“八一 06 星”正在研制中。围绕该项目，联盟先后开展了假期卫星集训营活动、Cansat卫星课程，建设了卫星实验室、地面测控站，进行了卫星载荷创意征集及评审。在已经完成的集训活动中，共有十余家联盟成员单位学生参与了总

体、结构、星务、姿控、电源等卫星分系统的学习研制。在这个过程中，八一学校主动将“八一 01 星”成功发射的经验辐射给更多的接旗学校，组织师生与接旗学校进行深入交流与研讨，开展远程视频答辩，积极带动一批学校参与到小卫星研制中，在全国中小学中形成较大影响，让小卫星真正发挥“启明星”作用，激发青少年的科学探索热情。

推动航天科普与创新教育工程，促进航天创新人才培养。为促进航天创新人才培养，联盟启动航天科普与创新教育工程。该工程以“航天拔尖创新人才培养计划”为牵引，在“钱学森大成智慧教育思想”的指导下，为区域引进优质航天科技教育资源，推动中小学航天教育发展。在联盟的推动下，中国航天科技国际交流中心先后与太原市教育局、济南市长清区教育体育局、哈尔滨市教育局等多地教育主管部门签订战略合作协议，在创客实验室建设、航天科技教育的课程体系建设、优质资源引进等方面为联盟校提供支持。在这一工程的支持下，石家庄市鹿泉一中建立了航天主题展室、“西柏坡”号中学生科普卫星联合实验室以及卫星地面测控站，成为鹿泉区及石家庄学生实践基地；郑州八十八中建立了航天主题创客实验室，成为郑州航天科技教育的先行者；石家庄市鹿泉一中、太原市进山中学、安徽省庐江二中、北京市平谷中学等学校成立了航天特色实验班，开设了航天基础知识、火箭基础知识、北斗导航应用、Cansat 卫星应用、卫星遥感应用等课程，探索贯通式人才培养模式；北京通州运河中学、北京市六十五中学等学校开设了以航天为主题的项目式社团课程，开设了卫星测控通信、未来太空城市、北斗导航等多类课程，激发学生的科技热情。同时，联盟还积极引入优质大学资源，发布哈尔滨工业大学“紫丁香计划”，开设了微积分、大学计算机、计算思维导论、航天概论、RoboMaster 机器人基础、建筑设计的空间基础、升学指导与生涯规划等大学先修课程，推动联盟与高校的实质性合作，更密切地把高校、高中和联盟联系起来。在这个过程中，八一学校作为联盟的发起学校，当仁不让地与联盟校分享学校在以上方面的先进经验与做法，切实为航天教育事业贡献力量。

开展航天科普公益活动，圆更多青少年的航天梦。为引领更多师生认识航天、热爱航天，让航天科普走进千校万家，在中国航天基金会的支持下，联盟积极落实“中小学航天科普师资培养种子工程”，面向中小学教师开展航天科普公益培训活动，连续举办了“中小学科技教师培训暨西昌卫星发射中心观摩活动”，组织联盟成员单位的领导和科技教师参加培训，观摩了北斗三号系统第九、十颗组网卫星发射，开展航天科技教育教学研讨活动；持续举办航天科普大讲堂活动，邀请航天专家走进北京市一零一中学、一五六中学、清华附中永丰学校等多所学校，每年科普受众达万人以上，航天主题校园科技活动深受学生喜爱。联盟还积极开展航天科技教育公益活动：组织航天专家前往西昌市冕宁县彝族希望小学，为那里的孩子带来难忘的科技活动课，在嫦娥四号发射之际为学生们系统讲解嫦娥系列发射任务以及中国探月工程，激发了学生浓厚的科普兴趣和爱国情怀；支持航天科技集团在陕西省太白县进行教育扶贫工作，为当地学校建设了航天主题实验室，滋养贫困地区群众及孩子的爱国情怀，提升他们的科学素养。八一学校作为联盟发起学校，也作为专家库成员单位，大力支持这项事业，为航天科普工作的开展添砖加瓦。

此外，联盟还联合中国空间技术研究院所属钱学森空间技术实验室、载人航天总体部共同启动"中国空间站青少年教育实验方案征集活动"，打造高端特色品牌；积极推进国家航天局航天科普教育基地管理工作，推动其面向社会公众持续开放；全方位打造升级航天主题特色研学产品体系，发起组建科普研学联盟，举办航天少年托管班、航天小记者夏令营、小航天员训练营、十一院涞源青少年航天营、长城公司托管班、国防科工局扶贫夏令营等，为那些对航天科技感兴趣的同学提供更加多元的成长平台。

航天科技教育联盟的建立有效地帮助了一批学校扎实推进航天科技教育，激发了青少年对航天科技的学习愿望，让航天科技教育"遍地开花"。同时，也引起了社会各界对青少年科学素质教育的共同关注，有效促进了航天科技教育的创新发展。未来联盟还将不断完善理论基础和指导思想，推进联盟的组织体系建设，加强与高校间学术型教育研究的组织联系，更大范围开展航天科技教育公益活动、航天科普活动和科技教师培训，引领航天科技教育迈上新的台阶。八一学校也将一如既往地支持联盟的工作，充分发挥发起校的先锋带头作用，共享成果，共创未来。

（三）引领校园足球发展，圆更多青少年足球梦想

足球运动是目前全球体育界最具影响力的单项体育运动，有世界第一大运动的美称。足球运动强调公平与公正，其最本质的特征就是比赛与对抗。在足球运动中，青少年不仅能够得到身心的锻炼，还能收获顽强拼搏的决心和勇敢的精神，能够直面挫折，在困难面前保持镇定。

八一学校是国家级足球传统学校、培养高水平运动后备人才试点校，八一学校翱翔足球俱乐部成立至今已二十载，获得许多荣誉。在八一学校看来，足球不是少部分学生的专利，而是一项应当让所有学生都能参与的、面向人人的阳光运动，让小足球成就大梦想。

近年来，八一学校以足球为媒介，积极带动更多的学校发展校园足球工作，希望通过足球来影响学校的教育，促进学生在学习和强身健体方面协同发展。这一尝试得到了北京市和海淀区教委的高度认可，在海淀教育的报道《互联、互通、共享，京冀手拉手开展特色帮扶》中，八一学校的足球对口帮扶榜上有名，作为典型案例对外宣传推广。2020 年，八一学校还获得了北京市人力资源与社会保障部和北京市教委的集体嘉奖。

以八一学校支持河北省易县狼牙山五壮士红军小学校园足球工作为例：

河北省狼牙山五壮士红军小学足球队在李辉和王阔两位老师的带领下，一直认真刻苦训练，但由于缺乏专业指导，红军小学足球队一直在摸索中训练，成绩并不理想。

作为手拉手促发展的对接校，八一学校充分发挥自身的特长和优势，积极将优质资源辐射周边地区，通过视频、电话等方式，积极参与到红军小学足球队日常训练计划的制订、现场教学的研讨和相关组织活动工作中，有效带动该校校园足球工作。

在红军小学备战易县第三届足球比赛前期，八一学校小学部安排了郭志华教练做专门的线上指导。郭教练以语音、视频等方式，不断提高教练员和足球队员的专业技术。通过持续有效的指导和联系，红军小学每一个队员都得到了远程一对一的指导，大大提高了训练的效果。跟踪观察以及三轮测试之后，双方老师又多次沟通，分析赛情，进行了整体部署，合理安排阵容，并制订多种方案应对突发状况。

两校还多次互访，加强深度交流。足球训练送教上门，更侧重在实战中进行一对一、点对点的经验分享。参加送教活动的老师和同学身兼数职，除了教练员和足球运动员，还是讲解员，更是八一学校足球文化的宣传员。郭志华教练的分享不仅被老师们记录在笔记本上，更被老师们录制下来，后期将做成讲座教学片，为易县更多学校的足球训练提供有价值的实战参考。

八一学校足球队郭志华教练为学生示范讲解（一）

八一学校足球队郭志华教练为学生示范讲解（二）

易县狼牙山五壮士红军小学在八一学校的帮扶下，足球队的进步可以说是突飞猛进的。在易县第三届足球比赛中，红军小学逢战必胜，以巨大优势获胜，最终男女足球队均获得第一名。

河北易县狼牙山五壮士红军小学在易县第三届中小学生校园足球比赛中男女足球队均获得第一名

河北易县狼牙山五壮士红军小学给八一学校足球教练颁发荣誉证书

易县狼牙山五壮士红军小学优异成绩的背后，离不开八一教师“三同”式送教的付出与努力。回忆起八一学校在校园足球发展方面给予的帮扶，红军小学的负责老师深有感触：

在备战易县第三届足球比赛的这段时间里，距离比赛越近，我们心中越是忐忑，直至北京八一学校郭志华教练的到来。我们先是和保定联盟西路小学的足球队打了一场友谊赛，又和八一学校的小队员们较量了一场，在比赛中成长，在比赛中发现自己的不足。郭教练给我们提出了很多宝贵的建议，给我们的队员讲配合、战术，讲守门员的手形、射门触球的部位，一步一步耐心细致地教授射门的精准性、脚下的灵活性、配合的多变性、场上走位的灵活性等技术。

通过比赛，郭教练指出我们球队的守门员有些犹豫，不敢出击，处理球不果断，效果很差，重点指导了守门员的防守动作：接地滚球应该双手并拢接触地面，一脚跪地一脚侧挡；接胸前球应双手抱迅速怀抱；接力气大的球应用拳打飞，高空球上托。通过学习，我们的守门员变得十分勇敢，敢于出击，甚至做出了飞身救球的动作，技术有了很大的提高。

之前我们的队员虽然腿部力量大，踢球也特别有力，但是踢不准。郭教练指导我们准确地找出触球的部位。通过郭教练的示范，队员们练习的效果非常棒，踢球有力量、准确，并且训练热情高涨。

距离比赛的日子一天天临近，我们的信心也越来越足，终于迎来了易县第三届足球比赛。我们逢战必胜，以巨大优势获胜。在夺冠的过程中，我们就是通过郭教练的拉边战术打进一球，并通过局部小配合打进制胜一球，最终以全胜的战绩赢得冠军。十分感谢八一学校郭教练的指导，他给我们带来了干货、硬货，使我们在接下来的训练过程中有了方向，少了迷茫，让我们学到了很多先进的训练理念和优秀的实技战术。

足球是一座桥梁，连通着八一学校与其他兄弟学校；足球是一扇窗口，让八一学校与兄弟学校共展足球未来；足球更是一条纽带，聚沙成塔，发光发热，成为汇聚人心、传播力量的明灯。多年来，八一学校主动担当，积极推动帮扶校的校园足球发展。八一学校派出专业教练送课的同时，为其他兄弟学校的师生们带去了先进的校园足球理念，弘扬了校园足球精神，有效提高了学生对足球学习的兴趣，增强了学生足球竞技水平，圆了更多青少年的足球梦想，为我国足球人才的早期培养做出了贡献。

（四）辐射美育成果，以中华美育精神浸润心灵

当下，越来越多的教育工作者达成了这样的共识：不重视美育，影响的是一代人乃至几代人的审美素养和人文精神，影响的是一个民族的文化自信和创新精神。站在新的历史阶段，八一学校对美育工作有了一种更加高度的自觉、更加明确的使命、更加鲜明的态度与更加紧迫的责任。面对新形势和新要求，八一学校正加快发展，进一步明确美育方向和思路，坚持以立德树人为根本任务，遵循学校美育特点与教育规律，致力于中华传统文化的传承和中华民族艺术的弘扬。

近年来，八一学校美育工作蓬勃发展，学校积极统筹各类美育资源，坚持以深化改革释放学校美育发展的活力，强化和完善美育保障机制，积极推动构建多元化、特色化、高水平的学校美育工作体系，促进美育规范科学发展。同时，八一学校还充分发挥美育工作优势，辐射美育成果，以艺术为媒介，在向集团成员校传递先进的美育教育理念的同时，还主动向兄弟校传递先进的教育理念，通过艺术社团交流与指导、教学教育指导、送课、教师培训、演出、展览等多种形式，主动开展各类美育公益活动，促进学校美育资源与社会各类美育资源互动互联、共建共享，充分发挥八一学校美育品牌辐射带动作用。张亚红副校长多次带队奔赴陕西、河北等革命老区进行民族音乐的普及与推广，分享从教 30 多年的宝贵艺术教育经验；特级教师张尊高多次远赴云南、广东、湖北等地区进行支教，点对点帮、扶、带，传递先进教育理念，将多年积累的教育教学经验与当地教师交流，深受当地教育主管部门及同仁好评。

在学校大大小小的美育公益活动中，时常能看到八一学校金帆艺术团师生的身影。作为北京市中小学高水平艺术社团，八一学校金帆艺术团在北京市乃至全国都积极发挥着辐射带动作用。在学校艺术中心的组织下，金帆艺术团一方面积极参与下基层演出，将高雅艺术带到社区、部队，先后前往曙光街道、高里掌村等地进行演出，并赴河北宣化红一师某部、联合国维和部队和空军某师等部队进行演出；另一方面，与多所学校结成友好校，开展艺术交流活动。早在 2006 年，学校金帆管乐团与北京市万泉小学达成手拉手共识，并于当年开始，由张亚红副校长负责指导万泉小学乐团建设。短短几年，一个零起点的管乐队成长为拥有四个梯队的管乐团，这里面无不倾注着八一学校艺术帮扶的使命与责任，浸透着张亚红副校长为艺术教育奉献的热爱与心血。乐团从无到有、人数从少到多、排练从粗到细、水平从低到高，种种让人惊喜的变化更彰显出八一人的无私与辛劳，体现了金帆人的热忱与奉献。

八一学校金帆管乐团与万泉小学管乐团开展手拉手活动

2012 年，学校金帆管乐团又远赴古城西安，与西安铁一中乐团共同进行训练，举办联合音乐会，并进行艺术教育等方面的交流活动，将八一学校的“金帆文化”传播到陕西。自此，八一学校管乐团与西安铁一中乐团结下了深厚的友谊，一直保持着交流与互动。2018 年 9 月 9 日，金帆管乐团在八一学校保定分校开学典礼上进行礼仪演奏及乐曲表演，惊艳全场。高水平学生艺术社团是教育改革的实验田，代表着一种鲜明的育人导向。在一场场以艺术为媒介的交流、帮扶活动中，金帆艺术团也成为名副其实的帮助学生树立正确审美观念、陶冶高尚道德情操、厚植民族精神的生动载体。

八一学校金帆管乐团与西安铁一中交响管乐团交流音乐会

在美育公益活动中，将美育教育资源辐射到老区则是八一学校多年来的坚持。2017 年 7 月 15 日至 20 日，在牛震云书记和张亚红副校长的带领下，艺术中心师生团队一行近 200 人，怀着对革命圣地的向往和崇敬，来到延安，开启了“寻伟人足迹、扬红色传统”的红色之旅。作为一所有着红色传统的首都学校，八一学校师生此次延安之行意义重大。学校以艺术为桥梁，带领师生走进革命圣地延安，一方面是在延安这样一个特殊的地方，组织广大师生追寻伟人足迹，开展红色传统教育；另一方面，艺术中心师生还肩负着另一项职责与使命，就是与延安当地学校师生进行艺术交流，开展艺术指导。

八一学校艺术中心组织学生开展“寻伟人足迹、扬红色传统”红色游学活动

八一学校的师生们在延安市新区高级中学和延川县第二中先后学与当地学校共同举办了两场交流演出。八一学校金帆管乐团、金帆合唱团、银帆京剧团及舞蹈团分别为延安师生献上了《红旗颂》《难忘的旋律》等红色经典管乐作品，富有民族特色和陕北特色的《八骏赞》《山丹丹开花红艳艳》等合唱作品，富有中国传统文化特色又有现代教育意义的《封金育子》等京剧表演，还有体现八一学校校史的大型舞蹈《烽火摇篮》等舞蹈作品。延安市新区高级中学、延安中学和延川县第二中学的学生也献上了地方特色鲜明的歌舞节目。两地学生在舞台上用精湛的演技重现红色经典，通过自己的表演接受红色洗礼。台上，学生们尽情展现青春的风采，感受不同地方文化的特色；台下，相互交流彼此校园生活，分享成长的快乐。艺术，为两地的师生们搭建起了沟通的桥梁，增进了彼此之间文化的交融，拉近了心与心的距离。

此次延安红色之行，八一学校还与延安中学、延安市新区高级中学和延川县第二中学建立友好关系，结成友好学校，通过艺术交流的桥梁，积极开展学校管理、师资培训、学生交流等多个方面、数个领域的深度交流与指导。在延安，张亚红副校长还专门面向延安市中小学的德育、艺术教育干部和部分教师进行了专题培训。作为中学正高级教师、北京市音乐特级教师，全国优秀教师、全国中小学优秀德育工作者、北京市先进工作者、首都师范大学音乐学院音乐教育校外导师，张亚红副校长始终坚持“学生为主体、教师为主导、审美为主线、育人为核心”的教育主张，长期致力于推动中小学教育教学发展的活动，经常将自己近 30 年的教育教学经验与全国各地一线教育工作者们进行分享，对革命圣地延安的老师们更是怀有特殊的情感。此次延安讲座，她认真地进行了前期调研，为与会者精心设计了符合当地教育教学需求的培训内容，为德育、艺术教育干部和老师们分享了先进和前沿的教育教学理念和实践经验，为各位干部和老师们拓宽视野、丰富学生活动提供了可借鉴的方法和手段。

八一学校的美术教育对口帮扶同样坚持了很多年，近年来与多所艺术教育薄弱校建立了结对帮扶机制。为了推动兄弟学校美术教育发展、全面提高美术教学质量、促进美术教师专业能力提升，八一学校搭建教师互相学习、共同进步的平台，先后与丹江口市丁家营镇九年一贯学校（2018 年 11 月）、河北省易县西山北中心小学（2019 年 9 月）、昆明市实验中学（2019 年 9 月）结为“手拉手”友好学校，开展对口帮扶。学校每年选派优秀教师以讲座、经验报告、送课等形式为以上学校美术教师提供培训指导工作，“手拉手”友好学校每年选派 1—2 名美术骨干教师到八一学校进行跟岗学习。此外，双方每年还组织美术教师和学生代表互访，开展学生结对手拉手活动，组织师生美术作品联合展览等。通过多重举措，八一学校积极为帮扶学校提供了开展艺术教育教学交流的便利条件，有效带动了兄弟学校美术教学质量的提升。每一次的艺术教育公益活动及帮扶活动，八一学校都会进行详细的活动记录。一份份活动记录单，不仅展示了八一人满怀教育情意的繁忙足迹，更是八一人不计回报、主动担当的最好见证。

青少年是国家的未来，他们的素养决定了国家的文明程度，加强青少年的美育教育，能够使他们拥有美好、善良的心灵，懂得珍惜美好事物，能用自己的方式去表现美、创造美，快乐地生活、健康地成长。长期以来，八一学校以艺术为媒介，积极辐射美育成果，通过主动开展各类美育公益活动及辐射带动活动，旨在以美育点亮更多学生的心灵，激发更多学生的艺术兴趣，培养他们健康向上的审美趣味、审美格调、审美理想，引导他们完善人格修养，树立正确的人生观和价值观。多年来，八一学校用实际行动展示着艺术的形式美，传递着艺术的内涵美，大力弘扬着中华美育精神，在持之以恒的美育成果共享中切实带动了多所学校、多个地区的美育工作发展。

随着教育改革的不断深入，办出学校特色已经成为学校内涵发展的必然选择。多年来，八一学校积极发挥优质学校的示范辐射作用，主动共享教育智慧与成果，将自己的办学特色毫无保留地分享给更多的教育同行，带动一批学校走上特色发展、品牌发展之路，为更多学生点亮理想之灯，照亮前行之路，彰显了八一学校的胸怀与使命、责任与担当。初心不渝、奋楫笃行的八一人，用行动奉献祖国、奉献人民，用对教育的一片赤诚之心书写着无愧时代的华章。

三、集团带动，做教育均衡的深耕者

在教育优质均衡发展的背景下，八一学校深刻认识到，努力成为一所优质学校固然重要，但对于教育均衡的责任与担当也非常重要。从 2011 年起，八一学校积极响应海淀区对教育格局的总体布局，先后合并万泉河中学、彩和坊小学，承办八一学校附属玉泉中学、保定分校、延庆康庄中学，成为一个集小学、初中、高中、国际部于一体，一校六址的教育集团。多年来，八一学校积极探索集团化办学模式，坚持走“共性与个性相结合”的集团化办学之路。

在共性方面，八一学校坚持集团理念“融”为一体、发展“荣”在一起的原则，坚持五个相统一：统一办学思想，统一管理模式，统一师资配备，统一教研师训，统一质量监管，推动集团内部文化相通、资源共享、人才流动，争取人尽其才、物尽其用，充分发挥集团总校的辐射作用，切实提高成员校的办学实力和管理水平，真正实现集团内部携手并进、同创共赢。

在个性方面，八一学校倡导“各美其美，美美与共”。集团化办学不是让所有学校“千篇一律”，而是让每所学校各具特色、各有精彩，开创和而不同的发展格局。集团鼓励各成员校在传承总校文化精髓的基础上梳理本校的文化脉络，系统构建具有本校特色的课程体系，并从顶层设计、特色资源、师资培训等层面大力扶持成员校办出自己的特色，充分发挥各成员校的创新动力和内生活力，从而实现强基础、提内涵、见成效的循序渐进的发展目标。

在这样的集团化办学思路之下，各成员校打通共生血脉，凝心聚气、你追我赶，原先区域内的薄弱学校实现了弯道超车，成为老百姓乐于选择的家门口的好学校；多个校区闪现出自己独特的办学特色，如玉泉中学打造了“五张金名片”，保定分校的艺术教育熠熠生辉。此外，八一学校集团化办学改变了总校单向供给资源的方式，呈现出双向反哺的特点。以玉泉中学为例，从输血到造血的蜕变，让玉泉中学的“三山五园”“京西稻”等特色课程从分校“带土移植”到总校，营造出蓬勃向上的发展态势，有力促进了集团的整体发展。特别是通过近几年的探索，八一学校集团化办学基本实现了“办一所成一所、改一校强一校、抓一点带一片”的目标，真正建立了六校一体的“命运共同体”。八一学校在集团化办学方面取得了令人瞩目的成果，也当仁不让地成为实至名归的教育均衡深耕者。

（一）走出生源困境，融合后的小学部、初中部成为区域新星

2011 年 7 月北京市万泉河中学并入八一学校，2014 年 7 月彩和坊小学并入八一学校，八一学校集团化正式步入融合发展的阶段。万泉河中学和彩和坊小学在并入前并不是海淀区传统意义的优质学校，优越的地理位置没有给它们带来相应的“繁荣”，反而因其毗邻海淀区的多所名校而带来生源上的巨大落差，成为周边老百姓心目中的“兜底”校。

万泉河中学和彩和坊小学并入八一学校，有着深刻的时代背景，是教育公平的体现。近年来，北京市推出一系列改革措施，整体绘制北京市教育蓝图，通过学校布局调整和资源整合，扩大优质教育的覆盖面。海淀区响应号召，积极做好相关工作，在海淀的南部和中部进行了布局调整。八一学校集团化办学的目的正是为了充分发挥优质校的辐射带动作用，办好老百姓身边的学校。

随着万泉河中学和彩和坊小学的并入，原万泉河中学 52 名在编教师、原彩和坊小学 63 名在编教师，全部并入八一学校，这给八一学校的整体师资水平带来一定影响。除了教师队伍的变化，给学校带来的还有生源参差不齐的压力。为此，沈军校长特意对全体教师指出：“调整心态，教好属于我们的每一个学生。作为一所示范学校，办学成绩固然重要，但对教育均衡的担当、对每个生命的尊重、对每个人都能接受教育的责任、对每个人都能成为社会有用之人的使命则显得更为重要。教育应该像阳光，普惠众生，来不得半点自私。”这也为集团化办学的融合之路定下了总基调。

学校融合之路如何走？沈军校长敏锐地提出从学校文化入手。2011 年 7 月，时值万泉河中学刚刚并入，沈军校长带领干部教师重构八一学校文化，形成了以“品质文化”为统领的文化体系。学校文化是学校的“精神与灵魂”，为全体教师描绘了共同愿景，这对于万泉河中学教师顺利融入八一学校大家庭，可以说是至关重要的一步。

彩和坊小学并入后，集团充分发挥九年一贯制的学制优势，在课程建设方面，整体构建一贯制课程，做好小初衔接；在学制建设方面，将小学六年级并入初中部统一管理，成立初中预备年级，由初中老师上课；在办学特色方面，通过社团的一贯制建设，顺应了中小学身心发展的阶段性和连续性要求，支撑学生兴趣和特长持续发展。

此外，集团还从建立教师流动机制、盘活人力资源存量入手，通过派出干部和骨干教师队伍、定期开展优质课展示、开展跨校区交流培训、建立集团内部师徒结对机制等形式，有效实现教师资源的流动。集团先后出台了《北京市八一学校教育集团交流、外派人员管理办法》《北京市八一学校教育集团交流外派人员工资实施细则》《北京市八一学校教育集团课程建设管理办法》《北京市八一学校教育集团教师发展管理办法》等一系列相关制度，保障集团人才资源共享，将师资流动与教师绩效考核以及职称评定、岗位晋升、职业发展、评优等挂钩，充分调动教师流动的积极性。集团还通过深度学习项目、高端备课项目、技术与教学双向融合等多个重点项目，推动集团教研训一体化建设，促进师资队伍融合和提升。

经过几年的沉淀和积累，融合后的小学部、初中部积极跟随集团发展的步伐，学校文化、课程建设、师资建设、学校管理等方面都发生了巨变，尤其是小学部，近两年家长满意度增幅位列海淀区第一。合并后的八一学校也以全新的面貌出现在海淀教育的舞台，用辛勤的耕耘，收获着越来越多的掌声和赞美。

（二）由薄弱校到新优质学校，玉泉中学实现华丽变身

为进一步推动优质校的示范辐射作用，扩大优质教育资源，满足人民群众需求，推进学区制改革，2015 年 6 月 10 日，八一学校承办北京市六十七中学，后更名为“八一学校附属玉泉中学”，以独立建制的形式进入八一学校教育集团。玉泉中学位于著名的皇家园林旅游区——颐和园与香山之间，东临颐和园，西倚玉泉山，环境优雅，人杰地灵，是一所公立完全中学。

玉泉中学传承总校的文化精髓，梳理本校的文化传统，系统构建“上善文化”和“上善课程”。2021 年，学校被评为海淀区新优质学校，这也是对玉泉中学办学品质的最好肯定。

1. 打造“上善文化”，培育品质人才

2015 年 5 月，马玉娟副校长接受学校安排，担任玉泉中学执行校长。在思考如何顺利完成沈军校长要求的“一年内完成承办校的融合过渡”任务时，她做出的第一反

北京市八一学校附属玉泉中学校园

应就是从文化入手。玉泉中学虽然是八一学校教育集团的成员，但也不能完全照搬总校的“品质文化”。马玉娟副校长带领班子成员和教师团队，充分吸纳两校文化精髓，共同描绘愿景，在梳理构建的过程中处理好继承和发展的关系，构建了彰显玉泉中学发展特色的“上善文化”体系。从近几年玉泉中学的发展形势看，“上善文化”起到了至关重要的作用。

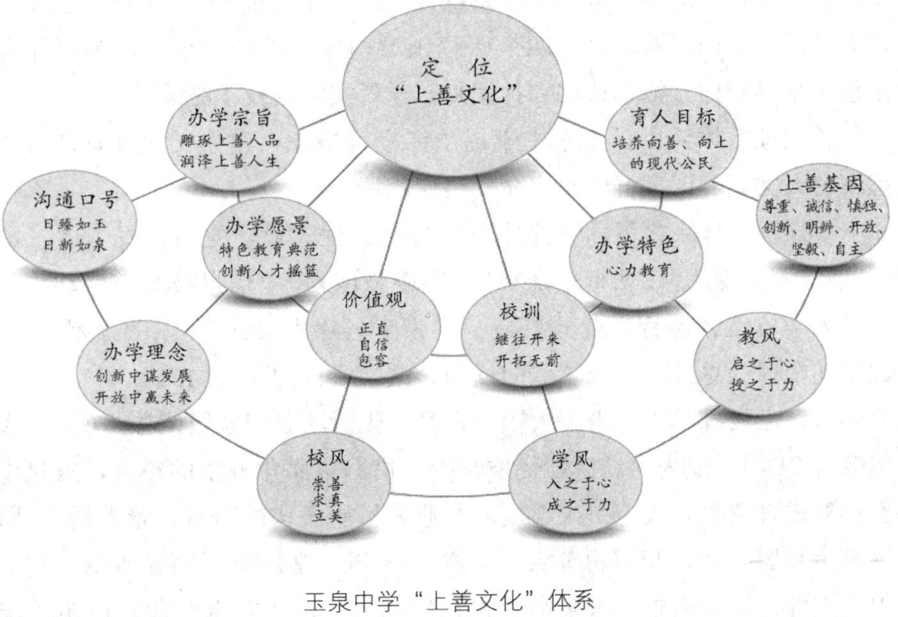

玉泉中学“上善文化”体系

学校从“上善文化”的内涵出发，梳理出一整套办学思想，发挥文化育人的强大功能。“上善文化”描绘出学校发展的美好蓝图，激励全体师生继往开来，开拓无前，走向更加美好的明天。

玉泉中学在继承八一学校品质基因的基础上，确定了适合玉泉中学学生的八大“上善基因”，明确了作为向善、向上现代公民所应具有的DNA。

玉泉中学八大“上善基因”指标体系

一级指标	二级指标	三级指标
尊重	自尊、感恩、关爱	了解自我，欣赏他人，换位思考
慎独	慎思、慎言、慎行	思维缜密，言语谨慎，行为自律
明辨	观察、分析、判断	洞察仔细，诊断理性，决策正确
坚毅	坚定、坚强、坚韧	信念笃定，勇敢顽强，持之以恒
诚信	真诚、务实、守信	待人真诚，踏实务实，诚实守信
创新	质疑、探究、实践	敢于追问，勤于思考，勇于践行
开放	扩展、理解、合作	视野开阔，沟通自如，团结互助
自主	自立、自为、自强	自我主导，自我管理，自我完善

2. 构建“上善课程”体系

为将“上善文化”落地，玉泉中学系统设计了“上善课程”。课程体系以培养现代公民为培养目标，由四大课程群、四个课程领域构成。基础课程定位为国家课程，拓展课程定位于学科延伸（校本选修和社团）＋学科实践（校本必修）。

在“上善课程”体系中，玉泉中学提出课程群概念，建立文化理解课程群、科学探究课程群、人文涵养课程群以及生命发展课程群。

在“上善课程”体系之下，学校加强了特色课程建设，先后开发了“三山五园校本课程”“航空国防课程”“曲棍球课程”“咚哒鼓课程”“信息技术与劳动技术融合课程”等一系列学校特色课程，全力打造“五张金名片”，其中“三山五园”“京西稻”等特色课程还辐射至总校，迎来了双向反哺、共同成长的喜人局面。

近5年来，学校办学水平得到大幅度提升，先后荣获国家级荣誉6项、市级荣誉5项、区级荣誉21项，成为海淀区新优质学校。借助集团化办学的东风，玉泉中学充分整合各类优质教育资源，大力引入高校、专业教科研机构的力量，着重提升师资队伍，不断扩展师生视野，稳步提升办学品质，学校校风、学风有了明显改变，中、高考成绩也取得突破性进展。未来，玉泉中学将在集团的带动下，继续深化改革，与八一学校教育集团一起，将学校建设推向新高度。

玉泉中学近5年获得国家级荣誉一览表

序号	获奖等级	荣誉	获得时间
1	国家级	中国林科院将“林木遗传育种国家重点实验室”作为玉泉中学学生学科实践活动基地	2017年5月
2	国家级	中国曲棍球后备人才推广校	2017年12月
3	国家级	首届全国中小学生曲棍球锦标赛初中男子组第三名	2018年8月
4	国家级	世界机器人大赛MAKEX选拔赛蓝色星球初中组冠军、攻城守垒亚军、蓝色星球初中组一等奖	2018年7月
5	国家级	全国中学生曲棍球锦标赛初中女子组第六名（奖牌）、初中男子组第二名、男子乙组第三名、女子乙组第三名	2019年8月
6	国家级	被中国曲棍球协会认定为“中国曲棍球传统校”	2020年

3. 借助总校经验，开展“深度学习”教学改进项目

2016年，玉泉中学开始参与八一学校教育集团开展的教育部“深度学习”项目，依托集团教研持续改进教学质量。2019年7月，玉泉中学参加了集团召开的“深度学习再出发”暑期研修活动。一是深入学习深度学习理论，达成共识；二是深入理解深度学习的内涵，初步掌握深度学习的实践模型，重点学习《理论普及读本》的第三讲——“怎样实现深度学习”，学科实践模型参考借鉴《深度学习：走向核心素养（学科教学指南·初中化学）》；三是每个学科设计出一个单元教学的完整案例，依据模板进行完整设计及呈现；四是每个学科确定每个年级下一学期的系列单元学习主题，以结构图等形式整体呈现单元之间的关系、单元内课时安排及课时之间的关联；五是每位教师依据学科下学期单元主题结构图，利用暑假，选择并设计出一个单元教学的完整案例；六是在下一学期，依托“深度学习再出发”项目，各学科做“实践—展示—研讨—改进”的全校性展示交流活动，形成各学科的系列性案例。

八一学校教育集团 2019 年暑期研修安排

日期	时间	主题	内容	主讲人/负责人	形式
7月13日	9:00—9:40	“深度学习再出发”总动员	为什么持续进行深度学习项目？学校面临的挑战、愿景及深化课堂教学改革的具体举措	沈军（北京市八一学校校长）	讲座
	9:40—11:40	5G is on!	从网络大国迈向网络强国，谱写数字中国新篇章	魏立峰（华为广电系统部部长）	讲座
	13:30—13:40	案例 1	初中语文《吟哦声里情味长》	靳艳杰	汇报
	13:40—13:50	案例 2	初中数学《相交线与平行线》	任心玥	汇报
	13:50—16:30	《深度学习再出发》报告	深度学习项目成果；再出发的高中实践	罗滨（北京市海淀区教师进修学校校长）	讲座点评
7月14日	8:30—12:00	分组研讨、设计	在风采杯教学设计基础上，按照深度学习的要求，打磨本学科单元教学设计（3 人一组）	各教研组长（自请专家）	分组研讨
	13:30—14:00	单元主题学习案例	保护珊瑚礁	陈争（北京市一零一中学化学特级教师）	讲座
	13:30—16:30	深度学习学科教学指南	宏观—中观—微观逐步实现学科深度学习	胡久华（北京师范大学化学系教授）	讲座
7月15日	8:30—11:00	分组研讨、设计	按照深度学习的要求，比对深度学习案例示例，修改前一天的单元教学设计，形成本学科精品单元教学设计（3 人一组）	各教研组长（自请专家）	分组研讨
	11:00—12:00	学科内交流	将各组形成的单元教学设计在学科内交流		
	13:30—16:30	基于测量与评价反思教与学	以五年级、七年级监测数据以及高三数据为例，做数据挖掘的策略，与教学关联，寻找改进策略	姚守梅（北京市海淀区教师进修学校副校长）	讲座
	16:30—17:00	校长总结	总结研修情况，提出下一学期目标和任务	沈军（北京市八一学校校长）	总结预期

2019—2020 学年第一学期，玉泉中学 1 名市级骨干教师，21 名区校级学科带头人、骨干教师，以“深度学习”为教研主题呈现出 22 节精彩研究课。所有教师跨学科跨年级听课，76 位教师共听课 573 节。海淀区名师指导团专家进行备课和听评课指导。

现代教育报
2018年4月23日　星期一
责编：雷灵　责校：王宇　美编：刘志军　版式：王瑞华
【教师发展】
07
E-mail:jiaoshikan@126.com

北京教育学院　现代教育报　联办

以考试研究撬动教学改进

《礼记·学记》中云："独学而无友则孤陋而寡闻"。教师，作为学生发展的引路人，独自钻研虽会有所进步，但也会慢慢湮没在不断发展的新知识、新理念中。为服务北京市中小学教师发展需要，两年前，北京教育学院协同创新项目数学项目组走进北京市八一学校，助力一线教师专业发展。如今，项目组和学校携手摘取硕果，以考试研究撬动学科教学改进。

精彩课堂

"不硬拽"的课堂影响深远

2018年4月，八一学校附属玉泉中学报告厅，初一孩子们聚精会神地开始了他们的不等式学习之旅。与以往不同的是，坐在孩子们身后的老师们既有八一教育集团的数十名数学学科教师、海淀区数学学科教研员，也有来自北京教育学院的专家和领导。

这也是北京教育学院"基于考试改革的数学教师案例研究"项目结业式和教学展示活动现场。两年来，北京教育学院副教授刘春艳深耕于此，和八一集团数学教师们一起，以研究考试变革撬动日常教学行为的改进。

"旅行的青蛙有800棵草苗，将草苗部分用于购买食物，比萨饼80棵草苗一个，需购买三个，三明治20棵草苗一个，则购买多少个三明治后，草苗还能剩余300棵？"八一学校附属玉泉中学青年教师陈琳将当下流行的旅行青蛙游戏作为教学引入素材，贴近生活的实际问题迅速调动了学生们的兴趣。根据问题的变动，他们从解方程式自然转化为解不等式，陈老师采用开放式的教学，让学生大胆猜测如何解不等式、并用数轴验证了各种猜测，培养了孩子们发现问题、分析问题和解决问题的能力。

八一学校本部的王秀丽老师借班教学，开展同课异构。让学生举例不等式的教学引人，一下子点燃了全班同学的热情。"3>2""X>4""X-Y>5"在孩子们的踊跃回答中，王老师根据答案选取典型，引导学生对不等式进行变形。当学生不能顺利完成不等式变形时，则以旧引新，适时类比等式的性质来研究不等式性质，激发了学生探究新知的兴趣。在验证环节，几何画板的使用加深了孩子们的印象，随着王老师的拖动，数轴原点两侧的数或同向移动，或背向分离，学生直观地验证了猜想，加深了理解认识。

"第一堂课用解不等式的方法理解知识脉络，第二堂课从知识内部结构引入，提出问题后直指不等式性质研究，尽管教师教的结构不同，但学生学的方式却有相似之处。学生是课堂主体，教师在教学中没有生拉硬拽，而是因势利导让学生创造性地学习。"展示课后，北京教育学院数学与科学教育学院院长顿继安评价道。

理论指导

"沉下去"夯实基础

36次专家入校的研修指导、14堂打磨成熟的公开课、大于15万字的研究书稿、多次外出观摩课堂教学、无数次深夜微信群中的交流讨论……如果说精彩课堂集中显现了研修活动的成果，那背后支撑的则是八一教育集团数学教师和北京教育学院专家们，两年来共同行动研究走过的扎实历程。

早在2016年项目启动之初，项目负责人刘春艳把研修目标定为四个阶梯，即"了解考试改革发展方向——理解能力立意的内涵，分析考试题目——日常教学与中高考有机结合的优质教学案例——梳理日常教学和考试有机结合的基本策略"。

"功夫在诗外。虽然项目主题定位研究考试改革，但我们更希望的是通过研究考试撬动教师教学行为变革，带动学生发展。"刘春艳表示，"初三、高三年级再来研究中高考犹未晚矣，但初一、高一年级开展考试研究，才能给教学改进创造更大的空间。"

项目组从考试研究、教材分析、教学改进、科研指导四个角度实施研修，分别请来北京教育考试院、北京师范大学、北京教育学院教授专家、人民教育出版社教材主编和学校特级教师，组成阵容强大的专家团队，助力八一教育集团的教师们把脉课堂、紧跟考试改革。

"在项目组学习的过程中，刘春艳老师为我们搭建了与北京市专家、参与中考高命题的老师们学习交流的平台。"八一学校玉泉附属中学数学教师杨举表示。在"课堂教学与评价"主题下，北京师范大学教授曹一鸣带来《基于数学学科关键能力评价的教师改进研究》的专项报告，就数学素养的内涵与八一学校的老师们进行交流。人民教育出版社编审章建跃博士开展《深化数学课程改革 落实数学核心素养》的培训讲座，通过对几个"简单"概念的理解，引导老师们体会数学内涵和其中蕴含着教学价值的思考。"'沉下来'的学习夯实了老师们的理论基础，扩展了学术视野。"在与专家面对面的学习和交流中，我们提升了在教学中应关注数学本质的意识，并在课堂教学中有意识的融入核心素养的培养。"杨举老师说。

研讨交流

"动起来"更新理念

跟随专家学习让人站得更高，与同行交流让人走得更远。在两年研修中，教师间热烈地交流、自主地研讨这种培训中的"非常态"，成为了"基于考试改革的数学教师案例研究"项目的常态景象。

在"解题教学经验活动"中，来自北京八中的特级教师王春辉、黄颖老师用生动的事例引发了老师们对于数学教学的热烈讨论。解题究竟依赖于什么？数学课最应该教给学生什么？教师对中高考的理解，该怎样渗透到对学生的培养中？激烈的思维碰撞中，老师们开始对平时没有重视的问题进行深入思考。"我深刻体会到，教师的成长不是某节课或某一天教学行为的改变，而是对隐藏在教学背后的个人理念的深究。"在研修笔记上，一位老师写下了这样一段话。

观摩学习是助力教师专业成长的"快车道"。在高朝霞老师的示范课结束后，刘春艳老师引导老师们按照教学经验分成对该节教学内容"刚教过讨论过""教过没研磨过""没教过"三组，每组教师将五个问题写在不同颜色的便签纸上，按照不同维度分类张贴，引发教师对观察课堂、提问策略等方面的思考。

在姜杉校长主持的开放型教学实践活动的课堂上，项目组学员老师和前来参与活动的老师一起观摩学习。对中考试题的讨论、旁听学校老师说课、聆听关于二次函数的精彩讲座……丰富的活动以及对函数中考题目的深入分析让老师们受益匪浅。

实践收获

"做中研"硕果丰厚

探索中考阅读定义、平行线判定、一元二次不等式、对数函数、角平分线、等腰三角形……两年来，八一教育集团教师分别选取不同主题，做课14节，在实践中提升了对考试改革和教学改进的理解。

在刘春艳老师的指导下，项目组19位教师经历读文献、读书分享、科研指导、论文指导等环节后，分成代数和几何两组，分别开展主题研究。两年间，老师们完成了总字数超过15万字的研究书稿。

在项目研修期间，八一教育集团共有5名数学教师分获北京市第八届"京研杯"教育教学研究成果一、二等奖，12人次获海淀区教学成果展示一、二等奖。同时，2名教师成为北京市骨干教师，7名教师获得职称晋升。

教师感想

在项目组的学习中，让我体会最深的是研究意识和研究方法。作为一线教师，每天做大量重复性工作，会观察到很多学生学习过程中的现象，对于现象产生的原因有经验的总结，也有想当然的理解，但是并不能对所有的现象有深刻的认识。这就需要在日常教学中有研究意识，用科学的研究方法，多角度多方式地去研究。

——教师　杨举

好的研修平台可以让老师的业务水平得到更大的提升，让老师的职业理想得以实现，希望我们可以借助北京教育学院协同创新项目，不断提升自己，做好一个受欢迎的麦田守望者。

——教师　胡雁宇

我特别感动于参与项目团队的刻苦钻研精神和不断攀登职业高峰的热情，同时也深刻感受到作为教师的职业责任感。要想做好做成一件事情一个项目，需要持续地付出。这个过程开阔了我视野，激励了我的工作热情，提升了我的专业素养，今后我将更好地服务于学生，服务于学校。

——教师　贾康康

□文/本报记者　雷灵

《现代教育报》刊登的玉泉中学"深度学习"专刊

（三）扩大京外辐射，助力保定分校高起点办学

北京市八一学校与保定有深厚的历史渊源。学校前身是聂荣臻元帅于 1947 年在保定市阜平县亲手创建的荣臻子弟学校，1949 年随军进驻北京。2016 年 9 月，遵从国家京津冀一体化发展战略，八一学校“喝水不忘挖井人”，以感恩和回馈学校发源地——革命老区的初心和情感，在长期牵手阜平两所小学的基础上，在河北省保定市以三方办学的方式，创建了北京市八一学校保定分校。此项目被国务院京津冀协同发展督导组誉为京津冀教育协同发展的标志性项目。来自首都名校的办学理念、管理模式及国际一流的教育教学资源迅速提升了当地的基础教育水平，让保定的孩子在家门口就能享受到北京乃至全国的优质教育，助推了区域教育的均衡化发展。

北京市八一学校保定分校由欧洲三位顶尖学校设计师和保定市美术中学美术教师团队合力设计。校园环境兼顾国际化和生本化，呈现出文化性、教育性、艺术性和时代性。综合教学楼造型选用书本折形设计，具有时代气息，彰显文化韵味。室外设计高端、新颖、美观，拥有屋顶花园、水景、立体绿化等独特的校园景观，让学生与美相伴，向美而行；室内色彩活泼，每一处设计，都为学生主动成长、自觉成长、快乐成长服务。国际化剧院、游泳馆、体育馆、科学课程中心、综合实践课程中心、艺术课程中心等多个重点项目的打造，为实现培养世界公民的育人目标提供了坚实的保障。

北京市八一学校保定分校

1. 输出优秀管理团队，支持保定分校建设

为支持保定分校建设，八一学校派出优秀团队在管理、师资、教学方面引领学校发展，委派执行校长史小昌、教师发展中心主任潘跃金、后勤服务中心主任多益洪等多位优秀人才搭建学校管理团队，组建多名学科带头人团队支持学校教育教学工作。在行政管理中心马玉娟副校长的大力支持下，集团还将总校的管理体系、管理制度、管理文化带到保定分校，落地执行。同时，总校还派驻督学组指导分校教学工作。督学组由在北京乃至全国具有影响力的5位专家型教师组成，其通过精准把脉学校教育教学，保证总校教育教学理念的全面贯彻落实。

2. 加强教师队伍培养，开展浸润式培训

在师资队伍建设方面，近年来学校秉持人力资源是学校的第一资源，广大教师是办学主体的先进理念，不断提升教师队伍的专业水平，开阔视野、增长见识、丰富经验，积极实践，倾力打造一支在全国具有竞争力的优秀教师队伍。一方面，学校积极争取政府编制支持，提供优厚待遇面向全国遴选优秀教师，并按照总校教师标准，由总校校长沈军亲自率领专家团队组成考核组严格把关、亲自甄选新教师。另一方面，探索建立激发教师自觉成长的机制：提升教师认知，与学校结为事业、命运共同体；构建自主成长二十字方针、四大策略，为自身成长加速度；构建“独学—对学—群学”的教师自成长链和“日反思会—周成长课/日—月成长汇—学期/寒暑假成长节”的他成长链，助力教师观念更新与理念内化，促进教师由勤奋型转向研究型，倾力打造一支品行优、视野宽、格局大、业务精的高素质、高水平教师队伍。

为了让教师队伍统一思想，尽快适应角色转变，加强对总校教育教学理念的学习和内化，紧跟总校的发展步伐，2016年和2017年的3、4月份，八一学校对招聘的两批保定分校新教师分别进行了为期两个月的浸润式岗前培训。在京培训期间，学校为保定分校教师制订了详细系统的培训方案，帮助他们拓展分校教师学科基础知识和前沿知识，从而提高分校教师队伍的教学能力和整体素养。2017年6—8月份，总校又邀请20多位教学实践专家在保定对全体教师进行内训，助力教师的专业成长。通过培训，老师们将八一学校核心的精神文化和思想理念内化于心，无论是团队凝聚力还是专业技能都得到大幅提高。

以2016年3月启动的新教师浸润式培训为例，通过文化初体验（第1周）、学校教育教学之旅（第2—4周）、他山之石的参观之旅（第5周）、学校建制模拟之旅（第6周）、综合活动（第7周）等系列体验式、浸润式的培训（培训内容包括学校历史、校园文化、课程体系、备课教研、学科实践活动、特色社团、班主任工作、德育活动、学生活动等方方面面），教师们零距离感悟八一学校教育教学的方方面面，深刻理解教

书育人、爱岗敬业的真谛，从而更好地规划自己的教育生涯。

首批保定分校 65 名新教师在京进行为期两个月的岗前培训

第二批保定分校新教师赴京参加岗前培训

3. 借力八一学校优质资源，积极打造办学特色

保定分校秉持“一切皆课程、一切皆教育”的课程理念、“让生命幸福成长”的课堂理念、“由自发走向自觉”的管理理念，紧紧围绕“十二人才基因”，推出了文化课程、科学课程、综合实践课程、艺术课程、体育课程五大课程体系，从德、智、体、美、劳，特别是实践能力、创新能力等多方面引领学生全面成长，让学生兼具优智能、

优品行、优品位，惠泽学生的终身发展。学校坚持按照国际化学校的标准进行建设，致力于培养世界公民。短短几年时间，学校创造性地推出“课程超市”，提供诸如机器人、DI头脑创新、STEAM课程、工业4.0课程、批判性思维课程等60余门课程供同学们选择。

同时，学校主动借力八一学校优质资源，积极打造办学特色。一方面积极借助总校优秀的艺术教育、美育资源，与总校艺术中心在艺术教育、美育等方面开展多维度、多方向的沟通与合作，定期邀请张亚红副校长来保定分校对学校美育工作进行指导、培养艺术教师的专业发展。另一方面，主动融合总校的科技教育资源，将优质课程带入分校。

总校优秀教师赴保定分校指导艺术教育工作

八一学校在科技教育方面的成绩在全国首屈一指，拥有技术研发的专业教室和科研中心，而且与高校进行了课程联盟。北京市八一学校保定分校创办后，总校派驻其科技中心机器人项目辅导教师，海淀区、北京市青少年电脑机器人比赛VEX项目裁判长，全国机器人比赛裁判潘跃金到分校担任教师发展中心主任，全面领导学校的教学工作。2017年9月，学校开设机器人校本课程，并创办了机器人社团，由潘跃金主任亲自担任课程的教练。在总校的大力支持下，分校选取优质的教材，并投入了大量的经费用于课程建设。在不到一年的时间里，八一学校保定分校的机器人课程逐步完善，并取得了一系列省、市级的优异成绩。2018年青少年机器人竞赛，学校机器人社团斩获FLL工程挑战赛第一名，并代表河北省参加第十八届中国青少年机器人竞赛，荣获二等奖。

以打造京津冀旗舰校为目标的北京市八一学校保定分校自建校以来，不断以先进的教育理念、别出心裁的教育教学活动，吸引着社会的目光。今后，保定分校仍将积极对接总校资源，持续引入总校的优质教育资源，不断扩大优质教育资源的辐射力度，在文化、课程、教学和管理方面与总校的品质追求保持一致，致力于成为区域内与众不同的学校，并在区域内形成一定的影响力。

（四）筹建延庆康庄中学，引领区域教育高质量发展

延庆地处北京远郊区，教育发展水平与北京市主城区相比存在着一定的差距。近年来，为了让延庆的孩子也能像城区孩子一样，享受到优质的教育资源，延庆积极探索教育优质均衡发展之路。2019 年 4 月，按北京市教委等部门印发的《关于市级统筹建设一批优质学校工作方案》精神，延庆区与海淀区签订教育合作协议，由八一学校承办延庆区康庄中学（目前有初中 12 个教学班，250 名学生、70 名教职工）。接到任务后，八一学校主动承担、积极筹备，以实际行动服务北京重点新城和生态涵养区建设。延庆康庄中学的筹建将切实助力延庆创业园区高端人才的引进，满足地区人民对优质教育的美好期盼，以高起点、高品质、特色化、国际化的办学格局，有力带动延庆地区深化教育教学改革。

1. 植根八一、放眼未来，明确学校发展思路

延庆康庄中学规划占地面积约 150 亩，设置小学部 20 个班，中学部 28 个班，国际部 6 个班（可接收外籍学生）。学校计划 2022 年 9 月实现小学部顺利开学，2023 年 9 月实现小学部、中学部和国际部全面开学。从 2019 年 4 月接到任务至今，校领导前往延庆数次，到康庄中学实地调研、到北京邮电大学世纪学院专题座谈、到中关村延庆园参观考察，向延庆教委和区委进行方案汇报等。马玉娟副校长全程参与延庆康庄中学整个办学方案的研制，在“植根八一、放眼未来”的思想指导下，学校先后修改办学方案达 11 版，终获专家组一致认可。2019 年 11 月，延庆康庄中学办学方案通过北京市教委组织的专家论证，成为北京市新建 10 所市建区管学校中第一个通过专家论证的办学方案。办学方案的确立也进一步明确了学校的办学思路，为延庆康庄中学的建设指明了方向。

延庆康庄中学立足八一学校办学特色，结合延庆区特点，将“军魂铸人”“科技育人”“体育立人”“一带一路”国际化人才培养作为学校办学的鲜明特色，将“军魂”的底色放大，将“科技”的优势做强，将“体育”的价值做深，将“国际”的视野拓宽。延庆康庄中学依据四大特色计划组建国防学院、航空航天学院、体育学院、丝路学院，整合优质资源，开展深度合作，依托学院建设有特色方向的普及型和专业型课程，通过开发丰富多样的课程模块，满足学生多元成长的需求。

延庆康庄中学基于“终身学习”的国内外教育发展趋势，把握青少年身心发展规律，立足学生个性化成长需求，设计“5—4—3”和“5—3—4”并行的十二年一贯双轨学制，创设多路径相互衔接、多出口科学选择的现代育人模式；依托学生生成性、阶段性和长程性综合素质评价数据，为学生构建“接轨”“换轨”的弹性转换机制，实现对不同类型、不同层次学生的分流培养，使学生在发展过程中能够更加灵活地调整成长通道。

2. 凝心聚气、扎根一线，积极推进筹建工作

为了深化海淀延庆结对项目，八一学校做足了充分的准备工作，2020 年暑期为康庄中学各学科招聘教师，并完成岗前培训。开学后，选派八一学校初中部经验丰富的生物、地理骨干教师，为全体初三学生做考前培训辅导，指导学生中考学科复习。同年 10 月中旬，八一学校初中历史教研组长王可老师与延庆康庄中学历史组进行了线上初三备课经验交流，多学科教师均参与其中。为了聚焦素养发展，助力康庄中学发展，康庄中学的教师代表参与初中英语教研组深度学习系列研究课听评课活动。11 月，康庄中学录制所有学科共计 35 节研究课，八一学校初中教研组选派 35 位优秀骨干教师参与线上听课、评课及交流反馈工作，促进教师们成长，提升整体教学质量。12 月初，为切实了解康庄中学的实际教学情况，八一学校各学科教师赶赴康庄中学，深入一线课堂，细心观察教师教学过程，了解学生学习情况，将自己的优秀教学经验与康庄中学的教学实际相结合，为双方学校的共同发展奠定了基础，并在听评课后进行了师徒结对活动，希望通过师徒结对，让教师迅速成长为种子教师，通过“师傅”持续、长效地指导和学术引领，激发“徒弟”的内驱力、学习力及转化力，共同为集团校的建设出力。

师徒结对活动现场

3. 借助集团、加强培训，推进学习方式变革

为提升延庆康庄中学各个教研组团队能力，解决育人中存在的各种问题，八一学校与延庆康庄中学于2021年上半年共同举办了主题为“促进核心素养发展　推进学习方式变革”的提升教师专业发展系列教研培训。教研培训紧紧围绕育人方式变革的目标，聚焦关键能力，研修单元教学设计，建构知识体系，完善校本课程资源，并展示基础教育在新课程改革、优秀教学成果推广、考试评价改革、教师教育创新等多方面的积极探索、生动实践与重要经验，引导教师基于专业标准和培训课程指导标准，自主开展专业发展现状诊断与分析，立足培育学生、学科核心素养，明确专业发展目标、落实立德树人的根本任务。

“促进核心素养发展　推进学习方式变革”教师培训方案（节选）

一、培训内容

1. 职业信念与教育情怀

2. 课程创新与学生发展

3. 学科实践与教学研究

4. 教学反思与研修成果

二、培训安排

第一讲　基于核心素养促进教师专业发展（张立红）

第二讲　基于核心素养的课程与教学改进——深度学习（1）（宋晓萌）

第三讲　基于核心素养的课程与教学改进——深度学习（2）（娄巧）

第四讲　指向核心素养的校本课程开发与实施（陈熹）

第五讲　指向核心素养的校本课程开发与实施（原牡丹）

第六讲　抓好五“结合”，以德树人以爱育人（李红梅）

第七讲　从管理走向育人：年级与班级文化建设（张剑冰）

第八讲　信息素养与技术应用促进学习方式变革（巴军）

第九讲　教研组案例交流与展示（李铁强）

第十讲　教研组案例交流与展示（李铁强）

八一学校以高度的责任感，将把康庄中学建成一所高起点、高品质、国际化、可持续的特色学校，使之成为坚持立德树人、实施素质教育、培养科创人才的新标杆，成为推动改革创新、破解体制机制障碍、实现政策先行先试的试验田，成为育人模式先进、课程资源丰富、教学质量优异的品牌校，成为培养优秀师资、造就教育名家、

锻炼储备干部教师的蓄水池，成为带动延庆地区深化教育教学改革、培训干部教师的基地。

“公平而有质量的教育”是党和国家对教育现代化的重要命题。当前和今后一个时期，是建设高质量教育体系、开启教育现代化新征程的战略机遇期。推动义务教育优质均衡发展和城乡一体化，不仅是深化教育体制机制改革的重大举措，更是顺应人民群众期盼的民生工程、民心工程。但从目前看，教育教学效果不均衡、学生学习机会不均衡、教学技术手段不均衡等问题仍然存在。八一学校初心不改，坚持做教育帮扶的躬行者；积极发挥办学特色和优势，坚持做教育智慧的贡献者；通过集团化办学，坚持做教育均衡的深耕者，用一所名校的行动与担当，扎扎实实推动优质教育资源的共享与辐射，引导更多学校走上品质化办学之路，让更多的学生有平等的机会通过教育改变自身命运，成就人生梦想。

第三篇　引教师发展之路：树立榜样，汇聚势能

教师是人类灵魂的工程师，是人类文明的传承者，承载着传播知识、传播思想、传播真理，塑造灵魂、塑造生命、塑造新人的时代重任。习近平总书记明确提出成为一名党和人民满意的好教师要具有“四有”“四个引路人”和“四个相统一”标准。这些标准一脉相承、系统完整，形成了对广大教师思想、道德、学识、能力、作风、纪律的全方位要求，是新时期进一步加强教师队伍建设，培养高素质、专业化、创新型教师的行动指南，也是八一学校教师队伍建设和发展的指导思想。

教师队伍素质是一所学校的核心竞争力，教师队伍建设更是学校发展的头等大事。近年来，八一学校着力加强教师队伍建设，从思想层面，传承“一个党员就是一面旗帜”的党建工作传统，充分发挥党员先锋模范作用。从“选人”层面，坚守教师聘用标准，通过人才引入机制和人才梯队建设，不断更新优化师资队伍。从“用人”层面，通过组织架构调整，有序推进干部教师流动，激发组织内生动力，盘活队伍资源。从“育人”层面，重塑教师观，基于教师观系统搭建分层分类的教师研训体系（包括青年教师成长、骨干教师培养，班主任队伍建设）。从“留人”层面，通过建立精准科学、多元一体的教师考核评价体系，积极推动全集团统一的工资与绩效改革方案，完善职称评定标准，积极构建岗位晋升体系，系统建立教师荣誉体系，主动关爱教师身心健康，让人才“留得住”。八一学校通过“五位一体”的师资建设路径，拥有爱才的诚信、识才的慧眼、用才的胆识、容才的雅量和聚才的良方，深入实施人才强校战略，形成了“鹰击长空，鱼翔浅底，万类霜天竞自由”的人才发展新局面。

一、加强党的领导，培养高素质教师队伍

办好中国的事情，关键在党；实现中华民族伟大复兴，归根结底靠人才、靠教育。加强教师队伍建设，排在首位的是要求教师明立德树人的责任之道，贯彻落实新时代党的教育方针，忠诚于党的教育事业。长期以来，八一学校不断筑牢教师的信仰根基，

通过五大抓手加强党的领导，切实提高广大教师的政治觉悟和责任担当。一是抓党组织建设，发挥党组织在全“业务链”上的领导核心作用；二是抓主题教育活动，帮助广大教师提升认识，牢记初心使命；三是抓“四史”教育，在学思践悟中坚定广大教师的理想信念；四是抓典型榜样，大力弘扬劳模精神；五是抓青年教师思想成长，以青年马克思主义者沙龙提高政治素养。

（一）加强党组织建设，将党支部建在“业务链”上

近年来，八一学校加强基层党组织的建设力度，不断优化组织设置，将学校的党支部与教学和管理工作全面结合，坚持将党建工作与业务工作紧密结合，将党组织建在“业务链”上，将党建和中心工作一起谋划、部署、考核，保证学校的基层党组织始终处于规范化的运行状态，增强基层党建的针对性和有效性。

学校现有 5 个党总支、12 个在职党支部、1 个离退休党支部，党组织覆盖全校各年级、部门，290 多名党员分布各个岗位。学校党委下设行政总支、小学总支、初中总支、高中总支、玉泉总支、离退休支部 6 个基层组织。2021 年，恰逢中国共产党成立 100 周年的重要历史节点，八一学校党委被评为“北京市先进基层党组织”。

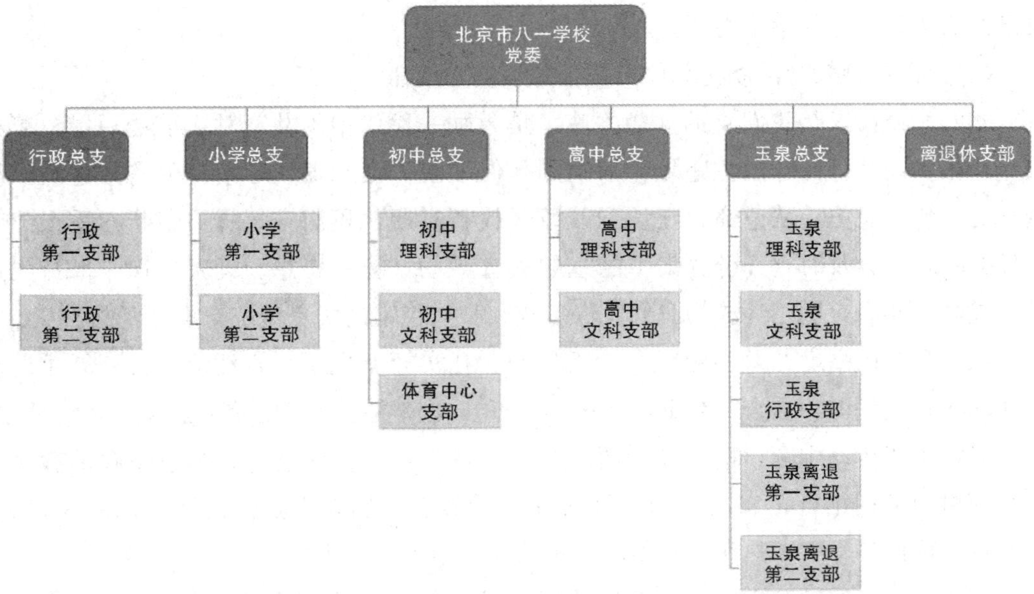

八一学校党组织架构图

八一学校充分发挥党组织的政治核心作用和战斗堡垒作用。近年来，学校主动建立健全各项机制，重点抓好三项机制的建设。

一是完善管理机制。进一步用好选好“业务链”上支部的负责人，抓好“领头羊”工作，按照“双带头人”和“政治导向制”的原则，选出政治觉悟高、教学业务强、群众基础优势明显的教职工党员担任党支部书记。落实“双培养”机制，把党员的教育、培训与作用的发挥和教育教学的发展紧密结合起来，及时把在教育教学中的优秀教职工吸纳到党的队伍中来，从源头上提高党员素质，优化党的组织队伍。

二是完善工作机制。对党员进行认真调查摸底，做好党员组织关系接转工作，建立党员动态管理机制，实现业务延伸到哪里，党组织就覆盖到哪里，党的工作就开展到哪里。

三是完善保障机制。健全基层党建制度规范，扎实推进基层党组织标准化规范化建设，重点开展支部规范化建设，落实《中国共产党支部工作条例》，定期组织党支部规范化培训和党支部书记述职活动。

八一学校还积极构建基层党建工作责任体系，注重落实《基层党组织书记及领导班子成员抓基层党建工作责任制清单》，组织副主任以上干部集体学习《关于加强中小学校党的建设工作的意见》。在学校党委统一部署下，各支部每年坚持开展党员民主评议工作，总结经验、表彰先进，大大增强了党组织的凝聚力、战斗力，一大批优秀党员已经成为各岗位的中坚力量。

（二）以主题教育活动为载体，牢记师者初心使命

初心和使命，是我们党的立党之魂，是激励一代代中国共产党人前赴后继、英勇奋斗的根本动力，而党内主题教育活动则是保证我们党永葆初心使命的有效途径。纵观党的百年发展史，从革命、建设到改革开放新时期，我们党每每面临新的重大形势和任务时，都会及时召开全党集中的主题教育活动，统一思想、凝聚共识、保持先进性、提高战斗力，这已经成为我们党保持执政长久稳定的优良传统与重要经验。

八一学校以高度的政治自觉，全面启动、扎实开展主题教育活动，将开展主题教育活动与主题党课相结合，帮助广大教师进一步厘清主题教育的重大意义、目标要求。学校紧密围绕活动主题，精心设计活动方案，将主题教育活动与教师思想政治教育和师德师风建设相结合，突出活动的针对性，找准活动的切入点，把握活动的关键处，在全校形成声势、兴起热潮，将主题教育活动不断引向深入。

近年来，学校党委定期组织党员教师学习贯彻习近平新时代中国特色社会主义思想，扎实开展“不忘初心、牢记使命”“我和我的祖国”“新时代、新担当、新作为”等主题教育活动，以党支部“五个一”工程——“每月一次支部组织生活，每月一次志愿服务活动，每学期一次微党课，每学期一次党员示范课展示月活动，每学期一次主题党日活动”和党员“五个一”工程——“参加一次党委集体活动，帮带一名群众或学生，完成一篇学习笔记，上好一节党员示范课，写好一篇党员故事”为抓手，全力打造一支砥砺前行、蓬勃向上的教育团队，帮助全体教师恪守教育良知，拥有政治意识，牢固树立共产主义的理想信念，有正确的政治方向、坚定的政治立场、较强的政治鉴别力和政治敏锐性，树立正确的世界观、人生观和价值观，在大是大非面前，站稳脚跟、旗帜鲜明，经受得起大风大浪的考验。

为深入开展“不忘初心、牢记使命”主题教育，学校不断丰富活动形式，深入开展主题党日活动、座谈交流、演讲诵读、观看主题电影、诗歌创作、参观展览等各种形式的主题教育活动。以观看主题电影为例，2019 年 11 月，八一学校党委组织全校党员教师观看电影《小巷管家》。这部电影作为激发广大党员守初心、担使命的优秀教材，将北京市的基层治理工作和百姓的实际生活紧密结合，集中表现了在基层治理过程中如何打通最后一公里，甚至最后一米的感人故事。观影结束后，各支部组织教师撰写了观后感。通过观影，党员教师更加明确了自身的定位，在工作中勇于担当，全力以赴做好本职工作。

此外，学校党委还根据每年党建工作重点经常性地开展各类党员教育活动，提升党员教师的党性修养和业务素质。比如，借助学校建校 70 周年的契机，党委设计了“70 华诞，70 实事”党建项目，号召全校党员围绕学校中心工作，深入群众、学生、家长中调研，从身边小事入手，打通距离群众“最后一公里”，精准服务“零距离”，做好学生的“引路人”；再比如，组织党员参与对教育贫困地区帮扶工作，不仅深入开展教育对口帮扶，还将先进的党建理念、成熟的党建工作经验传授给受帮扶学校。

开展党内主题教育活动是严格党内政治生活、加强思想政治工作和党员教育管理的重要途径。通过系列主题教育活动，八一学校的广大党员更加深切地认识到，作为一名党员教师，既要牢记共产党人的初心，更要谨记教师的使命，择一事、终一生，在教书育人的岗位上更好地发挥党员的先锋模范作用。

（三）深化“四史”教育，坚定教师理想信念

习近平总书记指出：“希望广大党员特别是青年党员认真学习马克思主义理论，结合学习党史、新中国史、改革开放史、社会主义发展史，在学思践悟中坚定理想信念，在奋发有为中践行初心使命。”

八一学校的“四史”教育不光开始得早，还走得深、走得实。学校紧抓“四史”教育进队伍，将“四史”作为“必修课”“政治课”“励志课”，通过党员带头，全体教师共同参与的形式，让教师学通弄懂中国共产党为什么“能”、马克思主义为什么“行”、中国特色社会主义为什么“好”这三个问题，让教师答好“三张试卷”：立足中华民族伟大复兴战略全局和世界百年未有之大变局，心怀“国之大者”，回答好“肩负怎样的历史使命”；立足加快推进教育现代化、建设教育强国的新征程，深入学习贯彻习近平总书记关于教育的重要论述，回答好“实现怎样的奋斗目标”；立足永葆共产党员的纯洁性和先进性，面对时代的挑战和考验，回答好“怎样做一名合格的共产党员”。

近年来，八一学校主动拓展渠道、整合资源，丰富“四史”学习教育的载体和抓手，将“四史”学习教育内容融入校史的故事叙事中，融入教育问题研究、教育发展责任与国家社会需要的使命传播中。学校在组织教师开展马克思主义、习近平新时代中国特色社会主义思想理论素养提升专题培训的基础上，充分挖掘、借助区域党建平台、红色教育资源，先后组织党员教师走进挺进军司令部旧址、平西抗日战争纪念馆、晋察冀边区革命纪念馆、香山革命纪念馆等地参观学习，联合冀中抗战研究会举办“冀中人民抗战图片展”，组织观看话剧《三湾，那一夜》等，通过生动多样的系列活动，持续而深入地开展“四史”教育。此外，学校还积极聘请老校友、老干部、老党员等担任红色讲解员，邀请各级党政领导为师生做形势政策报告，通过报告会、学习讨论会等形式，加强党史国情教育，让师生接受教育。

“四史”本身就是一种历史的载体，同时涵盖了我们中华民族站起来、富起来、强起来的理论支撑。为了营造浓郁的“四史”学习氛围，学校为每个班级配备了《青少年党史读本》，鼓励师生自主学习；系统梳理“四史”故事选题，引导广大师生学“四史”、讲述“四史”故事。

“铭记党史　继往开来”讲党史故事选题

序号	主题	事件
1	建党建国力挽狂澜	何叔衡：“革命者就要抱定舍身忘家的决心”——从“反封建的穷秀才”到革命家
2		真理的味道非常甜
3		从一艘红船走来
4		争国权以救危亡，是青年男儿之责——聂荣臻投身报国
5		安源儿童团到少年先锋队
6		南昌起义：石破天惊第一枪
7		刘伯承与小叶丹在长征路上的民族礼赞
8		一床棉絮·古田会议·党建密码
9		红军闸见证军民鱼水情
10		长征路上，红军真的吃皮带吗？
11		半条被子

续表 1

序号	主题	事件
12		方志敏和《可爱的中国》
13		赵一曼的“示儿书”
14		英雄母亲邓玉芬的故事
15		自力更生为胜利——南泥湾的故事
16		张思德：为人民服务的平凡英雄
17		从延安出发的“小长征”
18		走向伟大复兴的历史转折点
19		革命人道主义精神的见证——聂荣臻元帅战地救助日本小姑娘美穗子
20		因一根黄瓜而“小题大做”
21		沂蒙精神
22		晋察冀根据地诞生的烽火摇篮
23		电波不逝，英雄不朽
24		渡江“小船”的磅礴力量
25		西柏坡：“赶考”出发地
26	筚路蓝缕 奠基立业	抗美援朝，保家卫国
27		一面布满 381 个弹孔的战旗
28		库尔班大叔为什么想骑着毛驴上北京?
29		“把泪焦桐成雨”——焦裕禄的故事
30		铁人王进喜
31		人工天河红旗渠
32		三千孤儿入蒙古
33		雷锋，永远的榜样
34		周恩来廉洁自律的故事
35		钱学森：赤子之心　归国建设
36	改革开放 春暖华夏	杨善洲一辈子的坚守
37		小岗村的春风
38		科教兴国，恢复高考
39		邓小平和深圳特区的故事
40		一国两制和香港回归、澳门回归
41		消失的毛乌素沙漠
42		走向深蓝的海军

续表 2

序号	主题	事件
43	特色道路优势凸显	从飞两遍到歼 20
44		圆梦奥运
45		我们的征途是星辰大海
46		举国同心，生命至上——抗击新冠疫情
47		扶贫路上一个都不能少

历史是一面镜子，“四史”中积累的宝贵经验，是党和人民弥足珍贵的精神财富。八一学校党组织带领教师队伍从“四史”学习中汲取智慧和力量，在“四史”学习中涵养高尚师德，在知史爱党、知史爱国中守初心、践使命，熔铸战略定力，昂扬奋斗活力，强化教育报国、教育强国的使命担当，不断增强干事创业的能力本领，为办好人民满意的教育做出新的更大贡献。

（四）树立师德榜样，大力弘扬“劳模精神”

习近平总书记强调，评价教师队伍素质的第一标准应该是师德师风。教师的职业特性，决定了合格的老师必须首先在道德上率先垂范。长期以来，八一学校高度重视教师师德师风建设，积极树立师德榜样，带领广大教师学习劳模精神，引领教师以坚定的理想信念、不懈的奋斗精神，脚踏实地把每件事做好，在平凡的工作中创造不平凡的成就。

1. 树立身边典型，发挥榜样力量

好的榜样是最好的引导，好的楷模是最好的说服。确立什么样的典型，就明确什么样的标准；树立什么样的榜样，就体现什么样的导向。八一学校高度重视师德师风建设，注重发挥身边的榜样作用，在教师中发掘典型、树立榜样，用身边人讲身边事、身边事教育身边人，用榜样的力量感染人、鼓舞人、带动人。

学校注重两类典型的树立。一类是不怕艰难、勇挑重任的教师代表，如义无反顾前往基础薄弱校扎根办学的刘荣铁副校长，克服病痛、带病坚持援藏的青年教师张嵩老师，怀有朴素的教育情怀、克服艰苦的教学条件、积极开展教学方式创新的援疆教师周艳等。另一类是在教育教学岗位上坚持探索，取得较高学术成绩的优秀教师，如以学习为终身任务、不断提升专业技能的张亚红老师，积极投身教育教学改革、注重用学科精神培养熏陶学生成长的特级教师黄虹等。

同时，学校注重多形式宣传身边的榜样教师，进一步营造“发现榜样、学习榜样、争做榜样”的浓厚氛围，持续发挥榜样的引领作用，帮助全体教师端正自己的工作态度，以积极的心态来面对自己的这份职业，争做拥有淡泊名利、无私奉献的精神，追求深藏功名、坚守初心境界的“有德之师”和“大德之师”。

2017 年教师节，学校举办了主题为“心系中国梦　做好引路人”的教师节庆祝大会，张嵩、张亚红等四位老师分别从不同角度做了主题发言，14 位当年新入职教师在特级教师黄虹老师的带领下庄严宣誓：志愿做一名光荣的人民教师。

2018 年教师节，学校党委、工会策划举行了“弘扬高尚师德，潜心立德树人”八一学校教育集团师德论坛暨教师节庆祝大会，大力宣传表彰先进典型，树立师德榜样，汇聚干事敬业的磅礴力量。青年党员张嵩老师积极参加援藏支教工作当选“感动海淀十大人物”，学校策划拍摄的优秀党员教师黄虹、马青和高二青年教师团队的专题片在师德论坛上播放，增添了教师献身教育的动力。

2018 年 10 月，由中共北京市海淀区委组织部主办、中共北京市海淀区委宣传部协办、各系统及相关单位参与的海淀区“新时代新担当新作为”主题宣讲活动在北京市八一学校礼堂举办。活动分为“时代与作为”“使命与担当”上下两大篇章，来自全区各领域的 10 名宣讲员结合视频、音乐以及歌舞说唱等多种形式，全面展现海淀人在新时代里的担当和作为。八一学校附属玉泉中学副校长刘荣铁作为海淀区教育系统宣讲员，以办校治学理念及经历为主线，通过心路解析、历程回顾、情景再现等形式，展现了海淀教育人在新时代里严谨办学、主动作为的工作态度，彰显了海淀教育系统对时代担当的坚定信念。

刘荣铁副校长作为先进典型在全区进行宣讲

“三寸粉笔，三尺讲台系国运；一颗丹心，一生秉烛铸民魂。”伟大时代呼唤伟大精神，崇高事业需要榜样引领。刘荣铁副校长的宣讲让现场的观众热泪盈眶、感同身受，赢得了现场观众一次次热烈的掌声。他不仅是八一教师的榜样，更是八一教师群体的真实写照和典型缩影。

2. 学习劳模精神，争当时代先锋

劳模精神是推动社会前进的原动力，引领无数人战胜苦难、勤勉开拓。长期以来，八一学校高度重视对劳动模范的关心与爱护，挖掘身边的劳模事迹，加大对劳模的宣传力度，讲好劳模故事，弘扬劳模精神，推动更多劳模和工匠人才竞相涌现。在八一学校的教师队伍中，就有这样一群具有螺丝钉精神的人，他们默默耕耘，甘于奉献，把自己全部的爱给了学生，把自己全部的精力奉献给了教育。他们的故事在教师中口耳相传，他们的先进事迹鼓舞着广大教师崇尚劳动、见贤思齐。他们是八一教师队伍中的楷模，也是八一教师学习的榜样。

学校每年都会举办学习劳模精神座谈会，以劳模精神引领教师发展，塑师者之魂、修师者之德、筑师者之能，倡导全校教师以身边的劳模为榜样，自觉弘扬和学习劳模精神，用劳模精神激励自己、鞭策自己，将个人成长和学校发展结合起来，凝心聚力、团结一致，为学校发展贡献力量。

八一学校劳动模范名单及典型事迹

劳动模范：张青萍

张青萍，女，离休教师，1960 年被评为北京市教育、卫生、科研、文化、新闻、体育等方面社会主义建设先进工作者。

张青萍同志坚决拥护党的领导，执行党的决议，遵守国家政策，能依靠组织，正视缺点，敢于开展批评与自我批评，改正缺点快。她能服从组织分配，安心本职工作，有事业心，工作热情高，努力肯干，对工作认真、负责。她组织纪律性强，能做到个人利益服从集体利益。她对人诚恳、关心同志，生活简朴，协作精神好，关心年级集体。在工作中，她自觉钻研业务，虚心向同事学习，不断改进和提高教学工作水平。她教学态度好，热爱儿童，关心儿童生活、学习，工作细致，在培养班集体工作中，能从正面教育学生，师生关系好。

劳动模范：聂淑珍

聂淑珍，女，退休幼儿高级教师，1960 年被评为北京市教育、卫生、科研、文化、新闻、体育等方面社会主义建设先进工作者。

聂淑珍同志 1955 年参加教育工作，在幼教战线工作多年。她一直服从党的领导，拥护党的教育方针、政策，关心、热爱儿童，培养幼儿德智体全面发展，使幼儿得到健康成长。她有很强的事业心和责任感，几十年如一日勤勤恳恳工作，任劳任怨，对工作认真负责，能团结同志，取长补短，互相帮助，成绩较好。1960 年被评为北京市文教系统先进工作者。

聂淑珍同志虽然文化水平不高，但她参加工作后一面坚持正常工作，一面积极参加延庆县组织的干部业余文化学习，完成了初中语文、数学课程学习。1963 年被县教育局保送到市幼儿教师进修学校学习。经过多年教学实践和进修，她具有比较扎实的幼儿专业基础知识和业务水平，能很好地掌握幼儿教育学、心理学和教材教法基本原理，并根据幼儿年龄特征运用到教学中去。

她能全面掌握《幼儿园教育纲要》，根据新带班幼儿情况制订半年教育计划和逐日教学计划，科学地安排幼儿一日生活。多年来，她带过大、中、小各种班，认真备课，充分准备教具，形式多样化，教材内容使幼儿容易接受。她组织青年教师一起学习教学大纲，钻研业务，指导他们如何写好教育教学计划、工作总结、专题总结，改进教学方法，和教师一起制作教具、玩具。

从 1982 年起，她开始担任幼儿园负责人，主持教学和行政工作，要求教师做到的她总是先做到，带动全园保教人员团结一致搞好工作。1983 年、1984 年，她所在的幼儿园连续被评为区先进单位。1984 年，她本人被评为区先进工作者。

劳动模范：吕明明

吕明明，女，退休中学高级教师，原任北京市八一学校年级组长、少先队辅导员、班主任、数学教师，1989 年被评为北京市劳动模范。

吕明明同志 1957 年参加工作，担任过从小学一年级到高中二年级的班主任，班班均被评为优秀班集体。1978 年，她任班主任的高二 14 班被评为区红旗班；1988 年，她任班主任的初三 4 班被评为北京市优秀班集体。

她热爱党的教育事业，始终以“教育的任务就是塑造人、塑造祖国所需要的人”为教书育人的宗旨，把爱国主义教育作为她班主任工作之本。她把“向雷锋同志学习”作为班主任工作的一条红线。1985—1988 年，她所带的班内连续开展学雷锋活动。这个班集体在思想品德、学习成绩、体育达标、文娱活动诸方面均在年级处于领先地位，被评为北京市优秀集体。

她以认真负责的精神、科学的态度对待工作，摸索出学生从小学到中学正常过渡的经验。通过对比《中小学守则》中“小学生日常行为规范”体现教育的连贯性，增强学生的责任感，在全年级中进行量化管理、开展文明班评比活动，针对学生的年龄特点树立目标。为了丰富学生的生活，使学生健康成长，她想方设法调动一切积极因素，开展丰富多彩的活动，寓教育于活动之中。她经验丰富，多次在校、区做过班主任工作经验介绍。

她勇挑重担、勤奋好学、治学严谨、成绩突出，三十多年一直是教育教学双肩挑，教过小学除体育课以外的所有课程；做过区级公开课和经验介绍；担任过区教研员，给全区青年教师培训班讲课，受到好评。她能做到寓教育于教学中，培养学生的良好解题心理、解题韧性，注意因材施教，取得了较好的教学效果。

劳动模范：徐顺意

徐顺意，女，退休中学高级教师，原任北京市八一中学校长、党总支书记，1995年被评为全国优秀教育工作者。

徐顺意同志自1985年担任北京市八一中学校长兼党总支书记以来，带领全校2500多名师生，在全面贯彻党的教育方针，提高办学质量和队伍建设等方面都做出了突出贡献，使八一中学成为“北京市文明单位”，多次被评为“海淀区德育先进校”“科技活动先进校”“教育质量优质校”。学校党总支被中共北京市委命名为“北京市优秀基层党组织”。她本人三次被评为“北京市普教系统先进工作者”，荣获“首都精神文明奖章”和“北京市模范校长”的称号，被选为两届海淀区人大代表。1990年初，经她提议，党总支做出“每一个共产党员要成为一面旗帜”的决议。在当时的历史条件下，该提议极大地振奋了党员队伍，坚定了信念，使党总支很好地发挥出战斗堡垒作用。

徐顺意同志坚持德育为首的教育思想，使学校始终保持优良的校风，并确定了建校时所在的老区为德育基地，进行系列传统教育，创造了德育的新思路。她坚持“全面发展，学有所长，办好人民满意教育”的办学宗旨，使教学质量稳步提高。1994年，300多名毕业生高考升学率达99%，升入重点大学的占73.5%。每年在市、区和全国各类竞赛中都有百人以上获奖。她还高度重视教科研工作，1991—1994年连续三年带领400多名师生参加中学JIP实验，效果显著，八一中学因此被评为“全国先进实验学校”。

在她的带领下，学校承办的北京市中学生金帆管乐团成为全市一流的学生管乐团，在全国比赛中获第二名，并在多次大型礼仪和与日本、新加坡、台北中学生管乐团同台演出中，受到很高评价。学校足球队保持全市高水平，形成传统优势体育项目。八一中学对每个学生的“严格要求、高度负责”的传统提炼成为“八一精神”，在社会上享有很高的声誉。

劳动模范：刘荣铁

刘荣铁，男，特级教师，现任北京市八一学校副校长，北京市八一学校党委委员、北京市八一学校附属玉泉中学党总支书记，2003年获得全国五一劳动奖章。

30多年来，他一直在教学工作第一线，担任班主任工作17年，送走7届高三毕业生。他忠诚于党的教育事业，师德高尚，爱岗敬业，无私奉献。他对工作满腔热情，以真心面对学生，以爱心帮助学生，以诚心引导学生。他积极进行教学改革，课堂教学深受学生欢迎；主动撰写论文、论著，申报省市级课题，取得显著成绩；先后被评为省、市优秀教师，市化学学科带头人，山东省优秀共产党员，山东省特级教师，全国模范教师，并荣获全国五一劳动奖章等荣誉称号；参加中小学骨干教师国家级培训，入选山东省中小学优秀教师师德报告团，在全省各地市巡回演讲，省市电视台、报纸多次专题报道其先进事迹。1998年、2003年分别当选为淄博市第八次、第九次党代会代表。

30多年来，他早来晚走，埋头苦干，以身作则，严于律己，能认真恪守教师职业道德，以身立教，勤奋耕耘，在圆满完成教育教学任务的同时，还积极探索教育的奥秘，实现着自己的理想，在教师中有很高的威信。“在铺路之时延伸自己，在燃烧之时升华自己，这是我最大的幸福”——这便是刘荣铁的人生追求。

劳动模范：张亚红

张亚红，女，特级教师，退休正高级教师，原任北京市八一学校校长助理、艺术中心主任，2010年被评为北京市先进工作者。

张亚红同志曾是北京市八一中学音乐特级教师、北京市学科带头人、教育部基础教育课程教材发展中心“普通高中新课程远程研修项目”音乐课程团队核心成员、北京市特级教师评委、北京市音乐学科教研员、海淀区高评委组长、海淀区名师站导师、北京市金帆专业指导委员会委员。

张亚红老师从教以来，一直从事课堂教学和组织管理金帆管乐团的工作。“活动中育人”是她办团的理念，“认真能把事情做对，用心能把事情做好”是她从事教育教学工作态度的具体写照。作为特级教师，她具有先进科学的教育教学理念，在课程改革中充分发挥了特级教师的作用，培养青年教师课堂教学、科研课题研究齐抓并进，成绩显著，多次为全区音乐教师包括活动中心的教师进行有关教育教学的培训、组织教师进行科研课题的研究、参与论文的评选等重要工作。她还亲自担任乐团指挥，多次举办乐团专场音乐会，出色完成了市、区政府及教委数次的重要礼仪演出活动。乐团荣获北京市中小学生艺术节比赛一等奖、全国一等奖；个人获西乐指挥一等奖。

多年来，在教育教学工作中，张亚红老师兢兢业业、始终如一坚持在教育教学第一线，成绩显著，在音乐教育教学工作中做出了应有的贡献。她的教育理念及乐团的演奏水平在北京市乃至全国都具有一定的影响力，起到了带动和引领的作用。

除了充分发挥身边劳模的带动作用，八一学校还积极组织教师与市、区教育系统劳动模范学习、交流活动。2017 年 5 月，组织优秀青年教师走进海淀区台头小学，与北京市劳模孟丹老师进行交流。2018 年 5 月，结合五一劳动节和五四青年节庆祝活动，邀请正高级教师、海淀区劳动模范张鹤老师与青年教师座谈，共话成长。2019 年 4 月，组织 20 余名教师走进海淀区民族小学，一起开展党团队联合学习活动。在“传习劳模品质，发扬五四精神”劳模座谈会上，北京市劳动模范马万成校长以“坚守信念，相伴成长”为题，结合自己几十年的职业生涯为青年教师们讲述了自己不一样的教育故事，并希望青年教师在基础教育行业，要甘于寂寞，乐于奉献，脚踏实地地做好教育工作。

学习劳模精神，不光是一句口号，更重要的是要让全体教师在思想上引起共鸣，认识到学劳模、赶先进、讲奉献的重要意义。广大教师从劳动模范身上不仅汲取了教育的力量，更学习到了他们坚定的教育信念以及甘于寂寞、乐于奉献的精神，在劳模精神指引下笃行向前。

（五）创办“青年马克思主义者沙龙”，引青年教师思想之航

“读懂青年教师，读懂青年学生”是学校党委的重要任务。随着八一学校教育集团的不断壮大，新任教师的引进力度逐年增强，一大批高学历、高素质的青年教师在学校教师队伍中所占比例逐年加大。如何尽快使青年党员成为学校各项工作中的骨干，已成为摆在学校党政领导班子面前的重要课题。

学校重视优秀青年教师的培养，根据青年党员年龄特点，将马克思主义作为青年教师成长的思想指南，创办了“青年马克思主义者沙龙”，作为学校青年党员教职工思想理论学习的共同体。“青年马克思主义者沙龙”以“肩负起青年马克思主义者使命”为宗旨，以“两学一做、学做真人，知行合一、立德树人”为青年党员提高自身政治修养的标准。学习内容以马列著作、党的路线方针政策、党规党章、习近平总书记系列讲话精神和时事热点为主。沙龙通过现场主题宣讲、自由研讨、参观访问和微信群发表实名感受等学习形式，开展理论热点探讨和对现实问题的思考，厘清大家在教育工作中的困惑，使青年才俊迅速成才，担当重任，为学校教育教学发展助力添彩，努力成长为学校党建理论研究的“智库”。

2016 年 6 月 2 日，学校党委牛震云书记主持了“青年马克思主义者沙龙”第一次活动，向参加沙龙活动的青年党员说明了沙龙成立的目的、意义、宗旨。校党委青年委员王华蓓副校长向参加活动的青年党员赠送了普及马克思生平及其思想的《伟大也要有人懂》一书。高中文科支部的王坤伦老师以“依法治国的中国道路”为题与青年党员朋友们分享了他的学习心得和研究成果。讲座从习近平总书记补齐党内制度短板的论述开始，阐述了法治中国是实现中国梦的根本保障的观点。青年教师们在轻松活跃的气氛中展开讨论，现场洋溢着青春的朝气。

2016 年 6 月，在迎接庆祝建党 95 周年之际，牛震云书记特别邀请马克思理论研究专家、北京大学中文系博士生导师韩毓海教授做客青年马克思主义者沙龙。韩教授向大家介绍习近平总书记早年学习马克思主义理论的经历，鼓励青年教师认真学习先进理论知识，积极投身教育教学实践。他希望青年教师用通俗易懂的语言，向青少年传达马克思的思想历程，让青少年能够走近马克思，走进马克思的思想智慧。

2016 年 9 月 9 日，习近平总书记回八一学校看望母校师生，学校选派部分沙龙成员参加座谈会，现场聆听习近平总书记的报告。随后，参加座谈的沙龙成员在沙龙微信群分享如何做好学生的引路人的学习成果，为青年党员提供了最前沿、最先进的学习交流平台。

2017 年五四青年节时，沙龙成员在党委的带领下走进海淀区台头小学，与年轻的北京市劳模孟丹老师进行交流，并参观海淀通史展览馆。大家热议如何利用好中关村区域优势，具备时代发展眼光，发扬劳模“爱岗敬业，争创一流，艰苦奋斗，勇于创新，淡泊名利，甘于奉献”的精神，为教育事业贡献青春。

2017 年 10 月，党的十九大召开之际，沙龙成员积极学习十九大报告，领会专家对报告的解读。成员们来到河北石家庄开展了“不忘初心，坚守老八一精神家园；牢记使命，引路社会主义建设者和接班人”活动，通过参观烈士陵园、鹿泉一中等，进一步了解校史，加深十九大报告对“青年有担当，民族有希望”的论述。

2018 年 5 月 8 日，沙龙成员学习习近平总书记在“马克思诞辰二百周年”纪念大会上的重要讲话，重温马克思光辉的一生和他对人类发展进步的巨大贡献，并分享了各自工作中的心得与困惑。结合青年同志们的发言，牛书记要求在座的青年朋友要发挥年龄优势、发挥接触掌握新生事物快的优势，重视学习、勤于思考、勇于行动，作为高学历的青年党员教师，要自觉主动地学习政治理论，不断提升个人修养，在学习和工作中不要墨守成规，要在继承的基础上不断创新，实现对前辈的超越。牛书记还指出，“理论联系实际、密切联系群众、批评与自我批评”是党的三大优良作风，也是青年党员自我更新、不断进步的必要途径。青年党员都要认真学习马克思主义原理，学习习近平总书记讲话原文，做一个坚定的马克思主义者。

“青年马克思主义者沙龙”对青年教师的思想有了明确的方向指引，引领着年轻教师通过听、看、学、讲，体悟一代代共产党人身上所蕴含的坚定信仰和革命精神，从而更加深刻地认识到新时代青年教师的责任与使命。

时代赋予责任，责任体现使命。今天的学生就是未来实现中华民族伟大复兴中国梦的主力军，广大教师就是打造这支中华民族“梦之队”的筑梦人。八一学校坚持把提高教师思想政治素质和职业道德水平摆在首要位置，突出党建引领，强化制度保障，以党建品牌建设带领广大教师深入学习贯彻习近平新时代中国特色社会主义思想，多平台、多渠道、多形式宣传新时代教师队伍建设新理念、新要求，坚定教师立德树人的思想自觉和行动自觉，不断强化新时代教师队伍的责任与担当，努力建设一支政治过硬、育人高超的高素质教师队伍。

二、坚持事业为上，选好引路人

党的十八大以来，习近平总书记从国家繁荣、民族振兴、教育发展的大局出发，深刻阐释了教育工作和教师工作的极端重要性，明确提出成为一名党和人民满意的好教师要具有“四有好老师”和“四个引路人”标准。几年来，八一学校始终坚持把加强教师队伍建设作为核心工作来抓，以“四个引路人”为指引建设教师队伍，树立外引内培，先聚才、再育才等理念。学校积极构建更为开放、灵活的教师聘用机制：通过优秀应届毕业生招聘，优化了学科教师的年龄结构，改善了学科教师的学历结构；通过本区或者跨区调动，引进具备技术应用能力、跨学科教学能力、课程开发能力的复合型骨干教师；通过《海淀区教育人才储备库实施方案（试行）》，实行库内、库外人员双向流动，充分调动外聘教师的工作积极性；通过深入长期与知名校外机构聘用教师合作，解决了临时性代课问题；有计划地吸纳部分知名教育专家、科研院所专家、企业领导等专业人士及跨界精英，通过项目制形式组建稳定的校外专家团队，构建八一学校新型教育智库，并在学术指导、课程开发与讲授、项目与课题指导、师资培养、学生咨询等方面形成实质性支持。学校还与北京师范大学、北京体育大学等院校共同开展长期实习基地建设项目，为缓解学校教师紧缺以及新教师招聘和选拔打下了良好基础。

（一）党员优先，提升教师队伍的思政素质

八一学校是聂荣臻元帅亲手缔造的学校，它从炮火硝烟中走来，身上流淌的是中国人民解放军的红色血脉，心中屹立的是中国共产党人的革命精神，这是八一学校的底色。八一学校在教师的选择和聘用上，尤其注重教师思想政治素质，将政治面貌、思想觉悟、人格特征、道德言行等作为选择新教师的重要考量指标，奉行“党员优先”原则，近几年新招的党员教师比例达到80%。党员教师的高比例也使八一学校的教师队伍呈现出独特的气质——特别有担当，特别讲奉献。

此外，学校扎实落实习近平总书记在学校思想政治理论课教师座谈会上的讲话精神，将坚定的政治立场作为对思政课教师的第一要求，尤其是对于新入职的政治学科

教师，要求100%为中共党员或预备党员。同时，学校还积极落实海淀区关于强化思想政治理论课教师队伍的工作部署，重点开展思想政治课教师培养工作，培养政治课领军人才，组织教师积极参加思想政治学科后备人才培训，开设教师思想政治主题培训课程，针对青年教师开办职业理想道德教育课程。

（二）情怀为先，吸纳有责任有爱心的新生力量

学校高度重视招聘工作，把有从教潜质，真正乐教、适教、善教的优秀人才选拔出来，从源头把控教师质量，改善师资结构，做好师资队伍的建设工作。学校还着力开展人力资源的科学化管理工作，针对岗位情况，展开科学合理的分析，通过数据分析明确教师年龄层次、学历等各种缺口和差距，对岗位所需的人才、技能、素质、责任等进行详细规划，为后期人力资源规划提供依据，并将人力资源管理规划作为招聘工作开展的依据。

教师的职责是教书育人，教师的教学情怀、责任与爱心、言传与身教，都会影响学生理性精神的培养以及认知体系的构建。知识与能力是从教的基础，但知识能力之外的其他因素，如耐心、爱心，对教师这个职业的理解、认同和教育情怀等更是教育行业对入职者的特殊要求。八一学校在新教师招聘中积极转变方式，不断丰富与完善考核内容，除了基本的“硬指标”，更注重“软实力”，重点加强对非学科因素的考察，通过直接或者间接的方式，对其人格品质、志向、特长、心理等因素展开考核，加强职业认同、实践能力、应变能力、情感、态度与价值观等方面的考察。同时，八一学校还尤为关注教师个人是否具有教书育人、立德树人的理想抱负和教育情怀，是否具有学高为师、身正为范的道德追求和职业理念。

三、盘活队伍资源，用好引路人

教师队伍建设是学校可持续发展的关键，如何让这些“新鲜血液”因材适用，把合适的人放在合适的地方，释放出教师群体的最大潜能，是学校一直在思考的问题。近年来，学校不断优化用人机制，通过组织架构调整，为更多的年轻教师提供参与管理工作的机遇，搭建历练管理能力的平台；建立集团内部教师流动机制，实现教师资源的最优配置，促进教师个人和学校事业的共同发展；鼓励担当奉献，为广大干部搭建更广阔的成长舞台，推动本土干部快速成长。

（一）调整组织架构，充分释放个体与组织潜能

环境决定战略，战略决定组织。当组织的内外环境发生变化，组织战略必然发生变化，新的战略必须有相应的组织结构做支持和保证。好的组织结构是一种无形的“推动力”，能够充分释放出个体与组织的潜能。随着八一学校办学规模的不断扩大，学校承载的社会责任不断增多，学校的发展已进入到一个全新的阶段。同时，教育改革步入深水区，教育所处的大环境也在不断发生变化，全面推进教育教学改革已刻不容缓，组织结构调整势在必行。

1. 提升集团化治理体系与治理能力建设

2016 年，八一学校开启了集团化办学的征程。2017 年 4 月，出于集团化管理和学校发展的双重角度，学校进行了组织架构调整，希望借助集团化办学体制创新，确立集团清晰的治理结构，构建适应集团未来发展的治理体系，从集团治理的层面为学校发展提供保障。在这次调整中，学校成立了八一学校教育集团理事会，从服务学生发展的角度推动集团组织架构变革，强化集团总部建设，形成集团总部和分校两级管理的组织架构，对内管到关键要素，对外管到战略规划。集团总部主要对集团内部发展战略、文化建设、课程建设以及人事、财务等重大事项进行统筹管理，各分校则主要负责具体的教育教学和教师专业发展。内部逐步变行政命令导向为需求导向，有效采取横纵交织的管理模式，突出党委对学校工作全覆盖和监督，并设置专门的教育教学督导部门，引入高端的专家顾问团队等。

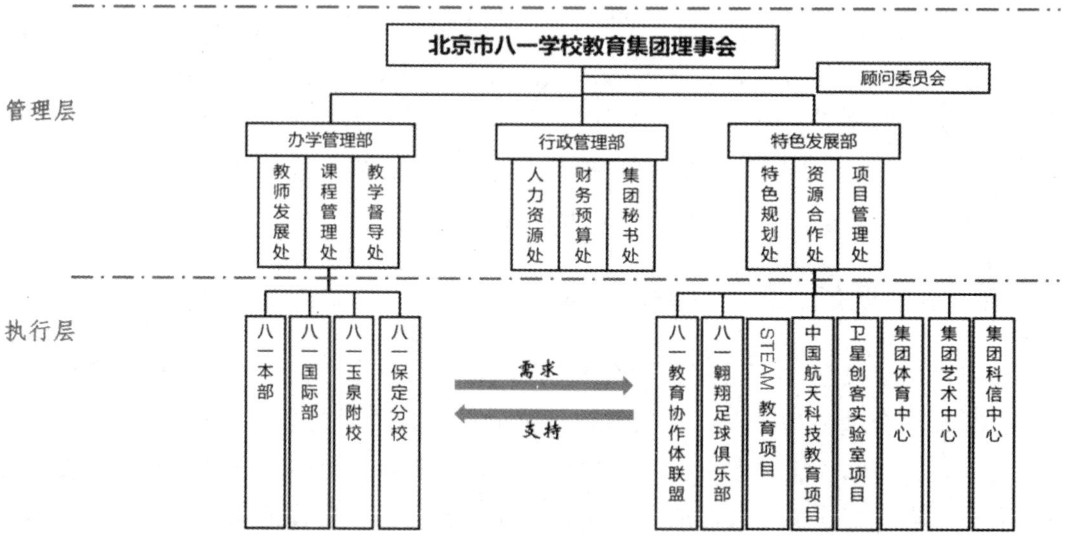

八一学校教育集团组织架构

组织架构确立后，学校就管理层和执行层的各个组织做了定位描述，明确了职务系列。

八一学校教育集团组织定位表

组织层次	机构设置	组织定位
管理层	理事会	对集团三重一大事项进行决策
	顾问委员会	由集团外部专家顾问参与集团决策事项的调研、咨询
	办学管理部	管理、监督、指导八一本部、国际部、玉泉附校、保定分校的教育教学
	行政管理部	统管集团人力资源、集团财务、理事会日常行政事务等
	特色发展部	管理八一教育协作体联盟、STEAM 教育项目等特色项目的发展
执行层	八一本部	组织小学部、初中部、高中部教育教学实施工作，负责本部学生和教师的管理
	八一国际部	组织国际部教育教学实施工作，负责国际部学生和教师的管理
	八一玉泉附校	组织玉泉附校教育教学实施工作，负责玉泉附校学生和教师的管理
	八一保定分校	移植八一本部在文化、课程、教学等方面的品质管理经验，组织保定分校教育教学实施工作，负责保定分校学生和教师的管理
	八一教育协作体联盟	辐射与发展八一学校的“红色教育”
	八一翱翔足球俱乐部	辐射与发展八一学校的校园足球教育
	集团艺术中心	辐射与发展八一学校的金帆艺术教育
	……	……

2. 七大中心制，实现开放、民主、扁平化管理

2019—2020 学年第二学期，八一学校再次进行组织架构调整。组织架构调整为七大中心制，设立课程与教学中心、学生发展指导中心、行政管理中心、招生考试中心、后勤管理中心、特色中心、教师发展中心七大中心及党务办公室。通过调整，各大中心负责的工作模块更加清晰，职责分工更加明确。

这次调整最大的变化是强化学生发展中心、教师发展中心及课程发展中心的建设，将三大中心置于管理的核心，明确三大中心的职能与职责，建立科学高效的内部工作机制。

学生发展中心的设立突破了以往对学生处、德育处的分工处理，职责范围更为广泛，包括常规德育工作，大型活动安排，团委、社团、学生会的活动，心理辅导等，并从生涯规划、学业规划、心理辅导、生活指导等方面进一步完善学生发展指导中心职能，依据职能定位进行组织结构设计，包括学生社团管理、导师约谈、团委、综合

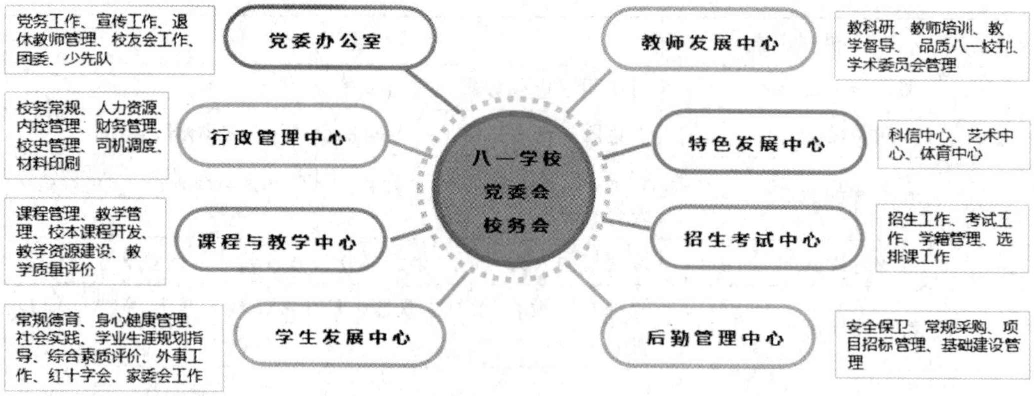

八一学校七大中心制组织架构

管理、体验服务等，明确了学发中心的工作内容，完善了学生发展指标体系和综合性评价体系。

为了让广大教师真正成为学校的核心竞争力，在这一轮组织架构调整中专门成立了教师发展中心，为广大教师专业发展进行规划、整合资源和搭建平台，促进教师专业素养和教学能力的不断提升。

在这次调整中，还明确将课程发展中心工作的原点定为“让学生更好地发展”，在课程体系建设上注重个性、联结和跨学科，突破校园限制，让学生与自然、社会以及个体生活联结。课程提供者不仅仅是教师，任何有专长的人都可以提供课程。在信息技术的支持下，课程资源更加丰富，学生既可选择线上课程，也可选择线下课程；既可选择本校课程，也可选择校外课程。各学科之间不断融合，通过序列化的问题把各学科知识串联起来，形成一种更加全面、相互衔接、融会贯通的课程结构，帮助学生形成更加完备的视角、思维和知识体系。

开放、民主、扁平化管理是第三次组织架构调整的关键词。扁平化管理的核心思想是减少层级，加强横向管理并强调年级组长的位置，这就需要所有的年级组长必须对自己所负责的年级有制定规划、流程和按照流程执行规划的责任、义务，主动去想问题、去推进、去解决。不仅如此，每名干部还需要认真跟进，做好过程督促，成为精细化管理的推进者。

值得一提的是特色发展中心。这个中心是由学校先后成立的艺术中心、科信中心、体育中心融合而成，负责统筹集团内校际间教育特色资源，全力支撑学校特色发展。特色发展中心由沈军校长直接领导管理。

通过组织架构调整，集团形成了强有力的管理网格。在通管的基础上，小学、国

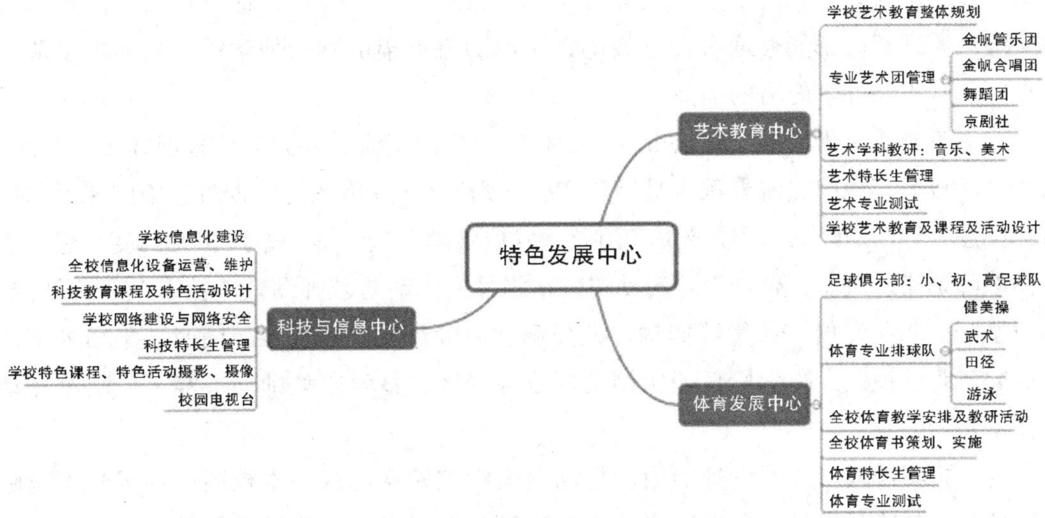

特色发展中心下属各中心职能

际部具备独立运作能力，教育教学独立，行政统管所有人的进出，财务管理归到集团，物统一在后勤，学校的基础性运转更加顺畅。内控管理方面，事务性工作减负，让每位老师专注自己的工作。同时，采取线上线下相结合的方式实现整体运行的自动化，切实为管理者减负，提高效能。在重建组织架构后，各中心积极落实人员安排，调整工作职责，梳理并优化工作流程，建立并完善各项管理制度，以项目式工作推进并加强过程管理，共同实现学校"规范管理、内涵发展"的整体目标。这样的调整也将执行层面的工作下放，有利于几位大主任的规划能力与管理能力的提升。可以说，组织架构的调整不仅顺应了学校发展的客观需求，也从管理层面充分释放了教师们的潜能；扁平化的组织架构让更多的教师得到历练，让更多教师的潜能和优势能够被看到，让优秀的人才能够在适合的岗位上发光发热。

（二）建立有序流动机制，实现人力资源最优配置

在集团化办学的背景下，为了充分发挥集团内优秀教师的示范作用，不断优化教师队伍资源配置，逐步缩小集团内的校际差距，八一学校不断优化人力资源配置，建立集团内部干部、教师有序流动机制，鼓励骨干教师到成员校任分校校长、中层干部、薄弱学科带头人，建立集团内部跨校区师徒结对机制，通过多重举措全面盘活人力资源存量。

1. 多重举措促进优秀教师干部跨校流动

集团化办学在推进教育资源流动、实现优质资源再生方面具有较大优势。集团化办学的目的在于通过优质教育资源的共享，帮助薄弱学校转型，从而实现义务教育的均衡发展。优秀教师和干部是优质教育资源的集中代表，优质的课程项目、高效的教学经验与管理经验都能够通过优秀教师、干部的流动辐射到其他学校，从而带动薄弱学校师资水平与办学能力的提高。

八一学校先后出台了《北京市八一学校教育集团交流、外派人员管理办法》《北京市八一学校教育集团交流外派人员工资实施细则》《北京市八一学校教育集团课程建设管理办法》《北京市八一学校教育集团教师发展管理办法》等一系列相关制度，建立集团内部师资流动机制，合理设置流动岗位，将师资流动与教师绩效考核以及职称评定、岗位晋升、职业发展、评优等挂钩，充分调动教师流动的积极性。同时，集团内部还建立起教师跨校区、跨学段任课机制，形成各校区、各学段教师能上能下的交流互动机制。

为了提升薄弱学校的管理能力，帮助薄弱学校转型，八一学校还启动了骨干教师激励计划，鼓励骨干教师到成员校任分校校长、中层干部、薄弱学科带头人，充分利用从中心校到成员校的教师发展阶梯，帮助在中心校因优秀教师集中而缺少充分发展空间的新名师，为他们搭建发展的平台，使其迅速成长为成员校管理与学科领军人物，拓宽教师职业发展通道。为此，学校制定了《北京市八一学校教育集团执行校长及派遣干部管理办法》，从选任办法、培养办法、监督办法、考核办法等多个角度规范分校执行校长及派遣干部管理。

为了提升薄弱学校的师资力量，八一学校还借助教育集团平台优势，为学校招聘更加优秀的教师，鼓励教师参与集团内部的教师交流和教科研活动，通过深度学习、高端备课、技术与教学的双向融合等重点项目引领，定期开展教学技能比赛、教学专题研究、名师讲座等活动，帮助教师多方位汲取教学经验。

为了保障教师流动的实效，学校还积极为教师之间的交流活动营造良好氛围、破除信息障碍、搭建交流平台，促进教师之间的交流深入教学工作、人际交往中的各个细节，提高信息交换效率与质量，最终在学校内部实现优质师资培育的目的，使薄弱学校拥有自主“造血能力”，推动优秀师资的校本化再生。

2021 年起，学校通过本校与分校互派教师，进一步促进集团内的价值认同，以示范课、评课、协同科研等形式，对成员校业务素质相对薄弱的学科和教师实现小范围、针对性帮扶，逐步实现集团内人力资源上的深度融合和无缝对接。

2. “一对一”定向帮扶，建立集团内部师徒结对机制

为充分发挥优质师资的辐射带动作用，八一学校建立了集团内部的师徒结对机制。八一学校的师徒结对非常有特色的一点是面向全集团开展，师徒结对不限制校区，师徒可在同一学部或分校中，也可分布在不同学部或分校中，各学部和分校根据部门发

展需要和教学需要向集团教师发展中心提出师徒结对申请，并推荐意向师徒。师徒结对申请由教师发展中心批复后组织师徒双方签订“师徒带教协议书”。协议书明确师徒双方各自的权利和义务，明确带教期限、传授内容、导师职责、徒弟职责等内容。

教师发展中心对每一对师徒教学情况进行跟踪，重点跟踪传授过程中的记录情况，负责解决师徒提出的有关问题。同时，教师发展中心还负责对师徒带教效果进行考核，通过考核的，准予结束协议，签署结业证书，并对表现突出的师徒给予一定的奖励。

在师徒结对的基础上，集团内部各学校、各学科还开展了“一对一”定向帮扶，以“帮扶一校、培养一批、全面提高”为指导，优先选择经验丰富的骨干教师和成员学校教师结成帮扶对子，定期深入成员校课堂，重点指导成员校教师的教育教学和专业成长，为成员校培养一批教育教学能手。

八一学校通过全集团教师资源的集中统筹管理，逐步完善集团内部师资流动机制，推动优质资源在集团内部的辐射与再生，让流动机制成为教师奋发向上的动力，使教师资源在流动中升值，进而不断优化人力资源配置，提升学校教育教学质量。

（三）鼓励担当奉献，为干部成长搭建广阔舞台

近年来，八一学校把提升干部队伍的管理思想和管理能力置于突出地位，让管理工作不断走向卓越，铸就品质，尤其重视人才梯队建设，厚植内培，努力打造一支“金字塔”形教师队伍。八一学校对全校教师开展系统化、递进式培训，聚焦教师专业化成长，筑牢“塔底”；对骨干教师开展教育家成长工程，教科研、名师工作室等研修项目，引领教师专业成长，强化骨干队伍建设，夯实“塔身”；遴选、提拔优秀干部为校级干部，给予奉献者更广阔的舞台，不断打造优秀学校管理团队，垒高“塔尖”。

近年来，一大批干部在集团化办学的征程中得到了锻炼与快速成长。牛震云书记亲自带队主抓小学部工作；马玉娟副校长、刘荣铁副校长勇挑重任，前往玉泉中学支援学校建设；马玉娟副校长牵头开展延庆康庄学校办学方案研制工作，张立红副校长前往延庆学校开展学校筹建工作……校领导们不辞辛劳、身先士卒，极大地鼓舞了八一学校的老师们——要到教育均衡急需的地方去，到学校发展最需要的地方去！学校先后派出多位骨干教师前往分校，担任执行校长和中层干部，如玉泉中学执行校长姜杉、保定分校执行校长史小昌、保定分校党支部书记潘跃金等，在为分校搭建管理团队同时，也为一批优秀骨干教师提供了成长通道。

以马玉娟副校长为例，短短的几年时间，她先后接受组织安排，在集团总校、玉泉中学、延庆康庄中学来回奔波，用实际行动展现了党员干部经得起磨砺、受得住考验，勇挑重担子、敢“啃硬骨头”，敢于接受困难和挑战的责任与担当。

积极担当，到最需要的地方去！

马玉娟

2015 年 5 月，我接受组织安排，担任八一学校附属玉泉中学（原北京市第六十七中学）执行校长。沈校长交给我的任务是一年内完成承办校的融合过渡。我在思考如何顺利完成任务时，做出的第一反应就是从文化入手——这离不开多年来和沈校长在学校文化建构过程中碰撞所形成的对“学校文化及其价值的认识”。我选择从教师中来、回教师中去，吸纳两校文化精髓，共同描绘愿景；在梳理构建的过程中完成凝练学校“精神与灵魂”，彰显玉泉中学发展特色的学校文化体系。从近几年玉泉中学发展的形势看，玉泉中学“上善文化”体系起到了很关键的作用。

2018 年 12 月，我校接到北京市教委工作任务，承办延庆康庄中学。此时，我任职八一学校行政副校长兼任教育集团行政校长，牵手延庆办学方案的任务自然落在我肩上。与 2015 年初接手八一学校附属玉泉中学的工作相比，我对学校文化的价值有了更深入的理解。因此，在延庆康庄中学的承办方案设计上，我们遵循着“学校文化”正是学校成员在共同信念引领下的一种教育生活，而“课程与教学”才是学校文化建设重心的原则，围绕学校的“课程体系和教学模式”制定办学方案。2019 年 10 月，办学方案先后修改达 11 版后，终获专家组一致认可，顺利通过北京市教委组织的专家论证。

几年的时间，我的工作地点在不断转换，但不变的是我对八一学校的拳拳深情。正是这份深情让我心甘情愿地接受组织的安排，敢于“啃硬骨头”，敢于“开荒拓土”，用自己的行动书写党员干部的责任与担当，带动更多的青年干部用自己的行动为八一学校的发展奉献力量。

权小红原是八一学校的一名教师，2015 年，她被派往玉泉中学任教，并担任年级组长的工作。在陌生的环境中，她克服种种不适，努力调整心态，担起了基层教师的责任。在“外派玉泉中学团队是一个战斗堡垒，每个人是一面旗帜”的精神指引下，她积极传承八一文化、发扬“八一精神”，带动年级师生快速成长。从最初踏入玉泉中学的忐忑到以身作则、忘我投入，权小红老师让玉泉中学的师生们看到了八一学校全体教师骨子里深刻的八一精神，和内化于心、外化于行的八一文化。在玉泉中学，权老师不仅实现了自我快速成长，也带动了一众玉泉中学的师生们走上成长之路。

责任伴我成长

权小红

一、责任，要求我服从学校安排

2015年暑假前，学校通知我去玉泉中学，我心中充满了难受与恐惧。因为从开始工作到那时，家离学校一直很近，如果去玉泉中学，交通问题怎么解决，上班忘记拿东西怎么办……加之，儿子听别人传说曾在玉泉中学校门口发生学生用棍子打老师的现象，十分担心我的个人安全。后来，我反复做自己与家人的工作：这是学校的安排，既然自己是学校的一员那就必须服从学校的安排。其实，这也是集团办学这个大背景下每位老师都有可能遇到的问题。就这样，我努力调整自己的心态，带着一点纠结去了玉泉中学。

二、责任，要求我认真传承八一学校文化

来到玉泉中学，在马校长与刘书记的带领下，在八一学校外派玉泉中学团队其他老师的温暖下，在“外派玉泉中学团队是一个战斗堡垒，每个人是一面旗帜”的指引下，我慢慢地重新定位自己的角色。在玉泉中学，我不能把自己定位为一名普普通通的年级组长，而应该保持积极的心态，始终传递正能量，成为能带去八一学校文化的八一教师。

在玉泉中学，领导与老师们通过一次次调查、一次次座谈，深挖玉泉中学的文化内涵，形成统一的思想，确立了玉泉中学的“上善文化”。随着玉泉中学文化的落地，我与2018届的老师们认真地学习与研读，慢慢地弄清楚了它背后的价值追求——它是陪伴学生一生的素养与能力，能够促进学生可持续性发展。当把抽象的、模糊的理解变成具体的、清楚的认识之后，便是如何帮助学生把学校文化内化于心、外化于行。翻阅着八一学校基因月的具体做法、回想着原来的点点滴滴、思考着两校的相同与差异，我们开始了2018届年级与班级文化的成长之路。年级的宣传、班级的解读，让学生们对学校文化有了了解与认同。结合八一学校文化的落实，通过对班主任们的一次次培训、学生们关于文化的大讨论、师生们的碰撞，我们最终确立了年级文化——“wen”文化，及各班的班级文化，在文化的讨论与展示过程中提高了班级的凝聚力。

文化，制定易，落实难。为此，从对2018届学生的三年培养方向的规划到对学生的具体要求，从环境布置到以小组为载体的班级文化，从校风大检查到“三会”的召开，从日常班会课到14岁青春门仪式，我与班主任及年级的老师们寻找最优化的方案，每个小细节都不放过。今天，年级呈现出新的面貌：教室更漂亮了，活动更丰富了，集体的凝聚力更强了，教学质量有进步了，班主任对于环境的布置板块更清晰了，效率更高了，一个个活动之后家长对于学校更认可了……所有这些更加坚定了我要做好这座沟通的桥梁，把八一学校的文化带到玉泉中学，让它们在这里生根、发芽。

三、责任，要求我把“八一精神”带到玉泉中学

把八一学校迎难而上的精神带到玉泉中学。在工作中，我们常常会碰到这样那样的一些困难，但我始终记得八一学校的一个原则：尽可能不给别人找麻烦，尽可能做到“我管我负责，我管我管好”。就拿今年初三的课表而言，为了排选课的课表我足足画了11张纸，并且进行了细致的安排，最后终于安排好所有的科目，没有出现任何问题。

把八一学校的精细管理带到玉泉中学。生活的一切原本都是由细节构成的，细节决定成败。为了年级工作的有序进行，在开学初，我总是对年级的工作进行细致的规划，不管是班会课的安排还是阶段性工作的部署，不管是学生习惯的培养还是课堂常规的要求，不管是早读还是自习等，不但有目标、有要求，同时各项工作都有相应的措施。精细化的管理让我处理事情时多了一份科学严谨，多了一份从容淡定。

把八一学校的奉献精神带到玉泉中学。我，一名普普通通的老师，其实，我明白我谁也代表不了，但在我的心中，还是告诉自己：“一定严格要求自己，玉泉中学老师们能做到的，我一定要做到，玉泉中学老师们没有做到的，我也要努力做到，因为我不能没做好，我是八一学校本校的一员。”因此，面对玉泉中学2018届的孩子们，我与我的团队牺牲了很多休息时间，一起想办法解决问题、帮助孩子们争取更大的收获与快乐。例如我们的高秋丽、谢艳朴、郝守环老师一周的课时、早读、自习加在一起有20节左右，但面对年级的培优任务，还是无怨无悔地承担；张春光、张爱萍老师常常利用课间、放学时间让学生背英语课文，在她的辛苦付出下，她班的英语优秀率经常达到50%以上；田兴华老师家住回龙观，离校很远，但面对4个班的物理教学任务，还坚持自习课时间为孩子们进行辅导；史地政生的老师常常凑在一起探讨新课改；蔡倩老师总是在别人碰到问题时伸出援助之手……“不问收获，只问耕耘”正是玉泉中学初三年级教师团队的真实写照。

最后，我也相信，在马校长与刘书记的带领下，在八一学校外派团队与玉泉中学老师们的努力下，玉泉中学会越来越好。

用人机制的不断完善正是为了让每个人都能在自己适合的岗位上发光发热，为广大教师创造更多的发展机会、成长机会，充分激发教师内在的工作激情，释放工作潜能，使学校的人力资源生态圈得以良性、健康地循环发展。

四、抓住成长需求，育好引路人

师资队伍建设是提高教育质量、促进学校持续发展的关键。提升学校办学核心竞争力，就要让广大教师成为学校的核心竞争力。长期以来，八一学校一直将教师的成长看作学校发展的基石，充分关心教师的成长，提升教师的成就感。学校不仅成立了教师发展中心，为广大教师专业发展进行规划，还从实际出发，通过对教师的现状分析，了解教师实际困难和内在需求，通过一种价值观引领、一套研训体系支撑、一个平台赋能、一个工程领航、一个营地厚基、一个工作坊助力以及“1+1”工作室引领，全力打造“七个一”教师培养体系，推动教师的可持续发展。近年来，八一学校自己培养出的特级教师、申报通过的正高级教师不断增加；市、区、校级学科、德育带头人和骨干教师数量占比不断增多。

（一）重塑“教师观”，培养具有引路人素养的“大先生”

教师观是引领教师队伍发展的重要根基。如何有效引导教师发展是一个有难度的课题。八一学校的教师观先后经历了“重点提升教师教育理念和教育能力”“在‘八一精神’的引导下，做爱岗敬业的教师”“成为具有引路人素养的‘大先生’”三个阶段。

1. 第一阶段：重点提升教师教育理念和教育能力

学校将教师技能层面的培养作为教师成长的关键，侧重于对教师教育理念、教学能力、学生管理能力、学生心理教育、学生思想引领等方面的提升，这也是对教师专业成长的基本要求。

2. 第二阶段：在“八一精神”的引导下，做爱岗敬业的教师

学校从教师爱岗敬业的角度来促进教师成长，重点引导教师对学校要有认同感，对职业要有敬畏感，要有师德。这一调整源于当时一大批高学历、高水平的青年教师加入八一学校，学校教师队伍呈现年轻化趋势。这批青年教师的加入为教师队伍带来了活力，然而他们来自全国各地，地域的不同，造成了文化的多元、价值观的多元。在这样的背景之下，学校通过在教师群体中推行“思想领先，艰苦奋斗，高度负责，严格要求”的“八一精神”来达成文化共识。“八一精神”初创于1987年，至今已35年。以“八一精神”为引领，实质是让教师对教育忠诚、对学校忠诚、对学生忠诚，以一种良好的精神状态面对职业。因此，学校特别重视在教师团队中传承“八一精神”，加强教师的责任教育、八一学校传统文化教育及爱生爱校教育，使广大教师深刻理解并认真践行学校优良的教学传统。

3. 第三阶段：成为具有引路人素养的“大先生”

“四个引路人”提出以后，随着课程改革的逐步深入和学校推进“建设世界一流科

技高中”步伐的加快，学校对教师的综合素养提出了更高要求，尤其需要广大教师跳出学科教师的层面，不断提升自己的格局、境界和育人高度。

学校从锤炼品格、学习知识、创新思维、奉献祖国四大角度提出了新时代教师的八大素养，引导广大教师重塑教师观，成为具有引路人素养的“大先生”。

习近平总书记一直非常重视教师工作，在提出“四有好老师”和“四个引路人”后，又提出“大先生”理念。他强调，教师不能只做传授书本知识的教书匠，而是要成为塑造学生品格、品行、品味的“大先生”。“先生”，既是一个称谓、一种修为，也是一份崇敬、一种精神。从古至今，人们习惯对德高学高之人以“先生”敬之，代表的是心中对先行者、对德行和学识的向往和敬仰。因此，八一学校重塑教师观，希望八一学校的教师们都能成为具有引路人素养的“大先生”。

具有引路人素养的“大先生”素养体系

四大角度	八大素养
站在锤炼品格的角度	心有温度，具有大情怀
	身有修为，具有大风范
站在学习知识的角度	腹有经纶，具有大学问
	眼有八方，具有大视野
站在创新思维的角度	头有思想，具有大智慧
	手有章法，具有大功力
站在奉献祖国的角度	胸有国家，具有大格局
	肩有重任，具有大作为

被人以“先生”相称的人，在受人尊重和仰慕的同时也意味着需要承担更多的责任，做出更好的表率，付出更大的牺牲，正如伟大的文学家范仲淹所描写的那样：“云山苍苍，江水泱泱，先生之风，山高水长。”

（二）建立“教师研训体系”，实现分层分类培养

教师队伍建设是学校实现品牌发展的保障。不同年龄阶段、不同成长阶段的教师发展特征不同、成长需求不同，因此培养措施也就不同。如何抓住重点、分层培养教师，激发各年龄段教师的专业发展激情，整体推进教师队伍建设，是八一学校教师队伍建设方面重点研究的课题。

除了依托北京市、海淀区的校长培训、干部培训、骨干教师培训、学科进修等研训项目外，八一学校多层次、多渠道、全方位展开教师研训工作，以科学规划促进教师专业发展和学校健康发展，按照新手教师、合格教师、熟练教师、成熟教师、骨干教师、卓越教育的成长阶梯，搭建校内分层、分类相结合的研训支撑体系，并在组织、管理、运行等各方面进行创新，积极探索科学高效的优秀人才成长培养机制，形成学校师研训体系——课程体系、支持保障体系、评价测量体系。

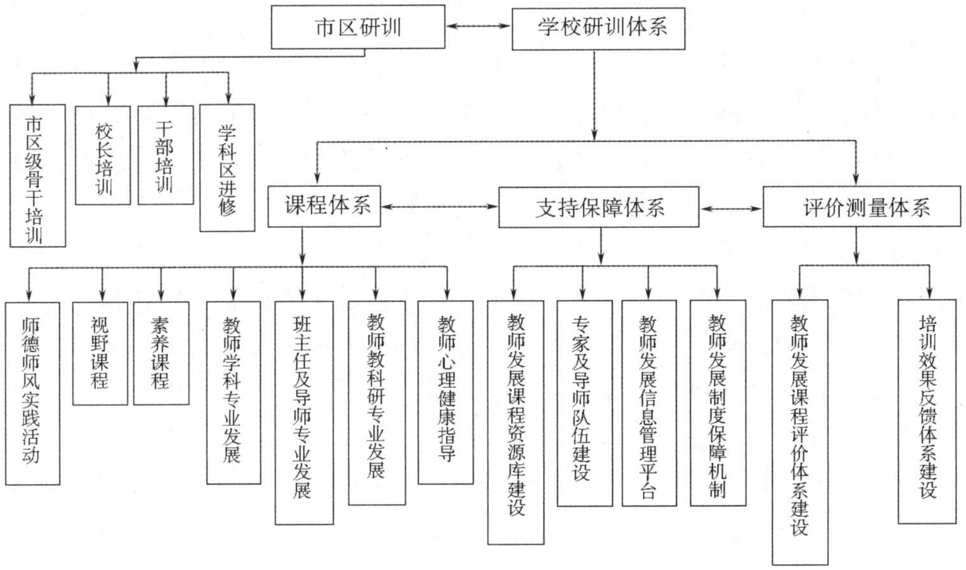

八一学校教师研训体系

1. 建立教师研训课程体系

教师研训课程体系建设是教师研训发展的核心，是推进教师研训的重要载体，也是确保教师研训科学发展的基础。八一学校教师研训课程体系包括：使教师成为引路人的师德师风实践课程，使教师成为思想者的视野课程，使教师成为学习者的素养课程，使教师成为专业者的专业课程。同时，还涉及班主任及导师专业发展、教师教科研专业发展和教师心理健康指导。

（1）师德师风实践活动课程

师德修养是教师成长与教师培训的重要内容。学校将国家提出的“全面落实立德树人根本任务”转化到教师研训的师德课程中。师德师风实践活动课程内容包括：①加强党员教师的带头作用，发挥党员先锋模范作用，落实“双培养”机制；②逐步形成教师师德师风建设培养机制的相关活动，建立教师德育发展档案。

师德师风实践课程实施路径包括：①专家及专业人士引领讲座，充分利用好“老区寻根”和教师节全校教师表彰等活动加强师德师风建设；②八一学校文化传承也是教师培训内容的重要组成部分，要梳理八一学校优良文化，在年轻一代八一教师中得到发扬光大；③联合党委办公室开设教师思想政治主题培训课程；④在教师表彰大会中增加校内优秀教师宣讲活动环节，开设青年教师职业理想道德教育课程；⑤落实海淀区关于强化思想政治理论课教师队伍建设的有关文件精神，重点开展思想政治课教师培养工作，积极参加思想政治学科后备人才和教师培训，进行政治课领军人才培养。

（2）视野课程

当代学校教育发展的一个显著特点就是学校、课程与课堂的开放性。在信息化的背景下，当代教师不能满足于做课程或者教材知识的传授者，而是需要有更为丰富的“社会性知识”，以应对教学实践中来自学生的问题。教师必须以更加开阔的视野去教育与引导学生，改变传统的教书匠形象。因此，教师培训课程体系中也增加了这部分内容，带领教师打开视野，拥抱世界。

视野类课程内容主要包括：①国家法律法规方面的基本内容，使教师成为依法治国的实践者；②国家社会经济文化等各方面发展与改革的大政方针，使教师成为爱国主义的示范者；③国际形势与国际趋势方面的情况与特点，使教师成为改革开放的支持者；④对重大历史事件或者当前重大问题的认识与把握，使教师成为社会主义的拥护者；⑤影响教育发展的外部因素及其特点，使教师成为教育的思想者。这类课程目的在于引导教师理性认知与思考当代社会发展，从社会经济发展的外部变化正确看待教育工作，从而成为有主见的思想者。

（3）素养课程

当代教师不能局限于教育教学的素养，必须具有多方面的素养。我国目前的职前教师培养采取分科培养，导致部分教师的素养不全面，在职教师培训就需要对其职前培养中所缺失的各种修养进行补充和完善，这也是教师教育职前职后一体化的表现。教师的成长阶段分为新手教师、经验型教师、骨干教师和名师阶段，学校针对不同阶段教师的需求提供针对性的研修课程，构建并完善六大类课程群供教师研修。

教师成长六大类课程群

课程类型	师德师风课程群	教育理解课程群	专业精修课程群	学科融合课程群	信息素养课程群	兴趣修养课程群
挑战课程	1. 时事政治 2. 国际理解	教育哲学 儿童视角	1. 高端备课 2. 深度学习教学改进 3. 蓝思分级阅读 4. 学科认知模型	表现性评价	信息技术促教学质量提升	引导力项目

续表

课程类型	师德师风课程群	教育理解课程群	专业精修课程群	学科融合课程群	信息素养课程群	兴趣修养课程群
拓展课程	1. 师德论坛 2. 教师荣誉	学生发展导师 教师职业规划	1. 课程开发 2. 教育科研	1. IB-PYP课程 2. 学习科学素养 3. 模拟联合国 4. STEM教学 5. 数学建模 6. 航天科技课程 7. 学术力	技术融入教学	1. 人文艺术 2. 传统文化
基础课程	1. 学校文化 2. 党史校史 3. 国家政策 4. 社会主义核心价值观	1. 职业理解 2. 教育教学理论 3. 教育教学管理 4. 德育能力	1. 学科核心素养 2. 教学评估 3. 课堂教学实践 4. 学法指导研究 5. 教师基本功	1. 项目式学习 2. 批判性思维	Office 365应用	1. 身心健康 2. 同理心与社会情绪 3. 阅读工程

素养课程坚持问题导向和实践导向，工作内容就是培训内容，培训过程贯穿工作过程。比如，要开家长会，学校就把如何召开家长会作为培训的内容，开展校本培训。坚持以实践为基础、实际问题为中心、真实需求为导向，进行“接地气”的培训、“草根式”的培训。

素养课程的实施路径包括：①依据八一学校“十四五”教师继教校本培训学分分配方案进行培训，培训以学分制的方式展开；②教师发展中心联合教学与课程中心和学生发展中心进行各项标准的制定，这一过程也是教师群体内部讨论、学习、培训、提升的过程。

（4）专业课程

专业课程旨在提升教师专业素质能力，立足发展学生核心素养，以研究为基础，全面提升教师学科专业知识和教育教学专业知识。

专业课程实施路径包括：①利用海淀进修学校进修平台，加强联系，深度参与；②参加市区级课题组，大胆进行实践活动，如高端备课项目、深度学习项目、市区级名师工作站、海淀区风采杯教学展示等；③给予教研组活动支持，聘请专家进入专题指导；④加强教师参加市级、区级、校级的研究课支持力度；⑤完善“师徒结对”制度；⑥新任教师教学能力提升培训；⑦支持市区级各学会高质量的学科教学培训及研讨活动，开阔视野；⑧关注区级各类培训项目，如信息化项目、管理人员综合能力项目、“学历提升”工程、“专业对口”工程等。

2. 建设支持保障体系

支持保障体系建设包括教师发展课程资源库建设、专家及导师队伍建设、教师发展信息管理平台建设、教师发展制度保障机制建设。

（1）教师发展课程资源库建设

对已有及未来开发课程进行整理固化，形成八一学校教师培训课程校本资源库。

（2）专家及导师队伍建设

根据学科、研究专长、级别等对专家信息进行梳理，保持与专家友好沟通。聘请部分学术水平过硬、对中小学教科研有深入了解的专家为学校特聘专家，长期支持学校的课题研究工作。初步将专家分为以下几类：各学科的学科专家、跨学科研究专家、教育科研领域专家、上级科研管理专家等。成立学术委员会。

（3）教师发展信息管理平台建设

联合办公室及信息中心建立教师发展信息平台，建立教师成长档案，加强青年教师成长研究。

（4）教师发展制度保障机制建设

①建设专业化、制度化、常态化的教师发展体系，建立常态活动列表：全校暑期培训会及教科研年会、班主任工作坊、青年教师成长营等。②在全校活动的基础上，更加重视学科的个性化培训。搭建“菜单式、自助式、开放式”教师培训教育平台，让教学培训更加有针对性，能解决真实的问题，能促进教师向更高层次发展。

3. 建设评价测量体系

在教师发展课程评价体系建设中，对教师培训过程性评价、培训成果进行及时汇总及展示。在培训效果反馈体系建设中，根据教师在培训过程及教育教学发展中的情况，及时调整课程评价问卷及量表，让培训课程及活动更加有效。

此外，学校还实施了制度、经费、人员、资源、教师发展中心运行机制等多重保障措施。在制度保障方面，重点制订每项工作的标准、检查、评价、奖惩措施；在经费保障方面，给予充足的教师培训经费，包括国际国内各种培训、高端论坛、国际会议等，以及专业公司提供服务；在人员保障方面，根据工作需求，增加教师发展中心人员配备；在资源保障方面，与上级部门、兄弟学校、专业机构甚至国际组织保持良好的沟通与合作，为学校教师发展提供资源。学校还积极完善教师发展中心运行机制，定期开展教师需求调研，制订工作计划并有效实施。

系统而全面的教师研训体系，为学校教师教育的可持续发展奠定了坚实基础。通过教师研训体系的建立，学校师德教育显著加强，教师培养培训的内容方式不断优化，教师综合素质、专业化水平和创新能力显著提升，为八一学校发展更高质量的教育提供了强有力的师资保障和人才支撑。

（三）搭建“教科研引领平台”，促进教师专业成长

教师的教科研能力是衡量教师专业发展水平的一个重要指标。实践表明：一线教师通过积极参与教科研活动有利于其自觉学习理论，更新教育观念，以科研带教研，以教研带教改，提高自身素质。对于年轻教师来说，参加集体教科研活动对于自身专业发展有极大的帮助作用，能够通过教科研活动提高自己对教育的认识，并应用于自己的教育实践中。八一学校着重从教研模式变革、课题研究管理、教师研究热情激发、论文成果固化等几大方面入手，搭建教科研引领平台，以教科研对教师专业成长赋能。

1. 积极推动教研模式变革

教研组是学校教学、科研等活动的基本单位。全面贯彻教育方针，搞好教科研建设，充分发挥其作用，对提高教学质量、深化教学改革至关重要。八一学校秉持“以教研促发展，以实效带提升”的理念，把教研建设与改革作为学校的工作重点之一，采取有力措施落实教研工作，教研活动安排务实有效。教研注重实际问题的解决、经验的总结、理论的提升、规律的探索和教师的专业发展，并将加强师德师风建设贯穿到全部教育活动之中，较好地发挥了教研的业务核心作用，探索和积累了一些有益的经验。

（1）小学：教研走向系统化、结构化

为充分发挥教研的引导作用，促进教师们更新教育理念，提升专业发展水平和教育教学能力，近年来，小学部着力构建了“三级教研”体系。

第一级是市区教研——专业引领。市区级教研重在引领教改方向，通过专家的前沿指导带动教师们真实成长。各教研组长和备课组长关注市区教研活动，积极参与各项活动，及时向学校传达落实会议和培训精神。

第二级是校级、学科级的校本教研——立足研究。每学期初学校将总体计划分配给各个教研组长，教研组长制订计划再分配给各备课组长，再由备课组长制订计划，将规划理念融入教研活动中去，各级教研部门在同一个计划之下完成同一件事，有计划、有实施、有反馈。反馈机制伴随着计划的执行，使各教研组、备课组在学期初明确目标，学期中能适时检视，学期末能系统总结。

第三级是备课组的教研——落实发展。这一级的教研离学生最近、离实施最近。以课堂为中心，每个学科的不同课型要有自己的模式，体现学科特点、课型特点；教师对课堂环节要有个性设计，体现教师特点、教学风格。小学部在每周一课时备课组教研的基础之上，又增加了隔周一次两节课的教研，加强教研的时间保障，积小流以成江海，促进教研质量的提高。

为了提高教研的实效性，小学部还将教研主题变零散为统一。研究主题来自于教学实践，源于教学中存在的、亟待解决的、感到困惑的问题，将这些问题经过整理、归纳、提炼，筛选出具有典型意义和普遍意义的问题，转化为自己在教学过程中研究的课题，从而形成教师之间合作、交流、共同探索、共享的教研活动机制和模式。

近几年，小学部将教研主题又进一步聚焦于学科核心素养，每个学期重新聚集一个学科素养，前期教研的学习，研究的设计，研究课的实施，单元课、期中期末的评价中会对这个素养着重进行考查，力争实现“教学评”的一致。在具体操作过程中，小学教研组长确定主题，分备课组长进行落实。在大主题下，每个备课组长会选择与这个核心素养对接的一个单元开展，重点研究该单元下学生的素养怎么培养。经过研究课的“说课—试讲—听课—评课”环节，将研究的教案成果在整个组进行推广。

小学部在教研过程中，还特别重视读书活动的开展，将读书作为提高教师队伍整体素质、促进教师队伍整体不断前进的有效手段之一。小学部把读书纳入教研组和备课组的活动之中，每学期初布置学科阅读书单，书籍内容与教研主题对接，从理论方面丰富老师的认知。各教研组定期组织读书分享会，鼓励老师们谈感受、谈如何在研究课中落实。读书活动有效地带动了老师们读书的热情，鼓励教师不间断地阅读、学习，促进教师专业化发展和生命的成长。

为了更好地让九年一贯制课程深度扎根，小学部还定期组织教师与初中部教师共同参加跨学段、跨校区的联合教研，在打通课程的同时真正让学生在八一学校的成长具有可持续性。可以说，小学部立足校情的三级教研模式，遵循教育规律，重视教学常规，不断丰富教学内涵，为教师专业发展打下了坚实的基础。

（2）中学：以高端备课项目为引领

“研讨出真知，研讨出效率。”新课改在倡导学生合作学习的同时，也要求教师合作探究，形成研讨氛围，发挥“团队效应”的优势。为进一步提升教师们在教研中的专业成长，八一学校引进高端备课项目。该项目有着严谨的理论体系和标准的流程，通过专家“高站位、深挖掘、细调研”的引领，以高效课堂教学为核心，以研究课带动常态课，关注课堂教学方式的转变，带动教师不断探索促进学生认知发展的教学方式，鼓励教师基于高端备课项目进行主题整体教学设计及改进，变“教得”为“习得”，极大地促进了教师的专业化发展。

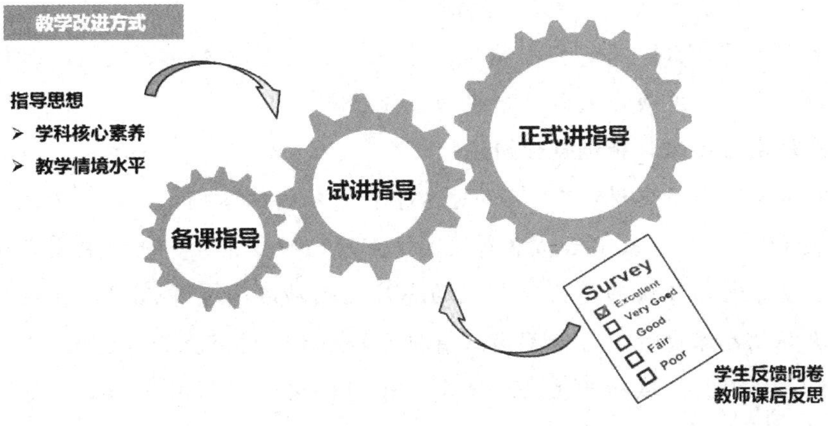

高端备课项目的教学改进方式

目前，语文、英语、生物、地理、化学等多个学科均参与了高端备课项目。以地理学科为例，自 2018 年 9 月项目启动以来，地理教研组的高端备课分别从同一单元主题的跨年级进阶和同年级连续教学两个方面展开。一年的时间里，高端备课专家团队累计来校集体备课 10 余次，精心打磨，帮助教研组老师完成“识别河流地貌”和“河流地貌的成因”单元主题下跨年级进阶教学、“交通方式选择”和“交通运输方式对地理环境影响”单元主题下同年级持续教学 4 节研究课的展示，耐心指导组内老师撰写教学论文《借助增强现实技术落实地理实践力的高中地理教学实践》，引领组内老师申报“地理实践力核心素养提升的教学实践研究——以北京市八一学校为例”区级重点关注课题。高端备课组专家的备课指导按照“知识线索、学生认识发展线索、问题线索、活动线索、情景素材线索、教师讲解线索”去系统审视教学设计，衡量是否能促进学生核心认识和关键能力的发展，总结课程亮点与不足，形成书面指导意见，帮助老师们迅速认清问题，及时修正，提高教学教研能力。

在集体备课过程中，专家们勤于思考、对于专业严格把控的态度，成为教研组老师不断提高业务能力的重要保障。在高端备课周年总结大会上，徐亚辉老师作为教师代表与全校老师分享了在高端备课项目中的所学、所思和所悟。

业精于勤 · 行得于思 · 事成于势

——北师大地理高端备课周年总结

徐亚辉

精心备课是提高课堂教学质量的关键环节。通过高端备课的参与，我深深感受到单元主题下的教学不再空洞，它激发了组内教师很多教学方面的思考，而这些思考的背后则是老师们的真实获得。地理高端备课，超越了传统备课的思路，不仅要介绍是什么，还要解释为什么。高端备课构筑了专业交流与学术求精的桥梁，对促进高中地理教研组教师的专业发展，起到了事半功倍的效果。

一、地理高端备课，强调创设情境

德国教育家第斯多惠说："教育的艺术不在于传播的本领，而在于激励、唤醒和鼓励的一种教学艺术。"在教学活动中创设具体生动的问题情景，能够激发学生饱满的学习热情，促使学生以旺盛的精力、积极的态度主动地在情景中沉思，在情景中领悟真谛。在本次高端备课过程中，专家团队特别重视课程的情境创设。教学中，利用学生身边的河流——海河流域和学生身边"车厘子"价格的问题引入课堂，把学生注意力吸引到课堂上；通过讨论、分析、总结归纳等方式，保持学生的积极性；在分组讨论中，学生自主探究，对问题充满兴趣。

二、地理高端备课，重视学生参与

新课标倡导的自主学习、合作学习、探究学习，都是以学生的积极参与为前提的。在本次高端备课过程中，专家团队提出学生要实现主动发展，参与是最基本的条件。因此，在"河流地貌"单元主题教学中借助AR技术开展小组讨论；在"交通运输"单元主题教学中引入计算水果价格的合作学习。实践证明，学生参与课堂教学的积极性、参与的广度与深度，直接影响着课堂教学的效果。正如有的专家所说，"没有学生的主动参与，就没有成功的课堂教学效果"。参与不是表面化的"是""不是"，课堂教学需要学生的深度参与。

三、地理高端备课，落实核心素养

地理核心素养主要包括综合思维、人地协调、区域认知和地理实践力。地理高端备课，以真实世界的真实情景、解决生活中的实际问题展开地理教学：从现实世界出发，获取和解读地理信息，综合应用基本地理原理、规律思考和解决问题，结合具体区域背景渗透区域认知，提出符合实际的解决方案，充分彰显地理实践力。因此，在地理高端备课过程中，地理核心素养自然而然地在教学设计的各个环节中得到落实。

四、地理高端备课，促进专业发展

目前教师专业发展的困局，在于教师专业发展理论与实践脱节。地理高端备课，是教学理论与教学实践的中心环节，体现了对教学理论的理解与对教学实践的指导，成为理论与实践的双重增长点。通过对高端备课的研究，老师们找到了分析问题的研究领域与实践框架，为教师的专业发展发挥了方法论的作用。地理学科教学，需要教师面对地理的学科意义、体系的逻辑结构、学生的认知水平，对每个教学环节做出理论分析。高端备课，对地理学科教学理论做出了初步探索，成为教研组老师提高专业能力的重要平台和途径。

通过一年高端备课项目的跟进和学习，组内老师们收获满满。未来，地理教研组将顺应课改潮流，依托海淀区“深度学习”项目和北师大高端备课项目，继续探索如何利用有关理论设计符合学生认知的课堂教学、如何依托学情采用高效教学策略、如何提高组内教师的地理学科教学知识。希望各位专家能够继续不吝赐教，帮助老师们成长，同时也请学校领导拭目以待，老师们必将全力以赴做好新时代学生的“引路人”。

2. 以课题研究引领教科研工作

课题研究的过程是运用科学的研究方法去探索教育的客观规律的过程，也是通过认识教育规律来提升教师素养、提高教育教学质量的过程。教师的成长需要“专业引领”“实践体验”“同伴互助”和“自我反思”，课题研究恰恰可以实现这些目标。课题研究不仅能够拓宽教师的学术视野，引领教学方向，还能为解决教学困惑提供切实有效的“抓手”。近几年，八一学校以课题研究为抓手，通过课题研究着力提升教师的思想境界、理论水平、教育教学水平，鼓励教师向研究型、专家型教师迈进。在课题管理方面，学校主要从以下几个方面进行突破。

（1）规范课题管理机制

组织国家、市、区教科研规划或教育学会课题申报。结合国家、市、区课题的规定分门别类制订方案，包括开题方式、报告的要求、提交的材料、时间限制、资料包等，将课题管理的整个流程进行规范化。由专人对各项课题研究的申报—开题—中期—结题各阶段的档案进行收集整理，尤其注重过程性材料的留存。为了确保教科研工作的深入开展，在三年规划时间内制定出校内规章制度，包括课题申报制度、中期检查制度、审核鉴定与结题制度、经费使用制度、奖惩制度与成果推广制度等，从而将学校的教科研工作引上制度化、规范化的轨道。

（2）重点培养骨干科研队伍

将课题负责人及教科研积极分子作为校内的教科研种子教师，重点培养，力争每个学科都有种子教师，以期种子教师通过自己的研究和实践，带动周围的老师开展教育科研。有课题研究的教师，针对每个课题的研究阶段和研究需要，尤其是在开题、中期、结题等关键节点，邀请专家进行针对性的指导。借助海淀区教科院群体课题或研究项目，组建若干个专题研究小组，在课题推进和研究中提升群体课题参与教师的教科研能力。充分整合市、区教科院、教育学会等专业资源，为教科研种子教师提供较高水平、形式多样的教科研培训，如论文写作研修班、国家课题开题会观摩、教科研骨干研修班、教育学会学术年会等。

（3）与高水平专家和大学合作

根据学科、研究专长、级别等对专家信息进行梳理，保持与专家的友好沟通。聘请学术水平过硬，对中小学教科研有深入了解的专家为学校特聘专家，长期支持学校的课题研究工作。初步将专家分为以下几类：各学科的学科专家、跨学科研究专家、教育科研领域专家、上级科研管理专家等，并筹备成立学术委员会。在课程开发、项目评价、教研科研等方面与大学进行深入合作研究和实践，提升教师的教科研专业能力。

在学校的大力支持下，广大教师积极投身课题研究，所研究课题涉及互联网与多媒体技术、教学质量提升、各学科核心素养研究、项目制学习、深度学习、研学旅行等各个领域。

八一学校近年重点课题清单

申报年度	课题名称	负责人	研究领域	课题类别
2020	基于高阶思维培养的高中语文学习任务群教学研究	徐德琳	课程、教学、评价改革研究	A 重点课题
2019	信息技术促教学质量提升的行动研究——以北京市八一学校为例	沈军	课程、教学、评价改革研究	B 单位资助校本研究专项课题
2017	高中生批判性思维课程构建与实施的行动研究——以北京市八一学校为例	陈咏梅	课程、教学、评价改革研究	A 重点课题
2016	批判性思维视野下高中语文中的传统文化教育研究	徐德琳	传统文化教育与德育研究	A 重点课题

课题组作为一个个凝聚集体智慧的小集体，以共同的研究目标将老师们凝聚在一起，同心协力共同攻关。通过课题组研讨活动，大家分享信息、经验和成果，通关集体研讨，有效弥补了教师在教育教学经验和策略上的不足，促进了教师之间的互相启发、共同成长。

3. 通过教科研年会和教研基地激发教师科研热情

学校在鼓励教师开展课题研究的同时，也给教师营造了浓郁的学习和研究氛围，比如举办一年一度的教科研年会、建设学科教研基地等，目的就是鼓励教师将自己在教育教学中碰到的困惑作为研究对象，自主加强理论知识的培养，撰写教育论文、教学案例、研究报告等，逐步实现从经验总结到科学理论的提升。

（1）每年召开教科研年会

教育科研工作是学校的立校之本、兴校之策、强校之路，是促进教师专业发展的重要法宝。教科研年会是八一学校传统的一年一度的教育科研盛会，学校将它作为促进教师专业成长的重要途径——通过这样一场覆盖全校的大型科研活动开启教师对教育规律更为深入的探究之旅，引导教师走上将教育教学现象从感性认识上升到理性认识的必由之路。其举办的目的正是通过教师们的交流、研讨、提炼、升华，激活教师的工作动能，激发教师的教育情感，推动教师的专业成长，为学校的可持续发展提供不竭动力。

每届教科研年会都会设计不同的主题，主题的设计紧跟教育政策及教改趋势。而在年会内容设计方面，则既有对过去一年在教育教学、课程建设、德育管理等方面研究成果的总结表彰，更有对未来一年教科研工作的展望。以 2020 年 10 月举办的第 27 届教科研年会为例，围绕“聚焦关键问题，重构教育新常态，全面提升教育教学质量”这一中心议题，年会从基于数据反馈的评价改革、初高三教学实践案例、学科团队建设、课程设计、不同学段的学科教研主题分享、教学实践如何转化为可推广的论文或文章等多角度展开，以期能将专家和老师们在后疫情时代下的教学研究与思考呈现给大家，为学校新三年规划、重构教育新常态、提升教学质量，提供实践策略与思路方法借鉴。

第 27 届教科研年会开幕式

年会还面向全校教师公开征文，鼓励广大教师在日常工作中主动思考、主动探索。征文的类型主要包括教学论文、教学案例、研究报告、德育论文及案例四大类。仍以第 27 届教科研年会为例，年会共征集参评文章 146 篇：教学论文类 61 篇，教学案例类 25 篇，研究报告类 6 篇，德育论文及案例类 21 篇，教学设计 33 篇。经外请专家评审，年会共评出一等奖 14 篇、二等奖 42 篇、三等奖 56 篇。

潘跃金主任对年会全校征文情况进行总结

教育科研年会还为老师们提供了一个近距离接触教育专家、打开教育视野的平台。依然以第 27 届教科研年会为例：

北京市海淀进修学校的姚守梅副校长为广大教师带来了题为《基于学生学业评价的教学改进建议》的报告。姚校长谈到，通过考试结果来反思和改进教学过程、考试命题，促进育人目标“落地”，是考试评价的应有之义，但评价不能只盯着数据看，而是要其增值及了解数据背后的意义。关于增值评价方法，姚校长为全体教师介绍了学生成长百分等级模型及学校增值模型，并附以学校的具体实例，分学科详细地为教师剖析如何针对数据的评价来解决学科关键问题。她告诫老师，教学要以学科本质特点为主体，关注学生需求和短板，以未来发展方向为引领，设计教学方法和过程。

北京教育学院何彩霞副院长，则为老师们做了题为《案例式学科教学论文的写作》的讲座。何院长从什么是案例式教学论文、案例式教学论文的类型、不同类型论文的框架等方面详细展开，采用各种生动实际的例子，使教师们更深刻地理解了如何撰写教学论文，将理论和实践相结合。

北京市海淀进修学校姚守梅副校长发言

北京教育学院何彩霞副院长发言

有人说学习是教师专业成长的重要途径，也有人说反思是教师专业成长的重要途径，而教科研年会则是将学习与反思有机结合的重要方式。在教科研年会上，不仅有骨干教师的分享发言，还设置了丰富的分论坛，让广大教师充分参与其中，面对面开展研讨活动。比如在第 27 届教科研年会上，大会不仅邀请了王华蓓副校长向全体教师讲解新中考和新高考的变革，提出教师在教学过程中将要面对的新挑战，还邀请了解志斌、赵煜和徐德琳三位老师分别进行经验分享。此外，年会还设置小学、特色、文科、理科、行政五大分论坛。在浓郁的科研氛围中，各教研组众智共创，讨论激烈，收获颇丰。

第 27 届教科研年会分论坛安排

分论坛	主题	参加人员	主持人	地点
分论坛一小学	以团队促教研实效，用数据助教学改进	小学语文、数学、英语、道法教师	张文野	一阶梯
分论坛二特色	扬特色优势，探发展新路——优秀特长生培养策略	科信中心、体育中心、艺术中心、心理教师	潘跃金	三阶梯
分论坛三文科	聚焦关键，精准教学，提升实效	初高中语文、英语、历史、地理、政治教师	陈熹	礼堂
分论坛四理科	聚焦关键，精准教学，提升实效	初高中数学、物理、化学、生物教师	向文	四阶梯
分论坛五行政	科学精准·智慧高效：助力教育质量提升	行政人员	刘静静	五阶梯

新时代的教育科研工作，最重要的价值是引领教育改革。教科研年会增强了广大教师教育改革的责任感和使命感，推进了教育科研对学校教育改革的先导性研究与前瞻性引领，为学校教育综合改革“先行先试”注入了强大的动力，也让老师们在思维的碰撞中不断更新教育理念和方法。

（2）成为海淀区学科教研基地

2014 年，普通高中课程方案及各学科课程标准开始修订，核心素养、核心价值观如何落实到课堂给教师带来挑战，一场以转变教学方式、解决教学关键问题、加强学科课程建设、优化研修机制等为指向的课改攻坚战悄然打响，提升教研品质及学科育人品质需要寻求一条有效的实施途径，教研转型升级也亟待找到一个突破口。

海淀区教委前瞻性地提出建设一批“高中学科教研基地”的设想：支持学校优势学科建设，以“微项目”为载体，“首席教师”带领“微团队”，解决学校学科发展中遇到的问题。一场以“提升学科育人能力，推进课程建设与优化，促进教与学方式改进和评价改革，提升队伍建设与专业发展质量”为目标的学科基地建设就此拉开。

八一学校以学科教研基地建设为契机，将学科建设与深化课程改革有机结合，砥砺前行新动力，创新发展新形态，围绕学科教育教学关键问题的解决，稳中求进、整体规划，注重质量效能和研究创新，不仅在校内极大激发了教师们的研究热情，激发出了学科自主发展的内在动力，解决了教师发展中的动力机制问题，而且学科建设成果突出，有效提升了教师课程建设和学科教学能力，在区域内产生了较好的引领示范作用。2019 年 11 月，八一学校被确定为北京市中小学教师教育基地学校。

在教研模式改革、研究课题、教科研年会、学科教研基地项目的多重带动下，八一学校形成了浓郁的科研氛围，教师们投身教科研的热情高涨。近年来，教师发表的高水平论文逐年递增，在不断提升教科研能力的同时又充分展示了八一学校教师队伍的教科研水平。

近年八一学校教师发表优秀论文统计表

序号	学科	作者	题目	刊物	发表时间
1	物理	孟继飞（第二作者）	《自制简单易学的利萨如图形演示仪》	《物理教学探讨》	2016 年第 8 期
2	物理	杨清源	《例谈在中学物理课堂中培养学生的问题意识》	《物理教师》	2017 年第 7 期
3	物理	史磊	《追线求索知因问果——谈高考物理实验复习》	《中学物理》（高中版）	2018 年第 5 期
4	物理	魏月红	《科学规划备考，助力学生发展》	《海淀教育》（德育专刊）	2019 年第 3 期
5	物理	杨清源	《试谈北京高考物理实验试题的新变化》	《物理教学》	2020 年第 4 期
6	物理	孟继飞（第二作者）	《演示带电粒子在电场中的运动的三个创新实验》	《中学物理》（高中版）	2020 年第 4 期
7	体育与健康	黄虹	《武术教学的实践与思考》	《中国学校体育》	2016 年第 8 期
8	体育与健康	黄虹	《从心理学角度改善体育教师的思维定式》	《体育教学》	2017 年第 6 期
9	体育与健康	黄虹	《大单元教学视角下的初中耐久跑教学设计》	《中国学校体育》	2017 年第 9 期
10	体育与健康	乔金元（第二作者）	《高中女生篮球绕障碍运球上篮教法探析》	《体育风尚》	2017 年第 11 期
11	体育与健康	黄虹	《校园体育安全教学中体育教师的六个要素》	《中国学校体育》	2018 年第 3 期
12	体育与健康	乔金元	《北京市高校开展街舞运动的现状及对策研究》	《体育世界》（学术版）	2018 年第 5 期

续表 1

序号	学科	作者	题目	刊物	发表时间
13	体育与健康	乔金元	《青少年健美操运动员下肢爆发力 C 组的相关性研究》	《第十二届首都青年学者运动训练论坛》	2017 年第 12 期
14	体育与健康	马腾	《中学体育教师的职业认同研究》	《教育学文摘》	2019 年第 12 期
15	地理	蒋立红（第二作者）	《“区域认知”素养的命题特点例析》	《教学考试》	2018 年第 54 期
16	地理	蒋立红（第二作者）	《“工业区位”命题变化及备考策略》	《教学考试》	2019 年第 45 期
17	地理	蒋立红（第二作者）	《人地协调观培养的几种方法》	《北京教研》	2019 年第 3 期
18	地理	徐亚辉	《AR 技术增强对学生真实世界的理解》	《北京教研》	2019 年第 4 期
19	中学英语	曲红茹	《利用翻转课堂教学模式》	《英语教师》	2017 年第 6 期
20	英语	刘丹	《中学英语持续默读教学的实践研究》	《中小学外语教学》	2017 年第 9 期
21	英语	李大伟	《跨学段调研初一“The Dragon Boat Festival”阅读课》	《英语学习》	2017 年第 12 期
22	中学英语	曲红茹（第二作者）	《中学英语师生共读式书籍阅读》	《中小学外语教学》	2019 年第 1 期
23	英语	刘丹	《中学英语师生共读式书籍阅读的实践和反思》	《中小学外语教学》（中文）	2019 年第 1 期
24	英语	刘召雪	《分步体验式英文诗歌教学的内涵与实施》	《中小学英语教学与研究》	2019 年第 6 期
25	英语	刘召雪	《分步体验式英文诗歌教学的内涵与实施》	《小学英语教与学》	2019 年第 10 期
26	英语	刘丹	《读写结合的小学英语绘本教学实践》	《中小学外语教学》	2019 年第 24 期
27	英语	刘丹	《小学高年级英语绘本自由泛读指导策略》	《中小学外语教学》	2020 年第 16 期

续表 2

序号	学科	作者	题目	刊物	发表时间
28	英语	刘召雪	《基于动机理论的初中英语综合实践课初探——以“长城小导游”课为例》	《中小学英语教学与研究》	2020 年第 9 期
29	化学	庞雪	《金属材料的选择和使用——我为易拉罐材料代言》	《中国多媒体与网络教学学报》	2016 年第 3 期
30	化学	庞雪	《指向素养发展的问题解决式教学——以“电池是如何产生电流的?”为例》	《基础教育课程》	2018 年第 12 期
31	化学	陈颖	《化学反应的限度》	《中国多媒体与网络教学学报》（电子版）	2016（电子版）第 4 期
32	化学	陈颖	《互联网平台在班级管理中的应用探索》	《北京教育教学研究》	2018 年第 2 期
33	化学	陈颖	《基于社会性科学议题的元素化合物的复习》	《基础教育参考》	2018 年第 7 期
34	化学	宋晓萌	《单元学习设计的实践反思》	《江苏教育》	2019 年第 30 期
35	化学	陈颖	《北京高考简答题中逻辑思维的类型和功能》	《理科考试研究》	2020 年第 11 期
36	语文	谢玉洁	《依托班会，情境育人》	《都市家教》（上半月）	2016 年第 8 期
37	语文	赵霞	《整本书阅读，如何评价?》	《基础教育课程》	2018 年第 11 期
38	语文	赵霞	《依文理思路寻旨辨文体》	《语文学习》	2019 年第 9 期
39	语文	赵霞	《疯子！疯子?“疯子”》	《语文学习》	2020 年第 7 期
40	数学	荣贺（第二作者）	《从高中数学试题到纠错码理论》	《数学通报》	2016 年第 4 期
41	数学	荣贺	《以形助数，化解函数含参问题》	《中小学数学教学》	2016 年总第 1544 期
42	数学	曲艺	《抓课本“典型”，胜高考“三角”》	《中小学数学教学》	2016 年总第 1546 期
43	数学	荣贺	《寻根溯源，导出新数》	《中小学数学教学》	2016 年总第 1548 期

续表 3

序号	学科	作者	题目	刊物	发表时间
44	数学	曲艺	《巧借参数方程打开解题之窗》	《中小学数学教学》	2017 年总第 1544 期
45	数学	严鸥鸿	《用新技术掌握数形结合》	《现代教育报》	2018 年第 85—89 期
46	数学	荣贺 曲艺	《与阿氏圆有关的广义将军饮马问题》	《数学通报》	2018 年第 8 期
47	数学	荣贺 曲艺	《观察身边现象，抽象数学知识》	《中小学数学》（高中版）	2019 年第 2 期
48	数学	高鹤	《挖掘几何条件突破运算难关——例谈高三复习解析几何面积问题求解策略》	《中国数学教育》（高中版）	2019 年第 3 期
49	数学	杨宁	《静心从教，用心育人》	《学校教育研究》	2019 年第 8 期
50	数学	朴媛	《探究变化之中的不变量——以“正比例”一课为例》	《中小学数学》（初中版）	2019 年第 12 期
51	数学	曲艺、荣贺	《在数学课堂里播下研究的种子》	《中小学数学》（高中版）	2020 年第 3 期
52	数学	赵梦娜	《校长行为对教师工作满意度的影响——基于 PISA 2015 教师问卷的数据分析》	《现代中小学教育》	2020 年第 11 期
53	心理	王凌霄（第二作者）	《初中生感知的父母冲突、亲子冲突与其欺负行为之间的关系》	《中国临床心理学杂志》	2018 年第 1 期
54	心理	王凌霄（第四作者）	《基于家校合作的高中生生涯课程体系建立及有效性验证》	《教育科学研究》	2020 年第 4 期
55	心理	赵敬雯（第二作者）	《教师复原力对触发性转向攻击行为的影响》	《教师教育研究》	2017 年第 3 期
56	生物	原牡丹	Iron deficiency stress can induce MxNAS1 protein expression to facilitate iron redistribution in Malus xiaojinensis	*PLANT BIOLOGY*	2018 年第 1 期
57	生物	原牡丹（第二作者）	《普通高中项目式学习的实践策略分析》	《教学管理与教育研究》	2018 年第 14 期
58	小学科学	梁栋英	《航天项目式教学》	《海淀教育》	2020 年第 4 期

（四）开展“教育家成长工程”，培养领航教师队伍

领航型教师是学校教师队伍中的先锋，也是整个教师队伍的领跑人，他们师德高尚、业务精良、学识广博，具有丰富的教学经验、先进的教学理念，拥有深厚的教育理论功底，是学校宝贵的资源。2011 年 10 月，在沈军校长的大力推动下，八一学校推出了“教育家成长工程”。十年磨一剑，“教育家成长工程”扎扎实实地培养出了一批领航教师，在老师当中产生了极大的影响。

“教育家成长工程”旨在为八一学校老师创造专业发展更广阔的空间，为教育家成长提供适宜的环境，使一些教学功底丰厚、教育风格独特、具有创新精神的老师逐渐成长为“教师教育家”，并引领全体教师“把自己的双脚深深扎根在教育实践的沃土上”。入选教育家成长工程的 11 位教师均在八一学校工作多年，有着丰富的一线教学经验、满腔的教育热情，并愿意终生献身于教育事业。

在八一学校“教育家成长工程”启动仪式上，11 位入选教师登上主席台，接受鲜花和奖杯，脸上洋溢着身为教师的幸福和自豪。“教师教育家”这几个字，不仅仅是荣誉，更是使命。入选教师代表王建稳做了激情洋溢的发言，并庄严承诺肩负起更重大的责任。她谈道：“忠诚事业、潜心研究、追求卓越，立足自己的教育实践，开启教育智慧，形成教学风格，领悟教育精髓。作为教师，虚心用心是我们的财富，成长成才是我们的目标，求真求实创新是我们的追求。”

2011 年八一中学“教育家成长工程”启动仪式

经过十余年的磨炼与提升，当初入选的 11 位中青年教师现在基本上是正高级教师、特级教师、市骨干教师、市学科带头人，是学校的领军人物，也是学校最具格局和情怀的一批老师。他们现在通过开设工作室、工作坊等，均在各自的岗位上发挥着引领的作用。

11 位入选教师的成长情况一览表

序号	姓名	成长情况介绍
1	黄虹	2014 年被评为北京市体育特级教师 2018 年被评为体育正高级教师
2	宋晓敏	2014 年被评为北京市化学特级教师
3	王建稳	2014 年被评为北京市语文特级教师 2019 年被评为语文正高级教师
4	张尊高	2017 年被评为北京市美术特级教师 2020 年被评为美术正高级教师
5	杨清源	2020 年被评为北京市物理特级教师
6	巴军	2011 届、2014 届、2020 届北京市信息技术学科骨干教师 2017 年北京市信息学科带头人
7	姜杉	2011 届、2014 届、2017 届、2020 届北京市数学学科骨干教师
8	李海英	2011 届、2014 届、2017 届、2020 届北京市英语学科骨干教师
9	史小昌	2011 届、2014 届、2017 届北京市英语学科骨干教师
10	李新萍	2017 届北京市数学学科骨干教师，2018 年调离
11	靳荣	2017 届、2018 届、2019 届北京市政治学科骨干教师

“教育家成长工程”培养了一大批老师们身边的教育家。以杨清源老师为例，杨老师 1998 年毕业于首都师范大学物理系，此后一直在学校高中部任物理教师。在 20 多年的教育教学中，他热爱教育事业，始终坚持党的教育方针，忠诚党的教育事业，教育目的明确，热爱学生，严于律己，言传身教，坚持以立德树人为出发点和落脚点。作为 11 名“教育家培养工程”教师中的一员，近年来，杨清源老师飞速成长，不仅成为学校骨干、区级骨干、区级学科带头人、北京市骨干教师，2017 年还被评为北京市学科教学带头人，2020 年又被评为北京市特级教师。回忆起自己的成长之路，杨老师心中充满了感激。

做莘莘学子的引路人，做青年教师的同行人

杨清源

“爱是教育的源泉”是我从事教育教学活动的座右铭。工作中，我不是仅凭兴趣工作，而是把教育当成神圣的事业去追求，在学生的成长中享受着为人师的幸福。我认真学习和践行新的教学理念，用心钻研业务，勤奋刻苦；我关心爱护学生，坚持“为了学生发展”的教育教学理念，用自己的爱心、责任心、事业心争取赢得学生、家长、

学校的普遍赞誉。受习近平总书记“四个引路人”的影响，我自己在工作中，更加全身心投入。

一、争做学习型教师

一名教师只有经常地进行学习、研究，才能从平凡的事物中看出新的方向、新的特征、新的细节，这既是教师形成创造性教学态度的重要条件，也是教师工作兴趣、灵感的源泉。所以工作中，我给自己定下目标，要不断地学习，做一位学习型教师，这样才能更好地成为学生的引路人。

工作中，我始终以积极的心态尽可能地多参加教研活动，尽可能地向其他教师请教，聆听各种各样的课，旁听各种讲座与学术会议，既从网络上寻找灵感，也阅读专业类和非专业类书籍，博采众长，虚心接受其他教师的指导……在这些活动中，我受益匪浅。在校内外众多教师的引领和帮助下，我慢慢地从懵懂青年逐渐成长为学校骨干教师、区级骨干教师、区级学科带头人、北京市骨干教师，2017 年被评为北京市学科教学带头人，2020 年被评为北京市特级教师。

二、基于学科本质，以核心素养为目标，做学生的引路人

在教学过程中，我发扬教学民主，坚持以学生为主体，基于学科本质，以发展学生的物理学科核心素养为目标，引领学生走进科学的殿堂；以学习研究促教学，让教学在学习研究过程中提升质量、提高品质。

1. 做学生锤炼品格的引路人——将学科教学和学科教育相结合

物理知识不是孤立的死板的物理公式，而是鲜活的教育素材。比如，学习微观原子模型的时候，学生联想到宏观天体模型，我进一步引导学生体会两者的相似和区别，体会微观与宏观的辩证统一，感悟物理之美；学习牛顿第二定律的时候，引导学生保持自我优势的惯性，合理借用外力，克服自身不足；学习牛顿第三定律的时候，引导学生认识“赠人玫瑰，手留余香”还会产生 $1+1>2$ 的效果；学习能量转化与守恒定律的时候，引导学生明白“争做好人，坏人数量就少了”的道理；学习微观物理的时候，引导学生要有赏识他人的眼光；学习宏观天体的时候，引导学生要具有宽广与包容的胸怀；学习电磁感应定律的时候，引导学生学习法拉第的执着精神和不畏艰辛的科学精神；学习宇宙航行的时候，引导学生认识我国航天事业的伟大成就，感悟我国科学家的奉献精神……这种将学科教学和学科教育相结合的教学方式，取得了很好的效果。

2. 做学生学习知识的引路人——将学科知识和思想方法相结合

如果说知识是物理学科的骨肉，那么思想与方法便是物理学科的灵魂。教学中，我坚持将学科思想方法和物理知识相融合，引导学生认识科学方法、理解科学方法、应用科学方法，让学生跳出题海，回归物理本质。通过思想方法的教育，学生普遍认为物理不但不难，而且很有意思，对科学产生了浓厚的兴趣，既收获了知识，更增长了智慧。

3. 做学生创新思维的引路人——将培养科学思维和培养探究能力相结合

如何提升物理学科核心素中的科学思维和科学探究呢？我在平时的课堂中将培养学生的问题意识和提问能力作为切入点。教学中，我营造和谐氛围让学生敢问，创设问题情境让学生想问，指导提问方法让学生会问，培养探究思维让学生善问，采用激励评价让学生乐问。学生有了问题就有了学习的目标和方向，在解决问题的过程中，科学思维和科学探究能力自然而然地会得到发展和提升。

4. 做学生奉献祖国的引路人——将学科理论和社会实践相结合

物理与生活实践联系十分紧密，教学中我将物理和生活实际紧密联系，帮助学生理解知识，培养其科学态度与责任。比如，学习加速度的时候，我引导学生查阅手机的“摇一摇”功能；学习波速公式的时候，让学生体会成人和幼儿走路快慢不同的影响因素……通过将物理和生活进行联系，通过加强感性认识，学生的理性思考能力得到提高。同时引导学生树立物理源于生活、高于生活、最终服务生活的意识，借此突出学科魅力。中国天眼、辽宁舰、竹蜻蜓、踢毽子、可燃冰、“蛟龙”号载人潜水器……都出现在我的课堂中，我还时常介绍我国在“上天揽月，下海捉鳖”等方面的伟大成就，激发学生努力学习奉献祖国的斗志和情怀。

“以素养为目标，以知识为基础，以情感为纽带，以方法为桥梁”既是我实践中的做法，也是我教学的特点与追求。

三、用劳动和收获对学生进行言传身教

在做好日常教育教学工作的同时，我还不断总结和反思。到目前为止，我在国家级及以上刊物上共发表 40 余篇论文，在省级刊物和报纸共发表文章 70 余篇。曾被评为海淀区优秀督学、区优秀教师、区优秀班主任、区青年岗位能手等。在张宪魁教授主持的国家级科研课题“物理科学方法教育视频教程”中担任副主编，成果于 2012 年 8 月被中国教育学会物理教学专业委员会评为一等奖。教学设计《电子的发现》和《多用电表》在 2011 年中国教育学会物理教学专业委员会主办的首届“全国中学物理新课程高效课堂教学设计群英大赛”中均获一等奖。

近几年，教学成果获北京市一等奖 5 项，获区特等奖 1 项、一等奖 9 项，个人获我校高三教学特殊贡献奖。执教国家级示范课 2 节，省级示范课 2 节，市级研究课 5 节，区级研究课 7 节。在疫情期间，为湖北送课 6 节，为海淀区录课 3 节。市级课题 2 项，国家级研讨会专题发言 3 次，区级专题发言 4 次。除了合著 4 本书以外，参与了杨君老师主编的 2 本书的编写工作；参与了苏明义老师主编的《2017 版课程标准解析与教学指导》的编写工作；参与了张玉峰老师主编的 3 本教师教学参考用书的编写工作。

我取得的点滴成就，与自己的努力有关，也离不开他人和环境的帮助，这也是我教育学生的素材。用劳动创造价值，用劳动帮助更多的人。每当与学生分享这些点滴的时候，学生不仅感到钦佩，更是暗下决心，好好学习，立志成人成才。

四、发挥示范作用，与青年教师同行并进

在校内，近年来我同时承担备课组长和教研组长工作，几乎每个学期都有学校的公开课，多次上区级研究课；积极培养我校郝惠男、王宇、李洪健等多名老师，指导他们的区级研究课和常规教学，现在每天至少有两位青年教师走进我的课堂。近年来，指导我校青年教师发表论文 4 篇、区研究课 6 节，获区一等奖 5 个。2017 年，带领我校 6 位老师申请了“在高中物理课堂中培养学生问题意识的实践研究”市级课题，并于 2019 年结题，课题成果被评为市级优秀成果奖。此外，作为区名师班导师，我与自己的两位学员一直保持紧密联系，相互督促，共同学习。2020 年新冠肺炎疫情期间，除了正常上课外，我录制了近 50 节微课（每节课 12 分钟左右）。在我的号召下，我校 4 位青年教师也一起为学生录制微课。

在校外，我同样发挥着作用。作为区级兼职教研员，我每学年在全区都有教材教法分析讲座，有的学年还有多次。作为海淀兼职督学，我尽职尽责，将自己所学所想积极与老师们交流，被海淀区政府评为优秀督学。目前我还是海淀区名师工作站导师。2017 年开设的市级研究课《物理中的类比》被评为北京市教学基本功一等奖，得到郑鹉教授和唐挈老师的高度肯定和评价，引领老师们开始关注这方面的研究，并被邀请到北师大进行录像，作为全国物理教师培训资料。2019 年 10 月区级研究课《物理中的模型建构》又一次受到多方肯定，起到了很好的示范作用。

梳理近些年教育教学的过程，也是一个总结与反思的过程，我取得的一些成绩，既有自我的付出，更离不开帮助自己的各位前辈！但相比较自己的进步，每当看到学生取得的进步，我更加由衷地高兴与幸福。

在今后的工作中，一方面我会继续坚持努力学习，探寻更优的教育教学策略，弥补自我不足，争取能形成一点点教育教学特色，更好地引导学生；另一方面，我会花更多的时间和精力帮助其他青年教师，协助其他教师，这样做也是对曾经帮助过我的各位老师的另一种感恩与铭记。

忠诚党的教育事业，我将一如既往地努力！

“教育家成长工程”的累累硕果既得益于学校领导的慧眼识才、用才、爱才、聚才，也得益于八一学校所采取的一系列科学措施和完善的教师培养机制。学校推动这些教师在专业上进一步发展，并给予宽阔的平台，影响着教师发展的方向与路径，成就了这些优秀的教师们，让这批“教师教育家”真正发挥带头作用，带领更多教师的成长。随着新一轮“教育家培养工程”的启动，八一学校将继续发挥骨干教师和特级教师的群体优势，提升学校教师教育教学能力，用教师的整体发展带来学生的发展和学校的发展。

（五）创办“青年教师成长营”，破解青年教师成长密码

青年教师是学校的未来与希望，青年教师的整体素质如何，将决定学校发展的前途和命运。近年来，随着八一学校发展步伐的加快，一批又一批青年教师加入八一学校，青年教师占比呈上升趋势，教师来源也越来越广泛，不仅来自各大师范院校，还来自综合性大学。他们的学习经历、认知能力、文化修养、人生追求都各有不同，对教育、对学校的认识相对较浅而且多样。为此，一个个现实问题摆在了学校面前：如何让优秀的八一学校文化基因传承下去，让新教师尽快地融入学校？怎样帮助青年教师，在实践中合理有效地进行自己的职业规划，并为之奋进？为此，八一学校主动分析现状、发现问题，启动了“青年教师成长营”，采取切实有效的措施全面提高青年教师的综合素养，为青年教师的成长厚基强能。

1. 先后开展三次调研，确立青年教师成长目标与策略

八一学校的青年教师学历高、学习能力强，但是教育教学实践经验尚浅，作为学校教师队伍建设的重要组成部分，亟须高质量的引领。为了培养一支热爱工作、努力工作，有头脑、有学习力、有思考力、有执行力、有追求的教师队伍，切实了解青年教师的真实需求，学校针对青年教师群体的基本情况、学习需求和职业发展规划，先后做了三次调研。得出的结论是：青年教师整体比较自信、能力强、团队意识强、乐于追求高水平教育教学能力、对专业发展和管理发展都有一定的诉求，但部分青年教师对学科教学的认识程度跟自己的专业学历水平之间存在差距，有些高学历教师对学科课程的认识基本还没有建立。为了保证调研掌握信息的科学性和全面性，学校还对学校干部和部分教师进行了调查，发现大部分人赞同上述调研结果，认可青年教师的总体优势，但仍强烈希望青年教师们能够热爱教师职业，心中有榜样，提升师德，理解个人与集体的关系，提高内涵与修养。

基于对问题的主动发现，学校启动“青年教师成长营”项目，建立培训资源库，进行专业教师培训，在教师行政管理、教育教学、第二专业、语言、个人学习等方面给予支持和指导。为了推动项目的顺利开展，学校还从制度、设计、实施上，为青年教师的顺利成长和未来发展提供保障，希望这个群体在成长过程中，能逐渐认同八一

学校“品质文化”，自觉以身边名师为榜样，潜心修炼，有更多的人最终能成为或教学或学术或德育型专家。

因调研不同阶段青年教师的特点和需求不同，学校设计的教师成长路径也不尽相同；也因学校发展的每个阶段特点和需求不同，学校对青年教师的要求也不尽相同。成长推进目标和策略具有发展阶段，体现了教师成长是一个持续过程。项目总体目标是通过开展系列活动，塑造一支敬业爱岗、有教育教学水平和自我发展意识的青年教师队伍，整体提高学校的教育教学质量。

青年教师成长目标

阶段	目标
初期	1. 提高对师德的认识 2. 提升修养
中期	1. 认识跨学科教学法 2. 开阔视野，了解、理解课程
当下	1. 教育教学基本功概要 2. 教育科研的功能

青年教师成长策略

阶段	策略
初期	1. 师德讲座 2. 教学策略交流 3. 教学实践展示 4. 师徒对话
中期	1. 国际教育教学法培训 2. 跨学科课程培训与开发
当下	1. 师德讲座 2. 读书沙龙 3. 生活交流 4. 文化讲座

2. 开展师徒结对活动，传帮带中同进步，青蓝同心共成长

师徒结对是助推青年教师成长的重要抓手。著名思想家、教育家荀子在《劝学》中指出“青，取之于蓝，而青于蓝”，一语道出了青蓝相接、薪火相传的人才培养模式。骨干教师是学校发展的坚石，青年教师是学校发展的未来。青年教师的快速成长

离不开骨干教师的指导与帮助。八一学校自建校以来，始终坚持传承师傅带徒弟的优良传统，通过师徒结对，充分发挥名师骨干教师的示范作用，为新教师尽快适应教育教学工作、加快专业成长提供了良好的条件，为有经验的教师和青年教师搭建了一个相互切磋、相互学习、共同发展的平台。通过传、帮、带，互研与合作，青年教师快速成长。

在八一学校，师带徒是一种传承。师傅把爱岗敬业的“八一精神”，宝贵的教育教学经验，言传身教传递给徒弟，引导青年教师不忘立德树人之初心，牢记教书育人之使命，不断夯实和提高专业技术和教学能力，提升教育理念，涵养教育情怀。同时，师傅在与徒弟的交流中，也能不断完善和提升自己，实现教学相长、相互促进。师徒结对活动使师徒在活动中实现双赢，促进了学校教育质量和办学水平的提高，形成了和谐共生的发展格局。

在八一学校，每年的师徒结对会都是一场庄重而盛大的仪式，既有校领导颁发聘书，又有徒弟献花、敬茶、师傅赠礼等拜师环节。以敬茶这一环节为例，中国是礼仪之邦，自古以来，师徒礼多以敬茶表现。学校设计敬茶环节，目的在于通过庄重的仪式表达徒弟对师傅的敬意，从此结下师徒情谊。在这一环节，徒弟们面向师傅，双手捧茶，深鞠躬，齐说：“师傅请用茶。”而师傅用茶后则会回赠徒弟授业语，表明师傅接受了徒弟，从此倾心相授、不遗余力。一杯拜师茶，一句授业语，望青蓝相接，冀薪火相传。一代代八一人正是在这样的传承中让“八一学校”这张名片熠熠生辉！

师徒结对会现场

在每年师徒结对会上，师傅还与徒弟一同郑重签署“八一学校培养青年教师师徒结对协议书”，通过这样的仪式让师徒双方责有攸归。

（1）“师徒结对协议书”对师傅的职责做如下规定：

①师傅应做到“三带”：带师魂——敬业爱岗，无私奉献；带师能——教育教学与教育科研及落实新课程实验的基本技能；带师德——育人之道，为人师表。

②师傅指导徒弟制订为期一年的成长提高计划，制订学期教学计划，进行期中、期末考试命题及试卷分析等。

③师傅应关心徒弟教育教学情况，指导徒弟分析教材的重点、难点、确定教学目标和教学方法，指导徒弟写出规范具体的教案。

④师傅每月至少听徒弟两节课，课后及时评价，共同研究改进教法的措施，并做好记录。第一学期指导徒弟面向全校开 1 节汇报课，第二学期进行过关验收课。组织有关领导和教师进行听课评比。

⑤每学期，师傅为徒弟开 1 节示范课。

⑥每学期，师傅与徒弟共同学习 1 本教育教学理论书籍，并指导徒弟结合实践写 1 篇教育教学论文。

⑦每学期结束前，师傅要完成本学期培养总结。

（2）作为徒弟，则需要履行以下职责：

①徒弟要做到“三学”：学思想——教育教学理念；学本领——教育教学基本功；学做人——为人处世，求真求善。

②徒弟应认真钻研教育教学理论，认真执行教学常规，主动争取师傅的帮助，虚心学习，有疑必问。

③徒弟每周至少听 1 节课，1 个月至少听 4 节课，其中 1 节为其他教师的课。提倡多听课，特别是同教材的课。

④徒弟应根据自身实际和专业发展的需要，制订好读书计划，每学期读 1 篇教育教学论文，并写出阅读体会 1 份。

⑤每学年要完成汇报课、过关课，迎接推门课。每学年第一学期进行汇报课，第二学期进行过关验收课，班主任师傅要对徒弟班会课进行指导，开设班会的过关验收课。

⑥在师傅的指导下，徒弟每学年应完成 1 篇质量较高的教育教学论文，提高教学研究水平和论文写作能力。

⑦在师傅的指导下，徒弟应积极参加各级各类赛课活动，力争获胜。

结对协议书的签订，师傅们签订的是一份责任、一份承诺、一份期待，徒弟们则明确了自己成长的方向，在师傅的带领下主动勤学、多思、常悟、敢试。这不仅仅是一纸协议，它构建的更是一种团队精神、一种文化传承，它让师徒在携手前行的路途中，互相成就、共同成长。

此外，在每年的在教师节表彰大会上，学校还会对优秀的师傅进行隆重表彰，鼓励广大骨干教师主动发挥示范引领作用，带动学校教师梯队建设。通过这样既有约束也有激励的机制建设，八一学校师徒结对工作不仅抓得实，而且做得深，有效推动了青年教师的成长，为学校高质量发展奠定了坚实的人才基础。

3. 开展青年教师教学基本功专项培训

青年教师的成长，需要在课堂、备课、作业等方面进行规范，3 年以上能站稳讲台，5 年以上能在教育教学上有独立创新的想法。为了帮助青年教师进一步夯实教学基本功，学校还开展了青年教师教学基本功培训，希望在优秀教师的引领下，保留并突破传统，引导青年教师进行自我思考和积淀，形成对八一学校文化的认同和传承，并通过青年教师教学基本功培训，帮助青年教师不断提高教育教学能力，提升职业道德修养，助力新手教师成长为合格教师。

八一学校对青年教师的期望是：希望青年教师快速站稳讲台，独当一面；希望青年教师融入八一学校，传承八一学校文化和“八一精神”；希望青年教师发挥自己的优势，能在教育教学改革中勇挑重担；希望青年教师专业发展，成长为骨干教师甚至名师。

结合青年教师的实际情况和学校对他们的期望，教师发展中心总结提炼出青年教师在学校中从事的四种类型工作的四个要点（在不同时间段侧重点有所不同）。另外，教师的教育理念、学识修养、身心健康和八一学校文化传承是四个贯穿始终的提升个人修养的内容。

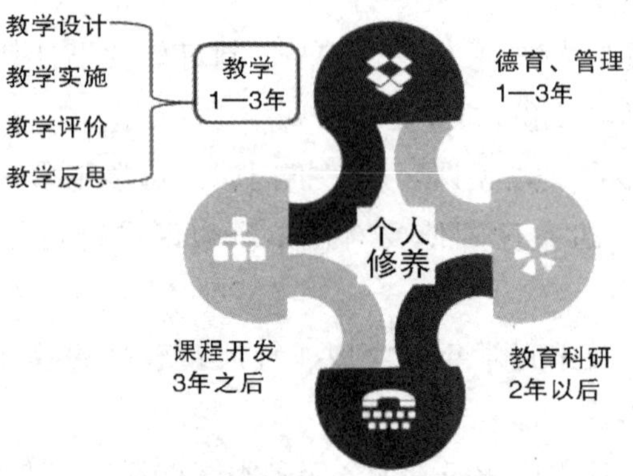

青年教师教学基本功培训项目框架构建

青年教师教学基本功培训目标是使青年教师经过 3 年的培训学习，在以下几方面得到提升：

（1）通过海淀区新教师培训、进修、青年教师师傅指导、教研组同伴帮助、讲座、主题研讨、案例分享、实践演练（通过说课比赛/展示课活动、青年教师互相听评课）等方式，在 1—3 年内帮助青年教师提升教学能力，提升青年教师课程开发能力，开发并实践课程。

青年教师课程与教学能力提升计划

学习方式	项目任务	时间点
海淀区新教师培训	配合，并支持青年教师参加学习	按照海淀区新教师培训时间
进修	教学内容和教学基本功的提升	按照海淀区进修学校各科进修时间
青年教师师傅指导	青年教师师徒结对会	新入职第一学期
教研组同伴帮助	结合本校具体情况实施教学，包括策略和方法等	持续开展
讲座、主题研讨、案例分享	1. 教学技能：备课、听课、评课、教学反思、教师评价 2. 教学理论：深度学习、混合学习、有效教学、学习科学、儿童认知天性	每学期 1—2 次
备课组集体备课实践演练（说课比赛/展示课活动、青年教师互相听评课）	组织比赛或者活动，寻求课程与教学中心的支持	每学期 1 次

（2）在 1—3 年内，普遍提升青年教师德育管理能力。活动形式包括讲座、主题研讨、案例分享、读书交流活动、师徒结对等；活动内容包括 ORID 沟通技巧、儿童道德发展理论、危机干预识别、团体动力、组织行为学、社会心理学等。

（3）在两年后，普遍提升青年教师的教育科研能力。通过讲座，提升青年教师论文写作与发表能力，引导教师学会选题、数据分析，学会如何做教科研等；通过校级微课题研究项目，在实践中引导青年教师提升教科研能力，教师在一年之内完成微课题研究项目，学校给予资助，优秀者推荐申报区级甚至市级课题；通过选拔选派优秀青年教师参加海淀区教科院教科研种子教师项目。

（4）在 3 年后，普遍提升青年教师个人修养，通过组织“老区寻根”、讲座、读书分享会等丰富多彩的活动形式，对青年教师进行八一学校历史、“八一精神”、成长型思维、批判性思维、教师礼仪、积极情绪等内容培训。

依据培训目标，学校还制订了切实可行的三年计划，细化到每个学期在教学、德育管理、教育科研、个人修养等几方面开展的具体培训活动，将师德建设与教师专业发展相结合，实现师德建设与教师专业水平一体化发展，不断提高青年教师的思想道德素质和知识业务素质，并使教师职业道德规范在教学实践中内化为青年教师的专业品质。

青年教师教学基本功提升三年计划

模块	第一年			第二年			第三年	
	第一学期	第二学期	假期	第一学期	第二学期	假期	第一学期	第二学期
课程与教学	1. 师徒结对会 2. 怎么听评课/课堂观察	1. 如何备课 2. 如何做教学反思		1. 教学语言 2. 什么样的课是一堂好课	青年教师听评课活动		1. 学习科学/认知天性 2. 混合学习	1. 说课比赛/展示课比赛 2. 师徒结对三年小结
德育管理	师徒结对会（同上）	ORID 沟通技巧			儿童道德发展			危机干预与识别
教育科研					如何发现教学中的痛点		种子教师/青年教师微项目	种子教师/青年教师微项目
个人修养	1. “八一精神” 2. 教师的幸福感 3. 教师礼仪		1. 阅读并写读书笔记 2. 成长型思维			1. 阅读并写读书笔记 2. 积极情绪		

4. 开展一系列青年教师校本研修活动

“青年教师成长营”项目还立足学校师情和学情，以专业引领、同伴互助、教学反思为三大核心，以提升青年教师“师德水平、学科素养和教育教学实践与研究能力”为重点，开展了一系列青年教师校本研修活动。“青年教师成长营”每学年定期举办新入校教师“师徒结对”拜师会 1 次，举办专家引领的教育教学专题讲座 1—2 次，举办专业书籍阅读的主题研讨活动 1 次，举办青年教师展示课、才艺比赛、说课比赛、优质课比赛、优秀教案评比活动各 1 次，举办教师心理健康讲座、职业生涯规划讲座各 1

次。通过开展这些实效性的活动，学校塑造了一支敬业爱岗、有较高教育教学水平和自我发展意识的青年教师队伍。

"青年教师成长营"项目培训计划

序号	培训计划	时间安排
1	师徒结对、实践探索——师徒结对会	每年 9 月份
2	专业智慧、专家引领——专家引领下的教育教学专题讲座	每学年 1—2 次
3	理论学习、交流研讨——基于专业书籍阅读的主题研讨	每学年 1 次
4	交流展示、评估验收——青年教师展示课、才艺比赛、说课比赛、优质课比赛、优秀教案评比	每学年各 1 次
5	关爱心理、健康发展——教师心理健康讲座、职业生涯规划讲座	每学年 1 次

此外，学校通过开展"老区寻根"活动，激发青年教师对"八一精神"的思考与感悟；策划《八一学校"十四五"教师继教校本培训方案》，每学期组织教师参加各级各类培训近百人次，提升教师的专业素养；建立"咨询服务平台"，随时记录和解答教师提出和遇到的问题；充分利用国家、市、区级优秀平台及教学与研究资源，通过培训与学习提升教师的学科专业水平，扩展青年教师的育人视野。

培养青年教师不仅是学校发展的需求，更是青年教师个人成长的需要。培养青年教师，目的是要让青年教师树立职业自豪感和荣誉感，不断更新现代教育理念，在工作中明确自己的成长目标，让青年教师们能够热爱工作，喜欢学生，有教育追求和发自灵魂深处的对教育的爱。经过多年的探索，目前青年教师成长营项目培训已经取得了丰硕的成果，不仅形成了《青年教师展示课优秀课例集》《青年教师优秀案例》《优秀说课稿集》等，还定期举行青年教师专业发展交流汇报，在青年教师中形成了蓬勃向上的成长氛围，扎扎实实地推动了一批青年教师的成长。

（六）开设"班主任工作坊"，构建"贴身式培养"模式

班主任是学生日常思想道德教育和班级管理工作的实施者，是学生全面发展、健康成长的导师。班主任在学校中担任着特殊的教育角色。创建良好校风、班风需要建设一支思想素质好，业务水平高、有奉献精神的优秀班主任队伍——他们在学生管理、学生心理、学业规划、生涯规划与职业理解等方面具有良好的指导能力，能适应课程改革带来的挑战。

八一学校以培养受学生爱戴的班主任为出发点，以提高班主任队伍的整体素质为核心，凝聚有教育情怀、有经验方法、有学习需求的班主任老师，建设班主任工作坊。

工作坊以平等开放、积极向上、分享共进为工作准则，以实现优秀的专业发展共同体为目标。近年来，工作坊依托科学研究，形成了教育、研究、学习三合一的工作方式，培养了一批爱岗敬业、勇于奉献、积极进取的具有一定理论水平和管理能力的班主任队伍，为学校的可持续发展打下了坚实基础。

1. 加强团队建设，完善组织制度

多年来，班主任工作坊团队在动态中保持稳定。工作坊成员大部分具有研究生学历，基本是中共党员，作风正，团队整体素质高，学习和工作能力强，有较高的职业理想和追求。近年来，八一学校承担班主任工作的教师整体趋于年轻化，工作坊也面临新老交替的局面。为保证工作坊平稳地完成新老交替，工作坊聘请已经不在班主任岗位上的老班主任担任工作坊顾问级教师。在新成员引入方面，工作坊综合考察，注重工作业绩、工作风格、个人专长等多方面因素，适当注意不同工作风格老师的搭配比例，吸纳学校和区域优秀班主任工作人才。目前，工作坊中年轻的优秀班主任成长迅速，发展势头喜人。

（1）建立并完善专家引进制度

工作坊以开放发展的眼光，依托专家的指导，定期邀请专家亲临工作坊交流。工作坊以学期为单位，制订专家指导计划和工作坊学习计划，围绕专家指导主题，以听课总结、感悟心得等多种方式进行学习和实践。

部分专家名单

姓名	单位
李秀萍	北京市海淀区教育科学研究所
刘爱娇	北京市海淀区实验小学
楼薇琳	北京市海淀区实验小学
申军红	北京市海淀区教育科学研究所
万雷	北京市海淀区中关村第三小学
王晓楠	中国人民大学附属中学
余清臣	北京师范大学
张红	北京教育学院
赵福江	《班主任》杂志社
赵璐玫	北京市海淀区实验小学

（2）落实完善师徒结对制度

工作坊成员主动承担，积极培育新班主任，做好班主任工作的经验传承，保证老带新指导的针对性。近几年，工作坊结对了 14 对师徒，为新入职班主任和新任班主任找到最适合自身特点、最易沟通交流的老班主任做师傅。

在每一新学年开学之初，工作坊都组织“拜师会”仪式，给班主任师傅颁发聘书、献花，从组织和形式上强化师徒关系，为新班主任的成长铺路、助力。每次师徒结对会，工作坊都会邀请“学艺精湛”的徒弟代表分享教学经历与师傅的点拨指导，让青年教师明白师徒可以互相促进、携手前行的道理，激发新教师认真向师傅学习请教的热情，树立今天我以师傅为荣、明天让师傅以我为傲的观念。

师徒结对会现场

（3）延续落实例会制度

为了保证教师们在繁忙的工作中有充分的交流和分享的机会，工作坊强化内部成员的学习交流，保证活动的场所和时间。致蕙书苑是工作坊专有的活动教室，依托图书馆统一管理，购置订阅诸如《班主任》这样的专业刊物以及综合读物，方便老师们借阅，为老师们构建良好的学习环境。工作坊每月定期组织 1 次交流分享活动，根据需要，安排若干不定期的主题活动。

来自全校小初高不同年级的工作坊成员还在各自级部组织参与每周 1 次的班主任例会中分享各自的工作经验，进行案例反思，同时也收集一线班主任工作中的实际问题和困惑，展开专业而集中的研讨，解决班主任工作中的专业困难。

2. 致力于专业发展，打造交流学习平台

班主任工作坊在学校班主任团队中始终发挥着示范带头作用，以服务班主任团队建设为目标，开展丰富多彩的学习交流、经验分享活动。从工作理念到实践经验的传承，从学校工作思路到班主任个人专业发展规划等，工作坊立足班级管理，全面提升班主任业务能力。同时，工作坊还遵循优秀班主任成长的一般规律，为教师们提供班主任成长的精神养料和专业指导。

（1）开展项目式专题培训，形成工作资源包

工作坊除了进行常规项目的班主任培训，还在每年的培训资源基础上进行整合和创新，积累了大量而丰富的工作资源，极大提高了班主任的工作效率，扩宽了班主任的工作思路，尤其是给新入职的班主任提供了可以学习借鉴的资源，保证了班级管理工作的顺利开展，深受一线班主任的好评。

班主任培训是工作坊历年来的常规培训，但工作坊并未停留在固有的培训思路上，而是不断更新管理理念，在保有优秀管理经验的基础上，不断充实新的案例，创新班级管理方式，与时俱进、推陈出新。近年来，各个专题的培训内容也成系列化、系统化，有的培训已经成为班主任校本研究的专题项目，比如八一学校总校的十二人才基因活动和玉泉中学八大上善基因活动，都结合具体实践形成了工作资源包。

（2）贴近班主任一线工作，进行项目式学习培训

班主任工作坊的研讨议题来自基层的班级管理问题。工作坊针对班主任的实际问题和困惑制订一系列学习主题，邀请有经验、有想法的班主任提供解决方案或思路，经过多年的探索，已经形成了一套比较成熟和完善的培训体系。比如根据学校工作需要每年开展的初、高三入境班主任培训，初、高一的新年级班主任培训，高中游学课程班主任培训等；在不同的培训中，形成了各自班主任工作培训议程，老师们通过交流学习和实践探索，最终形成了一系列有价值的论文和公开班会。

以高三入境教育为例，八一学校每年新初、高三开学初都会开展入境教育大会。大会持续两天，连续四场，通过年级动员会、入境班会、学法指导会、心理调适会、各班班会、家长入境会等形式，邀请相关专家、优秀毕业生代表、校领导发言或做讲座，师生交流，家校沟通，力争让学生以顽强的毅力，运用正确的方法做好合理的规划：注重制订计划并坚持实施，提高学习效率，改进学习方法，树立规则意识，注重体育锻炼，争取更优异的成绩。大会还就家校沟通、学生教育引导的方式方法等与家长们达成共识，共同做好学生的教育工作。

每年入境教育大会前，班主任工作坊都会开展专项培训，对高三班主任设立明确的入境教育目标：第一，学生有高三意识，了解高三，进入精心学习阶段，有规则意

识，减少外界干扰，激发学习内驱力，能够自我管理和科学规划；第二，教师思想上重视高三，思考教学安排及策略，强调团队分工协作，思考新形势下教学中的改进；第三，让家长了解高三不同阶段要关注的事情，配合学校完成高三教育教学工作，力求家校合力，共促学生健康全面成长。通过专项培训，各高三班主任借助集体备课、专家指导等形式，精心设计、创新方法、反思改进，以最优方式呈现主题班会课，极大提高了入境教育的效果。

（3）引入专家及优秀班主任讲座，开展主题交流与学习

工作坊积极利用专家和工作坊内部专家级教师的优势，开展和班级管理密切相关的主题交流学习，内容广泛，涵盖了价值观培养、班级文化建设、日常管理沟通技巧交流、学生心理问题筛查和问题学生的心理疏导、教育理论与政策学习等主题交流，开阔了老师们的视野，拓宽了工作思路，有效达到育人目标。

部分优秀班主任讲座主题

序号	讲座主题	主讲人
1	讲规矩　重细节　铸未来——工作坊例会	张继红
2	互联网＋时代下的班主任工作有感	张运学
3	梦江南——谈班主任职业情怀	曹韵
4	萨提亚式模式培训分享	曹梦娟
5	一句口头禅背后的心灵密码	郝惠男
6	用心关爱　智慧伴学	齐治国
7	班级管理的收放艺术	魏晋
8	带着学生与灵魂相遇——“紫禁杯”教师成长之路	马青
9	寒假社会实践分享	原牡丹
10	学生职业体验活动交流设计	郑锋士

工作坊以案例研讨的方式推进班主任工作的深度研讨，逐步形成《优秀班级管理案例集》。这样的形式自由灵活且具有实效，鲜活生动，有启发性，也是教师专业发展的真实记录，是工作坊多年来的工作策略之一。在工作坊的组织下，全校各个年级的班主任都开放了自己的班会课堂，组织班主任老师观摩学习，参与班会设计研讨和反思。从价值观教育，到十二人才基因落地班会，再到学业指导规划班会等，内容丰富，形式多样。通过学习观摩，班主任提高了班会设计能力，开阔了思路，形成了新知。

3．发挥领军人物带动作用，引领区域学校班主任队伍建设

八一学校班主任工作坊汇聚了小、初、高不同学段的优秀班主任力量，团队班主任工作经验丰富，综合素质好，学习能力强，有较高的职业理想和追求。最近几年，工作坊工作成绩喜人，涌现了一批道德高尚、业务水平高的优秀班主任。此外，作为海淀区最早成立的学校工作坊之一，八一学校班主任工作坊一直承担海淀区班主任工作坊的组织和管理工作，带动区域学校班主任工作的建设和发展。

（1）区域内优秀名班主任涌现

工作坊内的很多老师专业基本功扎实，成为海淀区以及北京市的名班主任。就北京市中小学“紫禁杯”优秀班主任评选来说，八一学校有多位班主任老师获此殊荣。该表彰活动是一项由政府部门主导、社会单位支持的奖励机制，据统计从 1988 年至今已评选表彰优秀班主任 12800 人次，是全国持续时间最长、影响力最大的专门针对中小学班主任的制度性表彰活动。“紫禁杯”优秀班主任获得者们一直守着一份信念、一份执着、一份热爱，尽职尽责，是工作中的先锋模范，也是学生心中的榜样老师。

此外，工作坊内张运学、郑锋士等三位教师所带班集体连续两年获得北京市优秀班集体称号。郑锋士老师以其特有的红色教育，始终把稳、把准价值观教育的大方向，立德树人，通过系列化的班会设计，以及日常的富有智慧的班级管理教育工作，为资优班的学生铺筑人生的底色。郑锋士老师所带的一班被评为八一学校聂荣臻班，他本人也被评为八一学校 2019 年度十佳教师。

工作坊还为青年教师建立了青年班主任工作室。工作室里的青年教师成长迅速，2019 届、2020 届两届青年班主任团队获海淀区青年文明号称号。

2019 高中班主任团队被评为 2017 年度
海淀区教育系统青年文明号

2021 届高二班主任工作坊被评为 2019 年度
海淀区教育系统青年文明号

（2）辐射引领，发挥区域作用

北京市八一学校班主任工作坊近年来一直承担海淀区班主任工作坊的组织和管理工作，代表海淀区和银川西夏区教育局联合承办名班主任工作室，定时开展相应的合作互助交流活动。多年来，工作坊致力于打造优秀的专业成长共同体，助力班主任教师的专业发展与成长，成为优秀班主任的精神家园。工作坊立足班主任班级管理实践，以研究作为主要途径，强化学习，形成了教、学、研三位一体的工作方式。

学校原班主任工作坊成员、北京市“紫禁杯”班主任一等奖获得者马青老师以及目前工作坊中的核心成员一直致力于带动区域学校的班主任工作的建设和发展。马青老师代表“紫禁杯”班主任在海淀区进行了个人成长的宣讲，组织了包括人大附中、清华附中等周边区域学校共同参与的班主任专业发展主题论坛。工作坊通过定期的活动和交流，凝聚了海淀最优秀的班主任团队，推广班主任工作经验，打造温馨而幸福的学习共同体，帮助老师们实现专业能力的提升，受到了海淀区以及兄弟学校的好评。

八一学校马青老师（左七）代表“紫禁杯”班主任宣讲

班主任工作坊作为全校优秀班主任的学习共同体和精神家园，以远大的教育理想和专业追求凝聚了全校最优秀的班主任教师，以优秀的榜样为指引，带动全校班主任团队的综合素质和专业能力的提升，做了很多有益的工作，在班主任队伍建设方面发挥了重要的作用。未来，班主任工作坊还将继续以爱校、爱师、责任感、诚信教育为主线，以养成教育为重点、情感教育为纽带，以丰富多彩的活动为契机，以当好新时代班主任为目标，守好学生的精神家园。

（七）推动工作室“组团式”发力，用足用好名优教师

教师工作室作为专业学习共同体，其本质是一个学习型的教师团队，大家朝着共同的愿景，在丰富的实践活动中不断形成团队凝聚力与合作力，以团队促学习，提高教师的综合素质。为充分发挥名优教师的引领作用，八一学校着力推进“1+1”工作室建设。第一个“1”是指名师工作室，第二个“1”是指青年教师工作室。通过“1+1”工作室建设，学校充分发挥资深名师和优秀青年教师的双边带动作用，以先进的教育思想为指导，以促进教师专业发展、提升教师队伍整体素质为核心，以加强教师岗位培训为重点，以活动开展、课题研究为平台，打造一支集研究性、务实性、辐射性于一体的成长团队，有效带动全体教师成长。

1. 名师工作室

八一学校的名师工作室，由学校现有特级教师、市级骨干及以上教师作为导师，对有潜力的教师开展针对性辅导。名师工作室以名师为引领，建立起促进名师工作室教师专业成长、优秀人才培养的长效机制，在教育教学实践和教科研活动中充分发挥和强化名师对中青年骨干教师专业发展的示范引领作用。

名师工作室的具体工作任务，由学科导师和成员根据各自学科的特点及成员的需求共同制订。以特级教师王建稳高中语文工作室为例：

特级教师王建稳高中语文工作室工作任务

一、完善机制，打造名师团队

1. 导师为团队发展第一责任人，每学期根据团队发展目标，制订活动规划并具体实施规划。成员确立自身发展目标，制订学习计划，确定研究项目，完成个人专业成长报告。

2. 建立导师负责的引领机制。通过集体备课、双向听课、说课评课、案例分析、课例开发、专题研讨、问题解决、课题研究和名师讲堂等形式，引导成员不断提升业务水平。成员每学期至少完成1次教学展示；每周至少完成1次听课任务，做好学习记录和案例评析。

3. 建立每月活动日的常规机制。工作室建立每月活动日制度，工作室活动时间为每周1次，其中每月必须集中活动1次（半天）。

二、挖掘潜质，培育名师内涵

名师工作室将以教学研讨为主要内容，通过开展教学、教研、教改活动，充分挖掘和培育各位成员的名师潜质：

1. 每年阅读1本专业著作。提倡成员每月阅读相关教育理论期刊、随笔等教育理论书籍，提升专业认知。

2. 每年发表1篇教育教学文章。文章必须就学科教学问题展开立论，观点鲜明、论证充分、逻辑清晰，具有教学指导价值。

3. 名师工作室每年应该至少举行 1 次大型教研活动，形式包括教学观摩、互动研讨、名师发言、专家报告等。每年每人主讲 1 次教学讲座、学术报告或执教 1 次校级以上公开课。比如可以在区级以上教研活动中就某一专题做讲座，或在教科研年会及暑假培训中发表自己的研究报告，推广研究成果。

4. 编著 1 本专业著作。专著是由导师主编、成员参编、其他教师广泛参与的集体科研成果，介绍实施教研教改的生动实践。

三、聚焦问题，开展课题研究

名师工作室将以课题研究为重要方式，以教学、科研和培训为基础，以工作室成员集体智慧为依托，针对教育教学实践中的重点、难点问题进行专题研究，一个工作周期内至少要完成一个专项研究课题并取得相应成果，促进学科教学的理论建设。

四、加强教学资源库建设

名师工作室应发挥自身资源优势，加强教学资源的设计和开发，利用名师网络平台，及时发布名师工作室的工作动态、活动安排和研究成果，上传课例课件、教学反思、教学素材等课程资源，实现成果推广和资源共享。

五、建立工作室业务档案

及时收集整理工作室导师及成员在学科教学、教育科研、校本培训等方面的各种过程性资料，建立名师工作室日常管理档案。

名师工作室旨在培养一批有教育思想和教学风格的学科领军人物和优秀骨干教师，带动学校教师队伍整体素质全面提升。可以说，名师工作室在教师培养方面发挥了重要的带头、示范作用。

2. 青年教师工作室

随着基础教育对高学历人才需求的不断扩大，越来越多的高学历毕业生进入学校，他们学术能力强，在从事跨学科课程、项目式课程、研究性专长课程方面，有很强的理解能力。近年来，八一学校的语文、数学、物理、化学、生物、地理、政治等多个学科引进了博士和博士后，这批高学历、高素质的教师给学校带来了活力。经过访谈，博士们对自己的学科专业、博士科研过程如何与学科课程建立联系、怎样开发一门适合基础教育的学科学术课程，既有思考，也有困惑。为此，学校为这些博士教师提供了多种国际课程教学法培训以及丰富的资源和人力支持，营造以科研为核心的研讨环境，激发他们自觉自主提升教学与科研能力的热情。

此外，为了促进青年教师在专业技能中主动积极钻研，发挥各自特长，八一学校抓住教师发展与学校发展需求的契合点，开展“青年教师工作室”项目，将青年教师工作室建设目标与青年教师发展相结合，为有想法的青年教师提供支持。学校于 2017 年成立了第一批 7 个青年教师工作室，包括思维工作室、科学工作室、经济金融工作室等。

学校对青年教师工作室建设的目标是：探索课程建设（层级课程、项目式课程、跨学科课程、研究性课题等）；成为有兴趣爱好、学术特长的学生的活动空间；为导师制探索路径和策略；建设青年教师发展平台，形成复合型人才队伍；形成专家团队。

青年教师工作室

工作室名称	负责人
思维工作室	陈魏俊
科学工作室	原牡丹
经济金融工作室	王坤伦
STEM工作室	林玉芝
影视制作工作室	鲁阔
卫星科技工作室	陶祥明
多元文化工作室	蒋富强

青年教师工作室基本情况

以经济金融工作室为例，该工作室将目标明确为：①适应人才培养模式和高考招生制度的变革，为学生提供通识意义的经济学、金融学教育，培养学生的学习兴趣，提升学生的学科核心素养，为部分学生提供大学专业学习和未来职业发展的引导和铺垫；②利用校内教研组、图书馆、实验室和北京大学等校外相应平台，建立相应的教研团队；③整合各种资源，建构相应的理论和实践课程。

经济金融工作室的主要工作内容包括：①逐步酌情引进北京大学提供的经济学基础、金融学基础、金融市场与投资、公司金融等，整合趣味经济学、西方经济学入门等理论课程，逐步将相应课程校本化；②引进相应实践课程，如证券模拟、创业模拟与实战等实践课程；③利用讲座（专家讲座、投资经验的老师讲座等）、研讨、网络、微信群和微信公众号等讨论、展示平台推进课程建设；④组织学生参与相应的比赛，如青年全球治理创新设计大赛；⑤逐步建立与相关大学、企业等组织的联系与互动：请相关大学的老师、已经毕业的财经类大学生、创业者对学生进行指导。

这些具有鲜明特色的工作室工作的开展，给学校的教学、科研工作带来了生机和活力。青年教师的成长以及工作室的成果，既能促进学科发展，又能使学生真正获益，更能让教师个人得到专业发展，向真正意义上的科研型专家教师迈进。

经过几年的发展，八一学校的教师队伍建设取得了丰硕成果：教师队伍不断壮大，教师专业发展水平不断提升，一大批优秀教师在市、区级多项评比中获奖。2017 年，沈军校长荣获“首都劳动奖章”；张亚红副校长获得北京市教工委、教委颁发的“人民教师奖”；王华蓓副校长获得“北京市优秀教师、优秀教育工作者”称号。2019 年，牛震云书记、沈军校长荣获“海淀区教育系统重视民主建设的好书记、好校长”奖章……作为学校教师队伍的带头人，他们用自身的一言一行激励着广大教师，全力引导教师成为具有引路人素养的“大先生”。

五、创新体制机制，留住引路人

随着人才竞争的加剧和就业选择的多元化，即便是公立学校，也同样面临着优秀教师流失的问题。近年来，八一学校积极构建与业绩紧密相连的、具有连贯性的人力资源方针和制度，探索集团内相对统一的教师考核评价、职称评聘、薪酬分配办法，破除人才流动的制度性障碍；完善教师激励政策，建立教师荣誉体系；关注教师身心健康，增强教师归属感，通过一系列创新举措，寻求聚才良方，使教师在集体中有幸福感、事业中有成就感、工作中有荣誉感，留住教师的心，激发教师的干劲。

（一）开展工资与绩效考核改革，为集团发展蓄力释能

科学的绩效考核既是对教师工作的有效评价，也是学校开展教学管理的有力工具，能引导教师行为向有利于实现学校教学目标的方向发展。在集团化办学的语境下，集团内各校绩效考核标准的设定也是推进管理结构同构化的重要内容。此外，绩效考核能将教师工作成果可视化——良好的考核成绩就能大大增加教师工作的成就感，使教师的工作进入良性循环，成为教师的一种精神激励。近年来，八一学校积极探索，建立了教育集团内相对统一的“以人为本”的教师考核评价和薪酬分配办法。

1. 改革的背景与目的

回望过去几年，北京基础教育改革的步伐迈得很大。率先在优质学校实行集团化、联盟化办学，以此带动薄弱学校的发展，成为教育改革的最强音。在这种背景下，八一学校一马当先，从建校之初的寥寥几十人发展到现今 8000 多名师生员工。原有的绩效工资方案，已不能适应当前变革的实际需求，改革工资方案势在必行。

过去，对学校教师、行政人员的评价是在年底考核过程中，以年级、部门为单位，个人述职，投票评选。考核评优标准缺乏对教育改革趋势的呼应，战略导向性不强，

缺乏具体标准，无法促使教职员工对自己的工作进行非常有效、有针对性的分析和反思，不能公正、公平地反映教师贡献，不利于教师的专业发展和特色发展。

八一学校充分调研，按劳取酬，调整绩效工资方案，目的是要突出学校的导向作用，充分发挥教育评价的导向、激励、改进的功能，通过评价过程的反馈、调整，促进教师不断改进自己的教学工作；推动学校领导客观地、科学地评价教师工作，加强教师队伍的管理；以促进教师自主发展为核心，引导教师不断提高自身素质和教育教学能力，促进教师专业发展，最终实现师生共同发展。

2. 改革方案推进过程

八一学校于 2014 年 3 月启动了“八一学校教师绩效考核指标设计项目”。学校经过广泛、深入、缜密的调查研究，系统构建了基本适合学校发展要求、引导教师团队成长的八一学校教师绩效考核指标体系。学校引入重要绩效管理工具——平衡计分卡，从业绩达成、学生家长满意、关键过程、学习与成长四个方面，构建以战略为导向的绩效考核体系，并从班主任贡献、备课组长贡献、学生导师贡献、师德标兵与特殊贡献者、骨干教师贡献、教研组长贡献、年级组长贡献、志愿服务人员贡献共计八个层面设置特殊岗位加分项。此方案于 2015 年 7 月试运行，2016 年 7 月份正式执行。

2019 年底，八一学校借助教委绩效工资改革的契机，统一改革集团工资方案。行政管理中心提前对学校教职工做了大量访谈，梳理每位教职工在校的工作量，将学校教师及行政人员的绩效考核文件真正推进到位。在绩效量化考核当中设立了教育教学的 17 种岗位，以考核为依据，按照“按劳取酬、多劳多得、优劳优酬”的原则，彻底改进了工资方案。小学、初中、高中以及各分校，均采用一致的工资方案，有利于学校集团化管理。同时调整外聘老师的工资方案，提高外聘老师的工资待遇，大大调动了外聘老师的积极性。在此基础上，开发工资平台建设，让每位老师都能精准地了解自己的工资结构和变化，减轻教师对工资的疑虑。学校领导可以根据平台数据，清晰掌握每个学期各个老师的工作量及工资数量。这一系列举措极大地调动了老师教育教学的积极性。

（1）绩效工资平台建设

为了更好、更精确地发放每月的教职工工资，使教师能够精准了解工资变化，学校积极推动新方案绩效工资计算电子化。学校结合绩效工资特点，设计了工作量汇总表，通过工作量汇总表的信息，对每一位教职工的工资，运用电脑的筛选、比对、引用、透视等多项功能，完成了基础绩效工资的计算，再根据学校的奖励性绩效和每月的考勤加班等变动情况，完成了绩效工资的计算电子化。积极与公司对接，开发绩效工资平台——人事易。人员工作量管理、考勤统计、加班统计、奖励性绩效、工资核算均在平台上实现。

（2）教师及行政人员绩效考核评价体系平台建设

为了充分发挥大数据的分析与反馈功能，形成基于大数据的教师成长动态反馈机制，引导教师以新的视角看待、反思、提升日常工作的品质，2019 年 4 月，学校教代会通过了教师及职员绩效量化考核方案。2020 年疫情期间，在行政管理中心全体管理干部反复线上测试的基础上，八一学校绩效评价系统在 2020 年 6 月 22 日正式上线。学期末全校 500 多位教职员工使用平台，通过数据信息，记录其教学评价、教科研以及其他考核指标，参与绩效自评。2021 年，学校又对平台进行再次调整与升级，最终打造一套“八一特色”的量化绩效考核平台，并利用信息化工具高效、客观、科学地对老师进行评价，加强学年末量化考核。

绩效考核是工资体系评价的基础。经过多轮调整和长期实践，学校工资与绩效改革方案更加合理和突出实效：严格实施师德“一票否决制”，推动师德师风建设常态化、长效化发展；建立更倾向于团队合作、奉献精神的绩效考核体系，突出多劳多得和重点培养；初三、高三的教学质量评价更倾向团队，更倾向班级，更倾向学科建设；帮助每一位教师建立自己的“成长档案”，通过量化考核指标，让教师明确考核的指标和努力的方向，提升教师的价值感和幸福指数。

学校工资与绩效改革方案的出台，进一步保障了集团内部的师资流动，实现了整个集团教师资源的集中调配与管理，让许多优秀教师在小学、初中、高中之间流动起来，推动了教师的跨学段、大循环教学，提升了各个年级的教学质量，带动了各个学段的整体向好发展，真正做到了根据集团的实际教学工作合理配置学科教学资源，确保教学工作的正常、有序、高效开展。

（二）建立教师荣誉体系，激发教师职业成就感

为规范学校各类荣誉项目的管理，充分发挥各项荣誉的激励和引导作用，鼓励广大教师积极向上、追求自身成长的同时带动团队整体进步，创造良好的教书育人环境，近年来八一学校进一步完善教师激励机制，建立教师荣誉体系，隆重表彰在教育教学工作方面表现优异的教师，激发、调动教师的职业成就感和教书育人的内驱力。

荣誉系统中包括优秀团队和优秀个人系列，分别设置优秀团队奖和优秀个人奖，其中优秀个人奖包括优秀教职工（年度考核优秀人员）、优秀干部、优秀教学管理工作者（教研组长、备课组长）、优秀教育管理工作者（年级组长、班主任）、优秀党员、优秀青年教师、优秀教练员、优秀岗位能手（社团指导教师、学生导师、团队辅导员、支部委员、工会委员、工会组长、流媒体兼职编辑、信息员、档案员）。此外，每年度学校还从个人系列获奖教师中经师生投票选出 10 位“年度十佳教师”和在当年教育工龄满 30 年、德高望重的老教师，于五四青年节和教师节时进行集中表彰和奖励。

2019 年 4 月，学校教代会通过学校教师荣誉体系方案，将集团化办学、对口支援等工作纳入其中，变相激励教师送教送课，发挥学校优质资源的引领与辐射作用，促进教育帮扶工作的常态化开展。同年完成荣誉奖励细则，在党委的领导下，做好每年一度的荣誉体系评选、表彰工作。2019—2020 学年，学校出台物质奖励激励政策，制订了对集体和个人的奖励方案。教师节当天，学校隆重组织召开年度荣誉表彰大会，表彰年度“优秀团队”“优秀个人”，评选出第一届“十佳教师”，他们是巴军、解志斌、王建稳、宋晓萌、潘跃金、马丽娟、曲红茹、苑静、郑锋士、Dan Robbins。

翻开“十佳教师”的简介，就能清晰地看到八一教师的群体画像，他们爱岗敬业、爱生乐育，他们勇挑重担、担当奉献，他们堪为具有引路人素养的“大先生”。未来，学校还将继续深入实践，进一步形成有效、客观、准确、科学的激励性评价体系，进一步加强全校教职员工的职业荣誉感，增强集体凝聚力。

（三）关爱教师身心健康，提升教师幸福指数

教师是学校最宝贵的财富、学校发展的动力与支撑、学校气韵与文化的传递者与表达者。育人先育德，育德先育心。要培养学生的完善人格，教师首先要有健康的心理，只有心理健康的教师才能培养出身心健全的学生。

教师压力大已成为当前教育界的共识，无论是学科教师，还是班主任，都承受着来自多方面的压力，承载着来自学校、家庭、社会等方面的多重期望，背负着学生成长、自身提升、学校发展等多方重任。八一学校尤为重视教师身心健康，为教师开设了专门的心理指导课程，并引进第三方资源，制订并实施心理援助计划。此外，学校还借助海淀区教科院德育心理中心的资源，在教师群体中加大宣传，组织教师定期学习和自我调节。

此外，学校工会还积极创新活动载体，服务教师生活，精心组织了内容丰富、形式多样的活动。除了每年 4 月、5 月和 9 月、10 月组织春游、秋游活动，进一步丰富教职工文化生活外，还组织教师开展户外活动、青年教师联谊活动、教师生活技能培训活动等，通过丰富多彩的活动让老师们放松身心，以更加饱满的精神面貌迎接自己的工作和生活。

以国际劳动妇女节活动为例，学校工会每年都会策划不同形式的活动，让老师们度过别样的节日。比如，为女教工开展精致精美的品茗之韵、品酒之醇、品馔之美、扮美生活、健康养生等主题活动；为每人送上一盆清新的绿植，带给女教工们勃勃生机与满满能量；组织主题讲座为教师送去关爱，既有《走进手机摄影》《教师形象管理与搭配提升》等在工作中实用性强的讲座，又有《插花》和《护肤基础化妆》等走向

八一学校工会组织秋游活动

精致生活的实践讲座；举行甲状腺、肺癌基因检测等健康讲座，提高教职工的健康知识水平，指导教师学会健康的生活方式。

教师参加品茗之韵活动

八一学校工会还非常关心和关怀病困教职工，帮助身患重疾及家庭困难的教职工排忧解难。张宇老师是初中部一名语文教师，2015 年参加工作。在担任班主任的 4 年间，张老师积极主动、踏实上进，曾荣获“优秀班主任”“优秀共产党员”和“青年教师之星”等称号。这样一位优秀教师，却于 2019 年 1 月不幸被确诊为乳腺癌。虽然治疗过程漫长而痛苦，但张老师仍然积极乐观地面对生活。她爱学生，舍不得放下教学

甲状腺健康讲座

工作，向学校多次要求坚持教学工作。张老师积极的态度和优秀的工作能力，受到了学生和家长的一致好评。在生病过程中，张宇老师得到了两委和教育工会、海淀区红十字会学工委的帮助。学校工会、社会各界也踊跃为其捐款，为张老师送上关心与祝福。2021 年 1 月 15 日上午，海淀教委领导王方主任、办公室赵霞主任，代表教工委和教委来到八一学校，向全体教职工致以节日问候，并向张宇老师送上慰问品，传递了党和政府对教师的关怀和温暖。

教委领导慰问学校困难职工

当教师的孩子已经放寒暑假而教师本人却因上班无法照顾子女时，八一学校工会又主动解教职工后顾之忧，与学校多部门联手，开办了教职工子女假前托管班，让教职工安心工作。托管班提供孩子们喜闻乐见的服务项目和课程模块，班型更加贴近孩子兴趣与需求，包含手工、书画入门等，家长和孩子可根据自身兴趣和需求，自主选择。负责托管班的老师本着“为教职工服务”的责任感和公益心，以确保安全为前提，认真负责地组织各项活动，受到了广大教职工的好评。

八一学校为广大教师办实事、谋福利，为广大教师营造了温馨舒适的工作环境：关心教师的日常工作与生活，鼓励教职工开展身心锻炼，积极营造尊师重教的文化氛围，全心全意为教师解除后顾之忧，让广大教师能以最佳的身心状态投入生活和工作中去，不断提升教师的归属感和幸福感。

教职工子女在假前托管班上课

著名教育家蔡元培先生说：“人类之职业，没有比教师再为重要的。”长期以来，八一学校一直将教师专业发展作为学校发展的核心工作，积极探索教师成长之路，为广大教师搭平台、展风采、提能力、促发展，充分调动教师成长的内驱力，引导广大教师走向持续发展之路，让八一学校的每一位教师心中有热爱、肩上有担当、行动有力量，通过教师的自我发展，推动学生的全面发展和学校的高质量发展。

第四篇　引学生成长之路：五育并举，全面发展

一所学校，首先呈现在社会面前的就是学生。学生是学校最闪亮的名片，其身上所体现出来的良好气质、修养和品格，是学校教育成功的最好验证。正如沈军校长所说："对学生的理性思考——教育好属于我们的学生。教育不能跟着经济走，要有自己的立场；不能迷失了判断，要有自己的良知；不能向世俗献媚，要有自己的风骨。不同学校、不同学段的学生，特点是不同的。我们务必要考虑所教学生的特点，认真分析，因材施教，想方设法教好属于自己的学生。"几年来，八一学校通过加强党的领导，让学生知党爱党跟党走；创新德育模式，为学生绘就军人般底色；开展生涯规划教育，让学生成就更好的自己；深化课程改革，为学生成长注入内驱力；特色品牌育人，为学生搭建梦想的舞台。五大育人抓手，系统整合育人资源，不仅有效打通了教育和教学，也打通了课上与课下、校内与校外，多维度、全方位、立体化支撑学生成长，引领学生走向德智体美劳"五育并举"的全面发展之路。

一、发挥党的领导，让学生知党爱党跟党走

2018 年 9 月 10 日全国教育大会在北京召开。习近平总书记在全国教育大会上说："我国是中国共产党领导的社会主义国家，这就决定了我们的教育必须把培养社会主义建设者和接班人作为根本任务，培养一代又一代拥护中国共产党领导和我国社会主义制度、立志为中国特色社会主义奋斗终身的有用人才。"

青少年是祖国的未来、民族的希望，也是我们党的未来和希望。八一学校始终以思想育人为先导，强化学生理想信念教育，坚持从思想上进行引导，充分发挥党组织的领导作用，强化党建带团建、队建，教育引导学生坚持爱国、爱党、爱社会主义相统一，让学生知党、爱党、听党话、跟党走，立志扎根人民、奉献国家，从小树立共产主义远大理想和中国特色社会主义共同理想。

（一）少先队：让青少年高举队旗跟党走

中国少年先锋队是中国共产党创立并领导的少年儿童群众组织，是少年儿童学习中国特色社会主义和共产主义的学校，是建设社会主义和共产主义的预备队，少先队组织对少年儿童的教育作用更是不可替代的。

2016 年 9 月习近平总书记回到母校，现场和少先队代表亲切交谈，高度赞扬了八一学校少先队工作，并提出了希望，令广大少先队员倍受鼓舞。学校以此为契机，积极打造和推进八一学校品质少先队活动课程，探索多种少先队活动模式，经过几年的思索、完善、积淀，形成了具有八一学校特色的少先队品牌。近年来，学校先后获得 2016 年海淀区星星火炬大队、2017 年全国优秀“动感中队”、2018 年海淀区星星火炬大队、2019 年海淀区星星火炬大队等荣誉称号，并高标准完成了新中国成立 70 周年群众游行“同心追梦”方阵的核心任务和全国第八次少先队代表大会的筹备及现场开幕式任务。

1. 加强少先队组织建设，打造优质辅导员队伍

八一学校在海淀区少工委的批示下，成立了少工委，牛震云书记和沈军校长担任少工委主任。少工委委员包括学校各部门以及家委会代表、少先队实践基地代表。党组织和校务会定期听取少先队的工作汇报。

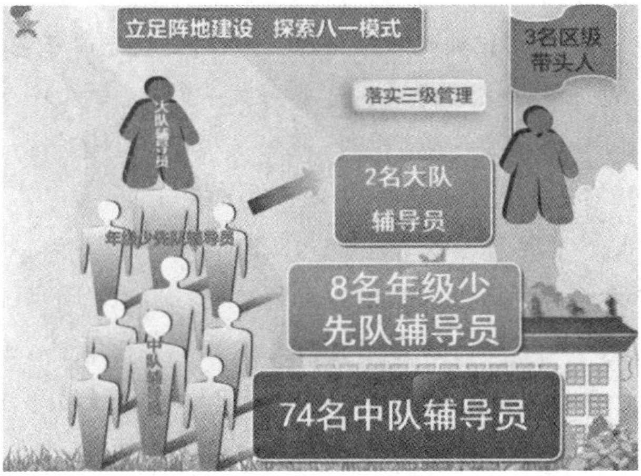

八一学校少先队组织架构

学校少工委下设两个大队，分别为小学少先队大队和初中少先队大队，并以年级为单位成立少先队联合中队。少先队组织是政治性、群众性和儿童性的有机统一，少先队辅导员更是少年儿童的亲密朋友和指导者。为切实增强少先队辅导员队伍的政治素质和履职能力，充分发挥少先队组织政治启蒙和价值观塑造的育人作用，八一学校

积极推动少先队辅导员专业化发展。目前，少先队辅导员 1 人、年级辅导员 1 人、中队辅导员 1 人，共 3 人当选为海淀区少先队辅导员带头人，成为海淀区拥有带头人最多的学校。大队—年级—中队—小队的树状分布，让各层级少先队辅导员工作的开展既有统领，也利于根据不同年段调整活动内容和深度。3 位少先队辅导员带头人在区少工委的支持下，开设八一学校少先队辅导员工作室，定期开展辅导员学习培训、工作研讨、专题教研等，定期邀请少先队工作领域的专家走进学校开展专题培训，多项举措打造出了一支高水平的少先队辅导员队伍。

2. 加强政治启蒙，以习爷爷的成长故事激励广大少先队员

2016 年，习近平总书记回到八一学校座谈，与当时上四年级的少先队员代表朱宸同学亲切地谈起了他当年在学校少先队生活的经历。座谈会结束后，朱宸同学在升旗仪式上把这段经历讲述给每一名八一学校少先队员，少先队员们心中对习爷爷的爱戴和亲近油然而生。对于八一学校的少先队员们来说，习爷爷的教导既是党和国家领导人对青少年成长提出的要求，也是一名老校友对他们的谆谆教诲。习近平总书记的成长故事对八一学校的孩子来说，是最好的少先队教育。

2014 年 5 月 30 日，习近平总书记来到北京市海淀区民族小学，参加庆祝“六一”国际儿童节活动。

习近平总书记回忆入队经历：“当时还哭了鼻子”

重温入队仪式，习近平总书记对围拢过来的孩子们说：“我是 1959 年上学，1960 年入队，因为年龄稍小，不是第一批，当时还哭了鼻子。”听到这，孩子们笑了起来。习近平总书记笑着问：“是不是没出息啊?”孩子们都笑了。

习近平总书记：“我入队时心怦怦跳”

习近平总书记继续说：“记得入队时心怦怦跳，很激动。不知你们有没有这种感觉?”孩子们回答：“有。”“为什么会这样？因为是一种荣誉。”习近平总书记表示，“我在你们脸上看到了希望，祖国和民族的希望。正像誓言说的那样，要时刻准备着，将来接班。”

小学生听总书记一番话，领悟“实干”

在参加了少先队员入队仪式后，习近平总书记语重心长地对孩子们讲了一番话。“三道杠”的马婧瑄同学说，她印象最深的是，习爷爷说他小学入队后从一道杠到两道杠，后来当中队旗手、中队组织委员、中队长，说明成绩是一步一步实干出来的。

……

每年在新队员的队前教育中，少先队总会用习爷爷在少先队的经历和成长故事激励小同学们。热爱少先队，从小学先锋、长大做先锋，已经成为八一学校少先队教育中坚守和传承的独特组成部分。习爷爷的成长故事激励着一批又一批的少先队员，他们渴望加入少先队，成为一名光荣的少先队员。

八一学校尤为注重遵循教育的发展规律，用符合当代少年儿童心智发展水平的形式学习和践行习近平总书记的教导，先后组织了“喜迎十九大，我向习爷爷说句心里话”、“习爷爷的教导在心中”国旗下的讲话、“讲述习近平爷爷的故事”雏鹰假日小队活动等主题活动，引导少先队员铭记习爷爷教诲，争当时代好少年。

“喜迎十九大，我向习爷爷说句心里话”主题活动学生优秀作品

在“喜迎十九大，我向习爷爷说句心里话”主题活动中，少先队员们拿起纸笔，纷纷以绘画、书信、手抄报等形式“说”出想对习爷爷讲的心里话，稚嫩的笔触和朴素的话语流露着少先队员对祖国的热爱和对习爷爷的崇敬之情。队员们带着对未来的美好憧憬，守护着胸前的红领巾，紧跟着习爷爷的脚步砥砺前行。

在“习爷爷的教导在心中”国旗下讲话主题活动中，少先队员在国旗下庄严汇报他们在少先队的收获和成长。通过学习习爷爷热爱祖国、勤奋学习的故事，学生们在心中埋下了热爱祖国、热爱人民的种子，并时刻牢记习爷爷的教导，珍惜时光，努力学习，将来做对国家、对人民、对社会有用的人。

在习爷爷的成长故事中，少先队员看到了领袖的独特成长经历，真切地感受到了榜样的力量。在一系列丰富多彩的主题活动中，少先队员们更是学习和践行着习爷爷的教导。八一学校的少先队员们时刻牢记着习爷爷在八一学校对少年儿童提出的要求：中小学生要立志成才，必须勤奋学习、提高综合素质，努力做到修身立德、志存高远，勤学上进、追求卓越，强健体魄、健康身心，锤炼意志、砥砺坚韧。

3. 创新入队仪式教育，激发少先队员使命感

少先队仪式是少先队活动的重要形式，也是少先队教育的重要载体。少先队坚持“全童入队”的组织发展原则，通过充分的队前教育、具体的入队标准、规范的入队程序和庄严的入队仪式，有组织、分批次地吸收适龄少年儿童加入少先队，从源头培养少先队员的光荣感和组织感、归属感，激发少先队员的使命感。

由于新冠肺炎疫情的影响，学校为学生举办了一次别开生面的线上入队仪式。学生利用线上学习，参加队前教育；各班主任老师，通过云班会进行远程队前教育；家长们也化身校外辅导员。队员们完成了“六知、六会、一做”的学习：了解少先队的光荣历史、学会敬队礼、背诵入队誓言、学唱少先队之歌、学系红领巾……许多新队员们写下了自己成为一名少先队员的感受。从稚嫩的笔触中，我们能够感受到他们发自内心的喜悦和激动，以及成为一名优秀少先队员的坚定决心。

新入队少先队员感悟

二1中队尹浩宇：“尽管在老师的指导下，我提前几天做好了准备，但在入队这天到来时，我还是非常紧张、兴奋。入队仪式神圣而庄重，出队旗、唱队歌时，我紧握着手里的红领巾，仿佛握着它，就摸到了队旗的一角。宣誓声和呼号声仍旧回荡在我的耳边：‘时刻准备着！’‘为共产主义事业贡献力量！’戴着红领巾敬队礼是我最自豪的时刻！右手高举头上，牢牢记住人民的利益高于一切！我入队了！我将用自己的行动，证明我是一名真正的少先队员！”

二2中队孟庆天：“上幼儿园时，我就总看到哥哥戴着红领巾，很神气地去上学。去年，我开始上一年级了，在校园里看着比我大的哥哥、姐姐都戴着红领巾，真是羡慕极了！所以，我一直都期待着戴上红领巾的那一天，那一定是最精神的！终于正式加入了中国少年先锋队，我好兴奋、好激动、好高兴呀！老师告诉我，红领巾不光好看，它还是红旗的一角，是少先队员的标志，戴着它是光荣的！我要感谢老师和爸爸、妈妈对我的培育和爱护，还有同学们的帮助！在今后的学习和生活中，我要以少先队员的标准严格要求自己。好好学习、天天向上，讲文明、懂礼貌，牢记自己在队旗下的誓言！”

戴上红领巾，便增添了一份自豪、一份责任。“时刻准备着”，是每一名八一学校少先队队员对党和人民许下的承诺。相信八一学校的全体少先队员们定将牢记习爷爷的教导，传承红色基因，以实际行动争做新时代好队员，为红领巾增添荣耀。

4. 勇担光荣使命，站好首都少年先锋岗

首都少年先锋岗是共青团北京市委、天安门地区管理委员会、少先队北京市工作委员会于1986年创办的一项有着鲜明时代主题、浓郁首都特色的爱国主义教育活动。多年来，能在人民英雄纪念碑前站岗一直是首都少先队员们光荣和自豪的经历。首都少年先锋岗作为一项有着鲜明时代主题、浓郁首都特色和富有特殊教育意义的重要活动，对引导少年儿童弘扬革命传统、坚定理想信念、争当中国特色社会主义事业合格建设者和接班人发挥了重要作用。

人民英雄纪念碑是铭记革命先烈不朽功勋的标志性建筑，少先队员为人民英雄站立先锋岗是展示当代少年不忘革命遗志、继承革命传统、传承民族精神、热爱伟大祖国的重要活动。强烈的仪式感，能够让学生从小就在心中种下红色基因的种子，传承红色精神。看到人民英雄纪念碑，看到那些为社会主义信仰而献出宝贵生命的革命先烈，对引导少年儿童继承革命传统、坚定理想信念发挥着重要作用。

八一学子参加首都少年先锋岗活动

少先队员参加岗前培训

每年，八一学校选派初一年级各中队优秀少先队员，每周一站校园国旗先锋岗，争当国旗小卫士。优秀的中队代表学校大队到人民英雄纪念碑站首都少年先锋岗。一届又一届的少先队员接过学长们的少先队大队旗，佩戴红领巾、白手套，站在人民英雄纪念碑前，成为天安门广场前的一道亮丽风景线。

首都少年先锋岗分为岗前教育、站岗仪式和岗后主题活动三个阶段的内容，旨在让首都少年儿童了解少年先锋岗活动的重要意义，进一步增强光荣感和使命感，进行爱国主义、集体主义和革命英雄主义教育。每年的 4 月初至 10 月初，少年先锋岗都将以每天四组、每组三人的形式守护在英雄纪念碑前。

每年的少年先锋岗活动结束后，学校还组织站岗少先队员参加主题征文活动，畅谈岗前、岗中、岗后活动的综合体会，并邀请站岗队员在学校升旗仪式中进行国旗下的讲话，并开展相关团队会活动，以校内志愿服务的形式继续“站立先锋岗”，发挥示范引领作用。

少年先锋岗活动，不仅让同学们更加深刻地了解了祖国的历史，铭记祖国曾经的艰苦岁月，更加珍惜现在来之不易的幸福生活，更加热爱我们的祖国，也让同学们身上多了一份责任感，继承中华民族坚强不屈的精神，为实现中华民族伟大复兴的中国梦而努力学习。

5. 传承红色基因，打造特色少先队活动

中小学生正处于三观形成的关键期，需要学校不断以红色文化做指引，帮助他们形成正确的三观，更好地传承爱国主义与革命英雄主义传统。八一学校少先队组织始终保持与党团组织一脉相承的血脉联系。少先大队在党委的领导下，在团委的直接管理下，致力于为队员们开展教育性、组织性、自主性、趣味性、实践性兼具的各种活动，让红色基因植根于每一名队员的血脉之中。

(1) 积极打造和推进八一学校品质少先队活动课程

学校将“品质文化”同少先队组织教育相结合，打造和推进八一学校品质少先队活动品牌。学校大队部依据 12 个基因设立相应的教育主题月，中队委又围绕每月品质基因开展主题活动。如 9 月尊重品质月，开展“今天我当班”小老师体验活动，队员通过亲身体验老师一日的工作环节，如讲课、管理班级事务等，感受老师工作的辛苦，懂得尊师爱师的道理；10 月创新品质月，中队的红领巾小创客们用巧手设计航天器，畅想苍穹，心中下定未来接过学长们研制小卫星任务的决心。

品质基因月的主题活动

月份	品质基因	少先队活动
1 月	独立	自我反思，汇报成长
2 月	忠诚	传承文明，忠诚国粹
3 月	文明	文明行为，妆点校园
4 月	阳光	各中队足球小健将们在运动场上文明其精神，野蛮其体魄
5 月	责任	化身红领巾小百灵，用歌声祝福祖国，把实现中国梦的责任牢记心间
6 月	诚信	用书信承诺新一代少年的责任与担当
7 月	开放	用开放性的实践活动祝福党的生日
8 月	勇敢	挑战自我，勇于探索
9 月	尊重	烈士纪念日活动表达哀思，以继承先辈遗志为己任；“今天我当班”小老师体验活动
10 月	创新	创意航天器畅想苍穹，用科技筑路，点燃强国创新梦想
11 月	执着	国之重器——奋斗一生的科学家故事，激励队员执着梦想
12 月	雅趣	身体力行做一名雅趣八一学子

丰富多彩的品质月队活动

（2）将少先队活动与学校扶贫支教工作进行有效结合

学校各小队、中队、大队每学期还会根据时事，组织各种各样线上线下相融合的队会活动，将少先队活动与学校扶贫支教工作进行有效结合，引导少年儿童在实践中进一步了解国家和社会，关注弱势群体，明确自己的社会责任，从内心深处增强对社会主义核心价值观的认同，温暖社会，成就他人。

比如，2019 年 11 月 13 日八一学校小学部参加国庆游行的部分学生和足球队的学生一起登狼牙山，和狼牙山五壮士红军小学、保定市莲池区联盟西路小学的队员开展了以“从小学先锋，长大做先锋”为主题的联合少先队活动。

三校学生开展联合少先队活动

再比如，队员们利用雏鹰假日小队为新疆和田古江巴格乡、四川大凉山的小伙伴们募捐图书，为云南麻栗坡嘎啊小学的伙伴们募集冬衣，少先队员们的爱心不再局限于语言表达，而是用行动去感染更多的人，去唤醒这个社会更多的爱。

少先队员为新疆和田的小伙伴们募捐图书

少先队员为麻栗坡嘎啊小学捐赠冬衣

又比如，在 2019 年 12 月 13 日，第六个国家公祭日，八一学校利用云视讯双师课堂将京、冀、新三地五校的孩子们联系在一起。北京市八一学校和来自河北省阜平县的向阳庄八一小学、城南庄八一希望小学和新疆维吾尔自治区疏勒县八一爱民学校、乌鲁木齐市三十六中学的少先队员们，在各自的教室里，通过网络互动，共同开展“祖国故事会”等少先队活动。

三地五校的云端少先队活动

（3）开展丰富多彩的特色小队和中队活动

少先队是少年儿童自己的组织，教育工作者应该竭尽全力帮助少先队员不断地在少先队组织中实现自我教育和自我管理，从而实现自主成长。开展丰富多彩的具有创意性的特色小队和中队活动，对培养少先队员的综合素质，帮助其健康快乐成长具有很大的作用。在创意活动的实施过程中，要遵循让少先队员参与、实践、体验和引领的工作理念，要让少先队员成为创意活动的主体，做创意活动的主人，实现自我服务和自我超越。

八一学校始终以爱党、爱祖国、爱社会主义教育为重点，围绕少先队员的需要和家长期盼、党政关心、社会关注的问题，找准切入点，充分发掘组织教育资源，探索多种少先队活动模式，开展了垃圾分类“家”行动、消防安全演习、再读烈士家书、找寻“我眼中的美”、“国粹育新苗，文化更自信”京剧体验、“明方向，助成长”定向越野等一系列特色小队、中队主题教育活动和社会实践活动。

以二 5 中队开展的找寻“我眼中的美”主题活动为例，活动旨在让学生们通过摄影的形式采集身边的点点滴滴，滋养一颗欣赏美的心。通过地图小勇士、小小摄影家、美丽分享者三个环节，孩子们不仅感受到大自然的美丽，还掌握了独立查找路线、现金使用等生活技能，将课堂学习到的知识运用到实际生活中。孙嘉阳同学开心地说：“莲蓬、芦苇、小桥都成为我们相机中的爱物，还有彼此的脸颊。正午阳光烈了，大家出汗了，但兴趣不减，依然乐此不疲。在此次活动中，我掌握了大量知识，又与同学欢快度金秋，丰富了我们的课余生活。”

找寻“我眼中的美”主题活动

此外，每年寒暑假各中队还会在辅导员老师和家长志愿者的带领下，开展主题鲜明、丰富多彩的红领巾假日活动。通过参观、访问、野营等形式，开展文化科学、娱乐游戏、军事体育等各种有意义、有趣味的实践活动，鼓励少先队员参加力所能及的公益劳动和社会实践，开展岗位体验、考察、寻访、小课题、小研究、小志愿者等活动。

6. 积极创设平台，展示新时代少先队员风采

近年来，八一学校少先队多次接受组织任务。小到开展示范中队会，大到参与国家重大活动，学校都认真对待，把培养政治过硬的八一师生、发扬“八一精神”作为首要任务来抓，为少先队员们积极创设平台，展示新时代少先队员风采。

（1）开展示范中队会，为少先队员搭建学习展示的平台

为了充分发挥中队会的育人作用，八一学校结合重大事件、重要教育契机，通过学习、讨论、交流、分享等多种方式开展中队会活动，组织集中性主题队会，取得了较好的教育效果，并在各级层面进行展示示范。

2020 年 11 月 30 日，海淀区少工委组织了学习党的十九届五中全会精神主题中队会展示交流活动，海淀区中队辅导员带头人解志斌老师带领八一学校五 2 中队召开了“我来了，二〇三五”主题队会活动，帮助少先队员感受祖国新的伟大成就，深入学习党的第十九届五中全会精神，认识党的领导、领袖领航、制度优势，增强对党和社会主义祖国的热爱，带领少先队员初步了解国家“十四五”规划和 2035 年远景目标，使队员们能够将个人同祖国的发展前途联系在一起，将努力奋斗同担当民族复兴大任紧密相连，激发民族自豪感和自信心。

八一师生参加海淀区主题中队会展示交流活动

现场庄严的入队仪式后，在“习爷爷引领新蓝图”活动中，队员们通过研读会议公报、亲手绘制海报赞扬国家“十三五”期间取得的新成就；在“奋斗目标特瞩目”活动中，互联网小队队员们用上网搜索、连线采访各行各业的优秀工作者的方式，了解“十四五”期间不同行业的新发展。关于“十四五”发展规划中提出的教育现代化的解读，红领巾小记者还现场采访了牛震云书记。在认识了“十四五”规划和2035年的远景目标后，队员们共同畅想“我们的二〇三五”：他们化身运动员、生态保护者、航天员、记者、果农、教师、警察、评书演员等，在祖国发展的不同领域，做着自己的贡献。

学生展示调研成果

辅导员解志斌老师拿起自己15年后的画像感慨地说道：“15年后解老师已经到了退休的年龄，但是依然还会到需要教育的地方为党育人，为国育才！”最后解老师认真地嘱咐队员们，实现梦想必须付诸行动。队员们倍受鼓舞，纷纷在梦想的彩旗上写下庄重的行动誓言：“加油吧，少年！”“为中华崛起而读书”“为祖国的明天积蓄力量”……稚嫩而真诚的话语正是新时代少年心系祖国发展的肺腑之言。

在《我和我的祖国》的歌声中，队员们挥动写着自己行动誓言的彩旗，在“奔向现代化强国道路”上，共同登上驶向2035年的中国航船，中队会在全体少先队员嘹亮的呼号中结束。

学生展示 2035 年的自画像

队员们挥动写着自己行动誓言的彩旗

（2）接受组织重任，列席全国第八次少先队代表大会开幕式

2020 年 7 月 28 日，八一学校 78 名少先队员和辅导员作为全国第八次少先队代表大会开幕式唯一的现场代表，集体亮相人民大会堂，现场聆听少代会的新思想、新声音，近距离感受党和国家对少先队事业的重视和对少年儿童的关怀，代表全中国的少年儿童向党和国家汇报了作为少年儿童的成长路径与成绩。

2020 年 5 月初，八一学校少先队接到了第八次全国少代会的旗手、护旗手任务。因为疫情的特殊情况，旗手和护旗手的候选人无法正常开展训练，只能在家中对照着老师提供的视频认真进行训练。队员们为了寻找可代替旗杆的物品，有的把家里的窗帘杆拆下来，有的用家里的扫把杆。大家每天把训练视频发到群中，互相指导学习。同时，学校也为这些旗手们联系了国旗班的叔叔辅助指导。与此同时，在每周线上中队活动中，学校少先队组织各中队也进行了少先队代表大会的专题内容学习。

在第八次全国少代会即将召开之际，八一学校大队部组织四年级少先队员利用开学复课的短短几天时间拍摄视频——《你好少代会》，预祝少代会顺利召开，圆满成功。暑假期间，学校少先队组织各年级少先队员积极关注和宣传少代会。作为少代会的小主人，队员们纷纷用实际行动迎接少代会的胜利召开。

7 月 28 日清晨，八一学校 78 名师生作为第八次全国少代会列席代表，怀着无比骄傲和自豪的心情，高唱少先队队歌，肩负着光荣而神圣的使命，来到北京人民大会堂。人民大会堂会议大厅金碧辉煌，蔚为壮观，墙壁上精美立体的浮雕、地板上鲜艳干净的红毯，都让队员们惊叹不已。

少先队员们整装待发

上午 10 点整，万人瞩目的第八次全国少先队代表大会正式开幕，开幕式庄严而肃穆。在开幕式上，中共中央政治局委员、国务院副总理孙春兰在会上宣读了习爷爷的贺信。习爷爷希望少先队员把红色基因一代代传下去，坚持德智体美劳全面发展，为实现梦想时刻准备着。

78 名师生代表来到人民大会堂参加第八次全国少代会

在大会上，各位领导分别做了报告，他们希望各级少先队组织、少先队辅导员加强对少先队工作的领导，加强对少先队工作的支持，为新时代少年儿童茁壮成长提供有利条件。同时，他们对少先队员寄予殷切厚望，希望少先队员勤奋学习、全面发展，争做新时代的栋梁，时刻准备着为实现中华民族伟大复兴的中国梦努力奋斗。

第八次全国少代会现场

列席中国少年先锋队第八次全国代表大会这一重大任务的完成，对少先队员们来说，不仅是一种荣誉，更是一种鞭策，激励着他们在今后的学习和生活中不忘初心、锐意进取，为“红领巾”当好“代言人”。

（二）共青团：为青年学生点亮理想之灯

共青团是中国共产党的后备军，学校共青团组织更是团结教育广大青年师生员工的核心力量。八一学校历来高度重视共青团工作，牢牢把握政治方向，坚持立德树人，充分发挥共青团组织在中学生思想道德建设、促进中学生全面发展中的重要作用，不断创新思想政治引领和价值引领。2016 年，北京市八一学校团委被评为“全国五四红旗团委（团支部）”。

1. 加强团委组织建设，强基固本、从严治团

八一学校积极构建适应教育教学规律、适应学生成长发展需要的共青团组织，初、高中设置团总支、学生团委、青年教工团，各年级设置团队辅导员，定期举行换届选举。严格按照团章程序发展团员，将志愿服务纳入考核体系，标准清晰，手续完备。

同时，学校还积极建立健全党领导下的“一心双环”团学组织格局。每年召开团代会、学代会，严格换届改选程序，各支部上交提案，充分发挥团学组织在校园民主治理中的重要作用，让学生成为爱校、建校、护校的小主人。

八一学校高度重视共青团干部队伍、共青团辅导员队伍建设，组织教师积极参加各级培训，促进团委书记、辅导员专业化成长。同时，学校还为共青团干部队伍、共青团辅导员队伍积极创设各种学习、交流、分享的平台。团委书记徐秋妮主持了北京市新入职团委书记培训中的新老书记交流分享会；在井冈山召开的全国中学团委书记培训中做主题发言，交流分享八一学校志愿服务工作；在全国中学中职团委书记职业技能竞赛中荣获冠军及最佳风采双料大奖。

2. 开设党团课程，加深团员对党的认识

为了从思想上帮助青年一代正确认识党和党领导的社会主义事业，满足学生成长成才的需求，学校每年在初一年级成立少年先锋团校，每学期组织 2 期团课培训，成立团课讲授团，由学校各年级团队辅导员和校党校优秀学员组成。团队辅导员及政治老师向学生讲授有关共青团的基本知识，以及青少年理想、道德教育和心理健康教育。

学校还在每一届高中生中成立校级业余党校。早在 2008 年 11 月，学生业余党校被评为“海淀区中学生业余党校示范校”。学生业余党校每届学生组织一期，在高一第一学期报名、选拔开班，至高二第一学期结业。每期参加的学生主要为高中学生干部和品学兼优的团员青年，采取自愿报名与各班团支部推荐相结合的方式进行。学校制定了《八一学校业余党校章程》，明确党校学员条件及守则、组织机构、师资安排、考核机制及推优制度。学生业余党校聘请校党总支书记，党总支青年委员，政治组、历史组部分优秀党员教师为党校教师，并成立由党校优秀毕业生组成的学长团。其通过课堂教学、各种丰富多彩的实践活动和学员自我教育，把学员的考核与所在班级的学

习、思想与各方面的表现充分结合起来。

在八一学校，党团课程成体系、有序列，内容丰富，形式活泼，针对社会热点问题，积极发声、答疑解难，唱响正声音、传递正能量。党团课程将理想信念教育作为核心内容，以增进学生对党的感情和理性认识作为基本任务，加强民族精神和时代精神教育，坚持理论学习与广泛的社会实践相结合。

党团课程开办以来，学校不仅组织了讲座、参观、实践等多种活动，还根据学员的特点，组织开展了演讲比赛、学习成果汇报会等活动，充分发挥学员们在不同领域的才华，提高了学员们主动参与、自我设计、自我组织、自我实施、自我管理的意识，展示了当代优秀中学生的风采。为务求实效，学校紧紧抓住重大契机，抓住社会上的热点、难点问题，教育和引导学生。例如，举办了“采访身边优秀共产党员”活动，许多学员的感受是，“没想到我们身边看似平凡的共产党员，就是这样在日常的工作中做出了共产党员不平凡的业绩”。有一位被采访的父亲这样说道：“我从没有从党员的角度与我的儿子交谈过。党校组织的这次活动使我们父子间的了解加深了。儿子长大了，有了独立的判断和思考能力。作为老党员，我为儿子追随党的事业感到自豪。同时，儿子对我也更加尊重了。”

通过调查显示，党团课程有效增强了学生的爱团意识，帮助学生加深了对党的认识，许多学员均相继成为学校和工作岗位上的骨干。在中学时期没能加入党组织的学员，毕业以后继续强化信念，在各行各业党组织的继续培养和教育下，先后光荣地实现了自己的愿望，为自己成为青年马克思主义者打下了坚实的思想基础。

3. 加强仪式教育，激发学生青春正能量

仪式教育是加强中小学生思想引领的重要方式，庄严的入团、成人教育等仪式，能激发学生爱党、爱国、爱社会主义的情感，增强对组织的归属感、对社会的责任感。八一学校高度重视团前教育与团员意识培养，把团员仪式教育作为夯实基层团建的重要抓手。一方面在学生的重要成长阶段举行离队建团、14 岁集体生日和 18 岁成人等仪式，引导学生树立远大志向，增强成长动力。另一方面以传统节日、纪念日为切入点，挖掘传统节日的文化内涵和教育意义，弘扬传统文化和爱国主义精神，如五四表彰会、“一二・九”诗歌朗诵会、纪念红军长征胜利 80 周年主题报告等，带领学生体验峥嵘岁月，明确当下责任。

尤其值得一提的是五四表彰会。1989 年 5 月 4 日，八一学校召开首届五四表彰会，通过表彰优秀学子，展示青春力量，让青年学子看到身边的榜样，鼓励他们在榜样的引领下不断成长，迈入人生新的阶段。“五四奖章”作为八一学子在校内的最高荣誉奖章，不仅在学生中具有极高的权威，也传递着学校育人的价值追求。五四表彰会开展至今，已然走过了 30 多个年头，涌现出 140 余位五四奖章获得者以及近 2000 位提名奖获得者。他们中很多人已经成为各行各业的中坚力量和佼佼者。

沈军校长为五四奖章获得者颁发奖杯

近年来，学校还将五四表彰大会与入团仪式、18 岁成人仪式等重大仪式合并开展，旨在用榜样树立榜样，让灵魂点亮灵魂，鼓励广大团员在人生旅程中，在共青团组织这个大熔炉中，不断磨炼自己的意志、陶冶自己的情操、提高自己的思想觉悟、增长服务社会的本领。

高三成人礼红毯仪式

回首1919，难忘那群意气风发的青年用热血和生命谱写的壮丽之歌、绘就的青春之图；展望当下，八一学子从先辈手中接过五四精神的火炬，追寻信念的光辉。五四表彰仪式带给青年学生的不仅是榜样的力量，更让他们意识到了身上肩负的责任，必将激发广大团员努力学习、报效祖国的热情。

4. 引领学生会发展，建立联系学生的桥梁和纽带

八一学校学生会是八一学校全体学生的群众组织，是充分发挥学生主体作用，促进学生教育自我、管理自我和服务自我的领导机构，是学生参与校园建设和管理的重要路径。学生会以全心全意为同学服务为宗旨，发挥服务学生的功能，搭建起沟通学校与学生之间的桥梁。

（1）建立健全学生会组织构架

近年来，学生会完善文化理念，深化组织改革，构建了双轨制学生会体系。学生会下设主席团、学习部、生活部、体育部、外联部、网络部、宣传部、文艺部和志愿团、广播站、电视台等多个独立运行但又相互联系相互合作的部门和社团。经过几届学生会工作经验的积累，已初具规模，并开始独立承办和开创一些具有校园文化特质和中学生朝气的节日和活动。

八一学校对学生会干部标准提出了明确要求。一方面，在工作中要认识到自身职位的重要性，在政治、思想认识上快人一步；具备自我管理、自我教育、自我服务的意识；时刻牢记时代赋予个人的历史使命，以及强烈的责任心。另一方面，在学习上，要谦虚好学，在提高自身的学习成绩的同时，还要加强自身道德品质修养，德智体美劳全面发展。

（2）策划组织丰富多彩的学生会活动

在团委的领导下，学生会独自策划组织了“歌舞青春”“女王节”“我为母校添靓丽”等一系列深受师生喜爱的活动，还参与校际联盟，策划实施了圣诞快递、音乐节等跨校活动。同时，学生会坚持做师生友谊的桥梁，做学生中的榜样：在教师节组织给老师们献祝福，日常中安排志愿团参与食堂垃圾分类工作，等等。八一学校校园的各个角落都能看到学生会服务师生的身影。

以一年一度的“歌舞青春”活动为例，同学们以歌舞的形式，尽情展现着青春的美好。“歌舞青春”是八一学校学生会的一项传统活动，在学生中非常受欢迎，每年晚会都一票难求。

在2017年的“歌舞青春”活动中，学生会首次将门票收入投入到慈善中，尽微薄之力为身患白血病的同学捐赠了约3000元的善款。此后，“歌舞青春”活动在校内开启了晚会售票模式，每年晚会中获得的所有钱款都将捐给贫困打工子弟学校。丰富多

彩的学生会活动不仅体现了学生干部的担当，展示了学生会的风采，也给校园文化注入了活力，引领着学生的精神文明风尚。

学生会在三八妇女节为女教师送温暖

学生会志愿团坚持做垃圾分类的带头人

“歌舞青春”活动

（3）召开团员及学生代表大会，参与学校民主管理

团员及学生代表大会是八一学校极具代表性的学生民主管理活动，使学生们有机会与学校领导、老师面对面地沟通交流，增进学校对学生学习生活需求的了解，解决同学们学习生活中存在的问题，提升学生的民主和自我管理意识。

大会有一项核心内容是对学校未来发展做提案发言。同学们提案角度非常全面，涉及学校硬件设计、日常学习生活、校园活动设计等。同学们不光提出问题，每份提案后都附有解决建议，具有一定的可操作性。

以第22届团员及学生代表大会为例：

初中年级的同学虽然年龄不大，却很善于发现生活中的问题，比如他们针对食堂充值的问题，提出了线上充值的方案；针对选修课开设的问题，提出了丰富选修课的建议。

高中年级同学的提案则显得更加沉稳，但同时也让人惊喜，比如出于学生审美以及身体素质提升的考虑，建议每年举办定向越野比赛、重新启动艺术节；建议校园内设置共享雨伞等。

国际部同学的提案则显得十分活跃与自如，比如他们提出了大学面试官亲自到学校讲述注意事项、举办跳蚤市场、校服口袋的设计等提案。

学生代表对学校未来发展提案发言

经过统计，大会评选出优秀提案，由团委老师为获得优秀提案的学生代表颁发证书和校服熊以资鼓励，感谢他们为八一学校的建设所做出的努力。

教师代表为优秀提案获得者颁奖

5. 支持学生社团建设，为学生搭建丰富多彩的成长平台

学生社团是在校学生自发组织的群众性团体，在校园建设中扮演着重要的角色，已成为校园生活的重要组成部分。丰富多彩的社团活动是共青团服务学生的重要手段，是提高共青团吸引力、凝聚力的重要载体。近年来，校团委充分发挥学生的主体创造性，支持引导社团规范发展，让学校社团活动更加有章可依、有法可循、有指导、有保障。学校每学期举行社团文化周，招纳新人，展示成果。团委还带领学生会社团部牵头成立社团联合会，制定了《八一学校社团活动守则》《八一学校星级社团评定标准》，并据此评出五星社团。有了这些保障，社团活动更加有序、健康地发展，展现出蓬勃的生命力。

目前，八一学校学生社团已经涵盖志愿公益、传统文化、新闻媒体、科技创新、文体艺术、商业管理等六大类，总数近 60 个，其中包括获得国家专利的 CC 社，展现青年媒体人视角的 81TV、校园记者站等。学校为每个社团配备校内指导教师，必要的社团还增配校外导师，学生可根据自身兴趣自愿加入学生社团，在导师的指导下开展活动。社团日益成为学生发现兴趣、发展特长、锻炼能力的舞台。此外，学校还建立健全社团与校本课、选修课的衔接机制，将社团建设融入教育大局，比如将金融、电影制作、化学生活等校本课程的开发与设计同咖啡社、微电影节等社团和活动进行有效衔接。

优秀学生社团情况一览表

社团名称	社团简介
“根与芽”社	“根与芽”社是八一学校历史最悠久、规模最大的社团，是学校元老社团、五星级社团。社团开展了丰富多彩的活动，涵盖公益、生物、地理多个方面
志愿团	不论你想通过自己的努力帮助他人传递爱心，还是开阔视野，或是找一个舞台施展自己的才能，志愿团都是你最好的选择
模拟联合国社	在这里，你会和北京市各高中的学生同台竞技；在这里，你可以锻炼批判性思维；在这里，你会结识志同道合的朋友；在这里，你可以发掘潜力，提升个人价值
皮影社	皮影社是八一学校四星级社团，旨在传承非遗优秀文化技艺，培养自信、独立的民族精神。社团已发展多年，获得少儿皮影传习大会银奖，已有多个成型剧目，如《武松打虎》《荆轲刺秦》等
相声社	相声社通过演绎的方式激发同学们对相声的兴趣，并借此弘扬优秀的传统相声文化，使同学们更加深入地了解相声文化。社内活动以鉴赏、模仿为主，鼓励创新，以登台表演为目标
81TV	81TV 成立于 1998 年，是一个以记录、传播校园文化为目标，展示广大师生风采的校园媒体
校园记者站	校园记者站成立于 2010 年 9 月，由一群热爱生活、热衷新闻的学生记者组成，他们对校内外热点活动进行追踪报道，并在指导老师的带领下参与《八一时报》各专栏的选题、采访、摄影、撰稿、编排、改版等工作
CC 社	CC（Crazy Chemistry）社即疯狂化学社，口号是“化学以外，没有生活”，由热爱化学、关心环境的同学们组成，是一个致力于以生态化学为主题的专业研究性社团，旨在培养各个年级同学对化学的兴趣，提高对可持续性发展的认识
天文社	天文社创办于 2007 年，每周定期组织社员学习天文知识，同时不定期组织社员到郊外进行天文观测，引导社员们在探索创新的天文科普实践中成长
BIO 生物社	BIO 生物社成立于 2014 年，连续多年被评为五星社团。BIO 取自生物学的英文 Biology。社团的宗旨是培养同学们在生物学科上的兴趣，并丰富社团成员的课外知识，使其参与更多关于生物的活动
朝露地理社	朝露地理社成立于 2016 年 10 月，是专注于将地理课本知识与实践相结合的社团。自成立以来，社团已成功组织分享农场探究新型农业、门头沟山区地质勘查、爨底下古村落形态研究、雾灵山土壤与植被实地考察、种植冬小麦等活动
物理社	物理社是一个对物理感兴趣的同学之间进行物理科普交流、实验现象讲解、探讨各种物理问题的社团。社团的日常活动为科普、实践、研读文章、课题研究等

续表 1

社团名称	社团简介
VR 社	VR 社是八一学校知名社团之一，主要研究方向是 VR、AR 和无人机。目前开发有全景校园平台，并用无人机拍摄了《雪韵八一》等视频。发布的全景视频平台点击量超过 16 万次
明辨社	明辨社是辩论爱好者的聚集地，社团坚持两周一次的辩论教学、一月一次的辩论比赛，并且积极参加区级、市级比赛，屡获佳绩
晨曦话剧社	晨曦话剧社是八一学校的明星社团之一，成立于 2009 年 9 月，是一个以高中生为主体的校级学生社团。社团成立至今一直致力于学生的话剧表演，从话剧观演和配音游戏开始，一步步走进剧本的选择和排演。至今，话剧社已经成功地在学校进行了多场演出
拳行天下搏击社	搏击不仅仅强调身体运动，更强调道德品质和心灵的发展。搏击社的训练系统，也是一套精神训练的系统，不但能健身，更能提高人的注意力、自信心、自律和勇气
街舞社	街舞社秉承快乐舞蹈的理念，在舞种、社团活动的多样性方面做出创新，倡导在享受跳偶像的舞蹈的同时，锻炼身体，丰富课余生活
车模社	车辆模型运动是一项挖掘人的智力、树立竞争意识、培养探索精神和锻炼创新品格的科技体育项目。车模社汇集了一群爱科学、爱动手的学生。社团定期举办遥控赛车竞速等学生喜欢的活动，帮助学生了解关于汽车的机械基础知识和机械原理，使学生对材料学具有初步的认识
动漫社	动漫社致力于向青少年传播动漫文化。社团经常开展欣赏国内外优秀动漫作品、学习排练热门舞蹈、动漫知识有奖竞猜等既有趣味又可以增长知识、拓宽眼界的活动，得到老师和同学们的一致好评
异次元 Cosplay 社	异次元 Cosplay 社是一个以 Cosplay 活动为主的社团。曾出品过 Vocaloid 公式、黑塔利亚、长安幻夜、银魂等内外景、舞台剧作品。随着动漫事业在我国的进一步深入，Cosplay 这种新兴的文化形式已经广泛受到学生群体的关注与参与
油画社	油画社成立于 2016 年，是一个学习西方油画技艺、表现个人特色艺术风格的社团。社团集结了在绘画方面有共同爱好的同学，其通过一起绘画、交流、参观等有趣的形式提高彼此的绘画技能、绘画兴趣，以及对绘画的理解
服装社	服装社是一个开发想象力、提高创造力和动手力的地方，汇集了一群热爱服装设计的学生。在这里，学生可以做出 T 恤、短裙，也可以做出梦想中的公主长裙、晚礼服。服装社为爱好服装设计的同学们打造了一个专业学习和交流的平台
指缘吉他社	指缘吉他社聚积着一群喜爱民谣、喜爱吉他、喜爱音乐的同学。吉他社为喜爱音乐的同学们提供了一个舞台，在这里，同学们可以随心所欲地畅游在音乐的世界里

续表 2

社团名称	社团简介
摄影社	摄影社是学校新晋五星级社团，集结了一群想将目之所及的感动记录下来的学生。社团既有专业的摄影老师做指导，也有专业的设备辅助拍摄。社团还定期组织拍摄活动帮助学生提升摄影能力
合成音乐社	合成音乐社主打以 Vocaloid 软件为基础合成虚拟歌声的音乐活动。社团中，学生可以与社员交流音乐制作的相关事宜，学习 Vocaloid 及歌声合成软件的调校流程，参与翻唱翻调或尝试原创
暴雪社	暴雪社是以线上活动为主，围绕暴雪游戏进行交流与讨论的社团。社团活动趣味性高、社交性强、自由度大，学生可以在课余时间缓解压力、交流心得、扩大人际交往范围
大鱼海塘社	大鱼海塘社是一个多元化的休闲娱乐社团。社团每周都会定时组织社团活动，包括多种现如今流行的桌游等项目，使社员提高逻辑思维能力、辩论能力、心理能力、社交能力等
“啡你莫属”咖啡社	“啡你莫属”咖啡社是一个由学生自主运营、自负盈亏的学生社团，以为老师、同学们提供较为正规的咖啡饮品及服务为宗旨，现提供美式咖啡、拿铁、摩卡、卡布奇诺在内的六种咖啡饮品，深受老师和同学们的喜爱
家政社	家政社为学生在校园中创造真实生活的实践场所，包括课上动手实操、课后家务劳动等关键环节。其目的在于通过生活基本技能技巧的培训，引导学生践行中华传统美德，参与孝亲、敬老、爱幼劳动，帮助学生感受生活的张力，在生活中感受劳动的价值，在活动中感受实践的温暖
绿色烹饪社	绿色烹饪社创立于 2010 年 10 月，是一个以全体厨艺爱好者为基地而创建的社团组织，为校园内的厨艺爱好者搭建了相互交流、相互切磋的平台，并定期开展烹饪技术的培训活动

社团是什么？社团是有共同兴趣爱好的学生们汇集在一起，为了某个共同目标一起努力的组织，更是个合作温暖的大家庭。教育就是要帮助学生找到他们“可以伟大”的地方，让他们在通往伟大的道路上行动起来。社团活动的意义正是帮助学生在认识世界的过程中，认识一个独一无二的自己。

（三）模拟政协：增强青年学生“四个自信”

近年来，八一学校高度重视学生的思想政治教育工作，一方面切实提高思政课在中小学中的地位，加强班主任、思政课教师队伍建设，在思想上高度统一；另一方面，在学校党委的领导下对学生思想政治工作进行积极探索与实践创新。“模拟政协”正是其中的一项有益探索。

1. 系统设计“模拟政协”项目，为学生搭建“参政议政”平台

为了帮助学生更好地了解国体、政体，提高参政议政意识，增强“四个自信”，八一学校党委在海淀区政协和北京青少年科技创新学院的帮助下积极创新实践，开展“模拟政协”项目。项目通过校本选修课、学生社团、“走进政协”社会实践活动多种形式，探索高中学生思想政治工作的新形式。

“模拟政协”项目自2018年5月开始，至今已开设六期选修课，2020年9月还成立了模拟政协社团。“模拟政协”以政协工作为切入点，引导学生了解中国的政党制度和政治制度，为学生搭建“参政议政”平台，让学生读懂“中国方案”“中国智慧”和“中国主张”，主动担当起中国青年为国家建言献策的责任。

为了保障“模拟政协”项目的推进，学校党委专门建立了“模拟政协”项目建设小组作为组织保障。项目建设小组由校党委书记、校党委青年委员、高中党总支书记及主管高中副校长、高中教育处主任、党委办公室主任担任核心成员，并指派高中政治教研组中青年党员教师承担具体教学和组织工作，开设“模拟政协”高中校本选修课及建立“模拟政协”学生社团。学校积极联系中国政协文史馆、人民政协报社、人民政协网等单位，建立学生学习实践基地，邀请区政协委员到校授课，委员现场讲述履职过程及参政议政的感受，回顾开展调研、撰写政协委员提案的全过程，与学生互动交流。区政协还有计划地组织学生列席政协会议，参与委员实地考察调研活动。

牛震云书记在谈及“模拟政协”项目启动的初衷时，她坚定地说：“‘模拟政协’，不仅提升了思政组教师整体的素养，也是让学生了解国体、政体，提高参政议政意识，增强‘四个自信’最有力的抓手。学校办学要打开围墙，必须让孩子贴近生活、贴近社会、贴近民众，了解真需求，了解社情民意。青年人的工作不是一朝一夕的，要从情感的培养，要从诉求的有效解答入手。我们通过‘模拟政协’是想告诉我们的学生，你的诉求是有正确渠道的，关键在于如何去选择正确的方式，在这个过程中让我们的学生真正明白中国式民主和西方式民主的不同，明白中国之所以采取这样的政体也是道路的选择。”

“模拟政协”项目借助海淀区政协的资源和平台，大胆走出课堂，走向真实的问题情境，发现问题，解决问题，极大地提高了学生政治参与的意识和能力。学校通过“模拟政协”项目，希望达到以下预期目标：

开展“模拟政协”项目情况一览表

序号	目标	主要方式
1	带领学生深入了解政协委员的履职过程，了解我国协商民主的落实，增强学生对制度的认同感	以校本课程学习为主

续表

序号	目标	主要方式
2	带领学生了解我国政治协商会议的发展历程及其重要的统战作用，激发学生参与政治生活的积极性	以参观等实践活动为主
3	使学生深入了解政协委员的履职过程，了解我国协商民主的落实，增强学生对制度的认同感	以校本课程学习为主
4	使学生深入了解政协委员的履职过程，了解我国协商民主的落实，增强学生对制度的认同感	以校本课程学习为主
5	帮助学生了解我国政治协商会议的发展历程及其重要的统战作用，激发学生参与政治生活的积极性	以参观等实践活动为主
6	提升学生公共参与的能力，培养学生发现问题、解决问题的能力、团队协作能力和沟通能力	以提案撰写为主

经过多年的探索与实验，“模拟政协”项目形成了六大专题，通过课堂学习与校外实践相结合的方式，带领学生深入了解政协，学会主动发现社会问题，并尝试着自主撰写提案。

“模拟政协”项目专题情况一览表

序号	专题设计
1	了解政协的发展历史——参观全国政协文史馆
2	了解政协报社的发展现状——参观人民政协报社和人民政协网
3	提案的撰写（一）——调研方法的掌握
4	提案的撰写（二）——调研结果的梳理
5	政协委员如何履职——与政协委员面对面交流分享
6	提案的撰写（三）——可行性建议

2. 创新教学方式，引导学生在课堂中学思结合

“模拟政协”既是政治理论课教育和实践的完美结合，又是在学校党组织领导下的学生思想政治工作的新探索、新实践。“模拟政协”项目围绕模拟政协委员的履职过程，使学生真实感受到我国社会主义的协商民主。因此，课程设计也本着让学生在实践中感受中国特色民主政治的魅力和初心，以模拟政协委员履职中的提案撰写为主线，围绕“模拟政协委员撰写模拟提案”的挑战性任务，为学生创设真情境，引导学生真参与，力求做到能力的真落实、素养的真提高，并通过校内课堂和校外课堂相结合的

方式，加深学生对政协及政协委员，甚至是我国政治制度的理解和认识。

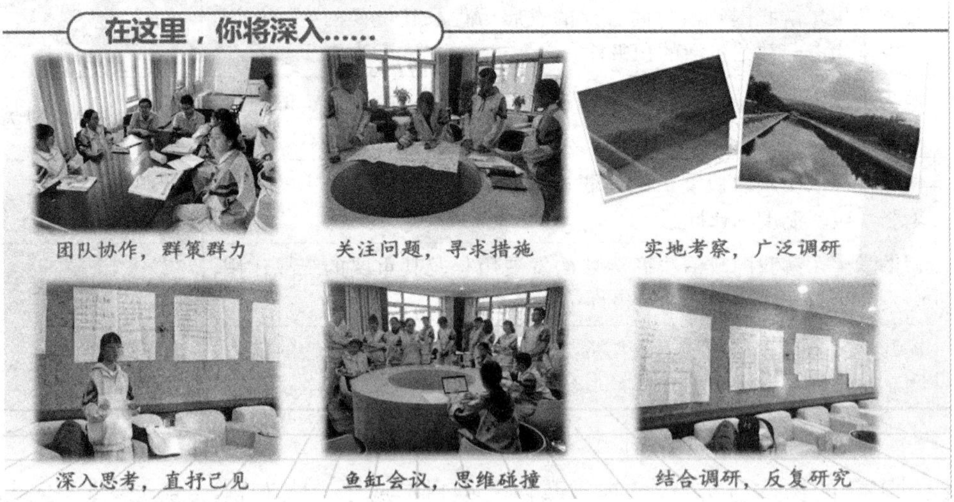

学生在模拟政协课堂学习实况

“模拟政协”在推进的过程中也在积极创新教学方式，主动走出传统的讲授式教学模式，借助项目式学习方式，通过辩论、头脑风暴、小组讨论、鱼缸会议等形式，做到课程知识活动化、活动形式内容化，让学生在活动中真正理解我国的政治制度，掌握调研的多种方式及其利弊，有针对性地帮助学生体验“充分开展实地调查—积累有效数据—形成可行性建议”的全过程，最终完成自主撰写提案的任务。

同时，教师在课堂中也积极引导学生在课堂中学思结合，促进学生从思维训练到分析论证、辩证思考、团队协作能力的提升，从而实现核心素养的落地。在“庆祝新中国成立 70 周年暨人民政协成立 70 周年”主题现场教学中活动，八一学校荣获“创新组织奖”。

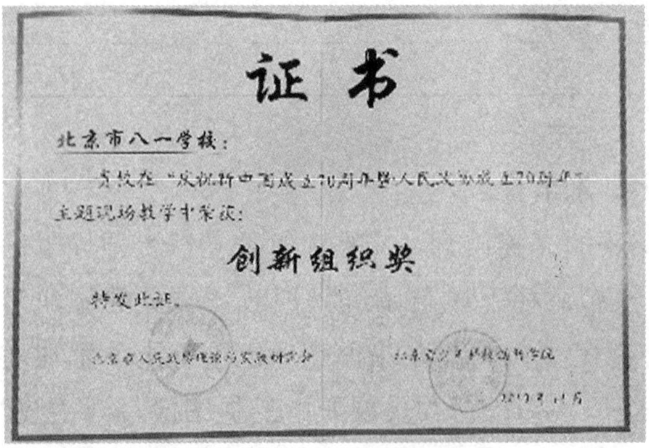
证书

北京市八一学校：

创新组织奖

特发此证。

八一学校荣获“创新组织奖”

3. 积极开展模拟政协创新实践，与政协零距离亲密接触

为了进一步了解政协委员如何履职，模拟政协委员撰写提案的过程，培养政治参与意识和能力，学校借力海淀区政协的支持，组织学生开展全国政协报社参观、政协文史馆参观、

与政协委员面对面等形式多样的活动，在活动中引导学生走出校园，走向真实的问题情境。

（1）通过校外参观，深入了解政协发展历史

2018 年 5 月 3 日，在牛震云书记、王华蓓副校长及部分高中政治课教师的带领下，学生们来到中国政协文史馆，参观了《人民政协光辉历程》展览和《大道同行》特展，了解从“五一口号”到人民政协制度确立的过程，重温多党合作的光辉历程，感受政治协商在我国政治体系中的重要作用。

2019 年 4 月 4 日，师生走进人民政协报社。《人民政协报》自 1982 年以来一直是我国政协工作的见证者、国家发展的记录者、中央精神的发扬者和宣传者。同学们参观了报社社史展、“中央厨房”、演播室及采编平台，了解了人民政协相关知识及新媒体、报纸制作流程，感受《人民政协报》35 年来为统一战线和实现民族团结的目标而不懈努力的过程，学习新时代新媒体深度融合的理念，感受新媒体为更好地打好网络安全主动仗、助力进一步传播政协声音、扩大政协影响力、为政协履职创造良好条件所做出的贡献。

（2）学生旁听观摩政协活动

2018 年 5 月 26 日，“模拟政协”项目师生第一次走进北京市政协，聆听市政协吉林主席给大学生及中学生代表的讲座。此后在市政协的大力支持下，北京青少年科技创新学院多次邀请学校师生参与市政协议事等活动。

八一师生走进北京市政协

2018 年 6 月 21 日，“模拟政协”项目师生现场观摩了政协北京市第十三届委员会第十三次主席会议。他们与海淀区政协委员一起来到畅春园实地调研社区全民健身活动的开展情况，到海淀体育馆进行场馆设施调查，还列席了政协委员与海淀区体育局工作人员的面对面交流会，真切体验到社会主义民主有事多商量、遇事多商量、做事多商量的基本思维方式。

同学们观摩北京市政协第十三届委员会第十三次主席会议

2018 年 10 月 29 日，“模拟政协”学员刘宇童、吴梦玲，观摩议政性主席会，并在会后赴同仁医院观摩主席视察活动。学员列席参加区政协会议，与政协委员们一同参会，感受真实协商民主。

同学们随政协委员实地考察

2019 年 9 月 17 日，“模拟政协”学员朱哲潇同学借助“翱翔计划”平台，前往中山堂参加市政协召开的支持青少年学生“模拟政协”社会实践研讨座谈会，并做发言，分享在京港澳交流营中与港澳青少年共同唱响国歌的心得体会。

朱哲潇同学参加支持青少年学生“模拟政协”社会实践研讨座谈会

2019 年 12 月 25 日，在海淀区政协的邀请下，“模拟政协”学生代表参加了区政协开幕式。

同学们参加海淀区政协开幕式

2021 年 1 月 21—25 日，“模拟政协”项目师生于线上观摩了政协北京市第十三届委员会第四次会议，加深了对“中国式商量”的理解，感受到政协委员的人格魅力，进一步提升了社会责任感。

2021年5月18日，全国政协马飚副主席带队在八一学校调研中学科普教育活动，“模拟政协”社团学生进行了观摩，并接受政协委员们的指导。

同学们观摩全国政协马飚副主席带队在八一学校调研中学科普教育活动

(3) 与委员面对面，聆听政协委员的履职过程和经历

从2018年5月3日正式聘请周北川局长作为课程顾问后，学校先后邀请到7位政协委员与学生面对面分享经验，交流履职经历。学生在委员们的指导下不仅明确了如何撰写有价值的提案，更是在委员们的感染下，对参与政治生活有了更高的热情。

2019年4月，北京市海淀区政协组织的“委员讲堂”活动还走进八一学校“模拟政协”课堂。海淀区政协委员、北京圣陶教育发展与创新研究院执行院长姚炜向同学们讲述了他作为政协委员的履职心得。姚委员认为，“模拟政协”活动是同学们通过自己的实践探索，服务社会、服务国家、参与国家治理的有益尝试。

丰富多彩的社会实践活动引导学生大胆走出课堂，走向真实的问题情境，发现问题、解决问题，让同学们真正感受到中国特色社会主义政治协商制度的优越性，让学生更好地了解政协工作，极大地提高了学生政治参与的意识和能力。同时，学生的思维能力、语言表达能力、沟通交流能力、社会参与能力等都得到了锻炼，这对他们未来“有序”参与政治生活打下了坚实的基础。

4. 走向真实的问题情境，引领学生“有序”参与政治生活

通过“模拟政协”系列课程和实践活动的学习，学生们自主提出提案多份，涉及教育、文化、社区生活、环境、网络安全、交通等方方面面，切实创造出学生发现问题的真情境，并为学生解决问题提供真方法，有效促进学生政治素养的真落实、社会生活的真参与，提高中学生参与政治生活的持续性和实效性。

在八一学校，学生们“关心民生，参政议政”已成为一种风尚。为了提交提案，他们深入社会基层，对生活中的真实问题进行深入调研，形成自己对问题成因的分析和可行性建议，每条建议都建立在充足的调研和论证基础上。透过学生提出的真实提案，可以看到八一学子一脉相承的“红色基因”，更彰显着八一学子积极主动参与社会生活、践行社会责任的能力与担当。

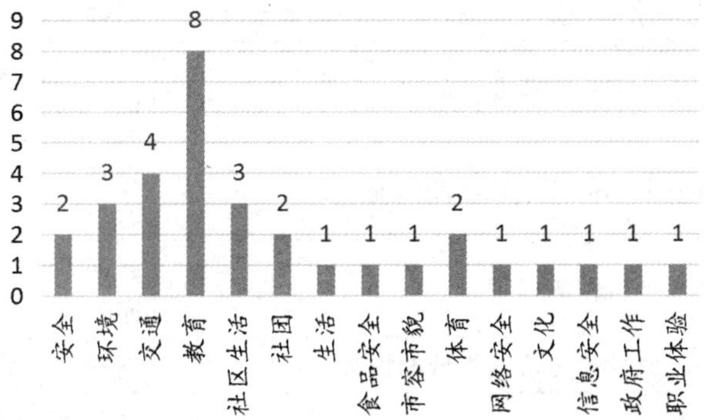

学生提案涉及领域情况汇总

学生提交的提案一览表

序号	提案名称	提交人
1	《关于加强青少年自我防护的建议》	郭嘉慧、张雪雍、朱淏谦
2	《关于拓宽八一学生职业体验渠道的建议》	盛泽君、周恺锐、王琼、卫骅鸣
3	《关于完善八一学校答疑机制的建议》	王钝、赵彤
4	《关于校园食堂设置大小份饭食的提案》	王垚西
5	《关于整治网络文学抄袭乱象的提案》	孙雨童
6	《关于大力推动京剧进校园的建议》	张子萱
7	《关于海淀区观林园小区公共绿地使用规范的提案》	宋以清
8	《社情民意信息：海淀区肖家河小清河河道水污染问题及对策》	王子彤

续表 1

序号	提案名称	提交人
9	《关于增加高中生体育运动时间、丰富体育项目的建议》	张雪雍
10	《关于北京市八一学校增加学生运动量的提案》	惠兆宇
11	《八一社团管理的问题及改进》	张天羽、解岳松、黄可、刘滢敏
12	《关于道路两旁乱停车问题的建议》	宋嘉骏、刘时节、金珊、李沛璇
13	《关于食堂的提案》	吴梦铃
14	《通过行政手段使业主委员会更好地发挥其监督物业管理公司管理乱象的提案》	刘宇童、张津硕、周敬淇
15	《关于增加网络安全教育，为国家培养网络安全人才的提案》	李铮、居云烁、孟靖舒、李泽浩
16	《呼吁公交公司及海淀区相关部门解决地铁西郊线给居民带来的交通及生活不便问题》	王嘉欣、孙雨童、王佳一、李卓睿
17	《关于北京市八一学校周边交通安全的提案》	梁思佳、郑寒璐、张格瑞、张津硕、刘昕月、马博飞
18	《关于小学三年级以下如何开设数学课的提案》	孟繁祎、王思鹭、韩知妍、赵云飞
19	《关于海淀区课外辅导机构的提案》	赵博琛、王思喆、付羽宁、金亦晴
20	《关于北京市高中研究性学习价格降低的提案》	高睿辰、朱彤、伍俍宇
21	《关于海淀区电动汽车充电桩的提案》	崔荟娟、周子杰、沈笑寒、杨宗上
22	《关于推动学生社团文化建设相关提案》	米辰唯、田子龙
23	《关于推行老小区物业自治实现城区物业管理全覆盖的提案》	何鹏举、张兴瀚
24	《关于完善课外教学机制的建议》	董言、齐骥、邱宇嘉、徐梦可、张潇艺
25	《关于学生学习方式改善的提案》	陈明轩
26	《对北京市现行居民身份证照片采集制度的若干建议》	王紫曦、叶佶辰
27	《关于加强网络消费中收件人隐私及安全保障的建议》	郑蓝青、李炎桥、西禹哲、李彦森
28	《关于解决北京市老旧小区下水管道拥堵问题的建议》	李艺、韩毅炜
29	《关于维亚大厦周围机动车占用非机动车道的提案》	何嘉旻、杨浩元、辛司羽
30	《关于中关村路边小店统一招牌引起争议的建议》	李佳蓉、于小、李愠石、刘亦嘉
31	《关于高中毕业空档一年参与社会实践的提案》	张潇艺

续表 2

序号	提案名称	提交人
32	《关于进一步完善北京垃圾分类工作的提案》	梁璠
33	《关于加强北京市高中生心理健康教育的提案》	于昕田
34	《关于八一学校门口维亚大厦存在的吸烟问题的提案》	龚博涵
35	《关于海淀区高中生校服美观度与质量问题的提案》	张雅涵

其中，孙雨童同学的《关于整治网络文学抄袭乱象的提案》和吴梦玲同学的《关于食堂的提案》获得“第四届北京青少年‘模拟政协’”优秀建言奖；郭嘉慧同学的《关于加强青少年自我防护的提案》和盛泽君同学的《关于解决北京高中生职业体验渠道狭窄问题的提案》获得“第四届北京青少年‘模拟政协’”优秀提案奖；梁璠同学的《关于进一步完善北京垃圾分类工作的提案》获得 2019 年全国青少年模拟政协提案征集活动中学中职组“优秀模拟政协提案”称号。2020 年 12 月刘泽佳的《关于改善八一学校校门口早晚交通拥堵问题的提案》参加第六届北京市青少年“模拟政协”提案比赛，获“优秀提案”奖，并由北京市政协委员将提案提交北京市政协会议。学生还在“假如我是委员”小程序上发布提案，见证了我国协商民主渠道的不断拓宽，提高了通过网络依法、有序参与政治的能力。此外，模拟政协社团创办了社团公众号，每次活动后及时发布活动情况，扩大了社团的影响力，吸引了社团外成员参与模拟提案的撰写。

可以说，“模拟政协”进一步增加了学生对我国民主制度建设的了解，架起了人民政协与青年学生之间的桥梁，一方面让人民政协走近当代青年，另一方面也让中学生了解社情民意，真正理解、体验中国共产党领导下的多党合作和政治协商制度的优越性，增强“四个自信”。

二、创新德育模式，给学生中国精神的浸染

一流的学校必有一流的德育，一流的德育必成就一流的学校。八一学校最鲜明的特色就在于它的红色传承。新时期，学校不断创新德育模式，通过开展以“寻根育人，树立正确价值观”为核心的红色教育，对学生进行“军魂铸人”特色教育；通过创设一系列丰富多彩的主题活动，将十二人才基因育人落到实处，“为学生的品质人生奠基”；通过志愿服务活动，引导学生在服务实践中主动成长；通过大型展示活动，为学生搭建精彩绽放的平台。学校通过这样一系列的德育新举措，真正让德育有方向、有思路、有重点、可持续，为学生提供深层次的德育滋养，帮助学生在实践中将社会主

义核心价值观内化于心、外化于行，引导青少年扣好人生的第一粒扣子。

（一）军魂铸就，提高国防素养

八一学校是聂荣臻元帅亲手创办的与军旗同名的学校。“军魂铸人”是学校的红色传统，其核心指向红色教育。红色教育的内涵是红色精神，是构筑学生精神家园的基本点、主流价值观的支撑点。学校秉承着“向心灵中注入精神，向骨子中注入文化，向脑海中注入知识，向集体中注入活力，向意识中注入责任”的理念，以“爱党、爱祖国、爱人民”为内容系统推进“军魂”教育：以军训为载体，将军训作为成长中的重要一课，纳入学生评价体系；开发“军魂铸人”国防教育校本课程，强调从思想到行动的全面培养；积极探索打造特色航天国防班，为国家储备航空人才、国防人才。

经过多年的坚持探索，八一学校的国防教育也多次受到上级部门的表彰和奖励。2016 年 9 月 9 日，习近平总书记重返母校考察时，学校做了国防教育专题展示，受到了习近平总书记的称赞。2016 年 9 月 21 日，学校代表北京市中小学在国防部关于国防教育调研会上发言。2017 年，学校被教育部评选为“中小学国防教育示范学校”。2019 年，学校还荣获教育部“首届全国学校国防教育典型案例”奖。

1. 军训军威，军人军味

八一学校历来重视军训工作，坚持把学生军训工作纳入学校统一规划，从适应国家人才培养战略和国防后备力量建设的需要出发，促进校园文明建设，加强新生组织纪律观念。

（1）初高中：将军训作为“新生入学教育第一课”

军训被称为“新生入学教育第一课”。学校规范军训制度，将初一、高一军训作为综合实践活动课，根据课程标准要求，制定了《八一学校综合实践活动课实施方案》，详细规定了 2 个学分的各项要求，并将方案在《学生手册》中告知学生和家长，调动他们参训的积极性。经过多年的沉淀，八一学校的军训逐渐呈现出三个特点：塑思想、染兵味、严要求。

塑思想就是加强政治思想引领，培塑学生爱军尚武的热情，自觉履行国防义务；增强学生的组织纪律观念，培养吃苦耐劳、艰苦奋斗的作风；提高学生的政治素质，使他们有家国情怀、有理性、有纪律、有血性。比如在每年的结营仪式上，校领导都会结合时事热点激励学生坚定理想信念、磨炼意志品质，激发学生担当民族复兴大任的责任感和使命感。在军训中尤其注重培养学生组织纪律观念和坚韧不拔的品质，开展共同条令教育、队列训练和 7—10 公里行军拉练等活动；组织学生观看军事题材影片《冲出亚马逊》《战狼》，激发学生爱国爱军的情怀。

学生军训分列式展示

染兵味就是在军事技能训练中，针对中学生特点，增加日常实用性强又符合实战需求的训练科目，保持“军”味，体现“战”味，突出“兵”味。如学习格斗技巧、匕首操等单兵作战技能，提高学生自我保护能力，树立危机应对自信心；带领学生走入北方射击场，在了解轻武器历史和使用常识的基础上进行自动步枪实弹射击，让学生摸到真兵器，闻到硝烟味；训练“班进攻战术演练”项目，使学生了解反恐防控紧急事件应对和处置及简单的战术配合；进行战伤救护训练，掌握紧急避险、自救互救的技能。

学生军训战术训练

严要求就是体现“思想领先，艰苦奋斗，严格要求，高度负责”的“八一精神”，传承“正、严、实、爱”的校风。军训期间纪律严明、条令奖惩分明，使我党我军的光荣传统和红色基因在青少年中固化为铁一般的信仰、铁一般的信念、铁一般的纪律、铁一般的担当。严格执行军训动员会的要求，学生因病因事请假不得超过军训时间的1/3，否则学分不满必须重修；手机、零食不得带入军营；学生作息必须严格遵守内务条令，否则按违纪处理等。在学校的教育和坚持下，学生和家长越来越认同这些规定。

学生在军训中接受锤炼

同时，学校在军训科学管理上也在不断探索寻求新的突破，为学生成长助力。一方面，坚持教师同吃、同住、同训练。全体老师 24 小时陪伴，白天顶着炎炎烈日为孩子们打水，树荫下批改军训日记、缝补衣裤；晚上训练结束后还有十分钟班会思想引领，缓解学生一天的身体和心理的疲劳；深夜查铺，照顾病号。老师就像连队的指导员，有的教师撰写的批语比学生军训日记都长，与坚持不住的学生倾心交谈，鼓励他们重新回到队伍里，给了学生极大的精神动力。“三同”训练能够为学生做出表率，促进师生情感融合，让老师的教育真正走进学生心扉。

另一方面，学校还充分发挥新媒体的舆论宣传作用，大力报道深化军训改革的重要性和必要性，广泛宣传军训工作取得的成效，努力营造全社会关注、关心和支持军训的良好氛围。校园记者站派小记者全程参与，每天更新校园网军训专题版面和微信公众号内容，让家长第一时间看到孩子军训的成果，每天节选部分孩子军训日记的内容发布在信息平台之上；家长同样发来慰问和鼓励孩子们温馨的话语。学校还请家长到军营观看军训汇报表演，体会从散兵游勇到训练有素的蜕变，分享孩子成长的喜悦。

这一切都是铸造军魂的精神保障。

军训时间虽然短暂，但改革与创新对学生的锻炼和影响十分深远。经过军营生活，他们“生命里有了当兵的历史”，校正了人生历程的坐标。诚如一位教师所言：“我们之所以带领学生们一次次重温先贤的教诲，一次次触碰历史的脉搏，然后一次次摔打他们的筋骨，一次次撞击他们的心灵，正是希望赋予他们厚实的历史观、自豪的民族观和坚定的国家观，希望在他们的行囊中，不仅装进知识，更装进对理想的追求，从而在人生路上的每一步都能走得坚定无悔。”

在严格的训练中，学生们磨炼了意志、强健了体魄，不断战胜自我，学会了遵守规则、恪守责任、勇于担当；在融入集体的过程中，懂得了尊重，学会了感恩，收获了友谊。

学生优秀军训日记节选

解广安：“训练虽十分艰苦，但同学们深知真正军人的训练要艰苦得多。同学们开始领会‘军魂铸人’的内涵。而当下习得的军人作风不仅会为高中三年的学知生涯助力，更会内化为未来建设祖国的力量。在艰苦的训练里，我第一次感受到军人的荣誉与责任感，那撕心裂肺的呼喊声中，饱含了中国军人对祖国的崇敬与热爱。”

纪维宣：“我不禁思考军训的意义是什么，我认为军训就是让学生们体验军营生活，学会一些军事战术和理论。它不仅增强我们的适应力和意志力，教会我们如何面对苦难，更培养我们的集体意识，给我们一个服务同学的机会。所以军训对我的意义就是改变了我的思想，并给了我付诸行动的机会。”

通过几天的军训，学生们学会了坚持，做到了独立；懂得了集体与荣誉的重要性；知道了战争的残忍，理解了战士的辛苦；具备了不怕吃苦、百折不挠的战士精神。军训期间，班主任也发现、记录着学生们点点滴滴的成长与变化。

优秀班主任军训寄语节选

张宇老师：“正式开学之前的军训对于初一入学的孩子们来说是又苦又累的，但同时也充满了成长与蜕变。对于班主任来说，看着孩子们在军训过程中从第一天的叫苦连天、畏惧困难，到逐渐适应训练的强度、收获体力与毅力的进步，更是一件特别开心的事情。因为教育是守望，每个孩子都是种子，只不过每个人的花期不同：有的花，一开始就灿烂绽放；有的花，需要漫长的等待。也许有的同学在以后的道路上也会像军训一样，出现这样或那样的问题，但我会一直陪伴着他们，不断地鼓励、开导他们，静待花开。”

陆帮老师：“现在的学生，多为独生子女，心理优越感强，但自理、自立和自制能力较差，需要确立远大的理想和近期的学习目标，并为这个目标而努力。军训，就为同学们提供了一次系统锻炼的机会。军训，加强了同学们的纪律性；军训，培养了同学们的集体主义和团队合作精神；军训，磨炼了同学们的毅力、意志。‘宝剑锋从磨砺出，梅花香出苦寒来。’我想将这句话送给我最亲爱的孩子们！恭喜你们在漫漫人生历程中有了一个美妙的开始。”

未来，学校也将继续在军训工作方面寻求新的发展，为学生树立国防观念、提高国防意识、全面成长成才奠定坚实根基，引导学生树立爱军尚武的价值观。

（2）小学部：走进军营，体验军魂魅力

爱国爱军教育当从娃娃抓起，从小学生抓起。小学部针对小学生的身心特点，组织三年级的学生“从戎少年郎，执笔斥方遒”，走进军营一日体验实践活动，真正把军魂融入每一个少年儿童成长的底色中，让学生切身体验军魂魅力，磨炼自信、自律、自强的意志，培养其能吃苦、守纪律、不气馁的良好作风。

小学部军营一日体验实践活动设计

活动主题	“从戎少年郎，执笔斥方遒”军营一日体验实践活动
活动目标	1. 在参观军营的过程中，体验解放军严整的军容和严格的军纪，学习解放军优良传统，培养队员的集体意识与组织观念，增强国防观念 2. 进行 4 课时的微军训 3. 追溯人民解放军浴血奋斗的光辉历程，了解人民军队为建立新中国立下的伟大功绩，知道几位战斗英雄的事迹 4. 深化八一学子的社会担当和家国责任
活动内容	1. 升旗仪式暨开营仪式；观看解放军队列展示，感受整齐一致的队列带来的组织纪律性 2. 参观军营、军史室 3. 认识新式武器，了解军事知识 4. 开展 4 课时的基本队列训练，让学生有像解放军叔叔一样挺拔的自我目标，通过基本队列训练增强集体意识，进行向左向右转、齐步走、敬礼等训练 5. 分班级进行主题活动及比赛（做参考）：叠被子活动；拔河比赛；学唱军歌活动；讲革命故事活动；举办“网络军事电影展播”，收看革命战争的影视片段 6. 结营仪式，年级组长做总结 7. 回校后写下此次活动的感受，进行年级作文或演讲比赛

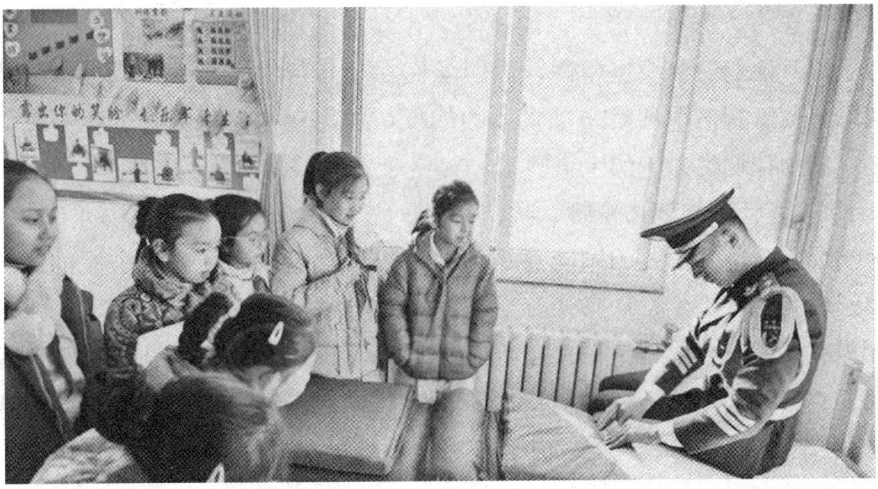

国宾护卫队战士向小学部学生演示叠被子

小学部的同学们体验微军训

军营对于小学生们来说是遥远陌生的，也是神秘神圣的。提前体验军营生活，给小学部的同学们带来了心灵的成长，让他们明白什么是铁的纪律，深刻理解了“纪律”与“服从”的内涵，使他们身上多了一份坚毅和责任。同时，活动还增强了学生的国防意识，让学生从小就热爱国家、热爱我们的国防事业。

军营生活，既是继承和发扬八一学校红色传统和革命精神的契机，同时也是对八一学子体能、思想、意志的考验。走进军营，参加军训，让“苦、热、累”磨炼他们的意志力、提升他们的组织纪律性，让同学们在相互帮助、相互鼓励中，收获友谊和同学之间的温情。相信军训是一场青春的战役，注定会在同学们的人生中留下浓墨重彩的一笔，成为他们生命中的宝贵财富。

2. 国防教育铸精神、拓视野、学技能

八一学校历来重视学生的国防意识培养，积极营造以海陆空为主题的国防教育环境：在校园内架设飞机模型，完善航空主题；建造海军主要舰艇模型群，梳理配套知识；设计坦克模型组群，补充陆战介绍。同时，学校还着力将国防教育课程化。经过多年的摸索与实践，八一学校现已将国防教育课程的内容总体固化下来，形成了具有学校特色和传统的校本必修课程，并逐步将“军魂”课程打造成学校的品牌。

（1）编写校本课程导读《军魂卷》

学校开发“军魂铸人”校本课程，用教材建设促进办学特色的实现，编写了“北京市八一学校校本课程导读”系列丛书之一的《军魂卷》。该书以《全民国防教育大纲》《小学、初中国防教育纲要》《高级中学学生军事训练教学大纲》为依据，以帮助学生“增强国防观念、掌握基本的国防知识、学习必要的军事技能、激发爱国热情、自觉履行国防义务”为目标。

“军魂”特色课程包含“铸精神”“拓视野”“学技能”三个模块，分别从学校的历史与文化、军事思想与战略格局、军事科技与作风训练三个方面出发，培养学生的价值观、国防观、军纪观。八一学校有着一般学校没有的特殊经历和姓“军”的历史血脉，这正是八一学校进行国防教育、实践“军魂铸人”的优势。为此，学校在“军魂”特色课程框架中特别加入了八一学校校史教育、“品质文化”教育等内容，从而使“军魂铸人”教育更具个性。

“军魂”特色课程框架

模块	铸精神	拓视野	学技能
特色	学校的历史与文化	军事思想与战略格局	军事科技与作风训练
目标	理解文化理念的内涵，建立共同的价值观	洞悉国际战略格局的演变与发展，树立正确的国防观	了解国内外前沿军事知识与技术，砺炼军人作风，培养卓越的军纪观
实施	观看校史、主题活动、观影、讲座、互动研讨等	授课、讲座、观看视频、研读、小组研讨、主题辩论等	讲座、军训、参观、考察学习、观看视频、对话、竞技活动、体验课等

《军魂卷》分为上下两册，上册为初中用书，下册为高中用书。学校军事课教师根据教学大纲，充分挖掘国防教育资源，紧紧扣住国际热点问题，并积极运用多媒体和网络技术授课，深受学生欢迎。

（2）多学科开展国防主题融合课程

除了构建校本课程，八一学校还注重发挥课堂教学的主渠道作用，坚持将国防教育渗透于各年龄段及各学科的教学中，根据不同年龄段学生的身心特点系统设计课堂教学，将爱国主义教育贯穿学校教育全过程，融入各学段、各学科的教育教学中。

以小学部为例，近年来在国防课程建设中，小学部也在不断地尝试与创新，将“军魂铸人”这一理念融入年级文化建设，通过系列课程和活动，让国防教育、爱国教育进入课堂。为了加强对学生爱国爱军情怀的培养，小学部还以“至臻逐梦，行稳致远”为主题切入，设计“壮士请留步”多学科融合课程。学科教师围绕年级文化主题事先设计好活动内容，每期一个“战令”，提前向年级组各班同学发布，各学科围绕“战令”主题，从不同角度进行拓展教育，比如语文从古诗词介入，研究古代疆域图，体会不同时代诗人的爱国情怀；数学从长征路线中的数学信息入手，结合数学知识，体会长征的艰难以及无数先辈的革命精神；英语则是以英雄人物的故事宣讲为切入点，形成崇尚英雄、学习英雄的良好氛围，让英雄成为心目中的偶像；科学以研究不同朝代的气象知识为切入点，对气候进行分析和对比。同学们根据“战令”的要求，在老师的指导下认真准备，各个班级进行第一轮 PK，选出的同学在年级内进行巅峰对决。

以语文组推出的“‘疆’——边塞诗”主题为例，课程以“疆”为战令，启发学生了解中国上下五千年的历史变迁，收集最喜爱的爱国诗词，并结合相应朝代绘制“疆域图”。老师们收集作品后发现学生喜爱的爱国诗词主要集中在唐宋时期的边塞诗，于是引领学生开展进一步的深入探究。对唐朝或宋朝边塞诗感兴趣的学生，分别从代表诗人的边塞诗入手，结合诗人经历、历史背景，对边塞诗的意象、情感进行赏析。其中，不仅有对两个朝代的纵向研究，更有对两个朝代边塞诗风格的横向对比。

不仅仅是小学部，初、高中各学科也在探索如何在学科教学中渗透国防教育。如在语文教学中，充分发掘课文中蕴含的历史和现实人物戍守疆土，精忠报国，天下兴亡、匹夫有责，居安思危等国防内容，激励学生产生从军报国思想；在历史教学中，深入宣讲中华民族几千年文明的兴衰成败，认真吸取战争洗礼的沉痛教训，引导学生增强以史为鉴的责任感；在物理教学中，讲解物理与科学发明的关系、导弹设计与发射中的物理运用等，教育学生刻苦学习科学知识，为献身国防现代化建设打好基础；在体育课教学中，将学生体育锻炼和军事训练相结合，增强学生体质，提高其军事技能；在音乐教学中，用红色革命歌曲陶冶学生的爱国情操；在政治课教学中，开设国际国内形势教育，进行正确的舆论导向，结合时事政治，组织学习有关文件和材料，让学生牢固树立忧患意识，激发起立志报国的热情；在数学教学中，讲解部分原理、公式、定律等在国防当中的运用，使学生在增加对这些原理、定律的感性认识的同时，增强科技强军的意识，等等。通过贴近课堂、贴近生活的讲解，同学们在汲取文化知识的同时得到思想文化的熏陶，燃起学习兴趣和献身国防事业的热情。

此外，学校还积极与国防大学、军事科学院等高级别军队院校建立“双拥共育”关系，邀请李莉、房兵、罗援等专家为学生带来紧跟时事热点、站位高、格局大、观点新的专题讲座，帮助学生了解在世界格局下中国作为大国的责任；从地缘政治的角度，了解中国所面临的机遇与挑战，从而具有从中国视角看世界的胸怀与能力。学校深入挖掘校友资源，邀请国防事业方面有建树的校友如罗箭、徐小岩、马国超等回到校园做深度访谈，述说戎马倥偬的经历、难以割舍的军旅情结。

3. 继承国防传统，心怀航空报国之志

玉泉中学以航空强国、航空报国的精神为宗旨，2018 年 9 月在初一年级尝试开设航空课程选修课，2019 年 3 月开办全国首个“航空国防班”。玉泉中学依托自身中学国防教育的悠久传统、八一学校军队背景以及航普中心优质雄厚的教育资源，以中央航校教学大纲为蓝本，集中围绕“胜者思维”的核心教育思想，帮助青少年增长知识、掌握技能、完善自我，培养学员全面的素质，使之成为有责任感、能自立的领导型航空航天人才。

在初中开办“航空国防班”的基础上，2020 年学校又在高中部开设“高中航空国防实验班”。进入该班的学生，三年后除正常高考外，身体素质好的优秀学生，优先推荐民航、海航类大学。此班配备实力派师资，由北京市正高级教师、北京市特级教师、北京市学科带头人、海淀区兼职教研员、八一学校优秀教师联合玉泉中学优秀教师组成。

经过一年多的探索，航空国防实验班已经取得了一些经验与成效，建立起一套“航空国防班”特色课程体系。课程包括基础课程、校本化课程以及项目式学习课程三大类。基础课程主要通过多形式的航空知识普及和教育、模拟机飞行训练、常态化军事体能训练、实地飞行体验，进行航空兴趣的培养、航空知识的传授和实践的体验操作。校本化课程主要将航空基础课程与国家课程如物理、数学、化学、体育等相融合，推进航空知识进课堂，将特色内容融入常规教学。项目式学习课程通过航空知识专题研学带领学生深入了解航空知识，增强对航空领域的认知。

航空国防实验班项目课程特色

课程	内容	目标
基础课程	多形式、多媒介的航空知识普及教育	激发、挖掘善于自学、勤于思考的潜力与动力
	模拟机飞行训练 常态化军事体能训练	提升学生专注、严谨、稳定的心理品质，培养学生自律慎独、勇敢顽强的意志
	实地飞行体验	增强对航空器的认识及飞行感受
国家课程校本化	航空基础课程与国家课程如物理、数学、化学、体育等相融合	航空知识进课堂，将特色内容融入常规教学
项目式学习	航空知识专题研学	深入了解航空知识，增强对航空领域的认知

通过系统的课程设计，学生在完成国家规定课程学习的基础上，利用校本课程时间开展航空特色教育训练。同时，学校还积极整合资源，开展特色育人活动，通过专题讲座、研学、飞行体验等丰富多彩的活动，培养学生的航空兴趣和实践技能，从而为国家储备航空人才、国防人才。

航空国防实验班项目育人特色

时间	育人特色活动安排
3—7 月	航空国防班课程、校国旗班任务
3—4 月	“中国飞天梦科普万里行”庆祝建党百年讲座
5 月	“中国飞天梦・科普万里行”庆祝建党百年研学活动、人生规划培训课程
6 月	平谷机场飞行体验
3—7 月	军民融合：依托友邻单位国防资源开展特色教育

青少年是祖国的未来、民族的希望，是实现中国梦“梦之队”的重要成员，正处于理想信念形成和确立的关键时期。“军魂铸人”正是着眼于强化爱党、爱国、爱军价值取向，以国防教育为龙头，以爱国主义教育为核心，激发学生爱党、爱祖国、爱社会主义的深厚情怀，引导青少年自觉把自身命运与国家和民族的前途紧密联系在一起，增强承前启后、继往开来的历史使命感，培养社会主义保卫者的尚武精神，始终做到心中有国家、心中有社会、心中有人民。

（二）十二基因塑造，涵养“品质公民”人格

习近平总书记指出，“一个民族最深沉的精神追求，一定要在其薪火相传的民族精神中来进行基因测序”。民族精神反映一个民族的精神状态，体现在每个国民的素质中，最终体现为人格的力量。八一学校的办学使命是“培养具有中国精神的品质公民”，因此，需要在“中国精神”中来找寻“品质基因”并加以塑造与传承，最终体现为“品质公民”所拥有的人格魅力。

1. 凝练形成“十二人才基因”

八一学校以“品质文化”为出发点，立足品德好、品行优、品位高三个内涵，结合中华传统美德、民族精神、时代精神、国内外名校学生优秀品质、八一学校文化DNA和发展成功要素，最终凝练成“十二人才基因”：独立、忠诚、文明、阳光、责任、诚信、开放、勇敢、尊重、创新、执着、雅趣。

十二品质基因列表

品质内涵	品质基因	品质基因的三个因子
品德好	忠诚	关心　热爱　奉献
	责任	担当　尽心　坚守
	诚信	求真　务实　守信
	尊重	自尊　感恩　关爱
品行优	独立	自律　自主　自强
	勇敢	信念　进取　恒心
	创新	质疑　探究　实践
	执着	勇气　理性　坚韧
品位高	文明	知礼　正行　明德
	阳光	乐观　热情　宽容
	开放	扩展　理解　合作
	雅趣	尚美　博识　养性

2. 不断丰富、固化人才基因活动

“十二人才基因”是八一学校德育工作的常态与特色，学校每月以“十二人才基因”中的一个基因作为主题，结合当月传统节日、社会节日和纪念日，跟踪当月国家时政、社会热点和国际时事，利用学校、家长、地域和社会资源，通过设计丰富多彩的配套活动，在学校、年级、班级的各个层面予以开展。“十二人才基因”宗旨是让学生生动活泼地成长，获取知识和智慧、能力和技巧，体悟人生，形成正确的世界观、人生观、价值观，养成高尚的品质和完善的人格。八一学校老师根据不同年级学生的接受程度，采用逐步递进的方式分层推广，以提升学生的行为品质、道德修养。从2012年开展以来，“十二人才基因”活动不断丰富，已经成为推动“品质文化”落地、聚焦学生价值观培养的重要手段。

（1）忠诚：关心·热爱·奉献

八一学校提出“忠诚”基因，希望八一学子能够传承军魂，忠于党，忠于祖国，忠于人民，把自己的一生同国家的命运紧密相连，忠贞不渝，报效国家。八一学校的忠诚活动，高度融入了爱国、爱党、爱家乡、爱英烈、爱社会、爱学校、爱红色经典的主题。

“忠诚月”特色活动一览表

品质基因	对应月份	特色活动名称	活动概述
忠诚	2月	活动1：永远的军魂	结合建校日建立“军魂节”，组织党史、军史、校史系列学习活动，让红色精神、军魂气概内化于心
		活动2：复兴之路	学生观看大型纪录片《复兴之路》，参观国家博物馆《复兴之路》的展览，感受国家成长的每一步，以“说、评、展”的方式，与老师、同学、家长们分享对于“复兴之路”不同主题的看法和见解
		活动3：“老区寻根”	前往河北省阜平县慰问老区学校的师生，参观旧校舍，聆听建校初期的故事，在追根溯源中了解母校的红色历史与文化
		活动4：走访红色后代	走访“红色后代”老校友，通过校友专访，聆听“忠诚”品质故事，感受红色精神的传承
		活动5：红色经典大观园	通过学唱红色经典歌曲，品读红色经典诗词、红色经典散文、红色经典小说、苏俄红色经典，欣赏红色经典戏曲、红色经典剧目等形式，重温经典、重铸军魂，继承优良的革命传统
		活动6：追寻红色赶考路	探访从西柏坡到北京的“红色景点”，重温重大历史事件，让学生明白为何从西柏坡到北京被称为“红色赶考之路”，体会新中国来之不易

（2）尊重：自尊·感恩·关爱

八一学校提出“尊重”基因，希望八一学子能够将这一品质的精髓植入生命的灵魂中，从在校懂得尊重老师、尊重同学做起，渐渐地学会尊重每一个生命、尊重每一寸土地。八一学校的尊重活动，不仅引导学生尊重自己、关爱他人，更教会学生感恩生活、回馈社会。来自学长的关爱、来自教师的关心、来自校友的关切，让尊重的气息萦绕在每个同学身边，让尊重的基因浸润着每个学生的生命，更让尊重的风尚传播到整个社会。

"尊重月"特色活动一览表

品质基因	对应月份	特色活动名称	活动概述
尊重	9月	活动1：我与学长面对面	针对低年级学生提出的各方面问题，组织高年级学长与学弟、学妹进行面对面的交流和沟通，对他们进行心理疏导和学业引导，让同学们感受到成长路上有尊重相随，在享受被尊重的同时，学会尊重他人
		活动2：做学生最好的导师	每位教师以导师的身份辅导8—10名学生，进行思想引导、心理疏导、生活指导和学习辅导。通过这种师生平等对话的方式，让学生感受老师们身上所散发出的"尊重"品格，更加懂得尊重他人
		活动3："尊师助教"活动	面向学生征集教师小助教，让同学们争当老师的助手，培养学生的领袖素质，让学生亲身体验教师教学和管理工作中的点点滴滴，体会老师的辛苦，表达对老师的感恩之心

（3）诚信：求真·务实·守信

八一学校提出"诚信"基因，希望八一学子能够以诚挚之心，行信义之事，实事求是，信守承诺，形成高尚的人格力量，成为诚信的品质公民，在未来的人生道路上，时刻拿诚信这把"戒尺"去丈量自己、丈量社会。八一学校的诚信活动，有效结合了诚信考试、精准管理、公正执法、信守法规等主题，让八一学校"正"和"实"的校风得到弘扬，让每个学生把诚信的品质深深融入血液中、骨髓里，以个人的诚信带动集体的诚信、家庭的诚信，乃至社会的诚信。

"诚信月"特色活动一览表

品质基因	对应月份	特色活动名称	活动概述
诚信	6月	活动1：诚信档案，人生财富	组织各个班级对于《诚信档案》应该包括的内容进行研讨，并对研讨结果进行分类，形成具体指标，个性化地策划《八一学校学生诚信档案》和《班级诚信档案》
		活动2：三员自主下的精准管理	成立三员自主管理委员会。会员来自各班的公物管理员、健康卫生管理员和安全管理员。培养学生的自主管理意识，从爱护自己身边的公共财物做起，从注重食品安全做起，从珍爱自己的学校环境做起
		活动3：模拟法庭	维护社会公平和正义是包括律师与法官、检察官在内的所有法律工作者的共同职责与使命。开展模拟法庭活动，体验法律工作者的职业生活，引导学生将探索学习法律知识与解决实际法律问题相结合，增强法制教育的实践性

续表

品质基因	对应月份	特色活动名称	活动概述
		活动 4：法规大讲堂	邀请法律专家、法律工作人员、派出所民警等举办“法律进学校”报告会，组织开展“法规大讲堂”法制教育活动；组织学生到法院、检察院等参观考察，观看图片展览、电影教育片，参加实践活动，帮助学生树立自我保护和知法守法的意识

（4）责任：担当·尽心·坚守

八一学校提出“责任”基因，希望八一学子肩负“先天下之忧而忧，后天下之乐而乐”的责任感，心怀“修身齐家治国平天下”的使命感，懂得为自己的成长负责、为他人的幸福负责、为国家的发展负责、为人类的和谐负责。八一学校的责任活动，将所有的爱凝聚在一起，是对人道主义的敬仰、对生态环境的敬畏、对老人儿童的关爱；八一学校的责任活动，将所有的梦汇聚在一起，是对无限青春的憧憬、对青年力量的呼唤、对民族振兴的向往。

“责任月”特色活动一览表

品质基因	对应月份	特色活动名称	活动概述
责任	5月	活动 1：奔跑吧，青春	采用“校外专家请进来”和“班会大家讲”的方式，激发青年学生形成责任心，唤起学生为国为民的责任意识、使命意识，学会对自己、对他人、对国家负责
		活动 2：青年责任大讲堂	邀请五四奖章获得者进行校园宣讲，分享自己的成长故事，帮助学生树立对自己、对家人、对他人、对环境、对国家负责的意识
		活动 3：爱的奉献	校红十字会组织学生开展爱心募捐、关爱生命技能培训活动，并前往敬老院、病残教师家进行献爱心服务，实行一对一、点到点的健康护理
		活动 4：“手拉手”责任之旅	通过“手拉手”的方式，发动学生力量，关心、资助、支教和帮扶贫困儿童踏上求学之路，为教育均衡贡献绵薄之力，履行学校的社会责任，帮助学生树立责任之心

（5）独立：自律·自主·自强

八一学校提出“独立”基因，希望八一学子能够养成独立自主的品格，学会自我管理和自主发展，为日后优雅、自信、从容地走向社会，奠定最坚实的人格基础。八一学校的独立活动，体现了内外兼修的思想，对内就是管理自己，包括了目标、时间、计划、心理、情绪、精神、观念等，对外就是丰富自己，在走进社会中打开心扉、开阔眼界、丰厚知识、提高能力。独立活动就是使内在的动力激发外在的活力，外在的能力增添内在的毅力。

"独立月"特色活动一览表

品质基因	对应月份	特色活动名称	活动概述
独立	1月	活动 1：北理工冬令营	借助高校资源，为学生们提供进入大学实验室进行专题探究式学习的机会，感受科学的魅力，借助科研院所和大学专家团队，为有兴趣的优秀学生提供支持
		活动 2：最炫寒假作业	小、初、高设定不同的寒假作业任务，小学年级主要完成"寒假家务单"，鼓励学生参加家务；初中年级主要完成"日行一事"，鼓励学生每天做一件有意义的事情；高中年级主要完成"我当小老师"，激发学生对知识深入学习的兴趣，培养自我监督、自我管理能力
		活动 3：畅游天下	假期期间，初中、高中不同年段采用不同的主题和线路，开展丰富的游学活动，让学生在感受各地的风土人情、文化气息的同时，提升独立适应生活的能力，学会自立

（6）执着：信念·进取·恒心

八一学校提出"执着"基因，希望八一学子能够对学习、对生活、对人生理想拥有持之以恒的顽强毅力和百折不挠的进取精神，做一个最具专注精神、最具坚毅品格的执着之人。八一学校的执着活动，将理性思考与感性诉求相结合：理性方面，知道在哪些事上要执着、为什么执着、如何做到执着；感性方面，能够从榜样身上去感悟、从优秀事迹中去体会、从自身上去反思，从而激发内在生长的动力，自觉、自发、自主地付诸行动，并义无反顾地坚守下去、执着下去。

"执着月"特色活动一览表

品质基因	对应月份	特色活动名称	活动概述
执着	11月	活动 1：执着六部曲	通过剖析、许诺、共勉、践行、敦促、揭榜六个步骤，培养学生耐性，围绕期中总结，明确信念、制订成长计划
		活动 2：亚太：执着的诺贝尔	围绕诺贝尔奖开展认知、交流活动。各个班推荐介绍该诺贝尔奖获得者的图书并组织学习，自主设计展板介绍该国诺贝尔奖获得者的成就及执着精神的 PPT 展板，举办"亚太：执着的诺贝尔"展

续表

品质基因	对应月份	特色活动名称	活动概述
		活动 3：寻找校园“最强大脑”	开展校园闯关、校园吉尼斯、古诗词竞赛活动，培养学生执着的学习精神
		活动 4：“让书香飞扬”读书会	通过举办主题读书会呼吁大家读经典，并把阅读作为一种习惯坚持下去，让同学们通过品鉴书目，提升文学功底和鉴赏能力
		活动 5：寻找文学巨匠	古今中外很多文学巨匠都是 11 月出生的，通过让学生了解这些文学巨匠的文学造诣，展示文学巨匠终生不渝的奋斗史

（7）勇敢：勇气·理性·坚韧

八一学校提出“勇敢”基因，希望八一学子能够传承中华民族这一优良美德，在注重能力培养的今天，能够积极投身到学科实践和社会实践中，不怕挫折和困难，砺炼优秀的领导力、执行力和服务力。八一学校的勇敢活动，充分融入军人英勇无畏的精神实质，展示军人在训练场上的英姿和风范；充分顺应新时代青年敢于冒险的个性特征，展示勇者在困难面前的果敢和自信；充分结合中国人民解放军为民族解放伟大事业浴血奋战的革命事迹，展示革命老兵的英雄胆识和气概。希望八一学子在一次次砺炼中，成为一名真正的勇者。

“勇敢月”特色活动一览表

品质基因	对应月份	特色活动名称	活动概述
勇敢	8 月	活动 1：砺炼一颗勇敢的心	开展新生军训活动，包括站军姿、沙袋跑步、素质训练等校内外训练项目，其中最具特色的是“正步与单兵战术练习”和“户外拉练”
		活动 2：我们去哪儿	初中开展“24 小时生存体验”，高中开展“48 小时生活体验”，通过野外定向越野、野外宿营、野外生存技能训练等，让学生在生存体验和生活体验过程中，变得愈加勇敢
		活动 3：重走抗战道路，致敬抗战老兵	包括慰问老兵、重走抗战之路、参观抗战纪念馆等活动，让同学们不忘历史，缅怀抗战老兵，铭记革命先烈用鲜血和生命铸造的丰功伟绩

（8）创新：质疑·探究·实践

八一学校提出“创新”基因，希望八一学子能够拥有创新的思维、创新的激情和创新的能力，敢于质疑、勇于探究、善于实践，为成长创造无限可能，为国家贡献无穷智慧！八一学校的创新活动，涵盖了精神触动、心智启迪、意识激发、思维锻炼以及实践体验、展示表达等环节，让创新精神的培养有一个科学系统的、循环上升的内在逻辑。八一学校地处中关村西区的科技高地，有着天然的科技资源，在开展创新教育中，要积极将创新引向企业、将科技引入校园，真正让科技流动起来、让创新流动起来、让科技创新变为校园中“最时尚、最流行”的一种风尚。

“创新月”特色活动一览表

品质基因	对应月份	特色活动名称	活动概述
创新	10 月	活动 1：动静结合的科技盛宴	校园科技节活动，邀请专家进学校进行讲座，开展一系列的科技发明活动，让同学们感受科技的魅力
		活动 2：古生物化石展	与中国第四纪冰川博物馆合作，在校园展出古生物化石，通过近距离听讲解员的讲解、观看大型纪录片、聆听专家报告等形式，让学生目睹震撼的冰川化石，领悟科学精神，感受科学的魅力
		活动 3：走进中科院，走近机器人	走进中科院自动化研究所参观、学习，并与导师们进行座谈交流，了解机器人的发展历程和原理
		活动 4：来自中关村的创新孵化	发挥科技企业的孵化功能，由学生自己去找孵化企业，制订电话沟通方案，确定合作意向和面谈时间，培养学生寻找创业机会、善于沟通和表达等创业创新能力
		活动 5：“走近科学家”科技大讲堂	邀请科学家为学生带来科技前沿讲座，与学生打造与科学家面对面的机会，激发学生的科学兴趣，增长科学知识

（9）阳光：乐观 · 热情 · 宽容

八一学校提出“阳光”基因，希望八一学子能够为明天的发展做好人格上的充分准备，积蓄蓬勃生长的正能量，让整个内心世界充满阳光。八一学校的阳光活动，从每个学子的自身出发，让其内心有阳光般的温情，让身体有阳光般的活力；又从自然和社会入手，用阳光的普惠之情去呵护人类的朋友，用阳光的激扬之力去关心生活的环境，让人与自身、人与人、人与自然、人与环境间都流露出真情实感，让整个世界沐浴在温暖的阳光里。

"阳光月"特色活动一览表

品质基因	对应月份	特色活动名称	活动概述
阳光	4月	活动1：360°校园足球	秉持足球传统强项，开展系列足球活动，帮助学生在足球运动中收获健康、收获阳光
		活动2：让鸟儿飞起来	引领学生搜集鸟类照片，在校园内布置"爱鸟走廊"，增强同学们的自然保护意识和生态护绿意识
		活动3：守护绿色地球家园	围绕雾霾探究、八一学校无车日、低碳出行三大主题，开展探究、倡议等活动，呼吁学生从自我绿色出行做起、从清洁环境做起，建设生态家园
		活动4：环保科技铿锵行	组织学生参观"生态岛"公司的废品回收循环系统，体验环保新技术，通过亲自接触企业工作人员的体验式学习，将科学的废品回收方式方法应用到日常生活中去
		活动5：镜头中的皇家园林	设计五个皇家园林采拍方略，包括故宫、景山、颐和园、圆明园、香山等，让同学们分组参与，全方位了解皇家园林的建筑形式及造园艺术
		活动6：景区小医生	组织学生志愿者争当"景区小医生"，将学生分为四个小分队，分别负责四个区域的"景区医治"环境保护和宣传工作，倡导学生用自己的行动美化景区环境，减少环境污染，践行环保行动

(10) 文明：知礼·正行·明德

八一学校提出"文明"基因，希望八一学子能够吸收国内外古代文明和现代文明的精髓，做到博学多识、崇礼尚德、谈吐得体，成为文明大气的世界公民。八一学校的文明活动，以小见大，从我做起，在养成良好的个人文明的前提下去倡导校园文明和公共文明，在重视健康的物质文明程度的同时去提升精神文明，在了解优秀的人类文明的基础上去弘扬华夏文明。

"文明月"特色活动一览表

品质基因	对应月份	特色活动名称	活动概述
文明	3月	活动1：环境5S管理	将整理、整顿、清扫、清洁、修养五个环节应用于校园环境治理工作中，采用"承包制"的形式，让小、初、高分别负责家庭、班级和学校的文明环境营造
		活动2：正能量手环	基于21天习惯养成计划，确立5个文明行为为"正能量标准"，做到的学生获得正能量标签，年终获得标签最多者将获得手环

续表

品质基因	对应月份	特色活动名称	活动概述
		活动 3：保护小水滴	围绕世界水日，开展国旗下讲话、主题班会、节约倡议、“摆水龙阵”等活动，让全校师生引起对中国和世界水资源短缺问题的关注，最终养成节水、爱水的习惯
		活动 4：最美的风景叫文明	结合“3·15”消费者权益日，让学生走入社会，宣传和实践文明用餐、文明消费、文明出行等活动，引导学生思考自己日常生活中的用餐情况、消费情况、出行情况，帮助学生树立正确的文明观，用文明去营造最美的风景

（11）开放：扩展·理解·合作

八一学校提出“开放”基因，希望八一学子能够走出自我的小天地，去看看外面丰富多彩的世界，博采众长，吐故纳新，拓宽知识视野、拓宽人生道路，为未来发展探寻无限可能。八一学校的开放活动，试图让学生学会“走出去”和“请进来”，在走出去的过程中，让开放不仅仅停留在视野层面，更是以行动践行观念和意识；在请进来的过程中，让开放不仅仅停留在国际多元文化的输入，更是对中华优秀文化的输出和弘扬。

“开放月”特色活动

品质基因	对应月份	特色活动名称	活动概述
开放	7 月	活动 1：把世界带回八一	在假期期间，组织初、高中学生开展国际游学活动；带领同学们游走世界，让同学们记录下历史、人文、自然、时代等印迹和感悟，在游学中让学生开阔视野、丰厚知识，并与同学们一起分享精彩的世界
		活动 2：绘图游世界	包括寻找“游世界”伙伴、一起沟通“游世界”方案、制作“游世界”地图、参加“游世界”评比环节，让学生们学会积极地与人沟通和协作，了解世界各地风土民情和地域文化，培养动手能力和组织安排能力。
		活动 3：“一带一路”跨学科、跨学段综合实践课程专题研究	结合“一带一路”倡议，将这一时政热点引入课堂，引导学生关注现实，增强家国情怀
		活动 4：北京私人订制	帮助外国游客订制关于北京胡同、北京的历史、北京地标性建筑等的“私人订制”旅游路线，以开放的心态，欢迎更多的世界友人走进北京、了解北京，当好外国友人的导游

（12）雅趣：尚美·博识·养性

八一学校提出“雅趣”基因，就是希望八一学子能够修炼艺术气质，拥有人文情操，提高生活品位，以一颗优雅之心，走进意趣盎然的世界，享受乐趣无穷的人生。八一学校的雅趣活动，已经超越了艺术本身，是让学生成长在发现、品味和感悟之中，在展现之余去接受思想的洗礼、心灵的润泽和情感的熏陶。八一学子眼中的雅趣，是国学带来的人生启迪，是伟人带来的价值建构，是艺术带来的情趣滋养，更是梦想带来的成长动力。

“雅趣月”特色活动一览表

品质基因	对应月份	特色活动名称	活动概述
雅趣	12 月	活动 1：艺术节	艺术节是学校的传统节日，旨在为学生搭建一个展现青春风采、享受艺术之美的平台。其通过文艺会演、合唱、舞蹈、舞台剧、书画展、手工艺品展等丰富多彩的艺术形式加深学生对艺术的理解，陶冶学生的艺术情操，提升学生的艺术修养，展示校园内积极向上的精神风貌
		活动 2：细品国学	开展专家国学讲座、古诗词学习、设计制作国学板报、策划传统文化类节目展演等活动，让同学们领略中华民族博大精深的文化荟萃，在品读古诗词、鉴赏佳篇名作的过程中，陶冶文化情操，更深入地学习中华优秀传统文化，建立起强大的民族自信和文化自信
		活动 3：楹联雅趣	结合毛泽东诞辰日，通过让同学们了解伟人毛泽东写下的文采风格独异的对联，探求毛主席的理想抱负和博大情感，提高学生品位与鉴赏能力，形成良好的文学艺术素养
		活动 4：发现身边的美	根据小学、初中、高中不同年级对“美”的理解程度的不同，为其设定不同的活动主题：小学以发现自然之美、老师之美为主题，初中以发现生活之美、创意之美为主题，高中以发现学科之美、职业之美为主题，帮助学生寻找身边的艺术
		活动 5：民族魂·中国梦	以班级为单位，围绕一个民族的风土人情、自然风光、饮食文化等，策划展览，并进行校园集中展示与分享，共享多元文化的雅趣，感受 56 个民族一家亲的深厚情谊
		活动 6：书法笔会	开展三场书法活动，围绕历史、壮丽山河、毛主席诗词等主题，让同学们自由地表达自己的艺术之心，表达自身对诗词内涵的见解，体悟书法与人生的关系，品味雅趣人生
		活动 7：最美歌剧	组织歌剧主题讲座、歌剧观摩、歌剧编演等活动，让学生继续深入理解歌剧这种艺术形式的特点，培养起学生对歌剧的热爱之心，涵养自身的雅趣

八一学校通过 2012—2015 三个学年主题教育活动的不断探索与实践，现已基本形成推动“品质文化”落地、聚焦学生素质培养的活动课程体系，共 100 余门课程。这里面，既包括必选课程，即全体学生都要参与的活动；也包括任选课程，即让学生自行选择、自主开展的活动。在 2017 年 3 月 1 日八一学校校庆时完成了《在活动中成长》十二人才基因活动集的编辑，精选了 47 个活动方案。

《在活动中成长》十二人才基因活动集

在活动集中，每个基因结构包括了“走进基因”“演绎基因”“感悟基因”三个部分。“走进基因”是解读基因内涵与相应指标，“演绎基因”是策划和实施活动方案，“感悟基因”是试点班级和学生对活动的感言。2012—2015 三个学年的活动方案策划以发展部和学生处为主，班主任共同参与。2017 年开始，尤其是习近平总书记回母校之后，十二人才基因活动以学生发展中心指导、学生自主策划与实施、班主任辅导与评价为主要方式。

此外，品质基因育人的理念也深入玉泉中学和保定分校。以玉泉中学为例，学校结合“上善文化”，确定了八大“上善基因”。八大“上善基因”以“泉”的特质为线索，以每个月的“上善基因”为牵引，开展基因塑造与体验活动。

在今天这样一个时代，让学生拥有品质基因，是重拾中华民族优良美德、继承八一学校优秀传统、融入世界发展卓越品格的重要体现。学校通过每月一基因的主题教育活动，不仅让品质基因育人在八一学校深入人心，让十二品质基因真正深入学生的思想、意识和行动中，内化于心、外化于行，也让“品质文化”在且思且行中不断得以深化和发展，更让“品质文化”呈现出别样的八一学校故事。

（三）志愿及公益服务，滋养爱的情怀与恒的行动

《教育部关于全面深化课程改革落实立德树人根本任务的意见》指出，应“充分发挥社会实践的养成作用，引导学生在服务他人、奉献社会中升华对社会主义核心价值观的认知理解”，提出“中小学要探索把课堂教学与社区服务、研究性学习与社会实践相结合的途径和方法”。2017 年《中小学综合实践活动课程指导纲要》则将“服务”作为强化学生“责任担当”的主要途径，贯穿小初高全程。

八一学校高度重视学生服务意识、服务精神和服务能力的培养，将公益服务作为育人的重要手段，整合红十字会等优质社会组织资源，让学生在服务中成长，让志愿及公益服务成为提升青少年文明素养、社会责任意识、创新精神和实践本领的重要路径。2016 年教师节，沈军校长向回校视察的习近平总书记当面汇报：“我们注重培育学生的社会主义核心价值观……常年坚持义务支教、敬老助残等公益活动；引导学生成为具有国际视野、人道情怀的青少年。”习近平总书记听完颔首微笑。

1. 建立“红十字志愿服务队”

八一学校红十字会成立于 1984 年。38 年来，八一学校红十字会始终认真贯彻落实红十字会“救死扶伤、扶危济困、敬老助残、助人为乐”的十六字方针和《学校红十字会工作规则》，坚持开展以“三定一包”为特色，内容丰富、形式多样的红十字青少年活动，着力提高学生的道德素质和参与社会公益活动的能力，培养了一大批具有“人道·博爱·奉献”精神的优秀红十字青少年。

八一学校曾连续多年被北京市、海淀区红十字会评为先进集体：1996 年被北京市红十字会命名为“红十字学校”，2005 年被命名为“北京市红十字示范校”，2007 年被中国红十字总会、教育部授予“全国红十字模范校”，2016 年挂牌为“首都紧急救援志愿服务站”，2017 年被海淀区命名为首批“红十字青少年人道教育实验基地”，2018 年被北京市红十字会授予“红十字志愿服务队”称号。多年来，学校组织推荐了一批青少年会员参加了“中日韩”“京津冀”“京哈”等交流营活动；与海淀区的拉手校分享经验，与省、市间的教育同行进行交流；学校援疆教师、区学工委首批急救师资李红梅老师，还将红十字精神传播到和田的师生当中，发挥了学校红十字会的积极辐射作用。

（1）领导高度重视，师生全员入会

八一学校始终把加强领导、健全组织作为红十字会工作的首要环节。校长任理事会会长，书记任理事会理事长，理事会成员含团委书记、学生会主席等群团领袖，便于横向沟通与纵向联动，并将红十字工作纳入学校整体工作计划中，在时间及物质上给予大力支持。学校设有专项的学生活动经费，保证学生在活动中的资金支持，年终对优秀的班集体和优秀会员进行表彰。

在八一学校，虽然加入红十字会是一项自愿行为，但师生全员入会已成为一种传统。每年的5月8日是世界红十字日，也是八一学校红十字会新会员入会仪式日。学校把它和升国旗仪式结合起来，校长兼红十字理事会会长亲自为新会员代表颁发会员证章并致贺词，新、老会员代表分别发言，新会员代表向全校师生宣读《北京市红十字青少年行为守则》。庄严而隆重的入会仪式对激发会员们的荣誉感和责任感起到了积极作用，并在他们的记忆中留下了光荣而自豪的印记。

（2）组织机构健全，运作规范有序

八一学校红十字已经成为一个机构健全、运作规范有序的组织。每年由秘书长制定年度工作计划及活动方案，提交理事会审核实施，由学发中心、团委等各部门配合，扎实有效开展各项活动，确保每一阶段的工作都有计划可循、有章程可依、有传统可鉴，也有创新可引。

红十字会年度工作计划

时间	项目
1—2月	“送温暖、献爱心”活动
3—4月	学雷锋志愿服务活动、红十字主题演讲比赛
5—6月	“5·8”博爱周主题宣传活动及“博爱在京城”募捐活动
	防震减灾、自救互救活动（全员参与）
7—8月	寻根助学、各种社团志愿服务活动
9月	新会员入会仪式及系列教育
	利用“世界急救日”传播红十字精神，普及基本急救知识和技能
10月	秋季常见病的防病知识宣传
	新会员应急救护知识培训
11月	关爱生命“防艾”知识主题宣传
12月	年终总结表彰大会

（3）普及红十字知识，强化技能培训

为了提升学生志愿服务的专业性，提升学生的服务能力，八一学校常年聘请专家对新会员开展红十字基本知识和急救技能的专题培训，让学生通过对红十字“会法”及“章程”的学习，理解红十字会的宗旨与任务，使理论与实操相结合。通过专业的技能考核后，新会员全部获得了初级急救员证书。

学校加强红十字宣传，创新价值传播形式，在校园网上特设“红十字青少年”“安全急救”专栏；在学校官方公众号及时推出红十字会活动报道。学校还建成了“红十字生命安全教育体验中心”和“紧急救援志愿服务站”供师生交流学习。

值得一说的是八一学校“红十字急救队”。该小队组建于 1999 年，经过多年的传承与发展，于 2016 年正式更名为“萤火急救队”，现有学生急救队员 52 名，分布在各个年级；教师急救队员 21 名。这些队员经过红十字会的定期技术培训，自救互救技能普遍提高。在学校每年举办运动会和军训等各项活动中，他们为意外受伤的学生实行紧急救护，为建设平安校园保驾护航，受到了师生们的广泛好评，被同学们称为校园的“南丁格尔”。

(4) 开展博爱行动，传播人道理念

每年“5·8 世界红十字日”是学校红十字工作活动的重要日子，学校把这一天作为传播国际红十字运动基本知识、扩大红十字会社会影响的最好时机：在校园内设立红十字服务咨询站，发放关于国际红十字运动起源、宗旨、性质、原则等基本知识的宣传资料，为师生解答有关卫生防病的知识。学校红十字还根据会员不同年龄特点，组织会员开展爱心募捐、关爱生命、包户服务、弱势帮扶等丰富多彩的主题活动。通过这些活动的体验，学生的人道理念得到培养，他们用自己的实际行动诠释了“人道、博爱、奉献”的红十字精神。

活动主题一：爱心募捐。爱心募捐是红十字会组织的一项常态工作，同学们自发组织的“博爱在京城”“5·8 红会周”等捐款活动，营造了温馨和谐的校园氛围，切实履行了自己作为社会小公民应该承担的责任。

活动主题二：关爱生命。红十字会组织学生参加关爱生命技能培训，组织“让避险走进课堂、用知识守护生命、红十字伴你安全成长”的活动，完成了初一、高一年级自救互救培训。开展“我是急救小能手”学生急救比赛、红十字主题教职工运动会等多形式活动，弘扬人道主义博爱情怀。

活动主题三：包户服务。红十字会各支部利用寒暑假组织会员去敬老院、病残教师家进行“三定一包”献爱心服务，实行一对一、点到点的健康护理服务，包括为年老体弱的老人送水送饭、帮助老人整理个人仪表、读报聊天等，为病残教师打扫家庭卫生、清洗衣服、推拿按摩等。

活动主题四：弱势帮扶。红十字会还关注社会弱势群体，积极参与社会救助、救灾活动，用爱心点亮希望之灯。各支部积极组织各种爱心活动，扶危济困。如初一支部组织“小图书大爱心”大漠图书馆捐书活动；初二支部组织为太阳村孩子义卖捐款活动；高一支部组织韩家川村文华学校支教活动；高二支部组织“呵护天使飞翔”爱心活动及各社区聋哑儿童康复中心志愿服务；等等。

（5）借助红十字活动，丰富学校课程

“筑牢阵地，形成品牌”是红十字的工作特色。红十字一年四季的工作是由一个个主题活动串联起来的。这些品牌活动特色鲜明，主题积极向上，形式新颖活泼，并且年年有创新，成为校园文化的一大亮点。学校借助红十字活动，丰富学校课程，通过整合资源开发校本课程，提供课时保障，将红十字特色课程作为校内红十字青少年人道教育重要内容开展，充分扩展红十字特色课程的影响。

红十字活动延伸校本课程概况

课程名称	授课内容	课时	开设年级
自救互救	自救互救理论与实操	10学时	初一、高一
热爱生命	禁烟、禁毒、防艾	3学时	初二、高二
紧急避险	防灾减灾	每学期1次	全员参与
人道法探索	根据年龄特点探索人道法	每周一节	初一、初二

以《人道法探索》课程为例，该课程由政治、英语、综合实践三个学科教师共同参与，根据教材内容、学生年龄等特点开设，目前已汇编成校本读本。

我们是红十字青少年，
团结友爱是我们的美好愿望，
为使人们得到幸福与安康，
愿把友谊传播在四面八方。
红十字旗，崇高纯洁的旗，
我们像小鸟一样为你尽情欢唱，
我们像鲜花一样为你开放。

正如学生创编的《红十字青少年之歌》所唱的那样，“人道、博爱、奉献”的红十字精神已经深入学生的心田，对学生的思想道德建设起到了积极的推动作用。

2. 开展形式丰富的公益活动

一直以来，八一学校都引导和鼓励学生积极投身到社区服务中。八一学校所倡导的公益服务，不是浅尝辄止的“一次性公益”，而是鼓励学生开展定期、持续、有意义的“久公益”。从关注老区的小伙伴到服务社会弱势群体，从航天科技馆的志愿者到商场里急救知识的普及员，学生们走出校园、走进社会，在每一个公益活动中用心付出，体会帮助他人的快乐，关爱之心和公民意识的种子也在此过程中逐渐生根发芽。

（1）关注同龄人成长

青少年是祖国的未来，不管是城市的孩子还是农村的孩子，都有接受教育的权利。八一学校多年来鼓励学生关注老区和边远地区同龄人的生存境况，开展系列主题公益活动，希望同学们用实际行动帮助那些需要帮助的同龄小伙伴。全校学生每年都自发开展“向老区人民学习，支援老区同龄人”活动，尽己所能反哺老区人民；八一学校学生会在年底举办“歌舞青春”文艺演出，将演出门票所得全部用于购买书籍捐献给老区的弟弟妹妹们；八一小学的学生们多次为新疆地区的小伙伴募集图书。星星之火可以燎原。正是这样融于日常的公益行动架起了八一学校的爱心之桥，不断地引领学生心怀大爱、肩有担当，主动服务他人与社会。

以小学部为例，2017 年 12 月、2018 年 5 月、2019 年 10 月，小学部先后三次响应号召，组织为新疆地区小伙伴捐赠图书。从发起倡议、班会总动员，到闻风而动，全校所有人都行动起来，在学校附近各个社区设立捐赠点。各中队小干部负责给捐赠图书粘贴捐赠标志，送到红领巾图书角。活动共计收到捐赠图书 2000 多本，全部交由学校送往新疆急需图书的地区。

小志愿者们整理募集的图书

装箱、计数、封口、贴标记等工作都是热情的红领巾志愿者们利用课间完成的。小志愿者们一边装箱打包一边随时清理地面的纸屑，队员们把对新疆小朋友的爱心，化作劳动的动力。这些图书里浸透着小学部每名学生的爱，相信它们会在寒冷的初冬为和田的小伙伴们送去春风般的温暖。

（2）帮扶社会弱势群体

社会弱势群体一直是八一师生重点关注的对象。以八一学校坚持了多年的“走进太阳村”活动为例说明。作为非政府的慈善组织，太阳村十多年来以无偿代养代教服刑人员未成年子女为己任，对服刑人员无人抚养的2000余名未成年子女进行特殊教育、心理辅导、权益保护以及职业培训服务，使他们在一个相对安定温馨的大家庭里，像其他孩子一样受到保护，得到教育，健康快乐地成长。

八一师生多次组织为太阳村募集善款活动，组织团员及团员家长前往太阳村进行志愿服务。在与太阳村孩子们一次次的接触中，同学们不仅懂得了感恩，也学会了主动对需要帮助的人奉上自己的爱心。

太阳村爱心行动学生感言节选

殷树楠：“若是谈及太阳村，或许很多人不太熟知，但倘若在百度词条下敲击出‘太阳村’这三个字，并细细看过它的介绍，你一定会为这样一个无偿的社会救助团体心生敬佩。有一些孩子，因父母犯罪，不属孤残，难以得到相关部门资助，他们有的流浪，有的为人放牧，有的沿门乞讨，更有甚者，已像父母那样走上了犯罪道路。

在高中三年，我们曾多次组织为太阳村募集善款，并前往太阳村进行志愿服务。通过与这些孩子们的一次次接触，我们了解了他们的身世，体会到他们的孤独与寂寞。看到他们艰苦的生活环境，我们这些‘城里孩子’懂得了感恩，也更能主动地对生活中那些需要帮助的人奉上自己的爱心。一次次的活动大大地激发了同学们的爱心和社会责任感，使我们在关注书本、关注自我的同时，也关注弱势群体，了解到他们生活方面的困难，从而竭尽自己所能去帮助他们。在将近两年的时间里，我们通过自己的绵薄之力，让太阳村被更多的善心人士所知晓。

太阳村的志愿者们对我们不间断的爱心也表示了肯定与感谢，同时对我们活动的开展提出了很多很好的建议，让我们从活动中总结了经验，发现了优点，也找到了不足。‘走进太阳村’活动让同学们在劳动中收获了快乐，在给予中收获了温暖，在责任中收获了幸福，进一步弘扬了‘奉献、友爱、互助、进步’的志愿精神。太阳村的孩子们需要爱心关怀，太阳村的发展需要志愿服务。希望帮扶太阳村的活动能在八一学校风雨无阻地进行下去。虽然力量微弱，但我们的脚步不会停歇。希望因我们渺小的存在，能让那些孩子们感受到温暖与幸福。让我们用爱心、用责任、用担当为那些孩子们撑起一片蓝天！”

(3) 关注社会公共健康

“八一国际部爱心志愿团”自 2016 年 2 月 1 日成立以来，一直致力于带领同学们利用周末休息时间参加奉献爱心、贡献社会的志愿者活动，现在固定社员包括初中部、高中部、国际部 120 余人。“白金十分钟邻里守望”是国际部爱心志愿团的传统活动。“急救白金十分钟”是指意外伤病发生后，专业人员不能到达、时效最重要、救治最薄弱的早期 10 分钟时段内伤病救治的时效性原则和急救理论，包含了心肺复苏、除颤、窒息抢救（耐受）、徒手止血、中毒洗消和催吐等现代急救理论成果及相关急救知识和技能。它是急救链的第一阶段，是与 120 急救系统衔接的关键环节。

“白金十分钟全国自救互救”志愿服务联盟是一支具有医学知识背景的专业志愿者团队，与“北京应急志愿者服务团队”在每月最后一周的周六到各大商场进行急救知识的普及。“八一国际部爱心志愿团”加入这两个专业的团队，希望借此将白金十分钟急救理念和知识传播给更多的人，让更多的百姓获益。

2017 年开学伊始，国际部爱心志愿团的志愿者们成功将“白金十分钟”活动引入校园，组织学生亲自体验应急自救程序和手法，在实践的快乐中体会急救的重要性，并将急救知识、急救方法普及给更多的社会公众。

参与学生感言节选

樊树德：“‘白金十分钟全国自救互救’活动不仅让我了解了一些急救知识、救护知识，还让我了解到在危急关头救人的方法和一些工具的使用方法。在活动中，我明白了一个道理，人的生命是非常重要的，需要我们竭尽全力地去保护。让我们一起努力珍惜这白金十分钟，竭尽全力地去保护自己和他人的生命安全。”

江雅培：“志愿服务是奉献，需要付出一定的时间和精力。志愿服务是帮助他人、服务社会、传播文明的过程，可以体现出个人对他人的价值、对社会的价值，体现出个人对社会良好的促进作用。在专业老师的带领下，我不仅学到了关于心肺复苏的知识和除颤器的使用方法，也锻炼和挑战了自我。总的来说，这一天是收获良多而丰富的一天。”

八一学校的同学们走出校门、走入社会，用更多的方式奉献自己的爱心与热情，用自己的力量去温暖他人。公益不是一时之事，而是贵在“持久”二字。在公益活动中，同学们奉献了自己的心力，收获了沉甸甸的思考。大家用一颗真心去倡导、帮助、温暖他人，公益已经深入八一学子每个人的心中。

（四）重大活动参与，锤炼意志与强化担当

八一学校将大型展示活动作为学生成长的重大契机和行走的思政教育课，积极参加了改革开放40周年文艺晚会演出、国庆70周年大型文艺晚会演出、国庆70周年阅兵方阵、中国共产党成立100周年庆祝大会等国家重大庆典演出活动，全力以赴创造条件让学生在重大活动中感悟深沉的爱国主义和厚重的民族精神，进一步锤炼责任与担当，激发学生的爱国热情。

1. 八一学子参加庆祝改革开放40周年文艺晚会

2018年12月14日，庆祝改革开放40周年文艺晚会《我们的四十年》在人民大会堂举行。习近平、李克强、栗战书、汪洋、王沪宁、韩正、王岐山等党和国家领导人，与3000多名观众一起观看演出，共同回顾改革开放40年举世瞩目的历史成就。

八一学校合唱团的6名同学有幸参加此次晚会的演出，一展新时代八一学校少年的风采。小学部姜乐涵同学在国旗下的演讲中汇报了这次演出与习爷爷近距离接触的兴奋与激动，习爷爷亲切的笑脸是对他演出的最好鼓励。

各位老师，各位同学，大家上午好！

我是姜乐涵。10月的一天下午，我们刚结束了合唱课，胡老师就通知我们6名同学要代表学校合唱团参加庆祝改革开放40周年文艺晚会，演出将在人民大会堂举行，而且习爷爷到时也会到场观看。这是多么幸运呀！我深知这是一次难得的机会，一定要好好珍惜。我认真准备，积极展示一个新时代少年的风采和气度。于是我们开始了每周二下午的训练。在训练中，我们反复练习动作，熟记要领；胡老师为我们喊口令嗓子都哑了。几周后，我们熟练掌握了动作，准备和其他学校的金帆团一起合排。没想到的是，演出前的合排是在人民大会堂。这是一个神圣的地方，是中国最高规格的表演场所。为了演出效果，导演反复修改动作，大家需要重新去学习，但我们都没有怨言，积极学习新的动作和歌词。因为我们代表的不仅仅是自己，而是八一学校每一名同学，是2亿多成长在新时代的中国少年儿童。

演出越来越临近了，排练也越来越密集。我们因为排练，经常不能到校上课，有时甚至是全天排练。为了不耽误学习，我们坚持在排练空隙写作业、看书。在校上课的时候，我就抓紧时间找同学、老师补落下的作业。12月初，天气十分寒冷，我们每天白天正常上课，下午顶着寒风外出排练，晚上10点才能回到家。胡老师和张老师担心我们生病，总是忙前忙后，提醒我们穿衣服、喝热水。老师和同学们都团结一致，大家都为了演出成功这个共同的目标努力！

正式演出的那天晚上，我知道习爷爷也会来观看，心情十分激动。幕布缓缓拉开，我亲眼见到了以前只在电视和图片上见过的习爷爷！当看到他慈祥的面孔出现在我眼前，我是多么激动啊！我们的合唱节目圆满完成，大家都很开心！通过这次演出，我得到了很大的锻炼，学会了与他人合作，懂得了珍惜时间，增强了集体意识。我难忘老师对我们的教导和关爱，难忘排练时导演对我们的指点，更难忘习爷爷脸上的笑容！

正是因为中国有了改革开放40年的巨大成就，我们才能有今天的幸福生活，才能在教室里学习和读书，才能在课余时间和志同道合的小伙伴一起参加合唱团唱自己喜欢的歌曲，才能有到各种音乐厅演出的机会。同学们，让我们一起努力，好好学习，打下基础，接过前辈们的接力棒，继续把祖国建设得更加富强，实现我们每个人的中国梦。

2. 八一学子参加庆祝新中国成立70周年大型文艺晚会

2019年9月29日，庆祝中华人民共和国成立70周年大型文艺晚会《奋斗吧　中华儿女》在北京人民大礼堂举行。习近平、李克强、栗战书、汪洋、王沪宁、赵乐际、韩正、王岐山等党和国家领导人，同4000多名观众一起观看演出，共同回顾新中国成立70年来的辉煌历程，共同祝福伟大祖国的美好前程。

八一学校金帆合唱团有幸与国交合唱团、总政歌舞团合唱团、国家大剧院合唱团的专业歌唱家一起参与合唱部分，完成了最开始的《没有共产党就没有新中国》，第一篇章《东方红》，第二篇章《接过雷锋的枪》，第三篇章《长江之歌》和《强军战歌》，第四篇章《新的天地》和《奋斗吧中华儿女》儿首作品的演唱。

9月1日学校紧急接到命令，从动员到选人再到政审仅用了3天时间。同学们白天上课，下午排练，直至深夜才结束，每次到家都已经是凌晨1点左右。为了将排练占去的学习时间和影响降到最低，同学们每次都坚持在排练间隙抓紧时间完成作业并及时做好预习，即使疲倦也努力保证第二天早自习出现在课堂上。

同学们在人民大会堂前合影

一个月的时间 14 次进入大会堂，8 场正式演出，让参与团员从心灵到肢体都得到了砺炼。很多同学在排练中学会了从抗日战争到新中国解放再到改革开放以及新时代各个篇章的晚会歌曲，还能脱口而出情景剧中各个人物的台词，再次重温了那段难忘的历史，也从中深刻体会到为了新中国无数英烈前赴后继的伟大牺牲，体会到新中国的来之不易。在看到交响情景表演《共和国之恋》，“两弹一星”元勋郭永怀以身许国，用身体保护文件完好无损的时候，同学们都深深地被感动了。

一个月很短，但是记忆却如此丰富。能够参与中华人民共和国成立 70 周年大型文艺晚会这种具有特殊意义的重大庆典活动，用歌声为祖国母亲献上独特的礼物，合唱团的学生们都感到非常幸运！回忆起参加庆典活动的过程，同学们难掩激动与自豪。

中华人民共和国成立 70 周年大型文艺晚会参加学生感言

C2022 届初一年级薛丹宁：“我作为合唱团的成员之一，很荣幸参加了这次活动。虽然每次排练到很晚，但我们从不抱怨，反而深刻感受到了每个人肩负的责任，从开始的几乎每首歌都不太熟悉，到最后整场晚会的所有歌曲张口就能唱，我们做到了！晚会给我印象最深的节目之一是在讨论确定中华人民共和国国歌歌词的环节。有人认为‘中华民族到了最危险的时刻’已经过时了，但毛主席深思熟虑了以后，还是决定把这句话留下来。因为这句话激励了千万的中华人民，新中国永远需要居安思危。是的，我们在任何时候，都要保持警惕，防止祸患，不能把爱国当成一句话。感谢这次活动，我可以自豪地说：祖国七十华诞，有我！”

C2022 届初一年级丁祎然：“从接到演出任务到登台表演只有短短二十几天，张老师一遍又一遍耐心教导我们演唱方法和面部表情等。通过十几天的排练，我们圆满完成了正式表演。每次排练演出结束，张老师都会护送每一位学生从大巴车下来，等每一位学生安全离校后，她再最后一个拖着疲惫的身躯回家。我为有这样的好老师感到荣幸！当我亲耳听到、亲眼看到国家级演唱家、歌唱家排练演出时的真情流露，深刻体会到了《东方红》《长江之歌》《没有共产党就没有新中国》等这些红歌的意义。当我看到国家级指挥家、演唱家、艺术家的敬业与辛苦，我们的早出夜归、挑灯夜读，根本算不了什么！这次演出经历对我人生的成长弥足珍贵。”

3. 八一学子参加庆祝新中国成立 70 周年群众游行活动

2019 年 10 月 1 日，中华人民共和国成立 70 周年纪念日，在万人瞩目的天安门广场上，由约 10 万名群众、70 组彩车组成的 36 个方阵和 3 个情境式行进组成的群众游行队伍，以“同心共筑中国梦”为主题，以时间为轴线，展现了中国共产党带领中国人民取得的历史性成就。

情境式行进三——“同心追梦”方阵，主要由2019名少先队员组成，他们平均年龄最小，表演难度最大。方阵以少先队鼓号队为雏形，用世界流行的行进管乐奏响方式，演奏少年先锋队队歌，配合旗舞变化步伐，将少年先锋队队徽动态地呈现在全世界人民的视野中，展现了祖国未来强而有力的希望。

八一学校学生有幸光荣编入“同心追梦”方阵。八一学校作为全国艺术教育先进学校、北京市金帆管乐团和金帆合唱团承办校，承担了此次国庆行进乐队、旗舞表演的任务，同时要挑选10名形象气质符合新时代少先队员形象、政治素质过硬、自身业务素质好的同学作为整个表演的分指挥。

在接到了国庆阅兵方阵任务后，八一学校领导高度重视，成立重大活动领导小组，多次组织专项会议商讨工作部署。沈军校长要求全体参与人员以“坚定的信念与意志，强烈的政治责任感，高度的组织纪律性，精益求精的训练态度”保障“重大活动”作为第一优先级。牛震云书记亲自召开动员会，将八一学校在历届国庆活动中的精彩表现和优秀传统进行分享。会后，不论是教师，还是学生、家长都热情高涨，做好了以国家为重、为使命而战的思想准备。

除了本校学生训练任务外，八一学校还为第一阶段和第二阶段的训练提供场地保障，为全区1000余名学生做好餐饮、医务、安保等服务，举全校之力为国庆任务保驾护航：各领域全动员，各方面大协作，各系统、各环节密切沟通，无缝对接，有条不紊，齐心协力高标准完成任务。自6月20日接到重大活动通知以来，经过3个多月的严密部署和艰苦训练，八一学校80余名师生代表，始终以祖国荣誉高于一切的信念，高品质、高标准地完成了此次光荣而庄严的任务。

八一学校的参训队员由从小学三年级到初二年级选拔的优秀少先队员组成，他们中既有舞蹈、管乐、健美操社团的学生，也有完全没有基础的普通同学，所有同学都没有行进管乐或旗舞训练的经历。为了达到表演要求的规范动作，同学们经常在别人的休息时间默默练习，不怕苦不怕累，有组织有纪律，训练时精神饱满、动作标准，休息时热情有礼，处处彰显着新时代八一学校少年的风采。

整个活动中，最让人感动的是17名管乐的学生。他们大多是五六年级的学生，有的乐器大且沉，20多斤的军鼓甚至相当于学生体重的1/4。年龄最小的是只有四年级的吴景田，他抱着又大又重的室内大号在操场练行进。作为合唱团的18名童声领唱之一，五6中队李维宇同学经历了一轮轮严格的选拔，经过了一个夏天的艰苦训练，再加上阅兵村、天安门广场上多次通宵演练，无论从体能、意志，还是歌唱能力上，都有了质的飞跃。汗水一次次湿透衣衫，困意经常在通宵排练的夜里袭来，但他依旧勇敢面对一切困难。正因为有这样的付出，最终换来了广场上的纵情高歌，换来了一生中的难忘时刻。初一年级的袁子彧说：“台上一分钟，台下十年功。正如我们训练时所唱的队歌‘不怕困难，不怕敌人’，只为在那一刻，为祖国母亲献上一份精彩的大礼。”他是这支队伍里的替补队员，替补队员没有固定的点位，其实不需要时刻在队伍里训练，但是他却从不缺席……指导教师曾问袁子彧：“你知道替补意味着什么吗？”他使劲儿地点点头。“如果 10 月 1 日当天，你们不能上场呢？”老师又问道。他说：“那我也不后悔，至少我努力过。”

虽然在天安门前仅仅停留了 3 分 15 秒，但背后是 100 余个日夜的全身心投入和付出。训练过程艰苦异常，骄阳似火、暴雨如注、酷暑难耐、寒凉刺骨、披星戴月、风餐露宿，这些他们都亲身经历了；是磨砺，更是挑战，参训的学生用拼搏的意志排除万难，用“八一精神”践行着自己对祖国的热爱，每位学生都如同经历了一次羽化成蝶的蜕变。

曾和习爷爷有过成长约定的朱宸同学，也有幸参加了这次庆典活动。游行结束后，朱宸还受邀在首都教育界总结大会上做了题为《新时代的追梦少年》的宣讲。三年前习爷爷对他的鼓励，让他倍受鼓舞；三年后的国庆游行，他不负嘱托，在天安门广场前用实际行动向习爷爷汇报了自己的成长。

国庆活动结束后，学校还在升旗仪式、大队活动、年级会、班会等时刻，结合此次国庆活动对全体学生进行思政教育，让参与活动的同学们与大家分享成长体验，将此次活动的宝贵经历作为德育、美育的素材，让更多的学生从中受益。

4. 八一学子参加庆祝中国共产党成立 100 周年大会

2021 年 7 月 1 日上午，庆祝中国共产党成立 100 周年大会在北京天安门广场隆重举行，各界代表 7 万余人以盛大仪式欢庆中国共产党百年华诞，全国人民的目光都不约而同地聚焦在了北京天安门广场。八一学校的 54 名师生光荣地参加了广场献词团和合唱团的表演，在党的百年华诞献上深情祝福。

八一学子在建党 100 周年庆祝大会上现场表演

庆祝大会开始前，全场高唱昂扬奋进的经典歌曲：《唱支山歌给党听》《我们走在大路上》《新的天地》《没有共产党就没有新中国》……天安门广场上空飘扬的歌声抒发着对党的热爱和祝福。接着，共青团员和少先队员代表集体致献词，向党致以青春的礼赞，从心底呐喊出“请党放心、强国有我”的铮铮誓言。

参加建党 100 周年庆祝大会，能在现场聆听习近平总书记的重要讲话，感受中国共产党走过的伟大历程，对学生来说既是一次难忘的人生经历，又是宝贵的历练与成长的平台。因此，学校接到选拔参演人员的任务后，第一时间组建了由牛震云书记牵头、李喆主任负责的工作领导小组。领导小组从政治觉悟、专业素养、工作能力和责任意识等方面综合考虑，选拔了 7 位教师参加到这项庄严而神圣的工作中，分别负责学生的专业训练、团队组织、疫情防控和生活保障。在预备年级和初一年级组的大力支持下，学生演员也在很快的时间内选拔出来。经历了几次训练和考核后，最终组成了八一学校 54 人的演出阵容。

八一学校选拔的演出阵容

训练过程异常辛苦，师生们的周末时间都是在各处训练场地度过的，时间长、任务重、压力大，但每名师生都毫无怨言，以饱满的精神状态应对每一次训练。后期合练增加以后，训练节奏更加密集，学校领导精心安排了年级组为参训学生进行各科学习辅导，保证训练和学习“两手抓”“两手硬”。

台上一分钟，台下十年功。除了北京市统一安排的训练外，学校还增加了高强度的专业训练，保证演出质量。合唱团老师和献词团老师从学生的体能、站姿、仪态、表情，到专业的发声、歌曲演唱、朗诵训练等，都是高标准、严要求。训练过程中，师生们充分展现出了“思想领先、艰苦奋斗、高度负责、严格要求”的“八一精神”，高质量完成了全部训练工作，最终在天安门广场上精彩绽放。

八一学子备训建党 100 周年大庆

生逢伟大时代，见证百年辉煌历史。经历了 177 天的高强度训练，通过了骄阳、暴雨的考验，54 人的八一学校师生代表队伍骄傲又自豪地站在了庆祝大会现场，参与那举世瞩目的一刻。参加建党 100 周年大会，就是一次最深刻的党性教育。站在天安门广场上接受党的检阅，与全国人民共同见证党的百年荣光，学生代表们深感荣幸，更收获满满！

参加庆祝中国共产党成立 100 周年大会学生感言

献词团

初一年级杨悦荷："当我们用激昂、嘹亮的声音诵读献词时，我浑身充满了力量，眼中充满了光芒，心中充满了希望。'请党放心，强国有我！'响亮的声音回荡在广场，圆满完成了献词任务，我的心中洋溢着自豪与骄傲！回想这一百多天的训练历程，我和老师、同学们度过了一段辛苦、难忘，却无比幸福的时光。佳佳老师耐心地帮我们安排好每一次训练活动，体能、表情、仪态、语气，一点不含糊；王老师在生活上无微不至地照顾我们，每次外出合练前，总是亲自把我们的头发梳理好，让我们能够以最好的状态上场表演；李喆主任每次都为我们安排丰盛可口的饭菜，陪着我们走遍了每一个训练和合练场地，风趣幽默的她主持的每次动员会都让我们印象深刻。这次能够圆满完成任务，离不开每一位八一老师的精心指导和无微不至的关爱。"

预备年级郑皓天："在训练中，我感知祖国的繁荣，感受步调一致，有了人生的榜样，获取了爱国爱党的能量，感谢学校领导和老师带我走进这一成长的课堂，让我拥有这样终生难忘的经历！我爱我的祖国，我爱我的学校，以后我要为国争光、为校争光。"

合唱团

初一年级付恩泽："经历了 170 余天的学习和训练，让我对共产党有了深刻的了解和认识。回首往昔峥嵘岁月，铭记百年艰辛历程。我们是未来的栋梁，应时刻肩负起中华民族的伟大重任，承担起属于我们的历史使命，扛起时代赋予我们的未来希望。祝伟大的中国共产党100周岁生日快乐！希望在您的带领下，中国更加繁荣富强！”

预备年级张天童：“站在天安门广场，胸前的红领巾随风飘扬。当我用嘹亮的歌声抒发对中国共产党的祝福时，心中无比骄傲、无比自豪。177天的训练，就是为了在这一天为党献上我们青少年最真挚的祝福。这次历练，让我的专业能力和意志力得到了质的提升。同时，也让我增长了见识，开阔了眼界。成长中的我们有了担当和责任感，未来，我们青少年一定能成为国之栋梁！”

重大展示活动不仅是展示的平台，更是成长的平台。同学们在其中不仅考验着体能，也锤炼着品格和意志。同学们的精彩表现离不开学校的全力支持和教师们的悉心指导。训练场上，参训教师勤学苦练，科学施训，细究学生每一个动作、表情、音准；训练场下，教师们严爱相济，关心每个孩子的喜怒哀乐、头疼脑热；过程评价、思政教育，教师们精心设计，深入扎实。他们坚守职责、勇于担当，用实际行动教育和培养了祖国未来的先锋队。

三、开展生涯规划，引学生走向更好的自己

八一学校高度重视学生的成长与选择，以“为了学生的发展”为最高责任，创设优质的教育环境和教育资源，充分满足学生多样化成长需求，并积极倡导教师在日常教育教学中渗透生涯教育理念，帮助学生尽早树立生涯规划意识，助力学生确立明确可行的人生目标，在人生道路上砥砺奋进。几年来，学校将学生生涯发展指导作为重要课题，通过生涯规划帮助学生寻找未来发展方向与目标，引导学生在面临未来专业、职业等选择时做好充分准备，从容应对。迄今为止，八一学校对于生涯教育的探索已经获得了诸多有益的经验，不断推进生涯教育全面化、立体化、生活化发展，为学生的未来发展修筑跑道。

（一）深入研究，探索建立生涯教育模式

多年来，基础教育中“一切为了高考”“一切为了升学率”的现象日益严重，很大程度上忽略了学校的育人功能。八一学校一直在反思与追问：我们到底应该培养怎样的人？如何培养？要解答这一问题，必须要回到学校教育育人的原点，必须尽快弥补学生发展指导的空缺，对学生进行有效的生涯规划。

生涯教育的实施是一个系统工程，涉及学校管理、教学、科研等方方面面。为此，八一学校开展了长达5年多的研究与实践：先后研究了美国、芬兰、日本等多个国家与地区的学生发展指导模式，对生涯教育的理论与实践，不同学段、不同人生阶段的

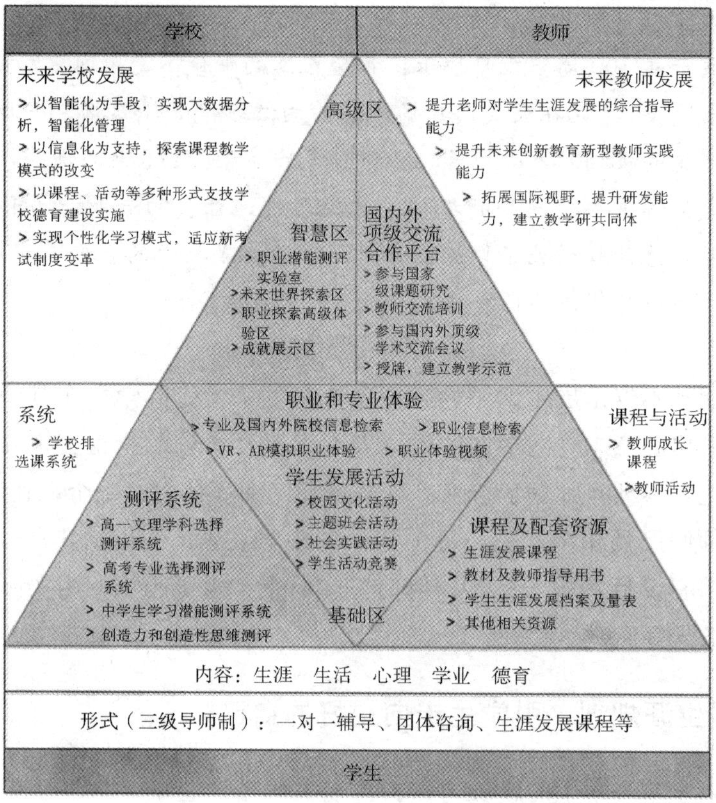

八一学校学生发展指导模型

生涯教育进行具有前瞻性、战略性的系统研究；研发八一学校成就模型，通过采访100名优秀校友，捕捉八一学子身上所具有的成功特质，厘清学生发展路径；与科大讯飞、北京师范大学心理学部、华东师范大学心理认知学院、教育部教育管理信息中心等单位合作研发学生发展指导体系；启动高中《生涯发展》教材研发；建设学生发展中心职业探索实验室；实行走班制、导师制，期间推行导师手册、学生手册，进行学生测评、导师培训，开设高一开学第一课……通过多年的研究与实践，八一学校将育人目标与学生发展的需求充分结合，系统构建了具有八一学校特色的生涯指导模式。

1. 依据学生发展指导体系，构建生涯指导模式

八一学校依据前期研制的学生发展指导体系，建立学生发展指导模型，形成生涯导师制、生涯课程构建、学科生涯交叉融合、生涯职业体验、生涯心理建设“五位一体”的三级生涯指导模式，从学生发展的生涯、学业、心理、德育、生活五方面，通过具有层次的设计，循序渐进地对学生进行全方位指导，并对学生的表现进行过程性与结果性评估。

三级指导模式

内容	一级指导	二级指导	三级指导
指导目标	1. 学校适应 2. 学业发展 3. 生涯意识养成	1. 生涯探索和规划 2. 发展问题预防	1. 生涯决策 2. 问题解决 3. 发展矫治
指导方式	1. 课堂渗透 2. 主题班会活动 3. 校园文化活动 4. 社会实践活动 5. 学习潜能测评指导	1. 必修或选修课 2. 团体辅导 3. 社团活动 4. 主题讲座 5. 学生选课测评指导 6. 创新能力测评指导	1. 一对一辅导 2. 心理咨询 3. 大学专业选择测评指导

2. 开发基于社会认知生涯理论的生涯发展课程

生涯发展课程在八一学校是一门必修课程。课程带领学生学习系统化的自我认知、职业认知、生涯发展指导等内容。课程目标是促进学生了解个人发展与生涯规划的关系，强化学生的生涯规划意识；促进学生对自我与环境进行探索，引导学生自主规划生涯发展；提高学生生涯相关资源与生涯规划基本技能；培养宏观及具前瞻性的生涯态度与信念。

结合课程目标，学校系统制定分段生涯发展能力指标体系（包括小学、初中及高中部分），目标模块包括自我觉察、生涯觉察、教育和职业探索、生涯规划与管理。

生涯发展能力指标

目标模块	核心目标	小学部分能力指标	初中部分能力指标	高中部分能力指标
自我觉察	了解自己的潜能与感受，欣赏接纳自己，探索发展自我价值，确立适切的人生观，觉察自我需求与目标，培养自律与负责的态度；运用批判思维与系统分析，积极面对挑战，并促进个人与家庭健全发展，追求幸福人生	1. 展现自己能力、兴趣与特长 2. 表达自己的想法与感受 3. 欣赏并接纳自己与他人，加强人际沟通 4. 情绪的辨识与调试 5. 正向思考的策略 6. 认识学校和周遭环境，了解家乡和传统节日	1. 探索自我与家庭发展的过程 2. 觉察自己的兴趣与多元能力 3. 澄清个人价值观、能力、特质 4. 正向思考模式、生活习惯与态度培养 5. 情绪与压力成因与调试 6. 个人挫折及家庭冲突的调试	1. 了解高中环境，喜欢高中生活 2. 建立积极的生涯信念，梳理自己的职业偏好 3. 梳理自己特征，了解自己的职业偏好

续表

目标模块	核心目标	小学部分 能力指标	初中部分 能力指标	高中部分 能力指标
生涯觉察	认知工作世界及内涵，了解职业世界；了解发展中的自我与不同阶段的发展任务，树立良好的职业态度和习惯	1. 生涯启蒙，认识身边的职业种类和内容 2. 了解各种工作的甘苦，了解社区，走进社会 3. 感受科技，觉察工作的意义与重要性 4. 了解身边各行业对社会的贡献，关注热点 5. 学会独立，养成自律与负责的态度，自觉行动 6. 生涯体验，未来职业想象	1. 探索工作世界、了解职业人物 2. 生涯发展与转折与生命意义探索 3. 工作意义、态度与自身未来发展	1. 通过学科与职业关系了解职业世界 2. 了解他人对自身发展的影响，整合资源 3. 认识大学与专业，了解行业与产业，了解工作世界的趋势与变化
教育和职业探索	了解各学科与学生自己的兴趣、技能、价值观及性格之间的关系，并思考这些方面对自身生涯的影响，了解自己所适合发展的方向；探索生涯发展资讯与自我的关联，统合生涯资讯，掌握未来社会发展趋势	1. 选择适合的学习方法，养成自律的学习习惯 2. 初探自己的学业能力、兴趣与职业 3. 落实和觉察学习策略，养成良好习惯 4. 树立学习目标，学习计划的规划与执行 5. 了解学校，激发志向	1. 深入了解所学科目，培养积极主动的学习态度 2. 了解学习风格，掌握学习方法 3. 养成自我学习与管理的能力 4. 运用问题解决策略，解决问题	1. 理解学科和职业之间的关系 2. 了解不同专业主要招生院校，明确高考科目选择及其与专业的关系 3. 建立自身职业理想和学科学习之间的关系
生涯规划与管理	规划个人生涯决策，促进多元选择与适应性发展，建立良好的生涯管理和适应能力	1. 了解多元选择的存在与合理性，生涯决策，挖掘潜能 2. 体验休闲的意义与乐趣	1. 运用生涯规划方法与资源，培养生涯决策能力 2. 升学路径的规划与资源运用 3. 生涯决策、行动与调试 4. 个人与家庭资源的整合与管理 5. 培养适切的休闲态度与时间管理	1. 初步掌握目标管理、时间管理，了解休闲和健康管理 2. 了解并掌握决策方式，做出并理解和认同高考选科决策 3. 建立生涯适应力的理念

生涯发展课程建设基于社会认知生涯理论，并注重将理论与实践相结合，鼓励学

生参与课下学校组织的各项体验活动，开阔眼界和思路，将课上所学知识应用到实际生活中，解决实际问题，在实践中学习生涯发展的方法。目前该课程已经纳入学生课表，并形成了包括教材、学生工具书、教师指导用书、生涯规划档案、测评量表、职业体验手册、视频、电影、生涯发展图书、杂志、国内外大学信息资源等一系列的配套资源。生涯发展课程教材及教学资源针对小初高各年级的不同需求，教学目标和内容分别有所侧重。

生涯发展规划课程目标及内容

阶段	年级	教学目标
小学	一年级	指导学生认识学校的物理环境、作息时间、各功能室的用途，培养学生对学校的好奇心，对校园生活产生憧憬；指导学生认识学校、老师、班级同学，要学会的本领，适应学校生活，了解学校与“我”的关系，建立与学校的紧密联系
	二年级	指导学生探索了解自身的兴趣爱好，感受兴趣的个体差异性以及兴趣给每个人的生活带来的影响。发展积极的生涯兴趣，从而更清晰地认识自身优缺点，将职业需求与自我相联系，在兴趣探索过程中了解自我、了解职业，不断成长
	三年级	通过创设、分享生活与学习经验，设计相关的探索性活动，让学生发现自己的特长与潜能，认识与了解职业，培养学习与职业兴趣
	四年级	培养学生探索与了解周边社区的意识，通过观察、访谈、活动、交流等方式，初步认识社会和了解时代发展对社会的巨大影响，意识到平时在学校的学习与社区联系的重要性，培养责任与自主发展的意识
	五年级	通过职业体验、模拟、自我探索等方式，让学生去了解社会分工与职业特征，探究职业发展需要的能力，激发学生的学习信心与动力，树立明确的学习与发展目标
	六年级	通过课外学习探索、分享交流，了解中学阶段的学习、生活要求，了解团队与人际交往的重要性，树立新的学习与发展目标，合理设计与规划时间，学会列学习与生活计划，善于调节自己的情绪，掌握适应新环境的能力
初中	七年级	帮助学生适应初中生活，掌握基础生涯与生活知识与能力，了解所学科目的意义及其与职业的关系，了解身边基础工作
	八年级	帮助学生了解自己，了解新接触学科及其与职业的关系，了解快速变化的职业世界
	九年级	帮助学生进行科目与发展决策、建构理想未来
高中	十年级	帮助学生适应高中生活，养成生涯管理技能
	十一年级	帮助学生做出大学及专业决策；帮助学生树立职业理想，了解职业世界，建立自己与工作世界的关系
	十二年级	通路介绍，学业决策，建构认同与适应的生涯信念

十二年一贯的生涯课程，充分考虑了不同阶段的生涯发展要求：小学阶段是生涯启蒙阶段，重点是提高学习的自信心，初步认识社会职业，培养人际交往能力，培育学生终身学习和发展所需的态度；初中阶段以生涯探索为主，重点是加强自我认识，培养学习计划与管理的能力，加强社会理解，了解社会分工，认识高中学校，激发生涯发展的意识；高中阶段以生涯决策及大学适应为主，深化自我认识，激发学习潜能，培养学生的生涯选择能力、职业规划与管理能力，增强学生的社会参与意识。

目前，十二年一贯的生涯课程已经形成教材，现摘录高中生涯发展课程目录。

高中学生生涯发展课程用书目录

十年级

一、新生适应篇

第一单元　青春飞扬，筑梦时光——走进高中新生活

　第一节　开启美丽新篇章——高中生活大不同

　第二节　高中生活面面观——适应新生活

第二单元　问多彩人生，谁主沉浮？——认识生涯规划

　第一节　生命的藏宝图——什么是生涯规划

　第二节　我的生涯记事本——生涯规划金三角

　第三节　生涯规划初体验——认识生活角色与生活形态

　第四节　我的高中风向标——高中生活和我的未来

　第五节　小小加油站——我的生涯信念

二、自我探索篇

第三单元　从镜子里看到的是谁——关于“我”

　第一节　我的青春自画像——认识自己

　第二节　兴趣探索——打开人生的藏宝箱

　第三节　发现自己的潜能——了解能力

　第四节　价值观大冒险——了解价值观

　第五节　性格派对——了解人格特质

　第六节　打破性别刻板印象——性别与生涯

三、学科探索篇

第四单元　外部环境知多少？——认识外部环境

　第一节　家庭与自我生涯选择——家庭与自我生涯选择

　第二节　社会环境与个人生涯发展

　第三节　生涯助推器——认识高中学校的优势资源

第四节 生涯发展道路上的重要他人
第五单元 立足学科，筑梦未来——学科与职业发展
第一节 行行出状元——学科社会价值探索
第二节 学科和我的未来
第三节 学科与专业、职业选择的关系
第四节 我的学业规划书
四、自我管理篇
第六单元 修炼实践——学会管理自己
第一节 目标与行动——目标管理
第二节 我和时间有约
第三节 休闲管理
第四节 健康管理

十一年级

一、职业探索篇
第一节 工作透视镜——工作的本质
第二节 走进职业世界——职业世界概述
第三节 我的理想职业
第四节 职场红绿灯——职业伦理
第五节 职业世界的变化趋势
第六节 适应快速变化世界的核心技能
第七节 用我所学，学我所爱——职业回归到学业
二、学业探索篇
第一节 我为什么要上大学——大学和专业的本质
第二节 扬帆起航去大学——大学探索与升学路径
第三节 科系专业大揭秘——专业探索
第四节 我的大学定向——我的理想大学与专业
三、升学选择篇
第一节 知己知彼百战不殆——理性决策
第三节 升学选择——学业目标、家庭与决策
第二节 情绪管理 压力管理——升学加油站
第四节 行动计划——我的升学路径

十二年级

一、大学预备篇

第一节　我的大学——大学面面观

第二节　大学准备——我的挑战

二、终身发展篇

第一节　诗意人生在路上——生涯适应力

第二节　条条大路通罗马——多元发展路径

第三节　破茧成蝶舞动人生——终身学习

（二）整体推进，有力推动生涯发展指导工作

八一学校在生涯教育实施过程中，以学生可持续发展为导向，将选择权真正交给学生，让学生通过自主选择，实现学科选择、优势智能、升学及职业最大程度的契合。学校通过生涯教育组织结构调整、物理空间改造、信息化系统建设、海内外名校专业体验和企业实践基地建设等多重举措，整体推进生涯指导工作。

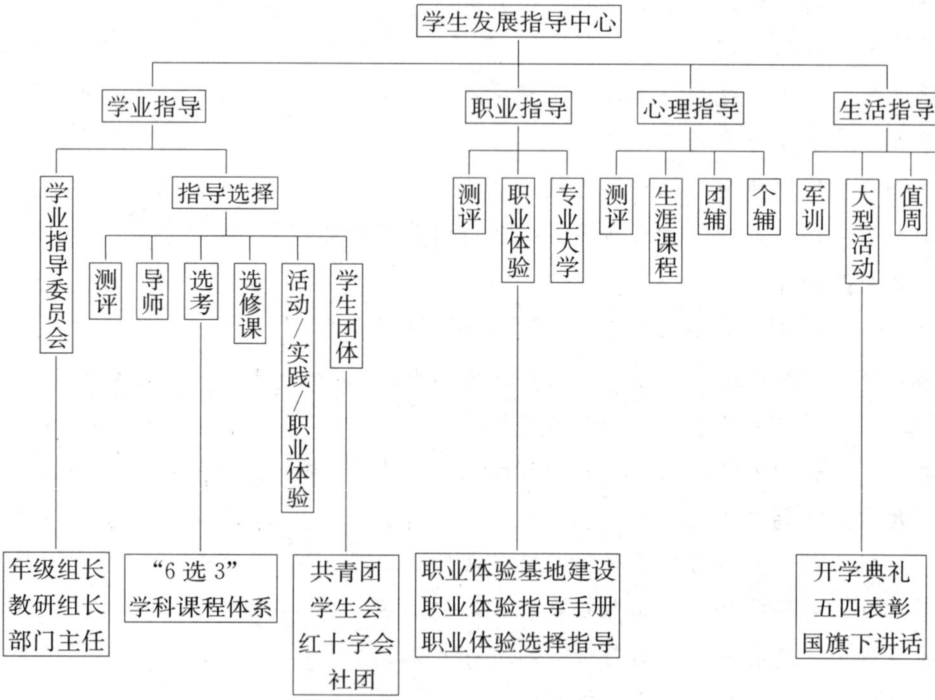

学生发展指导中心职责及工作方式

1. 设计生涯指导组织结构

学生发展指导中心，是落实学生发展指导各项工作的重要机构，是服务于学生发展指导配套资源挖掘、整合、协调、应用的纽带，是支撑学生当前与未来发展、连通导师和学生的枢纽。学生发展指导中心主要有四大职责：学业指导、职业指导、心理指导、生活指导；主要工作内容包括：学校的德育工作整合与发展、社团建设、社会实践活动规划、学生发展指导配套社会资源、家长资源整合、学生发展指导课程建设、学生竞赛项目规划等。

学校建立专门的组织制度，如发展指导组织架构系统、发展指导规章制度系统、发展指导方案设计及实施系统、发展指导效果评估系统、学生能力发展评估系统、发展指导导师及专家支持系统等，科学有效地把控生涯教育的全过程。

2. 再造生涯教育的物理空间

学校将原行政楼的一、二、三层进行改造，建设成为学生发展指导中心的主体区域。在一层设置了学生综合服务中心、中心导师约谈中心和学生社团发展中心，将以往学生处、团委、教务处、总务处等多部门涉及学生业务的功能整合在一起，使定位更加聚焦和明确。另外，学校还设立多功能学习空间、社团活动空间，并源于对目前社会职业方向的分析，设立与职业体验相关的职业探索实验室，如与斯坦福大学合作的生命科学职业探索实验室，与北京理工大学合作的国防科技职业探索实验室、测量与分析方向的职业探索实验室、工程与设计方向的职业探索实验室等。

每个职业探索实验室还承担了专业的研究项目，学生可通过预约项目体验或学习相关职业知识，并由专业团队为学生提供相关指导，进行心理、行为分析评估、反馈。

生命与科学方向职业探索实验室设置了生命科学分子生物研究项目及生物医疗方向研究项目。

学生服务中心

多功能活动中心

生命与科学方向职业探索实验室

工程与设计方向职业探索实验室

生命与科学方向职业探索实验室研究项目

序号	生命科学分子生物	生物医疗方向
1	线虫自交还是外交	心肺复苏技能
2	线虫的显性和隐性基因	突发心脑血管疾病的救助
3	遗传学定律	癌症的预防与治疗
4	表型相似就是同一个基因突变吗?——互补测验	孕妇与新生命
5	遗传拯救	腰椎间盘突出的护理与治疗
6	创新课题:污水对线虫的影响	心理健康与精神疾病预防

测量与分析方向的职业探索实验室设置了系列测量分析研究项目。

测量分析研究项目

序号	项目名称
1	大气中总悬浮颗粒物的测定(重量法)
2	环境噪声的测定
3	大气中二氧化硫的测定
4	水体中总磷的测定(钼酸铵分光光度法)
5	土壤中重金属镉的测定
6	牛奶中蛋白质的测定

工程与设计方向的职业探索实验室设置了系列工程方向研究项目及设计方向研究项目。

工程与设计方向职业探索实验室研究项目

工程方向	分项	设计方向
机械化展台	无	团队 LOGO 设计项目
智能家居	炫彩	学校未来图书馆设计项目
	声控灯	
	凉水器	
	涮笔器	
学科融合人文艺术	立方体积木	给自己的毕业典礼请柬设计项目
	带纹花瓶设计	
学科融合自然科学	两心壶的设计	智能家居之智能综控机器人外形设计项目
	微积分模型	

3. 完善生涯教育信息化系统

生涯规划的基础是对学生有准确而全面的了解。因此，学校进行信息化支持体系（包括学生测评系统、教务管理系统和学生成长记录系统）的建设，对学生人格特质、兴趣倾向、选科偏好进行分阶段调研分析，记录学生从小一到高三的成长过程，包括思想品德、体育运动、学科知识、阅读素养、社会实践五个维度。通过信息系统对这些数据进行统合，达到精准性指导学生发展的目标。同时，学校还建设了学生发展系统信息化指导平台。平台设有测评、职业库、专业库、院校库等内容。通过这个平台，学生可以更加全面地了解院校信息、专业信息和职业信息，并通过专业测评工具对自我进行测评，进一步明确学科兴趣和学科倾向。

根据各学段的学生指导需求，对应使用的测评工具也有所不同。如高一新生入学会使用新生适应状况评估工具来测试学生对初入高中生活的适应程度，若发现新生有不良心理倾向，导师会及时与学生进行沟通；高二学生对于生涯规划已经有了初步认识，通过生涯成熟度测评工具能够有效掌握学生对自身生涯规划的认知程度，起到生涯预警的功能；高三学段备考压力繁重，考前状态综合评估指导系统能够帮助学校及时了解学生备考心理，调整学生考前心态，给予学生有效辅导。

各学段测评工具使用情况

阶段	推荐使用时间	测评工具	功能
高一	8 月	学科能力倾向测评系统	学业决策，“6 选 3”（选科）
	9 月	新生适应状况评估	新生学校适应、心理预警

续表

阶段	推荐使用时间	测评工具	功能
	3 月	职业倾向测评系统	生涯规划
	4 月	学校氛围及文化环境评估	学校管理
高二	9 月	生涯成熟度测评	生涯预警
	11 月	心理与行为状况综合评估	心理预警与辅导
	3 月	拖延状况及时间管理能力评估	学业辅导
	4 月	学校氛围及文化环境评估	学校管理
高三	10 月	心理与行为状况综合评估	心理预警与辅导
	5 月	考前状态综合评估指导系统	学业辅导

根据学生在校表现，学科教师、导师或专业顾问可以通过以下测评工具有效评估学生的实时心理，诊断问题根源，帮助学生缓解心理障碍。

异常现象测评工具概述

测评目的及适用对象	使用权限	测评工具
诊断学生各学科学习情况、提升学习策略和能力	学科教师 全体导师	学习方法与学习策略综合诊断系统
针对学习状态不佳的学生	全体导师	学习倦怠测评
针对考前易紧张、考试发挥不佳的学生	全体导师	考试焦虑测评
针对近期学习退步大、情绪行为有明显改变的学生	心理顾问	心理应激源评估
针对近期家庭或学校生活中有突发/负性事件的学生	心理顾问	心理韧性与应对方式评估
针对有网络成瘾倾向的学生	心理顾问	网络成瘾评估

未来，学校还将继续探索将生涯规划与人工智能进行结合，逐步构建 IBM Watson 智能系统，借助先进技术，逐步形成具有八一学校特色的学生画像分析模型、学生评价过程模型等。

4. 建设海内外名校专业体验和企业实践基地

生涯教育不是孤立的，应积极整合各类社会资源。八一学校积极拓展国内外名校和各类专业的体验和实践基地，尝试建立大学中学联动的实验室，并组织开展中学生参与国际学术前沿的课题活动、海内外专业体验游学活动、顶级名校的专家指导活动等。通过与众多海内外知名院校开展专业体验的实践基地建设，学生可以参加专业相关的夏令营、冬令营，提前接触相关专业学习的知识；参与国际学术前沿课题研究，加深专业学习领域的了解；获得来自顶级名校专家对于专业选择的指导；听取名校大学生、研究生在选择专业时的经验分享；在与名校共建实验室中展开基于相关专业的项目式学习等。

国内外名校体验和实践活动类型

学校还与多家国内外知名企业展开合作，不断扩展职业体验基地。目前，学校已经和中国航天机构、西门子公司、国家气象局和汽车制造厂商展开合作。学生可以选择感兴趣的职业或行业，深入企业内部进行职业体验实践，并且有机会获得行业资深专家的指导。在职业实践过程中，心理、生涯老师和专业人士组成的专业团队通过行为测验、工作样本和情境测验等操作性职业潜能测评工具，对学生的职业潜能进行评估并给出相应建议。

与多家国内外知名企业合作建立职业体验基地

此外，学校还积极开展学生发展职业探索项目建设，与德国西门子公司、北京大学医学部、教育部教育管理信息中心、北京国信世纪信息技术研究院共同研发，开展线虫研究/生物医疗项目、工程与设计探索项目、测量分析项目以及国防科技项目，将学习工具与策略空间进行整合，在原有基础上进行改建，设立设计思维实验室、创新实验室和社交情绪实验室，来提升学生的通识性素养。

（三）系统设计，多载体、多渠道渗透生涯教育

八一学校针对生涯教育进行了多载体、多渠道的探索与尝试。一方面，开设心理健康必修课和校本选修课，开展系列生涯主题班会课程，引导学生进行自我探索；开设促进学生了解职业和社会的梦创家课程和暑期综合实践课程。另一方面，学校充分发挥学科课程的价值，把生涯规划教育融入学校教育的全过程，将学科教学、班级管理与生涯教育有机结合，使每位教师都成为实施的主体。

1. 以生涯规划为主题开设系列心理课程

八一学校于 2000 年就开始了心理教育的相关工作，并于 2002 年开设心理课程，是海淀区乃至全国最早开始筹备心理教育相关工作的学校之一。学校长期在小学一年级、二年级和初中一年级、二年级，高中一年级以生涯规划为目标指引，开设系列心理课程。小学学段主要培养良好习惯和心理品质为主；初一以学习方法和内在能力为主，帮助学生正确认识自己各个方面的能力；初二开设认识自我模块，帮助学生了解自我、接纳自我，引导学生进行自我探索，学习情绪管理、人际交往、决策等方面的科学方法，树立生涯发展意识和观念。同时在初一和初二开设校本选修课，结合必修课程对学生进行更具个性化和针对性的指导。

学校还开设幸福课，通过学习、训练，在学生的心中种下快乐幸福的种子，培养学生爱的能力和感知幸福的能力；激发学生内驱力，充分挖掘学生固有的、潜在的、建设性的力量；通过积极情感体验、积极习惯养成，培养积极心理品质，塑造积极人格；帮助学生树立人生理想和目标，引导学生积极乐观地面对生活和学习。幸福课的主要专题包括：课程介绍及团体建设；什么是幸福；怎样才能永远幸福；人际关系与幸福；家庭关系与幸福；情绪调适与幸福；保持幸福。

学校关注学生全学段的心理健康发展，针对不同年龄段的特点，开设适合的心理讲座，帮助他们正确认识自己和青春期，培养自信心、情绪控制能力、自我管控能力等，促进学生身心健康、快乐成长。

学校还根据不同年龄段的学生心理需求，专门录制不同主题的心理微课。微课涵盖学习、生活等方方面面，班主任结合班级实际情况来使用。心理微课能帮助学生建立积极的同伴关系，凝聚团队力量，增进学生社会适应品质和人际交往能力，帮助学生更好调节情绪、缓解焦虑，融入集体与社会。

八一学校心理微课清单

序号	课程名称	课程框架	一句话简介
1	觉察自我情绪	简单了解情绪分类，觉察情绪训练	帮助高三学生觉察自我情绪，从而达到调节情绪的目的
2	肚子里有个火车站	背景引入，主题故事展开与解读，学生思考与领悟	通过主人公肚子里“火车”运行中发生的种种故事，引导学生思考与领悟如何善待自己，以及如何与他人相处
3	觉察心身，调节情绪	案例导入，心身的觉察与接纳，情绪的化解与升华	通过对心身中正的觉察与无条件的接纳，自然化解与升华情绪
4	面对新增新冠肺炎疫情，如何缓解焦虑	案例分析，认识焦虑，缓解策略，冥想练习	通过对疫情和焦虑的认识，镜照自身，生成策略，知行合一
5	调节心身，快乐返校	返校适应中的三个典型问题，分析原因，分享方法	通过对返校适应问题的分析与解读，引导学生调节心身，快乐返校
6	拥抱集体，绽放心灵——我是适应小达人	热身导入，适应新集体，自我适应，关系适应，规则适应	引导学生在集体中觉察、悦纳自我，体悟关系与变化，认识规则与自由，行动起来，积极适应新环境
7	静中慧动中觉心中暖——新学期心理调频	讲解与体验静、动、暖的内涵与相互关系，针对学生新开学可能会出现的典型困惑，分析原因，分享应对方法	“假期归来发现坐不住怎么办？出现拖延怎么办？想玩电子产品怎么办？”这节微课与你分享
8	人际交往技巧	帮助学生掌握人际交往小技巧	帮助学生掌握人际交往小技巧

2. 开设“梦创家”职业体验课程

未来是什么？提及未来，基因技术、虚拟技术、交互网络技术、人工智能技术、宇宙航天技术等这些词汇马上会在脑海中浮现出来。未来必将是一个被技术彻底改造的社会、一个未知而又全新的社会。面对这种未知，八一学校希望学生有的不是恐慌，而是满满的自信。“梦创家”职业体验课程就是给学生们一架“看到未来的望远镜”。在镜头里，他们看到了自己的未来、行业的未来和社会的未来。在课程中，他们参与、思考、总结，激发更多的思考，最终获得全新的认识。

“梦创家”职业体验课程，面向高考、自招不同群体学生的需求，为学生提供研学实践、名企实习和参与真实项目案例的机会。它结合未来3—5年社会发展趋势，基于行业知名企业覆盖核心素养的基础岗位，联手世界500强企业，推出线上、线下系列生涯规划、职业体验的课程。“梦创家”旨在发掘学生个人兴趣和能力，与学生一起探究最能实现个人价值、最具可行性的梦想。

“梦创家”标语

“梦创家”课程通过线上、线下相结合的方式开展。线上课程内容丰富，涉及真实社会中的各个行业领域。如 2018 年的课程就涉及了大型晚会策划、视频 AI、先进医疗、网络综艺与知识付费四个方向，具体的体验岗位更是多达十几种。以先进医疗这一方向为例，在前期的体验讲座中，专家会向学生介绍不同领域相关联、相结合的研究成果和发明，例如“怎么解决器官移植的排异性问题”“如何利用传感器防护老年人摔伤”等实际技术应用问题，燃起学生对创新项目参与体验的向往，以及对许多未知的职业、专业的探索热情。学生通过线上学习，在世界 500 强企业高管授课下完成课程，获得课程证书。

课程主题	上课时间		授课形式	主讲单位	体验岗位
大型晚会策划	第1节	2018-3-17 周六19:00—20:00	线上直播	CCTV4 央视·中华情	导演、舞美、策划等
	第2节	2018-3-24 周六19:00—20:00			
	第3节	2018-3-31 周六10:00—12:00	线下体验		
视频AI	第2节	2018-4-14 周六19:00—20:00	线上直播	阿里巴巴	产品、技术、营销等
	第3节	2018-4-21 周六19:00—20:00			
	第3节	2018-5-12 周六10:00—12:00	线下体验		
先进医疗	第1节	2018-5-19 周六19:00—20:00	线上直播	北大口腔医院	专业医生、职能岗位
	第2节	2018-5-26 周六19:00—20:00			
	第3节	2018-6-02 周六10:00—12:00	线下体验		
网络综艺&知识付费	第1节	2018-6-09 周六19:00—20:00	线上直播	奇葩说	出品、制作、策划等
	第2节	2018-6-23 周六19:00—20:00			
	第3节	2018-6-30 周六10:00—12:00	线下体验		

2018 年“梦创家”课程安排表

在“梦创家”课程中，学生有机会通过课程学习对心仪职业有一个直观的体验，并能深入了解某个职位甚至整个产业链，而且优秀项目的成员有机会近距离接触国内顶尖企业家组成的导师团。“梦创家”课程实现了学生“依据兴趣选行业，依据特长选岗位”的自由选择权，促进学生个性发展的同时会激发学生的内在学习动力，而且全国顶尖学校朋辈之间的横向激励也能带动学生的学习热情，为生涯规划的成果输出提供了一条新的路径。

G2020 届 1 班学生周惟祥参加了“微软人工智能项目”，完成了作品“创造工作的灵感引擎”。他不但获得了优异的成绩，还担任了“梦创家”研习社社长，带领和影响了更多的同龄人。在谈及自己在学习“梦创家”课程的感受时，他说：“课程对我最大的影响是思维的改变。”通过课程的学习，他对人工智能行业的行业发展、核心技术、应用场景甚至职业岗位，都有了整体的认识和理解。

兴趣点燃梦想·坚持成就未来

周惟祥

当我拿到“梦创家”课程介绍时，看着一个个有趣的课程，真不知道要选择哪一个，它们都以其精美的外表和实在的内容深深吸引着我。基于个人兴趣，我选择了关于人工智能的课程。“梦创家”的每门课都有三节的线上直播课程，课程由相关领域的专家为同学直播。在上课时，我们可以发消息向老师提问。我在听老师讲课时，对一切都感到好奇，产生了一种接收新知识的小激动，这种感觉一直伴随着我上完所有的课程，促进了我的思考。

当然，老师所讲的知识大多是干货，一节课上下来，往往会产生一些疑问，当老师说起技术问题时，有时甚至会出现大面积的不理解。这时，好奇的我往往会上网查一些资料，这样才能真正地、较为深入地理解老师讲课的内容。如果自己的问题只是与上课内容有关的一个点或是自己根据课上内容而产生的联想，也可以当场向老师询问并得到专业、全面的回答。而最重要的是，在产生疑问与解答疑问的过程中，又会激发更多的思考，在将这些思考与老师、同学、家长进行交流后，又会获得全新的认识。当你将这一套进行下来后，你也可以算是对这一领域有了一个初步的相对不那么浅显的认识了。

我的作品之所以能够获奖，我想是因为这个作品的内容本身是一个有意义的新奇想法。我的作品题目是“创造工作的灵感引擎”。所谓“灵感引擎”就是一个基于在线智能数据库的搜索系统。该系统可以通过自由衍生式的联想搜索，为使用者提供所需的信息资料和有价值的但人脑无法搜索出的内容，从而辅助使用者工作，给使用者提供灵感，乃至协助、促进使用者思考。

作品获奖后，我受邀参加了在微软总部举行的优秀作品展示会。在参加展示会当天，我与人工智能课程的讲师吴博士和来自其他数所学校的获奖者同坐一桌，真是无比荣幸。身处微软总部工作区的一间宽阔的会议室，聆听着各位同学讲解自己的作品与吴博士对每一位同学的作品的点评，我的思维被进一步打开，受益匪浅。在最后拿着证书与吴博士合影时，回想过去一段时间的坚持，顿感这一切努力真是没有白费。

周惟祥与吴博士合影

3. 开设暑期职业体验课程

生涯教育的形式不能只是课堂的知识学习，还应有丰富多彩的体验和实践；生涯教育的阵地不能只在校园，还应整合家庭、社会的力量。学校为学生建立并扩大更新职业体验和志愿服务基地，为每个基地配备校内负责教师，精心设计体验课程，为学生近距离接触社会提供实践机会，帮助他们了解社会对人才的要求。这种职业体验不仅仅面向高中学生，而是从小学开始持续开展。在小学、初中阶段，学校定期为学生开设职业讲座及职业体验活动，面向全体学生开展职业领域全产业链深度探索活动。每年暑期高一、高二年级则会开设专门的暑期职业体验课程，鼓励学生参加自主职业体验活动，选择高校院所或父母的单位进行实践，感悟“初入职场”带来的体验。

以赵泽寰同学为例，他和几个伙伴在中科院生物物理所进行了暑期职业体验，在与老师近距离深入交流后，他深刻地感受到“兴趣是人生成就大事的基石和成长的动力引擎，志向则是人生这条大船的舵手与方向，而远大的志向也可以成为人生中的一种动力”。

兴趣与志向是人生的引擎

赵泽寰

在盛夏7月，我们来到中国科学院生物物理研究所进行暑期职业体验活动。在活动中，我收获了很多，也体会到很多。

进入研究所后，我们首先在老师的带领下，参观了研究所内各种先进的仪器设备，例如冷冻电子显微镜和各种各样的流体分流细胞器以及各种高科技的实验研究室。随后我们在老师的带领下，参观了各种不同类型的实验室与保存室。我们还动手进行了DNA的电泳检测实验，整个实验过程虽然看起来比较简单，但是真实的实验过程极为繁杂，可见实验室里的科研人员们每天为了得到精确的数据一次又一次地重复同一实验步骤时所需的耐力与定力。这也让我深刻地了解了科研的艰苦与所需付出的巨大努力。

同时，在参观学习体验的过程中与老师的一番讨论，使我不禁感慨万千。

老师告诉我们，他之所以选择这个职业，是在中学时参加生物竞赛的缘故，当时就对生物这方面产生了极大的兴趣；在高中时，又通过在竞赛和国家各种大事件中了解到中国在生物医学和研究这方面有所欠缺，而恰恰自己对这方面又有着浓厚的兴趣，因此确立了志向而更加努力地学习，最后取得了优异的成绩，成为这里的研究人员。

从这一番谈话中，我逐渐了解到像老师这样在事业上有所成就的人，一定是一开始就对这一方面有着浓厚的兴趣，同时也有着远大的志向。因此选择自己喜欢的、有兴趣的职业是人生中非常重要的事情。兴趣可以说是我们通往成功的基石，更重要的是，兴趣可以使我们遇到困难时，不轻言放弃。而志向则犹如人生的方向标，明确的志向会指引着我们走出困境，即使我们遇到困难与挫折，也会依然充满斗志、激情昂扬，向着自己想要的方向发展。可以说，在人生的漫漫征程之中，兴趣与志向是人生的引擎，两者缺一不可，没有这两项，人就如在黑夜中行走，会渐渐迷失方向。

4. 在学科课程中渗透生涯教育

八一学校倡导在学科课程中渗透生涯意识，让每位教师意识到生涯教育与自己的课堂息息相关，并有效整合教材内容中的生涯素材，创设真实的情境，通过在学科教学中融入生涯规划教育以及在“策划—实施—评价”的持续改进循环过程中获得真实经验，反思实践，使学生得到高质量的生涯规划教育和升学就业辅导服务。这种生涯规划与不同成长阶段学生的发展需要相一致，学生可以根据自身的兴趣、能力和倾向做出生涯决策，对自身的学习做出明智而负责的决定；顺利实现从中学到大学的过渡，在追求个人或职业目标中发挥个人潜能。

以数学学科为例，教师从数学学科的核心素养出发，带领学生认识数学学科的社会价值，并结合学生不同的兴趣方向为学生推荐适合的职业探索方向，从而帮助学生进一步了解学科、理解学科，激发对学科的兴趣。

在数学学科教学中渗透生涯教育

高中数学教研组

数学是研究现实世界中的数量关系和空间形式的科学。数学是众多学科的基础；数学是研究自然的工具；数学是一种思维方式；数学是艺术；数学是人类思维的创想；数学是一种通用语言；数学是一种研究方式；数学是文化；数学是精确简约的通用科学语言。

一、数学学科的核心素养

数学学科核心素养：数学抽象、逻辑推理、数学建模、直观想象、数学运算、数据分析。

数学抽象是指舍去事物的一切物理属性，得到数学研究对象的思维过程。主要包括：从数量与数量关系、图形与图形关系中抽象出数学概念及概念之间的关系，从事物的具体背景中抽象出一般规律和结构，并且用数学符号或者数学术语予以表征。数学抽象是数学的基本思想，是形成理性思维的重要基础，反映了数学的本质特征，贯穿在数学的产生、发展、应用的过程中。

逻辑推理是得到数学结论、构建数学体系的重要方式，是数学严谨性的基本保证，是人们在数学活动中进行交流的基本思维品质。逻辑推理核心素养帮助我们能够发现问题和提出命题；能掌握推理的基本形式，表述论证的过程；能理解数学知识之间的联系。

数学建模是对现实问题进行数学抽象，用数学语言表达问题，用数学知识与方法构建模型解决问题的过程。数学模型构建了数学与外部世界的桥梁，是数学应用的重要形式。数学建模是应用数学解决实际问题的基本手段，也是推动数学发展的动力。

直观想象是发现和提出数学问题、分析和解决数学问题的重要手段，是探索和形成论证思路、进行逻辑推理、构建抽象结构的思维基础。

数学运算是数学活动的基本形式，也是演绎推理的一种形式，是得到数学结果的重要手段。数学运算是计算机解决问题的基础。

数据分析是大数据时代数学应用的主要方法，已经深入现代社会生活和科学研究的各个方面。数据分析核心素养能够帮助我们提升数据处理的能力，增强基于数据表达现实问题的意识，养成通过数据思考问题的习惯，积累依托数据探索事物本质、关联和规律的活动经验。

总而言之，数学知识能够将复杂问题化繁为简，通过逻辑理论知识让我们更好地理解掌握知识的基本表现形式和思维方法，自主地将知识联系在一起，加深记忆，学习知识；培养数学核心素养帮助我们渐渐学会用数学的角度来思考转化问题；通过数学方法逻辑理性地分析问题，形成在实际生活中综合性解决问题的能力与理性思维的习惯。

二、数学学科的社会价值

数学已经成为我们生活的基本工具，如表示空气污染程度的百分数、天气预报中用的降水概率、超市购物各种打折方式的换算、媒体中各种的统计分析，都离不开数学知识。没有数学，现代人几乎不能更好地生活。数学逻辑思维能帮助我们解决很多现实问题。数学的许多高深理论和方法正广泛地渗透到自然科学的各个领域中去。不论是电子计算机的发明还是它的广泛使用，都是以数学为基础的。高科技往往在本质上是一种数学技术。从医学上的CT技术到印刷排版的自动化，从飞行器的模拟设计到指纹识别，从石油地震勘探的数据处理到信息安全技术等，在这些形形色色的技术背后，数学常常成为解决问题的关键。数学也已经广泛地深入社会科学的各个领域。例如，用数学模型研究经济，用数学手段进行社会和市场调查与预测，用数学理论进行风险分析和指导金融投资，等等。总之，数学在当代科技、文化、社会、经济和国防等诸多领域中的特殊地位是不可忽视的。

三、数学学科的职业发展方向

数学专业毕业生就业面很窄？事实上，如果选择数学成为主修专业，那么我们的就业范围会非常广。

1. 金融类行业

如果喜欢的是计算，金融类等较多职业都适合我们去探索，比如精算师这一职业。精算师是一个我们相对比较熟悉的高薪职位。精算师是分析风险并量化其财务影响的专门职业人员。他们综合运用数学、统计学、经济学、金融学及财务管理等方面的专业知识及技能，在保险、金融及其他领域中，分析、评估不确定的现金流对未来财务状况的影响。精算师是管理队伍的重要成员，通过风险分析，确保公司投资的完善与商业目标的实现。

2. 大数据行业

如果喜欢的是调查统计，与大数据有关的众多职业都适合我们去探索。在电商、资讯、灾害预防等方面，大数据发挥着重要的作用，而其中的基础技术就是大数据技术，而数据分析和数学息息相关。

3. 建筑设计

如果喜欢的是思考图形，可以探索建筑设计。建筑师应该是数学忍者。有抱负的建筑师一头冲向数学，就好像冲向战场。数学是解决问题和知何所求的教育，如建筑建模通常从较小的形状构建更大的形状。

4. 人工智能行业

如果喜欢的是证明、分析命题，可以关注人工智能行业。人工智能现在非常火热，很多领域已经开始大规模研究并使用了。人工智能需要更多的掌握扎实数学功底，对深度学习、算法学习有研究的数学人才。

5. 学术界与科研类职位

如果喜欢纯粹的研究，可以探索学术界与科研类职位。数学界的科研人员，可能会发现新的理论并应用到生活实际中，推动一系列的发现与发展。而以数学为基础的学术和研究型职业是非常广泛的，如从事科研教学工作、参与编辑出版，等等。

有数学王子美誉的高斯曾经说过："数学是科学的皇后。"这是对数学学科的赞美，也揭示了我们生活和工作中都离不开数学。国家近些年来，也一直在支持数学的研究与发展。学习数学，并不代表将从事数学计算，也不意味着将走上与数学相伴的道路。但是学习数学，能让自己的思维活跃，做事逻辑清晰，遇到问题冷静理智。所以，有什么理由不学好数学呢？

5. 在班会课中融入生涯教育

学校还将生涯课程引入班会，由心理教师对班主任进行培训，指导和协助班主任召开主题班会。主题如下：

生涯课程班会主题

年级	主题
初一	适应新环境、建立新集体、树立生涯意识
初二	青春期人际交往、情绪管理、选课指导

续表

年级	主题
初三	时间管理、考前辅导
高一	适应新环境、建立新集体、自我探索和树立生涯意识
高二	科学学习方法指导、了解职业和专业
高三	时间管理、生涯决策与规划

借用班会丰富多彩的形式，班主任引导同学之间畅谈人生理想，学习运用时间管理和目标管理的技巧，突破生涯之路上的每个阶段性小目标，最终走向成功的彼岸。以金雅娟、常容若老师的“决策未来”生涯规划主题班会设计为例。

立足班级现状·激发理性思考

——“决策未来”生涯规划主题班会设计

金雅娟　常容若

生涯规划主题班会是一个系列的班会。目前高一年级已经开设了生涯课程。生涯课教给了学生如何对未来专业、职业进行规划，从专业选择的各种因素用赋分权重的方法进行比较，专业性强，因而更加普适，但是没办法顾及学生个体在现阶段遇到的具体问题。生涯规划主题班会则立足班级和学生的现状，更加具体化、个性化。

一、指导思想和理论模型

学生成长的过程，就是不断地“认识自我”和“认识世界”的过程。在这个职业生涯认知的金字塔里，底层的知识领域，是可以从外界学习获取的，它包括对自己的认识（我要成为什么样的人、我现在是什么样的人）和外界的认识（我的目标职业要求具备什么样的能力）。在了解了自己和目标之后，如何让现在的自己所做的事情更有利于目标的达成？如何做好一件事？是这件事情的流程不知道，还是内驱力不够、意志力不足？又如何做好N件事？在决策过程中，需要权衡利弊、做时间管理；在执行过程中，需要不断自我察觉和自我调控，从而提高元认知水平。

二、班会活动及思考

本节班会课主要通过问卷调查、小组讨论、交流分享、心理测试等形式进行，分为“认识自己，认识外界”“怎样做好一件事”“怎样面对N件事”三个主要环节进行。课上采用了智课系统进行了投票以及讨论分享的活动。

活动1：问卷调查

课前按照目标逆推的方式，设计了一个匿名的调查问卷：

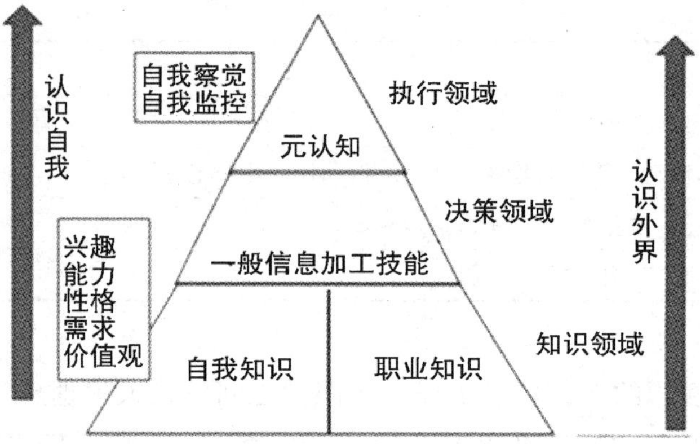

职业生涯认知的金字塔

一、长远目标

1. 你未来想从事什么领域的工作?

2. 你为什么选择这份工作?

3. 你希望考入哪所（类）大学?

4. 你希望创造什么样的社会价值?

二、短期目标

1. 高考科目“6 选 3”你会选择哪三科?

2. 你希望获得什么样的学历?

3. 你希望考入哪所（类）大学?

4. 你希望进入什么专业学习?

问卷的结果及课堂上的分析：

1. 学生对“你希望创造什么样的社会价值”这个问题的回答十分令人欣慰。很多孩子提到了“要在某一领域有所突破”“要用基因工程治疗疾病或改善先天缺陷”“要推动科学发展、社会进步”“要让自己的存在使身边的人幸福”。人有宏志，方能走得更远。“既然选择了远方，便只顾风雨兼程!”

2. 关于大学学历、专业和“6 选 3”科目结果，100％的学生不止步于本科，60％的学生期望从事学术领域的工作。

这些结果表示，大部分同学希望从事学术研究，而且绝大部分同学选择的是理科。这说明我们对研究性学习更需要重视，并且应该在这个过程中学习文献研究、实验研究的方法，注意培养自己的科研能力。

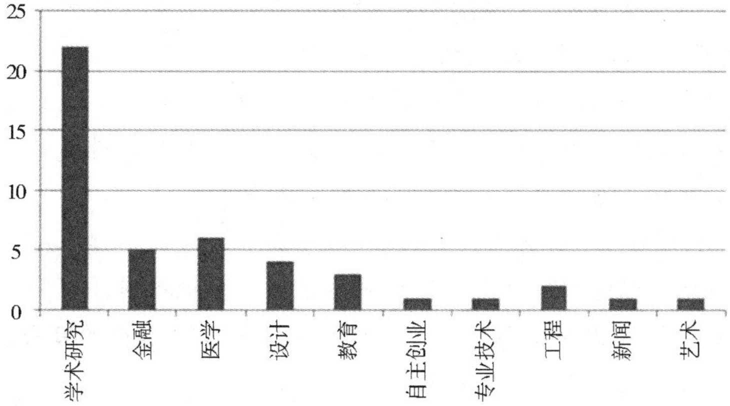

问卷分析

活动 2：观看“一席”视频

研学小组分享小组合作的经验和文献检索的经验。

如何做好一件事？以游学课题为例，看看做得比较好的同伴们如何提前计划、如何小组分工、如何查找文献、如何克服困难。通过视频了解科学研究的各种方法，借此对做好研究性学习进行一次辅导。

活动 3：“梦创家”优秀作品分享感受

在有限的时间里，在 N 件需要做的事面前，我们还能只埋头做作业吗？

经验分享和总结

学生活动：听一听吕婧文、周惟祥两位同学在“梦创家”课程中的收获，是什么让他们在N件事要做的压力下还能把这件事做好。

在这个活动中，帮助学生认识：保持对新知识的好奇心以及对未来自己感兴趣的职业的向往。如果只顾完成作业，不了解现在正在蓬勃发展的科技前沿，不去发现自己的职业理想，势必会在作业的海洋中变得疲惫和茫然。

活动4：时间管理技巧的学习

指导学生用四象限法则对每天要做的事情进行优先级排列，把现在的精力分配在这些事情上的百分比画出饼状图。思考这样的分配与你要达成的目标之间是否匹配，再来修正你应该做出的精力分配饼状图。

在这个活动中，帮助学生自我察觉，发现自己的精力安排是否最有利于自己目标的达成，理解在“喜欢做的事”和“应该做的事”之间的抉择。

三、课后反思

目标管理和时间管理是学生在生涯实践过程中使用的方法，特别重要的是决策和效率，这节班会课主要侧重决策。学生经过高一寒假、暑假的社会实践之后，可以进一步深入展开，以实践真正体会行业的具体内容、面临的挑战，听到行业内人士对职业的真实感受。

生涯规划是一系列教育活动，应该根据不同阶段的特点，逐步达成。生涯规划最终目的是实现学生的“自我追寻、自我实现”，一定要让学生经过自己的体验和思考。

（四）内外合力，建立校内外生涯导师队伍

生涯导师队伍的建设关系到生涯教育的实效，导师制作为构建“三全”（全员、全过程、全方位）育人体系的有效探索，是因材施教的一种有力诠释，也是全面提升学生综合素质的根本需要。八一学校坚持内部挖掘与外部借力相结合，培养了一支门类多样、人员多元的生涯导师队伍，明确了导师队伍构成与分工、核心指导目标与框架、导师工作标准与指导原则以及综合评价与考核维度。

1. 导师队伍构成与分工

学校内部设立导师制实施领导小组，下设年级导师和专业顾问组，把导师工作的目标和框架细化到每一个学年。学校高中年级每个行政班级，均配有班主任、导师两类岗位。两类岗位各有分工，协同管理与服务学生发展。

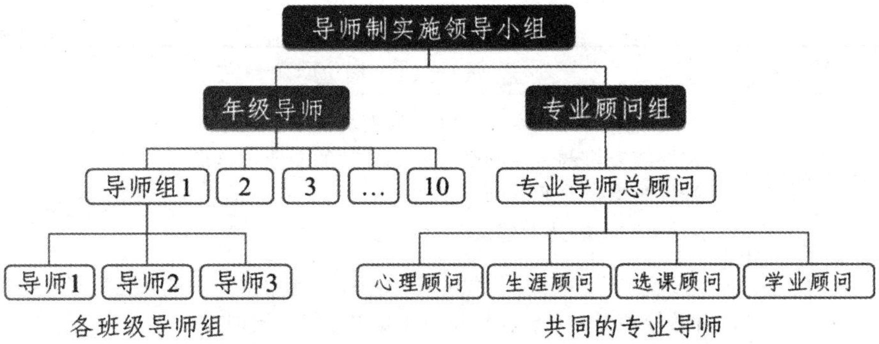

导师制结构

年级组长、年级联络负责人、班主任、导师、专业导师组总顾问、专业顾问等不同的教师岗位，其职责各有不同，具体如下：

教师岗位名称及其职责

岗位名称	岗位职责
年级组长	在原有年级组长岗位职责的基础上，关注高一年级导师岗位的统筹、协调与管理
年级联络负责人	面向年级组长及班主任、导师的日常沟通、上传下达
班主任	1. 行政班学生日常组织与管理 2. 负责行政班班会、升旗、早操、课间操、家长会等常规 3. 集体活动的组织与协调 4. 负责行政班级学生的集体主义、价值观、思想教育 5. 负责组织与协调行政班学生的社区服务等集体活动 6. 负责沟通与管理学生的请假与考勤 7. 组织导师组的定期碰面沟通会
导师	1. 共同职责：负责约 15 位学生定期一对一约谈、集中沟通情况；日常德育；日常心理疏导；常规选课指导；过程性评语/反馈；生活帮助；违纪处理；约 15 位学生的集体活动组织；学生自习课导师值班；与班主任和任课教师就学生考勤情况进行沟通；每月常规及不定期家校沟通等 2. 学科辅导：任学科教师的导师，负责行政班和教学班学生的学科学业指导，学生可预约学科辅导导师 3. 特长生指导：音、体、美教师等负责特长生的专项指导，及学科活动组织

续表

岗位名称	岗位职责
专业导师组总顾问	1. 全面统筹并负责专业导师组的人员与工作规划与安排 2. 定期统筹协调专业导师、普通导师的专业化培训与学习 3. 管理与考核专业导师组的工作；向个别学生提供专业的心理咨询、生涯发展指导、专业的选课建议及专业化的升学指导等
专业顾问/导师	1. 心理顾问：向学生提供专业的心理咨询服务；定期与指导学生、家长会谈；向普通导师提供心理辅导技巧和知识等相关培训 2. 生涯顾问：与学生、家长共同制订学生生涯发展计划；向普通导师提供生涯发展指导培训 3. 选课顾问：向个别学生提供专业化选课指导；向普通导师提供选课指导相关培训 4. 学业顾问：向个别学生提供升学或出国等重要决策的专业化指导和建议；向普通导师提供学业指导培训

专业顾问/导师工作任务与方式

年级	学业指导	生涯指导	心理指导	生活指导
高一	1. 帮助学生及家长了解高考政策 2. 选课测评指导，测评报告解读，选课建议 3. 学科价值与未来发展指导 4. 学习方法、策略指导，疑难解答 5. 了解多元升学路径 6. 制订、修正学业规划	1. 职业倾向测评、测评报告解读 2. 初步生涯认知、初步自我探索 3. 关于学科的价值认知 4. 职业体验，生涯外部环境与资料搜集，院校探索游学 5. 职业探索项目协调沟通与指导 6. 团队的建立 7. 学校文化认同	1. 新生适应评估与适应性引导教育 2. 危机干预 3. 焦虑缓解 4. 人际沟通	1. 学校文化环境体验 2. 公民意识 3. 自我管理
高二	1. 更新学业规划，完成部分学考计划 2. 搜集、评估相关学科资料和专业分类资料 3. 完成学业探索 4. 明确升学方向 5. 拖延状况与时间管理能力评估	1. 生涯成熟度测评、测评报告解读 2. 了解职业世界，协调探索项目，支持学生完成职业探索 3. 搜集职业生涯的相关资料和信息 4. 提升核心技能 5. 帮助学生树立职业梦想	1. 心理与行为状况综合评估，测评报告解读 2. 情绪压力管理 3. 考试压力调节	1. 情感管理：如何理解恋爱与婚姻 2. 人际沟通 3. 学校氛围及文化环境评估、解读

续表

年级	学业指导	生涯指导	心理指导	生活指导
高三	1. 明确未来大学、专业目标 2. 通过全部学考 3. 准备备考资料 4. 通过高考或其他相关考试 5. 考前状态综合评估指导	1. 认识大学与专业与未来发展的关系 2. 问题解决策略辅导 3. 生涯决策支持 4. 提升生涯适应力	1. 心理与行为状况综合评估 2. 情绪压力管理：考试压力调节	时间管理：学习与放松时间规划

同时，学校还成立了“校外生涯教育导师团”，吸纳学生家长、优秀校友和其他关注生涯教育的热心人士和机构。通过家长参与，将生涯教育融入家庭教育之中，使学校教育、家庭教育与社会教育形成合力。校外导师团成员定期参与到学校举办的各项生涯教育活动中，为学生开展各类交流座谈，指导学生社团活动，独立或配合校内教师开设校本选修课，协助建立学生校外体验基地等。

2. 核心指导目标与框架

导师制作为发展性的教育和引导，其核心指导目标包含学生思想、学业、心理、生涯、生活等多方面，贯穿整个高中阶段，服务学生进行学生发展指导和未来决策。针对高中阶段三个年级不同班级和学生独特的发展目标，八一学校采用有针对性、分阶段、多层次和多元化的指导方式来开展。

导师制各年级核心指导目标

	高一	高二	高三
核心指导目标	1. 帮助学生适应高中新生活 2. 指导学生初步认知专业和职业 3. 帮助学生初步自我探索和自我认知 4. 帮助学生了解学科与未来发展的关系 5. 支持学生完成“6 选 3”科目选择、修正与决策	1. 支持学生完成职业探索及学业探索 2. 帮助学生建立职业和学业目标及规划 3. 引导学生了解职业世界，建立自己与职业世界的关系 4. 帮助学生树立职业理想	1. 帮助学生确定升学方向和目标 2. 帮助学生做出大学及专业决策 3. 帮助学生做好情绪压力管理、考试压力调节

3. 导师工作标准与指导原则

导师制主要目的是加强和促进学生学习和健康成长，其核心功能包括辅导、沟通和协调，规划、支持和协调，评价和建议，预防和干预。对教师而言，热爱、尊重学生是工作的立足点，没有热爱和尊重，就没有和谐温暖的教育。在这个特别强调师生平等的时代，越来越呼唤导师型教师的出现。

八一学校实施以生涯引领为特色的全员育人导师制，以“关注学生一生的发展”为指导理念，满足学生全面而个性化发展的需要。目前已形成导师制工作指南，建立导师工作标准与指导原则，通过导师培训、导师手册研发、层级导师工作细目规划等工作，促进全体教师达成共识，更有效地进行学生发展指导。

导师工作标准与指导原则

1. 为学生、家庭、学校提供支持和资源。

2. 主要目标是加强和促进学生学习和健康成长。

3. 核心功能包括辅导、沟通和协调，规划支持和协调，评价和建议，预防和干预。

4. 特定的专业指导应由合格的专业顾问及专业人员对学生进行指导或干预。

5. 导师要不断学习来提升或保持自己的专业能力及思想道德水平。

6. 导师要有效利用时间为学生提供指导服务。

7. 应进行翔实记录，以便追踪所提供学生指导的顺序、类型及内容、效果等详细信息。

8. 导师是指导记录的保管者、维护者及管理者。

9. 经父母及/或学生的书面同意，并依据具体情况，才能对外共享指导记录中的信息。

10. 导师必须根据学校要求，对学生指导记录加以维护、存档并/或销毁。

四、深化课程改革，育学生面向未来的素养

课程是体现学校办学思想的重要形式，是学校文化落地的重要载体。长期以来，八一学校一直将课程建设作为重中之重。为了保障课程建设，学校专门成立了课程与教学发展中心，负责课程的顶层设计与推进。几年来，学校基于“品质文化”系统构建了品质课程体系，沿着课程体系建设的思路开展了扎实而卓有成效的课程改革实践。在品质课程体系的指引下，教师们明确了课程建设的目标和课程改革的方向，能够主动、认真地参与到课程的改革与建设中，涌现出一批高质量并深受学生欢迎的优质课程。

（一）立足核心素养，构建品质课程体系

当今的中国教育正在发生深刻变化，学校功能、教师角色、育人模式将被重新定

义。作为教育改革的重中之重，课程体系的现实性考量与前瞻性重构，已经成为课程改革的重点。课程体系构建要理顺课程目标与培养目标的关系，将课程目标与育人目标有机结合起来。同时，课程也是体现学校办学思想的重要形式，是学校文化落地的重要载体。为了将“品质文化”扎实落到实处，让“品质文化”有实实在在的呈现，积极响应北京市课改精神、主动适应招考制度改革，近几年来，八一学校在原有课程3.0版的基础上构建了课程4.0版，从义务教育和高中教育的不同育人要求出发，构建了九年一贯课程和高中课程。

1. 九年一贯“品质八一”课程

作为一所集小学、初中、高中、国际部于一体的集团校，八一学校根据义务教育和高中教育的不同定位，结合不同学段教育规律和学生身心发展规律，提出了“发展九年一贯制教育”这一全新的课题，构建了九年一贯课程体系。

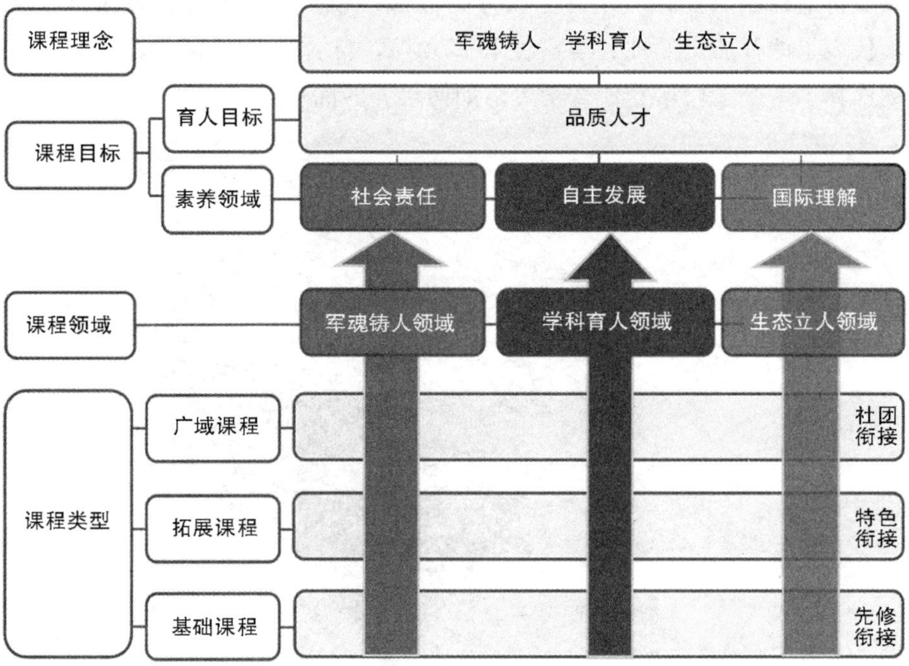

八一学校九年一贯课程体系

近几年来，八一学校不断深入小初衔接课程的探索，从教材的进一步优化选择、教学方式的改进完善、适合小初衔接的教研方式、校本教材的形成等方面展开了全面的研究和实践，逐步形成了自己的课程特色。

参考国家课改标准与北京市义务教育课程计划核心思想，结合学校品质人才的育人目标，八一学校提出“社会责任、自主发展、国际理解”的九年一贯制课程目标以及“品格修养、人文底蕴、科学精神、审美情趣、世界胸怀”义务教育阶段学生发展的“五大核心素养”，并由此引申出五大课程主题。同时，八一学校以“品质文化”为纲，从军魂铸人、学科育人、生态立人三大办学特色出发，打造“基础、拓展、广域”三类品质课程，通过先修、特色和社团进行小初衔接，将德育活动、国学经典、国防教育、科技教育、足球、艺术等学校优质课程贯穿到整个九年教育中，让学生传承中华传统美德和“八一精神”，培养军人般的道德品质，关注社会、服务人类、责任在肩，做品德好的人；让学生培养科学素养和人文素养，拥有审美情趣，做品行优的人；让学生珍爱生命、强健体魄、文明有礼，学会自我管理与自主发展，做品位高的人。

课程模型的立体图以凸显品质感的多面钻石为设计原型：首先，钻石是品质的象征，钻石型的课程模型，彰显了学校的品质文化；其次，钻石代表了精致、地位，体现了学校要打造精品课程、引领特色教育的追求；最后，钻石具有多面体和均衡分布的特点，代表了课程的全面性、丰富性和多元性，符合义务教育“宽”的定位。课程模型生动诠释了一个学校培养什么学生、如何培养的课程思想。

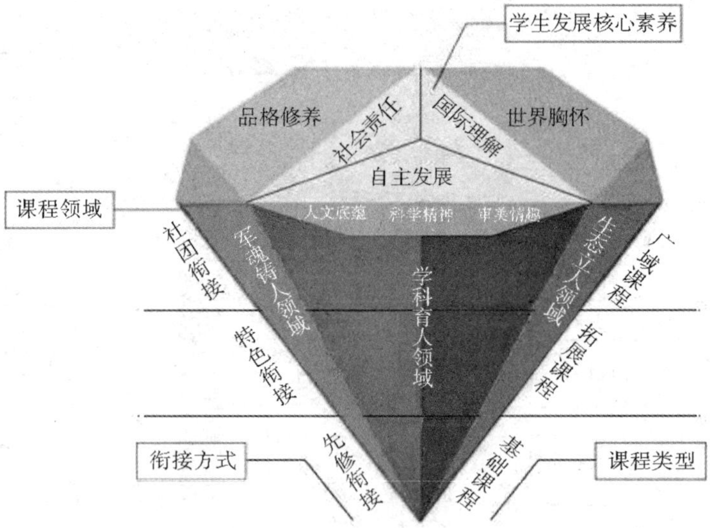

八一学校九年一贯“品质八一”课程模型立体图

2. 高中“品质人生”课程

八一学校聚焦高中特色化发展的定位，结合正在推进的学生发展指导研究项目，依据“智力、智慧、创造力、综合”的 WICS 四要素，首先确立高中学生七大核心素养，即文化基础领域的人文底蕴、科学精神、审美情趣，自主发展领域的学会学习，社会参与领域的责任担当、实践创新、国际理解。其次以生涯规划为主线，以系列整合为目的，以课程群建设为指向，形成三大课程形态和六大课程集群。三大课程形态为基础、发展、挑战，六大课程集群为语言与文学、数学与科技、人文与社会、艺术与审美、身心与气质和国际理解。

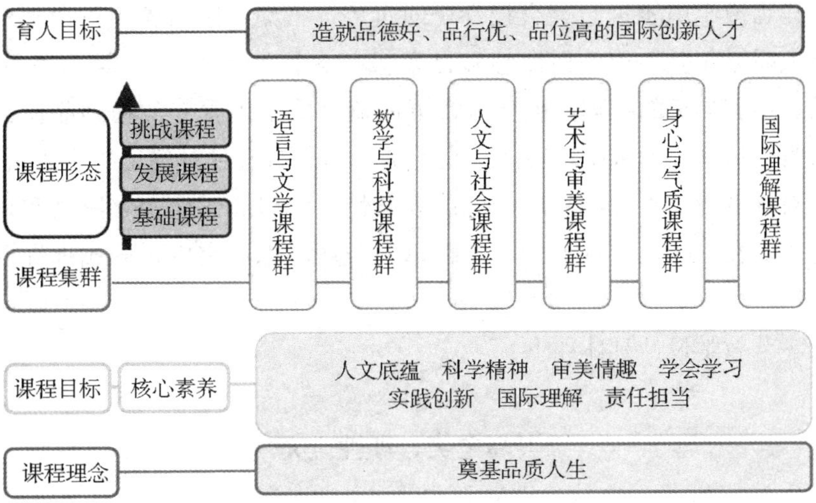

八一学校“品质人生”高中课程体系

（二）挖掘学科价值，打造学科精品课程

不管是九年一贯课程体系，还是高中课程体系，基础课程都是重要的一层。学科课程建设的重点不在于学科知识的灌输，而是要帮助学生理解学科体系，了解学科的前沿发展，为学生在学术道路不断攀爬搭建脚手架。目前，八一学校已经开发出一批深受学生喜爱的学科精品课程，这些课程有效丰富、补充了国家课程。以高中语文和物理学科为例说明。

1. 语文学科实践成果

近年来，八一学校在语文学科上不断突破，取得了优异的成绩。2017 年被评选为北京市海淀区语文学科基地。语文教研组立足育人目标，依据语文核心素养和新课标要求，以五个选修系列为经线、学校三级课程为纬线，通过课程自由选择和组合、课程内容跨学科整合，立体交叉构建了由国家必修、选修、校本研发等多元课程组成的立体、开放、有序的八一学校高中语文课程体系，形成了同类课程内容成系列、同列课程内容有层级、同级课程内容有内在的知识逻辑。

为了提升教师们的课程领导力，语文学科将课程建设与教科研紧密结合，教师先后参与了“批判性思维视野下高中语文中的传统文化教育研究”“基于高阶思维培养的高中语文学习任务群教学研究”等区、市重点课题的研究，营造了浓郁的研究氛围，以教科研有效带动了课程建设。

以《崇高之美，理性之光——从鲁迅的矛盾语言看青年革命精神》专题教学为例。该专题将“革命青年”作为研究对象，选取鲁迅的两篇文章《记念刘和珍君》《为了忘却的记念》作为教学内容进行整合设计，通过鲁迅视角，感悟青年革命精神，由此激励当代青年人树立年轻一代的使命感和自豪感。整个专题分为两节：第一节通过对刘和珍、柔石、白莽形象的梳理，提炼出为革命牺牲的中国青年的精神品质，引导学生理解青年人身上体现出的舍生取义的崇高之美；第二节通过对鲁迅的矛盾语言的表述，厘清鲁迅面对这群青年人的牺牲所产生的复杂情感，引导学生理解崇高和理性同在的青年革命思想，在新时代背景下学会从鲁迅的矛盾心态中突围，养成理性而又崇高的青年品质。

专题第一节教学设计具体如下：

崇高之美，理性之光

——从鲁迅的矛盾语言看青年革命精神

梁　艳

一、教学目标

1. 通过对刘和珍、柔石、白莽形象的梳理，概括提炼出为革命牺牲的中国青年的精神品质，并理解青年人身上所体现出的舍生取义的崇高之美。

2. 通过对鲁迅的矛盾语言的表述，厘清鲁迅面对这群青年人的牺牲所产生的复杂情感，理解崇高和理性同在的青年革命思想。

3. 在新时代背景下，当代青年如何从鲁迅的矛盾心态中突围，养成理性而又崇高的青年品质。

二、教学重难点

1. 教学重点：厘清鲁迅笔下中国青年的精神品质，理解崇高之美。

2. 教学难点：通过对鲁迅的矛盾语言的表述，厘清鲁迅对这群青年的情感；在复杂的情感中体悟崇高和理性同在的青年革命思想。

三、教学过程

1. 导入

你心中的革命青年是什么样的呢？在苦难深重的旧中国，有一群救亡图存的青年革命者，他们拥有着怎样的外形气质和内在品质呢？今天让我们一起走近鲁迅笔下的那些革命青年，去看看这是怎样的一群年轻人。

2. 梳理人物主要事件

阅读《记念刘和珍君》《为了忘却的记念》两篇文章，梳理“刘和珍、白莽、柔石”三位青年的主要事件，完成下列表格内容：

<table>
<tr><th>人物</th><th>历史背景</th><th>主要事件</th></tr>
<tr><td>刘和珍</td><td></td><td></td></tr>
<tr><td>白莽</td><td rowspan="2"></td><td rowspan="2"></td></tr>
<tr><td>柔石</td></tr>
</table>

让我们一起来完成这个表格内容：（课件展示）

<table>
<tr><th>人物</th><th>历史背景</th><th>主要事件</th></tr>
<tr><td>刘和珍</td><td>“三·一八”惨案（北伐战争时期）
1926 年 3 月 18 日，北京人民为了反对帝国主义侵犯我国主权，在天安门前集会抗议，会后到执政府前请愿。段祺瑞执政府竟命令卫兵向请愿群众开枪，并用大刀铁棍追打砍杀，制造了骇人听闻的“三·一八”惨案。刘和珍等人是在当时遇害的。鲁迅称这一天为“民国以来最黑暗的一天”。
进步青年和封建军阀。</td><td>事件 1：订《莽原》
事件 2：反抗学校黑暗势力
事件 3：徒手请愿</td></tr>
<tr><td>白莽</td><td rowspan="2">白色恐怖（土地革命战争时期）
1930 年 3 月 2 日，“左联”在上海成立。“左联”倡导无产阶级革命文学，反对旧社会和旧势力。在土地革命战争时期，国民党反动派为了配合反革命的军事“围剿”，他们一方面利用反动文人对抗革命文艺运动，一方面采取查禁书刊，封书店，逮捕、暗杀左翼作家等法西斯文化专制主义手段“围剿”左翼文学。
1931 年 1 月 11 日，柔石、白莽等左联的五位青年作家被捕；2 月 7 日被秘密枪杀。1933 年 2 月 7—8 日，在烈士遇难两周年的日子里，鲁迅带着无限的悲愤写下此文。
青年共产党员和国民党。</td><td>事件 1：和鲁迅的第一次见面
事件 2：和鲁迅的第二次见面
事件 3：和鲁迅的第三次见面</td></tr>
<tr><td>柔石</td><td>事件 1：相信人是好的
事件 2：和女同学保持距离，和鲁迅相扶而行
事件 3：借钱印书
事件 4：朝华社倒闭，依然努力奔走
事件 5：改变作品形式，学起来
事件 6：被捕后的柔石写信</td></tr>
</table>

预习作业中我们梳理了刘和珍、白莽、柔石三位青年英勇牺牲的历史背景：刘和珍是“三·一八”惨案中被段祺瑞政府残忍杀害的进步青年，白莽和柔石作为两名年轻的共产党员，被国民党残忍杀害。封建军阀对进步青年的肆意杀害，国民党对共产党员的围剿枪杀，三个青年的牺牲都是旧中国苦难社会现实的缩影，而冲破黑暗最厚层的那群人便是这些爱国青年们。鲁迅真实地记录了他和这些青年人的交往故事。这些事情我们简单做了梳理，如上述表格所示：刘和珍的核心事件主要有三件；白莽的核心事件主要是他和鲁迅的三次见面；柔石和鲁迅的关系最熟，所以事件也相对较多，我们简单概括为这样六个事件。那么梳理完事件以后，我们想弄清楚这是一群怎样的青年，则需要对每个事件进行详细的品读，在品读过程中总结归纳这群冲破黑暗最黑处的进步青年是怎样的一群年轻人。

3. 剖析刘和珍人物形象

我们先看刘和珍是一个怎样的青年。

事件 1：订《莽原》 “然而在这样的生活艰难中”，“毅然”预订全年《莽原》周刊。
事件 2：反抗邪恶势力 我平素想，能够不为势利所屈，反抗一广有羽翼的校长的学生，无论如何，总该是有些桀骜锋利的，但她却常常微笑着，态度很温和。待到偏安于宗帽胡同，赁屋授课之后，她才始来听我的讲义，于是见面的回数就较多了，也还是始终微笑着，态度很温和。待到学校恢复旧观，往日的教职员以为责任已尽，准备陆续引退的时候，我才见她虑及母校前途，黯然至于泣下。
事件 3：徒手请愿 我没有亲见；听说，她，刘和珍君，那时是欣然前往的。自然，请愿而已，稍有人心者，谁也不会料到有这样的罗网。但竟在执政府前中弹了，从背部入，斜穿心肺，已是致命的创伤，只是没有便死。同去的张静淑君想扶起她，中了四弹，其一是手枪，立仆；同去的杨德群君又想去扶起她，也被击，弹从左肩入，穿胸偏右出，也立仆。但她还能坐起来，一个兵在她头部及胸部猛击两棍，于是死掉了。

鲁迅首先回忆刘和珍的第一件事情是她在生活艰难中毅然预订了全年的《莽原》，通过这件事情能看出刘和珍怎样的形象特点呢？我们先关注下《莽原》这本杂志。这是由鲁迅所创建的一个宣传新思想、撕毁旧社会的假面，注重文明批评和社会批评的思想阵地。我们再关注下“毅然”这个词语。毅然是坚决地、毫不犹豫地。刘和珍作为一个普通的学生，在这样生活艰难的情况下，毫不犹豫地预订了全年的周刊，从这

个行为能看出来她对“真理”的渴求，是一个好学求真的青年。

我们再看第二件事，刘和珍是女子师范大学学生自治会成员，因反抗女师大校长对封建礼教的维护，和校方发生斗争并被校方强行拖出学校。这是鲁迅第一次见到刘和珍。鲁迅在这里并没有渲染刻画刘和珍反抗学校黑暗势力时的那种桀骜不驯，恰恰是描绘了她的微笑、温和以及担心母校前途而黯然流的眼泪，这些细节刻画为我们呈现了一个责任心强、性格温和的善良的女子形象。而这样的女子和有着强大势力的校长进行斗争，又足见这位善良女子的斗争勇气。所以从第二件事我们看到一个温和善良而又敢于斗争的青年女子形象。

第三件事，鲁迅真实记录了刘和珍徒手请愿被杀害的过程。在这里大家关注一个词语“欣然前往”——高兴地向政府请愿，反对帝国主义侵犯我国主权，这是爱国热情的表现。面对段祺瑞政府的凶残，她没有退缩，勇于牺牲。三个核心事件说完，刘和珍的形象可概括如下：

性格温和、守善从真＋热爱祖国、勇于牺牲。

4. 剖析白莽人物形象

我们再来看看白莽是一个怎样的青年。

正面	**事件1：第一次见面** 夜里，我将译文和原文粗粗的对了一遍，知道除几处误译之外，还有一个故意的曲译。他像是不喜欢“国民诗人”这个字的，都改成“民众诗人”了。
	事件2：第二次见面 第二天又接到他一封来信，说很悔和我相见，他的话多，我的话少，又冷，好像受了一种威压似的。我便写一封回信去解释，说初次相会，说话不多，也是人之常情，并且告诉他不应该由自己的爱憎，将原文改变。
	事件3：第三次见面 我记得是在一个热天。有人打门了，我去开门时，来的就是白莽，却穿着一件厚棉袍，汗流满面，彼此都不禁失笑。这时他才告诉我他是一个革命者，刚由被捕而释出，衣服和书籍全被没收了，连我送他的那两本；身上的袍子是从朋友那里借来的，没有夹衫，而必须穿长衣，所以只好这么出汗。我想，这大约就是林莽先生说的“又一次的被了捕”的那一次了。
侧面	**事件：翻译《彼得斐传》，赠送《彼得斐诗集》** 语段1： 我们相见的原因很平常，那时他所投的是从德文译出的《彼得斐传》，我就发信去讨原文，原文是载在诗集前面的，邮寄不便，他就亲自送来了。

续表

	语段 2： 这回便决计送给这也如我的那时一样，热爱彼得斐的诗的青年，算是给它寻得一个好着落。 语段 3： 那时我还没有知道被捕的也有白莽。然而那本《彼得斐诗集》却在的，翻了一遍，也没有什么，只在一首《Wahlspruch》（格言）的旁边，有钢笔写的四行译文道： “生命诚宝贵， 爱情价更高； 若为自由故， 二者皆可抛！” 又在第二页上，写着“徐培根”三个字，我疑心这是他的真姓名。

鲁迅讲述了他和白莽的三次见面。第一次见面后鲁迅在他翻译的诗文里发现白莽把“国民诗人”改成了“民众诗人”，白莽根据自己的好恶把“国民”改成“民众”，这里的更改具有很强的爱憎之情，足见白莽是爱憎分明的性情中人。第二次并非见面，是书信交流，白莽把第一次见到鲁迅时的真实感受坦率地说了出来，足见白莽的真诚。第三次见面，鲁迅看到了一个刚被捕释放的白莽、一个境遇穷困的白莽却“不禁失笑”，一个坚强乐观的白莽跃然纸上。白莽的形象仅仅只有这些吗？很明显这三次是鲁迅正面描写的白莽的形象，对于白莽，鲁迅还有一条线索，就是那本《彼得斐诗集》。

从语段 1 里可以看出，鲁迅和白莽的相识是从《彼得斐传》开始的。语段 2 中鲁迅说“送给这也如我的那时一样，热爱彼得斐的诗的青年”，说明鲁迅将《彼得斐诗集》赠给了白莽，并赞赏这热爱彼得斐的青年。最后白莽被捕后，只留下了那本《彼得斐诗集》和那句格言。从彼得斐相识又以彼得斐而结束，鲁迅在这里将白莽和彼得斐并举，用意是什么呢？这里需要补充下“彼得斐”相关知识：他是匈牙利的爱国诗人和英雄，匈牙利伟大的革命诗人，革命民主主义战士，在瑟克什堡大血战中同沙俄军队作战时牺牲，年仅 26 岁。彼得斐是这样一个有着强烈革命热情的民主战士，鲁迅这样写正是通过彼得斐侧面展现了白莽是一个才华横溢、激情四射、为革命而战、为革命而牺牲的青年民主战士形象。所以我们可以将白莽的形象做如下的梳理：

“彼得斐式的青年”

真率、坚毅、善良 ＋ 为革命而战，为革命而牺牲

（正面）　　　　　（借“彼得斐”侧面）

5. 剖析柔石人物形象

我们再来看看柔石是怎样的一个青年。

关于柔石，鲁迅用了这样两个词语来形容："台州式的硬气"和"迂"。鲁迅说他让自己想起来了方孝孺。我们先来看看这两个词是什么含义。这个典故出自明代文臣方孝孺。我们看下这样两则材料：

资料补充：

成祖欲使草诏。召至，悲恸声彻殿陛。成祖降榻，劳曰："先生毋自苦，予欲法周公辅成王耳。"孝孺曰："成王安在？"成祖曰："彼自焚死。"孝孺曰："何不立成王之子？"成祖曰："国赖长君。"孝孺曰："何不立成王之弟？"成祖曰："此朕家事。"顾左右授笔札，曰："诏天下，非先生草不可。"孝孺投笔于地，且哭且骂曰："死即死耳，诏不可草。"成祖怒，命磔诸市。

——《明史·方孝孺传》

文皇既即位，问广孝谁可草诏？广孝以方对，遂召之。数往返，方竟不行，乃强持之入，方披斩衰行哭。既至，令视草，大号，詈不从，强使搦管，掷去，语益厉，曰："不过夷我九族耳！"上怒云："吾夷汝十族。"左右问何一族？上曰："朋友亦族也。"于是尽其九族之命而大搜天下为方友者杀之。

——《明史纪事本末》《野记》

朱棣起兵攻陷南京，自立为帝，命人强押方孝孺上殿，他却一身孝服，当殿痛哭。还咄咄逼人责问，把朱棣问得哑口无言。叫他写诏书，他却掷笔宣称"死即死耳，诏不可草"，后来被逼写，却写道："建文四年，燕贼篡位。"把朱棣气得半死。朱棣以灭九族相威胁，他却道："便十族，奈我何？"一硬到底，毫无妥协余地。方孝孺这种"硬气"体现的是文人坚守道义誓死捍卫的硬气，是一种哪怕遭受再多折磨苦痛也会坚韧不妥协的硬气。那么"迂"是怎么理解呢？方孝孺不懂变通，毫不妥协，最后因为那句"十族"的硬气话赔上了他众多弟子门生的性命。这种硬气不仅仅让自己丧命，更让他的亲友、门生丧命，这种"硬气"不免有点"迂"了，这个"迂"则有点不谙世事、简单幼稚的书生之气。那么柔石和这两个性格特点有怎样的相通之处呢？我们从鲁迅记述的几个故事来仔细品品。

<table>
<tr>
<td>事件1：相信人是好的
看他旧作品，都很有悲观的气息，但实际上并不然，他相信人们是好的。我有时谈到人会怎样的骗人，怎样的卖友，怎样的吮血，他就前额亮晶晶的，惊疑地圆睁了近视的眼睛，抗议道，“会这样的么？——不至于此罢？……”
后来他对于我那“人心惟危”说的怀疑减少了，有时也叹息道，“真会这样的么？……”但是，他仍然相信人们是好的。</td>
<td rowspan="2">我们先看看这样两个事件：
第一个是柔石相信人是好的，当鲁迅说人性是怎样邪恶的时候，他很吃惊并“惊疑地圆睁了”眼睛抗议。
另一件事是鲁迅说他的迂终于有点改变了，说他从不敢和女同乡走路到敢一起走但要保持三四尺的距离。他和鲁迅一起走路，要扶住鲁迅走路，表现了极大的担心和敬意。
“迂”这个词本身就是“迂腐”，是个贬义词，从这两件事上看，似乎鲁迅是在批判柔石。事实是这样吗？显然不是，“迂”在这里是贬义褒用，鲁迅在这里说的是柔石身上单纯、善良、简单的书生气，当然这种书生气也包含了鲁迅对青年的担忧和关心。</td>
</tr>
<tr>
<td>事件2：和女同学保持距离，与鲁迅相扶而行
他的迂渐渐地改变起来，终于也敢和女性的同乡或朋友一同去走路了，但那距离，却至少总有三四尺的。这方法很不好，有时我在路上遇见他，只要在相距三四尺前后或左右有一个年青漂亮的女人，我便会疑心就是他的朋友。但他和我一同走路的时候，可就走得近了，简直是扶住我，因为怕我被汽车或电车撞死；我这面也为他近视而又要照顾别人担心，大家都仓皇失措的愁一路，所以倘不是万不得已，我是不大和他一同出去的，我实在看得他吃力，因而自己也吃力。</td>
</tr>
<tr>
<td>事件3：借钱印书
然而柔石自己没有钱，他借了二百多块钱来做印本。除买纸之外，大部分的稿子和杂务都是归他做，如跑印刷局，制图，校字之类。</td>
<td rowspan="3">让我们仔细看看下面这几件事：生活穷困，柔石自己借钱来印书；跑前跑后，各种杂活苦活都自己扛起来；朝华社倒闭，他不放弃，四处奔走，拼命译书；不怕难事自己扛起来，埋头苦干。这种不怕困难、不怕吃苦、不向困难低头妥协的坚韧之气，便是硬气的一种体现。</td>
</tr>
<tr>
<td>事件4：朝华社倒闭，依然努力奔走
不过朝花社不久就倒闭了，我也不想说清其中的原因，总之是柔石的理想的头，先碰了一个大钉子，力气固然白化，此外还得去借一百块钱来付纸账。
他于是一面将自己所应得的朝花社的残书送到明日书店和光华书局去，希望还能够收回几文钱，一面就拼命的译书，准备还借款，这就是卖给商务印书馆的《丹麦短篇小说集》和戈理基作的长篇小说《阿尔泰莫诺夫之事业》。但我想，这些译稿，也许去年已被兵火烧掉了。</td>
</tr>
<tr>
<td>事件5：自己背起来，学起来
无论从旧道德，从新道德，只要是损己利人的，他就挑选上，自己背起来。
他终于决定地改变了，有一回，曾经明白的告诉我，此后应该转换作品的内容和形式。我说：这怕难罢，譬如使惯了刀的，这回要他耍棍，怎么能行呢？他简洁的答道：只要学起来！</td>
</tr>
</table>

事件6：被捕后的柔石 他在囚系中，我见过两次他写给同乡的信，第一回是这样的—— “我与三十五位同犯（七个女的）于昨日到龙华。并于昨夜上了镣，开政治犯从未上镣之纪录。此案累及太大，我一时恐难出狱，书店事望兄为我代办之。现亦好，且跟殷夫兄学德文，此事可告周先生；望周先生勿念，我等未受刑。捕房和公安局，几次问周先生地址，但我那里知道。诸望勿念。祝好！ 赵少雄一月二十四日。” （以上正面） “洋铁饭碗，要二三只如不能见面，可将东西望转交赵少雄” （以上背面） 他的心情并未改变，想学德文，更加努力；也仍在记念我，像在马路上行走时候一般。但他信里有些话是错误的，政治犯而上镣，并非从他们开始，但他向来看得官场还太高，以为文明至今，到他们才开始了严酷。其实是不然的。果然，第二封信就很不同，措词非常惨苦，且说冯女士的面目都浮肿了，可惜我没有抄下这封信。	我们再看看鲁迅记述的被捕后的柔石，此时柔石在信里有这样两个细节：一个是他提到了政治犯上镣铐；另一个细节是公安捕房询问鲁迅的地址，他说“我那里知道”。政治犯上镣铐，鲁迅说这种行为古已有之，认为柔石把执政府想得太文明了，这显然表现了柔石简单、稚嫩的“书生气”，是一种“迂”的表现。另外当执政府严刑拷问的时候，柔石坚韧不屈，不向黑暗势力妥协，这又是维护道义勇于牺牲的硬气的表现。这段被捕后的柔石正是“迂”和“硬气”两个特点的呈现。

到此，我们可以对柔石的形象做一个总结，他是一个有着单纯、善良、稚嫩的书生气，同时又有着不向困难妥协、不怕牺牲的坚韧硬气的革命者。

6. 人物形象总结

下面让我们对这三个青年形象做一个总结：

①刘和珍：性格温和＋勇于反抗、敢于牺牲

②白莽：真率、坚毅＋有革命激情、敢于牺牲的彼得斐青年

③柔石：单纯、善良的书生气＋有韧性、敢于牺牲、视死如归的革命者

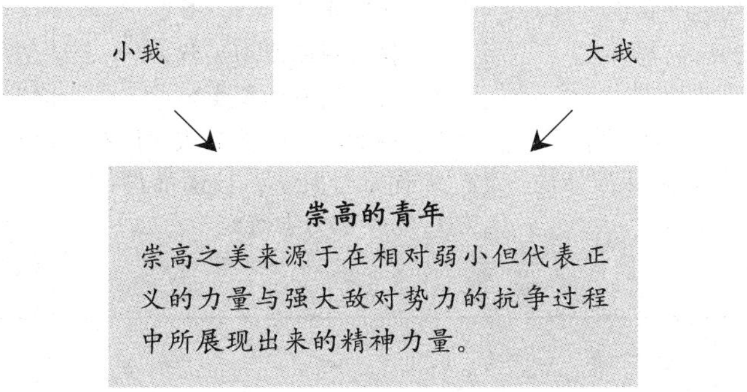

鲁迅记下了这群青年在生活中最真实的样子：他们或性格温和，或率真坚毅，或单纯善良；他们确实是一群守善从真、热忱爱国的优秀青年，但他们又只是一群涉世未深缺少斗争经验的普通青年；他们要用弱小的身体对抗强大的社会黑暗势力，哪怕遭受折磨，哪怕需要牺牲，他们都义无反顾地选择了“舍生取义”“杀身成仁”，牺牲小我，成就大我，这就是这群青年所绽放的崇高之美。

2. 物理学科实践成果

物理教研组积极加强课程整合设计，形成了基础、拓展、广域三级学科课程体系，其中基础课程为国家必修课程，拓展课程为校本选修课程，广域课程包括学术课程和讲座、学科实践活动、社团活动课程以及学科节课程。以初中物理学科课程体系设计为例说明。

丰富的物理学科课程让一些对物理感兴趣的学生有了更多元的发展空间。在课程开发和实施中，物理教研组着力提升教师课程领导力及教科研水平，以课程改革为契机，把新课改的理念贯彻到每个教师的心中，逐步形成与新课改相适应的物理课堂常规教学模式，努力使学校初中物理教学水平再上一个新台阶。

物理学科课程设计

基础课程	拓展课程（校本选修课程）	广域课程	
		学术课程和讲座、学科实践活动、社团	学科节
八年级物理	1. 管乐器、弦乐器发声原理研究 2. 有趣的光现象 3. STEAM课程：制作照相机 4. 物态变化在生活中的应用 5. 新材料给生活带来的变化 6. 交通工具的力学知识 7. 浮力知识的研究与应用 8. 大气压的研究与应用 9. STEAM课程：组装自行车 10. 中国古代物理学课程开发	1. 专题讲座：声光热素质培养 2. 学科活动：生活中的趣味声光现象 3. “探索号”学科社团活动：声光热趣味物理实验研究 4. 专题讲座： （1）《新材料前沿与现状》 （2）《力学的发展简史》 5. 学科活动：有趣的拔河比赛 6. “探索号”学科社团活动：生活中的趣味力学研究	1. 物理文化周： （1）声波在国防科技中的应用 （2）揭秘次声波 （3）噪声与环保 （4）交通中的光学 （5）身边的灯 （6）物态变化在农业生产中的应用 2. 军魂铸人： （1）飞机的发展历程 （2）航母的发展历程

续表

<table>
<tr><th rowspan="2">基础课程</th><th rowspan="2">拓展课程
（校本选修课程）</th><th colspan="2">广域课程</th></tr>
<tr><th>学术课程和讲座、
学科实践活动、社团</th><th>学科节</th></tr>
<tr><td>九年级物理</td><td>1. STEM课程：电磁继电器制作与应用
2. 组装简单电路、家庭电路及故障排查
3. 生活中有趣的磁现象
4. 内燃机发展历程
5. 风能、太阳能、地热能、潮汐能的利用
6. 关于能量知识的小制作</td><td>1. 专题讲座：电磁发展历程
2. 学科活动：研究电动机
3. “探索号”学科社团活动：利用传感器研究电磁学实验
4. 专题讲座：
（1）《两弹一星学科活动》
（2）《粒子和宇宙课外学习报告》
（3）《游乐园中的能量知识》
（4）《食品、饮料中的能量知识》
5. “探索号”学科社团活动：机械能在生活中的应用</td><td>1. 物理文化周：电从哪里来
2. 物理文化周：
（1）生活中的能量转化
（2）前沿物理学
（3）参观中国科技馆
（4）参加应用物理竞赛活动</td></tr>
</table>

考虑到物理学是一门以实验为基础的学科，物理组在课程建设上还特别重视实验教学，重视学生探究能力和实验能力的培养，加强校本课程中的实验开发，开放学校实验室，让更多学生随时可以接触实验。除课堂演示实验和学生探究实验外，学校还设计了一些趣味性实验，将课本实验进行拓展，从多渠道理解实验原理，加强学生对实验动手能力、物理兴趣的培养，引导学生形成物质观念、运动与相互作用观念、能量观念等，能用其解释自然现象和解决实际问题。

以《测量水果电池的电动势和内阻》教学设计为例，课程从新能源开发的角度引入水果电池，并提出水果电池能否实际利用的问题，通过实验原理的理论探究和传感器的数据测量及处理，让学生在定性研究的基础上进行电源电动势和内阻的测量，在动手实验的过程中灵活运用闭合电路欧姆定律，熟悉图像处理数据的方法，并通过对实验结果的交流评价，思考论证水果电池的可利用价值。本课核心内容是实验设计，重在借助理论探究、问题引导的方式，让学生在已有知识的基础上分析得出实验方案，落实物理学科实验方法、图像方法。

测量水果电池的电动势和内阻

高中物理组

一、教学目标

1. 在实验中应用闭合电路定律测量电源电动势和内阻，进一步理解电源路端电压随电流变化的关系。

2. 理解电源 $U-I$ 图像的物理意义，能够用图像法处理实验数据，并通过传感器测量得到水果电池的电动势和内阻。

3. 经历实验过程，掌握实验方法，养成规范操作并能科学合理地处理数据的习惯。

4. 通过对水果电池实际利用的可行性分析，进行论证及实验检验，体会物理学的实用性，感受物理与生态、环保的紧密联系，增强学习物理的动机和社会责任感。

二、教学重难点

1. 教学重点：掌握测量电源电动势和内阻的实验原理和方法，学习用计算法和图像法处理实验数据。

2. 教学难点：理解闭合电路 $U-I$ 图像的意义，利用图像处理数据。

三、教学过程

1. 导入

师：进入冬季，北京市区雾霾现象加重，为了保护环境、节约能源，当前需要大力发展新能源汽车。网上有消息称，印度一所大学的研究者发现可以利用椰仁储存能源，这或许将成为无污染环保氢动力汽车的关键。另外，美国科学家发明了一种可以利用糖作为能源的新技术。将生活中常见物品作为能源，不失为开发利用清洁环保能源的新思路。本章，我们学习电路规律，并重点研究电源在电路中的作用。在我们的生活中是否有什么特别常见的物品，可以用来当作电源？

生：水果。

师：化学课上接触过水果电池，利用水果可以产生电流。但水果做的电池在实际生活中是否能够应用？是否可以替代生活中的常见电源？本节课，我们从物理学的角度，来测量水果电源的电动势和内阻。

【设计意图】从新能源开发的角度引入水果电池，并提出水果电池能否实际利用的问题，引入本节课题，激趣设疑。

2. 实验原理的理论探究

在水果上插入不同的金属片，就构成了一个简单的电源。化学中的氧化还原反应作为非静电力的来源，能够产生电动势。电源两极连接电压表，指针偏转有示数。

师：电压表示数是电源的电动势 E 吗？为什么？

生：不是，读数小于 E，因为电源内阻有分压，整个回路的电动势等于内外电路电压之和，即闭合电路欧姆定律 $E=U_{外}+U_{内}$。

师：外电压利用电压表可测，内电压如何测量？

生：内电路是纯电阻电路，$U_{内}=Ir$，其中内阻为待测量，电流 I 可利用电流表测得。

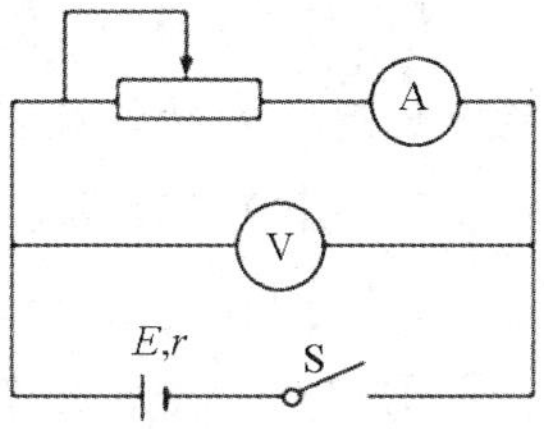

综合得，$E=U_{外}+Ir$。

总结：表达式中两个未知数，至少需要测量两组数据，列方程组可求出 E、r。

教师引导学生注意，实验中外电路电阻必须可调，可利用滑动变阻器或电阻箱。

【设计意图】引导学生应用闭合电路欧姆定律，分析理解测量电源电动势和内阻的原理。

3. 数据处理方法分析

（1）计算法

通过测量两组数据 U、I，代入原理式，列方程组求解。

实验方法评价：此方法的优势是过程简单，但从数据处理的角度，两次测量误差大，如果多次测量求平均值则加大计算量，比较繁复。

（2）图像法

设计一系列问题，启发引导学生思考：

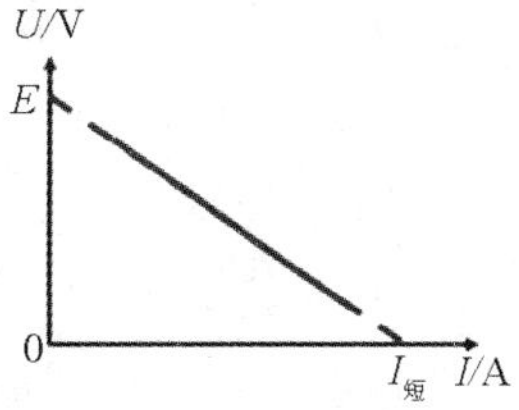

①需要做谁和谁的图像？路端电压随干路电流变化的图像。

②物理量间的函数关系？$U=E-I_r$

③图像什么样？斜率为负的一次函数。

④斜率、截距的物理意义？纵轴截距表示电源电动势，横轴截距表示短路电流，斜率绝对值为内阻。

（3）总结说明

①图线含义的理解：当电流强度 I 增大时，路端电压 U 将随之减小，U 与 I 呈线性关系，$U=E-Ir$。它所反映的是电源的性质，所以也叫电源的外特性曲线。

②电阻的伏安特性曲线中，U 与 I 成正比，前提是 R 保持一定，而这里的 $U-I$ 图线中，E、r 不变，外电阻 R 改变，正是 R 的变化，才有 I 和 U 的变化。

【设计意图】计算法作为数据处理的基本方法，进行介绍但不是学习重点，主要目的是引导学生评估这种方法的优劣。通过问题引导学生理解了图像包含的物理意义，提高综合实验能力。

4. 介绍实验器材

（1）水果电池的制作：橘子、铜片（正极）、镁条（负极）

（2）电路连接：电阻箱、开关、导线若干

（3）电路测量：电压传感器、微电流传感器、数据采集器

【设计意图】介绍实验器材，重点介绍传感器和采集器的操作及使用。向学生说明两个传感器的功能相当于电压表和灵敏电流表，接入电流时需要注意接线柱的正负极。

5. 明确实验步骤并进行学生分组实验

（1）制作水果电池

①用裁纸刀在橘子上开口，开口呈八字形，尽量靠近，深度大约 3—4 cm。

②适当刮掉金属片表面氧化层。

（2）连接电路

①按电路图将电路接好，注意开关断开，电阻箱阻值 9000 Ω。

②将传感器插到数据采集器输入端。

③检查电路。

（3）数据采集

①打开文件：双击桌面文件《测水果电池电动势和内阻》，界面左下方读数栏内出现电流、电压示数。

②数据采集：点击菜单栏“实验”—“开始采集”，再点击状态栏“保留”，电脑自动记录数据，记录下的数据显示在左上方数据采集栏内。

③改变电阻箱阻值（变化范围 9 kΩ—4 kΩ），至少采集 6 组数据后，点击“停止”。

（4）数据处理

点击菜单栏“分析”—“线性拟合”，得到拟合直线及物理量的函数关系。

【设计意图】给学生提供操作指导，之后由学生分组进行实验。

6. 实验结论及开放研究

实验结束后，老师总结实验中出现的典型问题，让学生交流自己的测量数据。

（1）思考：电源这样的参数，在生活中能否有实际应用？为什么？

（2）老师引导学生理解，水果电池可以产生电流，但由于内阻过大，实际电路中电流很微弱，难以进行实际利用。如果用水果电池连接小灯泡，灯泡无法发光。但是，有一种特殊的光源，可以利用这个电流——发光二极管。

（3）开放研究：利用自制水果电池，使二极管发光。

（4）知识拓展：介绍 2014 年诺贝尔物理学奖的研究成果——蓝光二极管。

【设计意图】对实验结果进行交流，并讨论水果电池实际使用的可行性。在此基础上引出 2014 年诺贝尔物理学奖的介绍，让学生体会科学、技术、社会发展之间的联系。

学科课程是学校课程建设的核心，在课程体系中居于核心位置，它与课程体系的其他部分形成有机的、内在的联系。学科课程也是学生素养形成的主线，牢牢抓住学科课程主阵地，既是八一学校的坚守，也是符合国内外教育趋势的做法。学科精品课程的建设不仅能带给学生更为系统的学科知识体系，也能对其他课程的建设起到示范引领的作用，为课程系列的建设提供相对应的学科支撑，从而充分发挥学科育人的作用。

（三）聚焦真实问题，研发项目学习课程

在课程建设与实施过程中，学校也在逐步探索项目学习在未来学校变革中的定位与作用，并提炼出核心目标：让学生拥有成为终身学习者的内在动力（热爱、好奇心），使其具有真实问题解决的策略以及具备迎接未知挑战的坚毅品质。

1. 项目学习课程理念与思路

近年来，项目学习课程的建设成为八一学校课程改革中的一大亮点。学校在学科课程体系中构建项目学习，在有价值的学习中体现学科知识及核心素养。学校除利用课堂主渠道尝试项目学习外，还利用每周六上午 4 课时，为全体高一学生开设了近 20 门项目课程，包括卫星测控与应用、无人机原理与制作、北斗卫星导航原理与应用、神奇的日用化学品——我为宇航员助力、舌尖上的生物学——传统发酵食品开发与营销等。

项目学习课程清单

序号	课程名称
1	3D 打印机的设计与制作
2	智能家居设计
3	设计制作排爆机器人
4	卫星测控与应用
5	月球探测机器人设计与制作
6	无人机原理与制作
7	北斗卫星导航原理与应用
8	模拟卫星设计
9	开源硬件开发与应用
10	基于 MINECRAFT 游戏的激光加工
11	基于传感器的物理学规律探究
12	神奇的日用化学品——我为宇航员助力

续表

序号	课程名称
13	神奇的生命世界——星球移民
14	舌尖上的生物学——传统发酵食品开发与营销
15	八一创业营
16	思想力、创意写作
17	批判性阅读与写作
18	RWDC 真实世界挑战赛
19	经济与金融前沿理论专题

项目学习最显著的特点是“以项目为主线、教师为引导、学生为主体”，课程指向真实的问题，在实践中落实学科基础知识，并充分依托学校特色实验室，为学生提供多元化的学习环境；在实验内容的编排上，减少验证性实验，增加综合性、设计性、探索性及创新性研究实验的比例，让所有学生都能进行有效的探究学习。

在项目学习课程中，教师更大的作用是引导学生完成项目，帮助学生逐步拆解项目，引导学生设计方案，并在实践过程中不断解决问题，而学科知识更像是“工具”，辅助解决问题。在这个过程中，学生需要查找大量的资料，从中提取信息，进而寻求解决问题的方法。在完成项目期间，学生通过查找、思考等过程获得了知识的内容，也经历了知识被使用的过程，知识不再是陈述性的，而是程序性的，是学生自己能够灵活应用并加以迁移的。

项目学习更多强调形成解决问题的一般思路和方法，为学生的终身发展服务。项目学习将学生的学习融入项目完成过程中，在解决实际问题时，引导学生自主学习知识，体验问题解决的复杂性、综合性，提炼、应用学科思想方法，将知识、经验、观念、认知等建立起联系，养成科学态度，学会合作、表达和交流，激发积极的内在学习动机，形成正确价值观，发展学生的核心素养。

2. 项目学习课程实践案例

经过多年的课程建设、资源拓展与整合，学校拥有了一大批适合学生学习的项目。这些高端、前沿的项目课程一部分是与中国航天科技集团、清华大学 I-CENTER 创客中心等资源单位合作共建的，另一部分是由本校青年教师合作开发的。项目课程的学习为学生学习的灵活性和选择的自主性提供了平台，为学生更好地学以致用，在解决问题中培养合作精神和坚毅品质提供了可能。

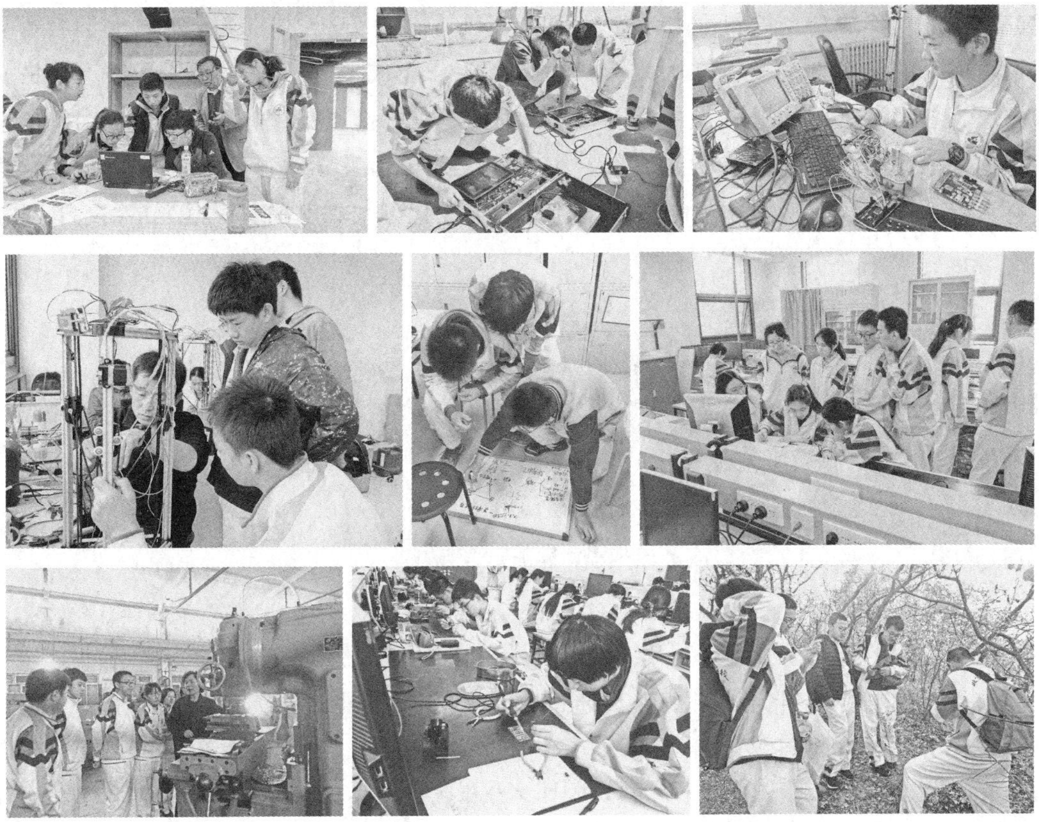

高一学生参加丰富多彩的项目课程学习

以“神奇的日用化学品——我为宇航员助力”课程为例，具体介绍学校项目学习课程建设的思路与成果。

（1）课程设计背景与思路

“我国发展航天事业，建设航天强国，这是中华民族不懈追求的航天梦。”这是习近平总书记在接见天宫一号与神舟十号载人飞行任务参研参试单位代表时强调的话语。近年来，习近平总书记多次强调建设航天强国，实现航天梦，为新时期我国航天事业的发展，提出了期望，指明了方向，规划了蓝图，成为全体航天人共同的目标追求和行动指南。作为学习两年化学知识的小小化学家，高一的学生们可以将所学知识应用到祖国的航天事业中，为航天梦贡献自己的力量。

为了帮助学生们实现梦想，陈颖、齐治国、庞雪三位老师共同开设了“神奇的日用化学品——我为宇航员助力”的项目课程。该项目围绕“我为宇航员助力”展开，以为宇航员制作功能饮料为依托，引导学生深度参与研究一个真实问题的全过程。通过项目拆解，将宇航员功能饮料的制作分解成分析饮料成分、从天然产物中提取功能成分、合成功能成分、饮料配方设计四部分实施。通过分析饮料成分，学生学会了分析物质成分的一般方法；通过从天然产物中提取功能成分，学生掌握了天然产物的提取方法，熟悉了常用的提取设备，能根据物质性质自行设计实验方案，并根据实施效果优化提取方案；通过合成功能成分，学生在实践中落实学科基础知识，提升了化学学科素养；通过优化功能饮料配方，学生提升了优化方案和解决实际问题的综合能力。

项目研究的主要内容

整个课程的设计以化学核心素养为指导思想，基于普通高中化学课程标准，设定为宇航员制作功能饮料为项目任务，通过化学知识为桥梁解决实际问题，引导学生以小组合作方式对真实问题进行探究，从而获得学科知识的核心概念和原理，发展创新意识和一定学科能力。在项目实施过程中，学生按小组讨论分析项目实施方案，分工操作，不断优化项目设计方案。教师通过项目式课程的教学，帮助更多学生了解生活中的化学，将理论知识充分运用到解决实际问题当中，践行化学学科的核心素养。经过两轮的实践，课程设计日臻完善，学生在实际问题的解决过程中，不仅学会了很多以前没有接触过的实验方法和技能，而且深切体会到化学知识在真实问题解决中的作用。

（2）优秀课例展示

《从茶叶中提取咖啡因》一课正是带领学生“从天然产物中提取功能成分”。整个课堂沿着两条线索进行：一条是完成项目的线索，即设计饮料时通常沿着分析已有饮料成分—从天然产物中提取有效成分—合成功能成分；另一条是采用的方法，首先分析已有饮料成分，接下来从天然产物中提取成分，然后再合成具有一定功能的成分，最终目的是运用化学方法便利生活。在积极设计实验的过程中，学生也结合生活实际，考虑方法是否合理，这也让学生在提高创新意识的同时明白了化学和日常生活息息相关。学生在讨论方案和实验的过程中，逐渐形成严谨、精益求精的精神，动手能力和沟通能力也得到了提升。

从茶叶中提取咖啡因

陈　颖

一、教学目标

1. 知识与技能：学习从天然产物中提取有机物的原理和方法；认识咖啡因等有机物的物理、化学性质。

2. 过程与方法：在实验探究过程中，掌握提取植物中的有效成分和纯化物质的一般方法；掌握必要的实验技能，学会利用物质升华的性质进行分离的方法；能够设计提取和分离物质的实验方案并对方案合理性进行评价；通过系列实验，使学生体会从化学到精细化工的过程。

3. 情感态度与价值观：在真实情景下，培养学生解决真实问题的能力与实验探究的能力；在解决真实问题的过程中，培养小组的合作精神。

二、教学流程示意

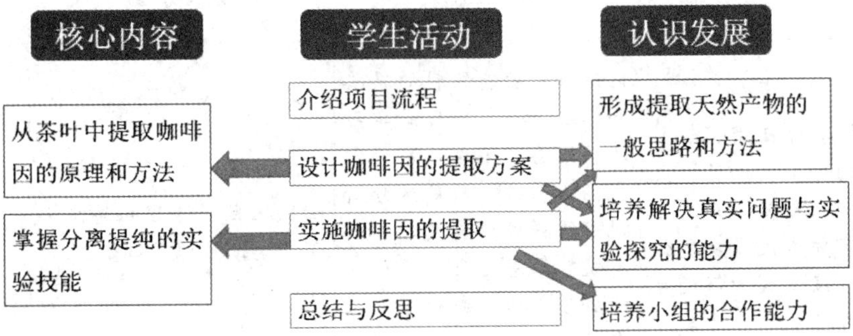

教学流程示意

三、教学过程

1. 项目课程介绍

“神奇的日用品——我为宇航员助力”之功能饮料篇，是一个旨在为宇航员设计功能饮料的项目式学习的系列课程。基于学生们的分析，项目从分析现有饮料成分出发，在已有饮料的基础上，添加功能成分；功能成分可以来自于天然产物，也可以合成。

2. 设计咖啡因的提取方案

从杨利伟喜欢喝茶引出茶文化在中国源远流长，分析茶叶主要成分，详细介绍咖啡因的物理化学性质。学生基于信息，讨论从天然产物中提取有效成分的原理与方法，设计咖啡因的提取方案。为了选择更优的方案，学生从茶叶的种类、浸泡的方法、仪器的种类都做了不同的设计与选择，期待可以通过组间对比、组内对比，得出优化的方案。在这个环节中，学生通过小组讨论，完善了天然产物提取的设计方案。

3. 实施咖啡因的提取

各小组按照已选择的方案进行实验，实现咖啡因的提取。实施过程主要包括两大类：一类是热水浸泡的传统提取咖啡因的方法；另一类是基于索氏提取技术使用有机溶剂提取咖啡因的方法。学生在实验操作的过程中学习新的提取物质的方法，并做好实验记录，同时以手抄报的形式展示实验报告。

4. 总结与反思

经过三个多小时的讨论、设计、实施，每个小组都有不同的收获与感受，教师现场采访了每个组的学生，学生在分享交流中进一步成长。

具体教学过程设计如下：

教学设计

教学阶段	教师活动	学生活动	设置意图	技术应用	时间安排
创设情境	“神奇的日用品——我为宇航员助力”之功能饮料篇，是旨在为宇航员设计功能饮料的项目式学习的系列课程	讨论研究功能饮料的思路和方法，确定项目式学习的整体思路框架：基于学生们的分析，项目从分析现有饮料成分出发，在已有饮料的基础上，添加功能成分；功能成分可以来自于天然产物，也可以合成	回顾项目式课程的整体框架，为本节课做铺垫	PPT	10分钟
温故知新	介绍中国的茶文化、茶叶的主要成分，引出咖啡因是茶叶的有效成分，可以添加到宇航员的功能饮料中	通过杨利伟想在太空中饮茶，联想到向功能性饮料中添加咖啡因等有效成分	通过新闻事件引发学生的关注，引出子项目主题	PPT	10分钟
新课讲解	介绍咖啡因的物理化学性质后，讨论提取方案	讨论从天然产物提取有效成分的一般思路；分离提纯的常用方法；基于物质性质，如何分离咖啡因和单宁酸	通过物质性质研究分离提纯的方法，体现化学学科的实验思想——性质决定用途（使用）		20分钟

续表

教学阶段	教师活动	学生活动	设置意图	技术应用	时间安排
实践操作	基于学生讨论结果，设置不同变量，提供多种提取咖啡因的方案。在实际提取过程中，给予必要的实验技能操作的支持	小组通过抽签的方法，选择一种方法来进行咖啡因的提取。 提取方法分为两种： (1) 用水做溶剂溶解； (2) 用乙醇做溶剂，索氏提取。 包括浸泡—蒸馏、蒸发—焙烧—升华四步。 小组分工合作，做好实验记录，手抄报制作	通过小组学习的方式，培养合作精神；在提取咖啡因的实验过程中，不断优化操作，提高实验探究素养，并不断将自己已有知识运用到实际生活中，发展科学精神与社会责任素养	PPT、分离提纯的仪器（包括索氏提取器）	110 分钟
分享交流	请每个小组分享一下收获与反思	各小组派代表进行分享，有的同学分享了成功的喜悦，并将成功的“秘诀”告知全体；有的同学深刻体会到做好各种预案的重要性，总结了经验教训；有的同学则从实验本身出发，总结了两种方法的优缺点	总结反思有利于学生发现自己的真正收获，通过聆听他人经验促进自己思考，为项目的进一步实施积累经验	PPT	30 分钟
效果评价	请各小组对本组同学和其他组同学打分，进行评价	组内评价、组间评价，并完成自我评价（完成学案）	评价帮助学生更加明确目标，引发思考	PPT	10 分钟
归纳总结	以本节课为例，梳理项目式学习的思路，总结从天然产物中提取有效物质的一般思路和方法	总结，聆听，体会	归纳思路和方法，有利于学生掌握提取物质的方法，有利于培养实验探究素养	PPT	5 分钟
拓展提高	本节课介绍的是从茶叶中提取咖啡因，可以依据该思路去完成其他天然产物的提取，也可以设计合成功能成分	分析已有思路，提出可能添加的成分，并设计实验	将提取咖啡因的思路和方法进一步拓展，形成系统思维，有利于培养科学精神	PPT	5 分钟

四、评价设计

1. 评价方式

本课程采取小组合作的方式，在评价时也以小组内互评＋教师评价＋组间互评来综合评价，最后总分按照每一项分数乘以对应的权重，得到总分。

2. 评价量规

评价按照以下维度进行：

评价设计

评价要素	A（90—100分）	B（80—89分）	C（70—79分）	D（60—69）	得分
知识的应用	充分、科学、准确地应用咖啡因的知识进行阐述分析，还体现了相关的新知识	充分、科学、准确地应用已有的咖啡因的知识进行阐述分析	比较充分地应用咖啡因的知识进行阐述分析	零散（或者有错误）应用咖啡因知识进行阐述分析	
科学精神和社会责任素养	能依据绿色化学思想对提取咖啡因的过程进行分析，针对工艺设计存在的各种问题，提出处理或解决问题的具体方案，权衡利弊，做出决策	具有理论联系实际的观念，能依据实际条件并运用所学的化学知识和方法，解决提取咖啡因的问题，具有节约成本、循环利用、保护环境等观念	具有绿色化学观念，能运用所学知识分析和探讨提取咖啡因的某些过程对人类健康、社会可持续发展可能带来的双重影响	养成严谨求实的科学态度，主动关心与环境保护、资源开发等社会热点问题	
实验探究与创新意识	能根据所给信息和已有知识，根据假设提出多种探究方案，评价和优化方案，能用数据、图表、符号等处理实验信息；对实验中的“异常现象”和已有结论能进行反思，提出质疑和新的实验设想，并进一步付诸实施	具有较强的问题意识，能在与同学讨论的基础上提出探究的问题和假设，依据假设提出实验方案，独立完成实验，收集实验证据，基于现象和数据进行分析并得出结论，交流自己的探究成果	能对简单化学问题的解决提出可能的假设，依据假设设计实验方案，组装实验仪器，与同学合作完成实验操作；能运用多种方式收集实验证据，基于实验事实得出结论，提出自己的看法	能根据问题设计简单的实验方案，完成实验操作，观察物质及其变化的现象，客观进行记录，对实验现象做出解释，发现和提出需要进一步研究的问题	
汇报仪态，语言表达	仪态自然大方，语言表达流畅，讲话清晰，声音洪亮，有自信。面向听众，能与听众很好地进行目光的交流	仪态自然大方，但语言表达和组织能力欠佳，有“额、啊”之类的语气词。面向听众，有目光的交流，但是相对较少	仪态和表情有些拘谨，不自然。声音较低，缺乏自信。低头或者背对观众，偶尔有目光的交流	讲话声音低，不流畅，没有逻辑，观众难以理解。低头或者背对观众，没有目光的交流；只是自己在说，没有观众意识	

续表

评价要素	A（90—100 分）	B（80—89 分）	C（70—79 分）	D（60—69）	得分
手抄报制作	手抄报美观、简洁、全面、重点突出，对实验原理、步骤、现象、实验结论进行了详细的分析，对实验异常现象及时发现、记录，并尝试分析原因，有评价与反思	手抄报美观、简洁，对实验原理、步骤、现象，有明确的结论，并详细分析实验结果，有评价与反思	手抄报较美观、全面，对实验原理、步骤、现象、结论较翔实，有评价与反思	手抄报呈现一般，包括基本要素，即实验原理、步骤、现象、结论，仅简单地罗列结果	
小组合作	小组有明确分工，组员各司其职，认真完成分配的任务；具有团队合作精神，群策群力，合力优化实验方案；组内进行有效交流，积极回答其他同学问题，主动分享自己的见解	小组有比较明确的分工，所有组员都投入到项目中，通力合作，共同完成实验方案；具有较强的团队精神，相互配合完成任务	小组有一定分工，大多数组员都投入到项目中，能按照要求完成实验方案	小组分工不明确，以一两个组员为主来完成任务，其他组员不够投入，缺乏团队合作精神	
共计					

项目学习既是一种核心学习策略，更是一种促成师生发展的自我建构活动。项目学习课程的设计，是学校不断进行课程创新的探索与尝试，在这个过程中，教师的课程开发与建设能力得到极大提升。同时，项目学习课程能充分发挥学生的主体性和自主性，引导学生在真实的项目中对知识进行转换与建构，帮助学生在解决问题的同时获取新知识、新技能，既培养学生的自主学习与合作学习能力，又增强学生的问题意识和质疑精神。

（四）面向未来学习，推动教与学模式变革

课堂是学校教育教学工作的主阵地，课程顶层设计能否真正落地有赖于课程的实施，有赖于教与学模式的变革。新课程改革使学生成为课程建设的主体，并拥有更多的自主权。课程改革如果没有真正触及教与学的模式转变，这种改革都是不深入、不持久的。近几年来，八一学校积极贯彻新课改理念，通过深度学习、PBL 学习、混合式教学、研学等多种途径，切实有效改革课堂教与学模式，创新教学组织形式，进一步带动教师教育理念的更新，提高教育教学质量。

1. 深度学习：让教与学走向纵深

国家实行新一轮课程改革以来，课堂教学发生了积极变化，自主合作探究的学习方式与启发讨论参与的教学方式不断推广，但教与学的关系仍没有调整到位，学生真正意义上的自主学习还没有完全实现，接受学习、死记硬背、机械训练的现象仍然存在。这些现象反映出学生对知识学习处于表层状态，影响其对学科概念和学科学习过程的深入理解，影响其运用知识发现和解决实际问题能力的提高，影响其学习兴趣和学习态度的养成。要改变这种状态，就要遵循课程实施的基本逻辑和核心观点，本质就是要唤起学生进行深度学习。

八一学校早在 2013 年就对“深度学习”有效教学模式探究有过初步的尝试。2014—2015 学年，学校开展了第一轮深度学习项目，初中起始年级的语文、数学、化学学科第一批进入，高中语文、数学、化学学科从学校层面开始跟进。自 2014—2015 学年第二学期开始，其他学科逐一跟进，深度学习项目在学校全面推进。2019 年，八一学校提出“深度学习再出发”，继续进行新一轮深度学习教学改进项目，其目的是真正改变学生的学习方式，促进学生积极主动地解决问题，让学生经历思维深度参与的学习活动，培育学生的学科核心素养。教师在学生学习的过程中，引导学生面对系统且有难度的学习内容，全身心投入学习过程中，获得核心素养的发展，帮助学生从学习的新手成长为成熟的学习者；教师在团队研修中通过持续地“学习—研究—实践—改进”，实现教师个体快速而有质量的发展。“再”的内涵有四点：一是精细，实现流程化、细目化；二是精准，结合学情、学科核心素养和育人目标精准设计；三是系统性，学科内部系统规划，形成本学科的结构图；四是全覆盖，让深度学习走向全学段、全学科。

经过近几年探索，深度学习已深度融入八一学校课堂。通过深度学习项目，各学科教师积极进行教学实践，改进教学；探究学科本质与学科思想方法，构建学科知识能力体系，提升教研与教学质量。同时，学校积累了大量的深度学习优质教育资源库，包括文本资源、视频资源与拓展阅读资源等，支撑教师开展深度学习实践。

(1)“深度学习”的理念与思路

深度学习，是指在教师的引领下，学生围绕具有挑战性的学习主题，全身心积极参与、体验成功、获得发展的有意义的学习过程。在这个过程中，学生掌握学科的核心知识，理解学习的过程，把握学科的本质及思想方法，形成积极的内在学习动机，形成积极的情感、态度和正确的价值观，成为既具独立性、批判性、创造性，又有合作精神、扎实基础的优秀的学习者。

深度学习特别强调学习过程体验。这里有三个关键：一是一定要有教师的引领；

二是学习主题一定是有挑战性的；三是在任务完成过程中，要考虑学生的积极参与和成功的体验，从而获得发展。与那种机械地、被动地接受知识，孤立地存储信息的浅层学习相比，深度学习强调了学习者积极、主动地学习，批判性地学习，创造性地学习。

"深度学习"按照单元学习主题、深度学习目标、深度学习活动、持续性评价四个要素来进行。在单元学习主题方面，教师要考虑什么样的教育内容更有价值，也就是教师要确定单元学习主题，这就是中心任务，也是其载体。在深度学习目标方面，教师要考虑什么样的教学目标更有意义，这是要考虑应该让学生学会什么，也就是学习目标的确定，这是学习预期。在深度学习活动方面，教师要考虑什么样的方式有利于完成任务并实现目标，这是要考虑怎么教，也就是活动的设计。在持续性评价方面，教师要考虑用什么方式检验教学效果，要考虑怎么评，一定是要在持续性的评价中达成反馈。

深度学习的四大要素

深度学习能力不是学生自然形成的，需要改革课堂教学模式，开展以学习者为中心的"参与式"学习，让学生在主动参与中理解与构建、联系与批判、迁移与应用。要有学生的深度学习，必先有教师对教学的深度设计，从而突出教师的主导作用，因为"教"是为"学"服务的，"学"是"教"的目的。因此，"深度学习"教学实践的理论价值，是使教师、学生、教学内容获得高度的统一，使教学内容实现其本应有的价值，使教师、学生在教学中获得最大发展，使学生形成有助于未来可持续发展的核心素养。

（2）"深度学习"实践成果

深度学习项目将触点从教师延伸到学生，不仅为教师提供教育教学的改进方案和实践策略，还引导学生向以项目为基础、以问题为基础、以询问为基础、以兴趣为根基的研究性学习以及个性化的自主学习转化，引导学生形成积极的内在学习动机，提升综合学科能力和学习品质。

以语文学科为例，初中语文组先后在散文单元、新闻单元、说明文单元、文言文单元、议论文单元和整本书阅读等领域进行深度学习实践探索，并取得了一定的成绩，多篇关于深度学习的论文获市、区级奖项，并形成了多节深度学习研究课。为了进一步研究深度学习，初中语文组还申请了海淀区重点课题“基于深度学习理念下的整本书教学策略研究”，并把“进行深度学习教学设计”写进三年发展规划中：力争每学期每个备课组至少完成一个成熟的深度学习单元教学设计，并用第一个三年的时间完成教材 2/3 单元的深度学习教学设计，在第二个三年中努力完成教材所有单元的深度学习教学设计。在海淀区教材教法分析、海淀区空中资源建设、北京市空中资源建设、“国家中小学网络云平台”资源建设中，初中语文组的教师们勇挑重任，用深度学习的理念指引教学设计，力争上好每一节课，用实际行动践行“八一精神”。以娄巧老师的《桃花源记》一课教学设计为例，展示深度学习在教学中的应用。

上下求索，逐梦华夏

——《桃花源记》教学设计

娄　巧

一、教学目标

1. 随文理解和积累常见文言词语，疏通文义。

2. 反复诵读，品味语言，展开想象，依托背景，感受桃花源的美好意境。

3. 学习虚实结合的写作手法，深入理解作者在文中所寄托的社会理想及作者对理想的坚守。

4. 理解本文所承载的文化信息。

二、教学重难点

1. 展开想象，依托背景，感受桃花源的美好意境。

2. 学习虚实结合的写作手法，深入理解作者在文中所寄托的社会理想及作者对理想的坚守。

3. 理解本文所承载的文化信息。

三、教学过程

人教版八年级下册第三单元是一个古诗文单元，主要有《桃花源记》《小石潭记》《核舟记》和《诗经二首》。本单元的几篇文言文都是传世名篇，富有思想和情趣，都有形象美和韵律节奏之美，虽以“记”命名，但又各有不同。《桃花源记》是本单元的第一篇文章，侧重叙事，借游记之体讲述虚构故事：男耕女织，老幼皆安，邻里欢愉，待客如家人，表达了作者的社会理想和对美好生活的向往，蕴含着丰富的文化信息，表现了中华民族共同的价值追求，在文化的传承和理解方面，起到了很好的示范作用。

具体教学过程设计如下：

<table>
<tr><th>教师活动</th><th>学生活动</th></tr>
<tr><td colspan="2">环节一：疏通文义、因形求义</td></tr>
<tr><td>
教师活动 1：
1. 出示评价标准，依据评价标准及课下注解，通读并翻译全文。
<table>
<tr><th>评价标准</th><th>5</th><th>4</th><th>3</th></tr>
<tr><td>关键字词</td><td>正确</td><td>1 处错误</td><td>2 处及以上错误</td></tr>
<tr><td>特殊句式</td><td>正确</td><td>1 处错误</td><td>2 处及以上错误</td></tr>
</table>
2. 一组展示一个古文字字形，因形求义。
<table>
<tr><th>评价标准</th><th>5</th><th>3</th></tr>
<tr><td>古文字字形</td><td>正确</td><td>有误</td></tr>
<tr><td>举出例子</td><td>2 个及以上</td><td>1 个</td></tr>
</table>
教师举例：
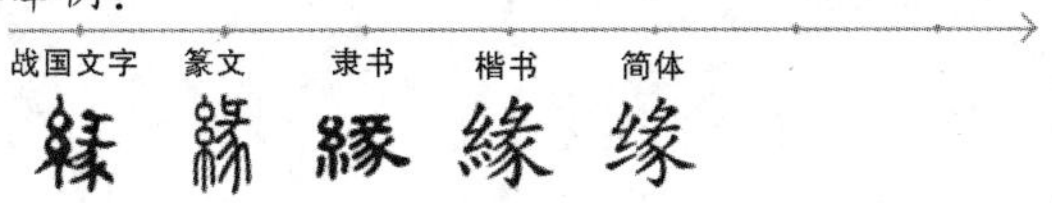

书上的注解是“沿着，顺着”，《说文解字》：“衣纯也，从纟（sī）彖（tuàn）声。”“缘者，沿其边而饰之也。”由此可知其本义是“衣边、边饰”。《后汉书·马皇后纪》中记载马皇后“常衣大练，裙不加缘”。皇后的裙子不加装饰的花边，可见其生活简朴。由本义的“衣边，边饰”引申出“沿着，顺着”，因此“缘溪行”，就是“沿着小溪行走”。
</td><td>
学生活动 1：
1. 对照评价标准，翻译全文。
2. 依据评价标准，展示自己查找的古文字字形，并因形求义。
</td></tr>
<tr><td colspan="2">活动意图说明：
调动学生参与课堂的主动性和积极性，对文中关键词语的理解，知其然还要知其所以然。探究汉字背后的文化内涵。</td></tr>
<tr><td colspan="2">环节二：诵读文本，展开联想，感受桃源的美好</td></tr>
<tr><td>
教师活动 2：
发布任务：
1. 朗读课文，展开想象，用自己的语言描绘桃花源的美好画面。
<table>
<tr><th>评价标准</th><th>5</th><th>4</th><th>3</th></tr>
<tr><td>重音</td><td>处理得当</td><td>1 处处理不当</td><td>2 处及以上处理不当</td></tr>
<tr><td>停连</td><td>处理得当</td><td>1 处处理不当</td><td>2 处处理不当</td></tr>
<tr><td>感情基调</td><td>把握准确</td><td>比较准确</td><td>一般</td></tr>
</table>
2. 依据语言范式，展开联想：
我仿佛看到……
我仿佛听到……
我仿佛感受到……
</td><td>
学生活动 2：
1. 依据评价标准，有情感地朗读课文。
2. 依据语言范式，用自己的语言描述画面。
</td></tr>
</table>

<table>
<tr><th>教师活动</th><th>学生活动</th></tr>
<tr><td colspan="2">活动意图说明：
桃花源越美好，越能够激发人们强烈的向往之情，通过朗读和想象，学生能更直观地感受到桃源的美好。</td></tr>
<tr><td colspan="2">环节三：借助背景材料，进一步感受桃源的美好</td></tr>
<tr><td>教师活动3：
出示链接材料，在对比中感受桃源的美好。
1. 当时的社会背景：
太元，东晋孝武帝年号，其在位期间，国家政治极度腐败，战争频发。
2. 曹植的《梁甫行》：妻子象禽兽，行止依林阻。柴门何萧条，狐兔翔我宇。
3. 曹操的《蒿里行》：白骨露於野，千里无鸡鸣。生民百遗一，念之断人肠。
4. 杜甫的《石壕吏》：听妇前致词，三男邺城戍。一男附书至，二男新战死。
5.《礼记·檀弓下》：孔子过泰山侧，有妇人哭于墓者而哀，夫子式而听之，使子路问之，曰：“子之哭也，壹似重（zhòng）有忧者。”而曰：“然。昔者吾舅死于虎，吾夫又死焉，今吾子又死焉。”夫子曰：“何为不去也?”曰：“无苛政。”夫子曰：“小子识之：苛政猛于虎也。”
6. 杜荀鹤的《山中寡妇》：任是深山更深处，也应无计避征徭。
7.《桃花源诗》：春蚕收长丝，秋熟靡王税。</td><td>学生活动3：
对比阅读，思考桃源到底美在何处?
不仅是环境优美、民风淳厚、安居乐业，更重要的是那里远离战乱，远离剥削和压迫，人人平等，人们从容自如、生活自由自在，是当时人民向往的世外桃源。</td></tr>
<tr><td colspan="2">活动意图说明：
通过前面的朗诵和联想，学生们有可能会感觉桃花源是挺美的，可是这个画面在现实生活中的很多地方都能看到。学生很难理解，屋舍俨然，鸡犬相闻，尤其是“其中往来种作”——人们在田野里来来往往耕种劳作，这美在哪里呢？链接材料能让学生更深入地理解桃源的美好。</td></tr>
<tr><td colspan="2">环节四：虚实结合，感受作者的情怀</td></tr>
<tr><td>教师活动4：
作者虚构了这样一个美丽的桃花源，为什么又安排了一个寻而不得的结局呢?</td><td>学生活动4：
思考并作答：
1. 忘路之远近——地点不明确。
2.“忽”逢桃花林——神秘，美得梦幻。
3. 山有小口——不易寻找。
4. 仿佛若有光——“仿佛”“若”两个词都是好像的意思，将其连用，更表明光的微弱与神秘，也暗示桃花源是找不到的。
5.“不足为外人道”——桃花源人的嘱托，也是在暗示桃花源是找不到的。</td></tr>
</table>

<table>
<tr><th>教师活动</th><th>学生活动</th></tr>
<tr><td colspan="2">活动设计意图：从写法的角度，理解作者的情怀。</td></tr>
<tr><td colspan="2">环节五：探究桃花源背后的文化信息</td></tr>
<tr><td>教师活动5：
陶渊明自称五柳先生，经常采菊东篱下，悠然见南山。为什么不写柳、不写菊，偏偏写“桃”？诗文中的意象沉淀着文化，意象的选择与主旨的表达密切相关。
1. 桃花的文化意义
（1）哺育人类。
夸父不量力，欲追日影，逐之于隅谷之际。渴欲得饮，赴饮河、渭。河、渭不足，将走北饮大泽。未至，道渴而死。弃其杖，尸膏肉所浸，生邓林。邓林弥广数千里焉。
——《列子·汤问》
（2）宜室宜家。
桃之夭夭，灼灼其华。
之子于归，宜其室家。
桃之夭夭，有蕡其实。
之子于归，宜其家室。
桃之夭夭，其叶蓁蓁。
之子于归，宜其家人。
——《诗经·国风·周南》
（3）避凶邪。
傅玄中《桃赋》中写道：“御百鬼之妖慝兮，列神荼以司奸，辟凶邪而济正兮，岂唯荣美之足言！”可见桃能保佑人类吉祥平安。
2. 安居乐业的大同社会是先民的共同追求，有着深刻的文化渊源。
《老子·第八十章》甘其食，美其服，安其居，乐其俗。邻国相望，鸡犬之声相闻，民至老死，不相往来。
《礼记·礼运》：大道之行也，天下为公，选贤与能，讲信修睦。故人不独亲其亲，不独子其子，使老有所终，壮有所用，幼有所长，鳏、寡、孤、独、废疾者皆有所养，男有分，女有归。</td><td>学生活动5：
联系材料，探究桃花的文化意象。</td></tr>
<tr><td colspan="2">活动设计意图：文化寻根，知道意象的选择与文化息息相关。</td></tr>
</table>

再以历史学科为例，在历史学习中，参观博物馆和文物，进行跨越时空的对话，能够加深学习效果，符合学生认知发展规律。初中历史组尝试把教学内容和社会热点展览相结合，将“文物展览”引入课堂，丰富学生获取历史知识的途径与手段，把抽象的历史知识形象化，使学生能身临其境，将学习引向深度，从而发挥课堂教学的最

佳整体功能。以《国家博物馆“秦汉文明展”》主题教学设计为例，教师将“史料教学”引入课堂中，通过大量的文物资料，指导学生对获取的史料进行辨析，并运用可信史料努力重现历史真实的态度与方法，达到培养学生历史学科核心素养的目标。同时，引导学生把课堂中学习的方法迁移到各种展览中，应用于实践中，以达到理解课程内容的目的。

在“史料教学”中将学习引向深度

——《国家博物馆“秦汉文明”展览》主题教学设计

王　可

一、导入

师：作为世界上文明传承最久的国家之一，我国有着丰富灿烂的文物遗存。我们现在所学习的秦汉时期文物数量众多，工艺精湛，本节课我们就走进国家博物馆正在举办的“秦汉文明”展览，尝试对秦汉文明的内涵和影响进行解读，共同感受中华民族发展历史上这一灿烂辉煌的时代记忆。

【设计意图】概述文物的含义以及其所具备的鉴赏价值和文化内涵，有助于初一学生端正对文物和展览的态度，增强尊重感、仪式感，有助于整个课程的引领。

二、述古之源——文治武功

师：公元前221年，秦王嬴政统一了六国，拉开了中国历史上首个大一统的新时代的恢宏序幕。我们进入第一篇章“述古之源”，用文物解读解秦始皇的“文治武功”。我们已经学过了秦朝，你能概括出秦始皇的“文治武功”有哪些内容吗？

生：秦始皇统一了六国，军事实力强大，采用一系列措施巩固了大一统。

师：你参观的时候，找到了哪些文物可以进行印证呢？

生：兵马俑可以证明秦军实力强大。（没去过展览的同学可以看学案）

师：很好，你能说说兵马俑证明秦军实力的哪些方面吗？

生：兵马俑是按秦军士兵所制造的，可以证明他们有军队。

师：细节方面呢？大家看这四个兵马俑的姿势为什么不一样？除了姿势还有哪些细节不一样？

生：（思考）

师：（出示展览解说牌）（节选）

跪射俑：跪射重心稳，便于瞄准，同时目标小，是防守和设伏时比较理想的姿势。
立射俑：是站立射箭姿势的轻装步兵俑，反映秦代远程部队弓弩兵的作战方式。它与跪射武士俑相配合，轮番射箭，增强战斗力。
陶武士俑：作为军阵主体分布于整个军阵之中，大多分布于阵表，灵活机动，且皆持实战兵器，气质昂扬，静中寓动。
军吏俑：军队中的指挥官，挥毫指挥、自信坚定。

师：反映了秦军队什么特点？

生：分军种和等级，反映了秦军队分工明确、互相配合、等级严明的特点。这支秦人组成的军队在战场上叱咤风云，生动地再现了秦军雄兵百万、战车千乘的宏伟气势。

【设计意图】学生看展览会粗略地看，教师引导学生从细节方面进行观察并结合解说牌，得出更深刻的理解。学生提高了兴趣，并注意到容易被忽略的解说牌。

师：为了进一步巩固大一统，秦颁布了许多有利于国家统一和社会发展的经济政策。配合史料请你试着说明统一度量衡对加强中央集权产生的作用。

【讲解】这件铁权上的诏版文字就是秦始皇为统一度量衡标准而颁发的文告，许多秦权、秦量上都有类似文字，是研究秦始皇统一度量衡的重要实物资料。

材料：“（译文）降雨及时，谷物抽穗，各地应当及时以书面形式上报授予、抽穗的耕地顷数，以及虽然开垦却没有播种的田地顷数。如果发生了旱灾、风灾，也要上报灾区范围。距离近的县，由步行快捷的人专程呈送文书，距离远的县，由驿站系统交递，都必须在八月底以前送达。”

——秦《田律》

生：农业是国家的根本，国家执行严格的农业生产状况上报机制，就是为了严密监视生产进度，准确估算当年收成，进而实行必要的管理和指导，为国家提供粮食保障。统一度量衡使得统计更加准确，统一文字使得地方与中央政令通行无阻，统一车轨也使得通信或运输更加便利。因此，这些措施对于国家实现统一是有很大作用的。

师：在“文治武功”部分，我们通过文物看到了已经离我们两千年之久的秦国以强大的兵力统一了六国，以恢宏的气度、尚法的精神巩固了政治。从刚才的研究过程中你能简单总结一下你是从哪几方面解读文物的吗？

生 1：注意看解说牌，定位时空、了解社会背景。

生 2：通过分析文物的形态、材质、工艺水平、铭文等细节，可以发现该历史时期的社会特征，比如我们通过兵马俑的姿势可以推断出他的作战方式。

生 3：实物资料和文献记载可以相互印证、互相补充，从而加深理解。

【设计意图】秦的统一与统一措施是刚刚学过的内容，带着学生用文物印证知识，可增进理解，带领学生梳理从文物中提取历史信息的方法作为学法指导，应用于下一个阶段的教学。

三、探古之谜——大汉风貌

当我们有了方法，就可以更好地进行探究。我们通过“探古之谜”环节可以了解汉朝采用什么措施巩固中央集权，社会生活是什么状况，汉代文化又有了什么新发展。请大家根据刚才所学习的方法形成你对汉朝的印象吧！

1. 学生分小组完成学案

探古之谜

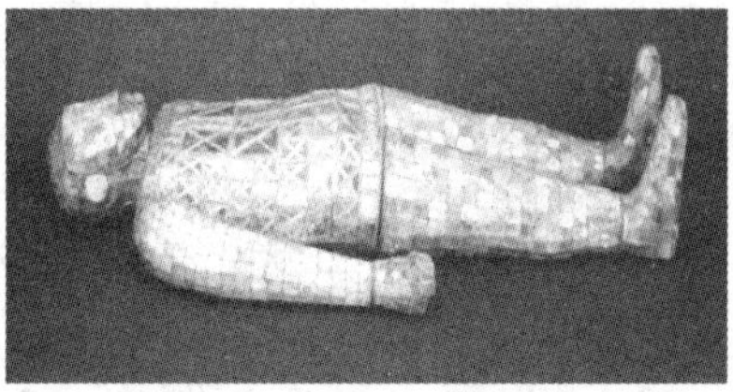

金缕玉衣

为西汉中山靖王刘胜妻子的金缕玉衣。由2160块玉片组成，所用金丝重约1100多克，分为头部、上衣、裤、鞋、手套五部分。玉衣是汉代皇帝和高级贵族死后的殓服，东汉后玉衣的使用有严格的等级制度，皇帝玉衣用金缕，诸侯王、列侯、贵族用银缕，大贵人长公主用铜缕。曹魏时，魏文帝曹丕下令禁止使用玉衣，玉衣退出历史舞台。

秦 半两钱

汉 五铢钱

西汉武帝元狩四年（前119年）政府推出五铢钱制度，形状继承秦半两钱，圆形方孔。前113年，西汉政府将货币铸造权收归中央，进行统一铸造和铜矿原料运输，从此五铢钱作为中国货币的基本样式得到继承。

熹平石经

熹平石经，东汉熹平四年所做，出土于洛阳市太学遗址。汉灵帝为了维护统治地位，下令校正儒家经典著作，派蔡邕等人把儒家七经抄刻成石书。这部中国历史上最早的官定儒家经本，是用隶书一体写成，字体方平正直，中规中矩，极为有名。

学习探究

1. 以上文物中包含了哪些历史信息？（分别例举说明）
2. 文物分别说明了汉代实行了哪些措施？
3. 结合课本第12课的内容，请你简单说明这些措施为汉代的发展起到了什么作用。

拓展发现

请你从展览中找到其他证明加强集权措施的文物。

2. 学生展示成果

小组一：通过推恩令，巧妙地消除了诸侯国对抗中央的能力，以一种温和的方式适应了当时大一统皇权构建的需要，解决了统治阶级内部的尖锐矛盾。中央收回铸币权改善国家财政状况，有力地巩固了西汉的政权，稳定了国家经济。忠君尊礼的思想被立为正统核心，成为统一的精神支柱。

师：一组同学展示很好，统一是秦汉时代的社会主题，特别是儒家学说成为古代统治王朝的正统思想，不仅维系着我们国家的统一，更是在国人的灵魂里注入了儒学的文化基因。通过以上措施，汉朝在秦开创的制度之上，继续巩固大一统的社会，为社会经济发展提供了一个相对安定平和的环境，为中华民族凝聚力的增加提供了强有力保障。

3. 多元文化

探古之谜

秦汉时，中原与边疆联系日益紧密，不同少数民族文化与中原文化交流融合发展。

“王侯合昏千秋万岁宜子孙”锦枕

新疆维吾尔自治区民丰县出土。此枕出于女尸头下，四角用丝线做穗，内装干草，中间织出小篆“王侯合昏千秋万岁宜子孙”字样。据考证，这件织锦为中原地区官营丝织作坊专为地方王侯织的婚礼用锦，非特殊人物不可能得到。推测该墓的主人应该是某代精绝国王及其配偶。

汉归义羌长青铜印

新疆维吾尔自治区民丰县出土。印面刻篆文“汉归义羌长”五个字，表明此印是汉政府发给羌族首领的官印，其中“归义”是汉政府给予少数民族首领的一种封号。羌是中国古老的游牧民族，汉时与中原王朝关系密切，西汉景帝时曾将归附的羌人安置到羌道诸县，武帝时，设置管理羌族事务的校尉。

西汉青铜滇人祭祀场景贮贝器

云南省玉溪市李家山墓地出土。贮贝器是青铜铸造的，用以贮藏海贝的容器。它们是滇国王侯贵族的专用品，象征着财富、地位、权力。器盖上规模宏大的立体雕塑装饰代表着云南青铜器失蜡法铸造的最高成就，器身铸35个人形，表现主持完祭祀仪式的女主人正前往田间“亲耕播种”。由于交通闭塞，环纹海贝显得极为珍贵，甚至具备了货币的职能。它堪称“青铜铸造的无声史书”。

玻璃杯

广西壮族自治区合浦县出土。广西是汉代玻璃集中发现的地区之一，包括器皿和饰品两大类。据科技分析，这件玻璃杯属于钾硅酸盐玻璃。有学者认为其来自印度。广西合浦是汉代海上丝绸之路的重要港口，与国外的文化和贸易交往较多。

学习探究

1. 以上文物中包含了哪些历史信息？（分别例举说明）
2. 如果给该展厅命名，你为它起一个什么名字呢？解释原因。
3. 这个时期汉文化有哪些新的特点？
4. 你认为出现民族交融这一现象出现的原因是什么？(可结合课本14课)

生：对少数民族实行管理，使少数民族边疆地区得到发展、对外交往增多；尊重少数民族风俗习惯，保留归附的西域各民族首领称号，使其衷心拥护西汉王朝。

师：我们即将学到丝绸之路，将秦汉王朝与域外联系起来，汉武帝开疆拓土，奠定了中国版图的基本框架，以汉民族为主体的中华民族成为屹立在世界东方的伟大民族，充分显示了大一统的秦汉王朝开放包容的胸怀，彰显了大国气质。

4. 丰富生活

探古之谜

陶庖厨俑

四川省成都市汉墓出土。汉代人相信死后可以在阴间继续过生前美好的生活，因此制作了大量的奴婢侍从随葬。这件庖厨俑为墓主准备膳食的家务奴仆。

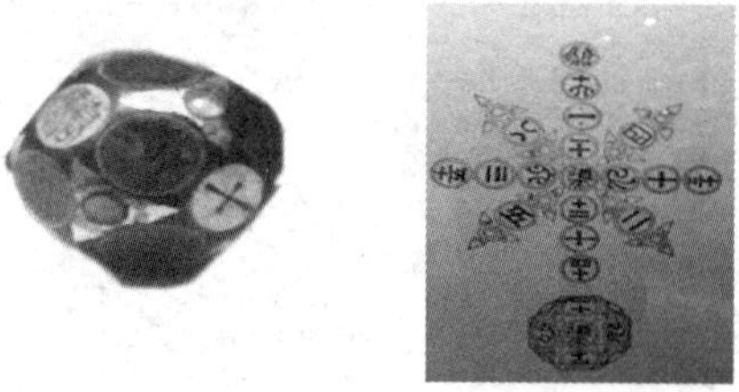

鎏金银嵌宝石青铜骰

河北省满城汉墓出土，共18个切削面，分别用篆书写“一”至“十六”以及“酒来”。各面孔缝隙间镶嵌绿松石或者红玛瑙装饰。骰子是一种赌具，用于饮酒行令，属酒骰类。

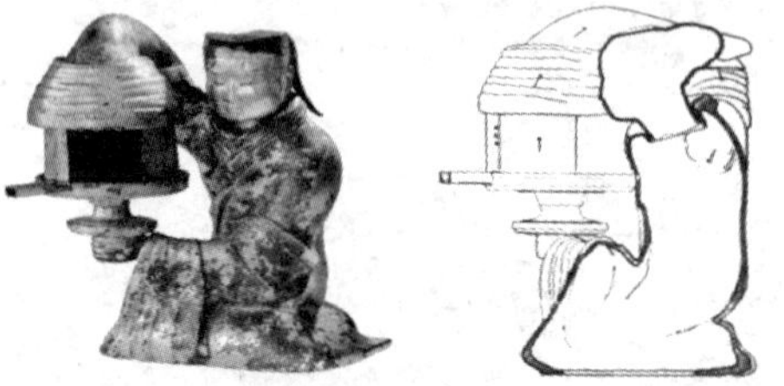

长信宫灯

河北省满城汉墓出土。宫灯灯体为一通体鎏金、双手执灯、神态恬静优雅的跪坐宫女。灯体通高48厘米，重15.85千克。长信宫灯设计十分巧妙，宫女一手执灯，另一手袖似在挡风，实为虹管，用以吸收油烟，既防止了空气污染，又有审美价值。

井盐生产画像砖拓片

成都扬子山一号墓出土。制井盐有四人成双站于两层架上，引绳提取盐水，绳上有滑车，盐水顺着竹筒流到锅灶内，灶口一人在烧火，其上有二人背柴。整个画面为群山层层环绕，生活气息浓厚，把烧盐工人的劳动生活生动地表现了出来。

学习探究

以上文物分别透露出汉朝生活中哪些生活细节？反映了什么现象？

拓展发现

为什么把“长信宫灯”选作本次展览的代表文物？

师：这些文物不仅再现了汉代王公贵族珍馐满案、美酒飘香、灯光摇曳的奢华生活，也显示了王朝的富强、物质的充裕、市场的活跃和文化的发达，反映了秦汉时期物质文化的高度繁荣。你能谈谈对汉朝的整体感受吗？可以用一些关键词来形容。

生：“开创”“繁荣”“多元”“开放”。

师：经过四个多世纪的经营与沉淀，秦汉时期的综合国力和文化软实力均居当时世界前列。就你的理解，“大一统”都包括哪些方面的一统呢？

生：（回答）

师：带大家梳理一下：1. 天下一统，领土完整。2. 政治一统，天下大治。3. 思想一统。一个国家只有把一种价值作为共同的核心价值，法令、制度才能保持一贯性，人民的行为才有明确的规范，国家才有可能长治久安。4. 民族一统。秦汉强大的重要原因就是交流、开放与共荣！

师：所谓大一统，是以天下之统一为大，汉武帝的“大一统”格局，强调政治、经济、文化全方位的统一，强大的中央集权为中华民族凝聚力的增加提供了强有力的保障。

四、仰古之光——思古观今

师：这些理念，相距两千多年，是否过时了？哪些是当今社会也需要并且更加倡导发展的？

生：一个强起来的中国，在保证领土完整、国家稳定的前提之下，朝着更加开放、包容、平衡、共赢的方向发展，形成全方位开放新格局才是我们应该有的大国风采、大国形象！

师：这个时期出土的“中国大宁”鎏金青铜镜，周边有铭文“中国大宁，子孙益昌，黄裳元吉，辟去不羊（祥）”是“中国”作为一个统一国家的概念的最早记载，反映了当时广阔疆域上的人民已视自己的祖国为中国。国家统一、疆域永固成为时代的声音，成为给予我们最宝贵的遗产。

2. 混合式教学：打破教与学的时空

近年来，八一学校信息化建设突飞猛进，运用互联网开放教育资源、促进知识协同共创，积极开展基于 Office 365 线上平台的课程改革，系统梳理、整合学校课程资源，实现学习资源的最大化、最优化共享。通过线上平台，打破时空限制；根据课程特色，改变课堂模式，转变教师角色，推动学生个性学习、自主学习；支持随时随地的学习，教师灵活运用空间和时间，将“讲授”的任务通过“微课”“学案”等形式前置，学生遇到难点可以重复学习，不再受课堂时空的局限。更为重要的是，把教师从重复性讲授中解放出来，真正坐在了学习者的旁边。在八一学校，信息化教学手段真正改变了课程实施形态，打破了教与学的时空，让学生实现了无界学习。

新冠疫情期间，混合式教学的先期积累为学校“停课不停学”起到了关键支撑，也让教师们深刻认识到课堂中信息化技术应用的重要性，以更加积极的心态拥抱信息化。各学科均根据课程特点、线上教学的便利条件和优势，制订了本学科混合式教学的行动规划，进一步推动了混合式教学的深入开展。

混合式学习的教学设计始终遵循以生为本、实践性、整合性、评价性原则。在教学设计中，充分体现教师是教的主体而学生是学的主体的不同地位和作用，既吸取传统课堂教学的优势，又充分利用网络教学在线资源，把教师的“教”和学生的“学”有机统一。科学的评价策略、工具和方法，把教师评价和学生自我评价整合在一起。

以物理学科《功与功率》一课为例，教师通过设置开放性问题的课前导引诊断以及文本研读等分层的自主学习任务设计，充分把握学生关于“功和功率”初中知识与初高中知识对接的困惑，同时通过线上、线下相融合的教学设计，真正发挥混合式教学的优势，让教与学更加个性化。

功与功率

史　磊

一、教学目标

1. 在初中阶段对功的认知的基础上，进一步理解“功”的物理意义，能够计算力与位移的方向不在同一直线时所做的功。

2. 知道功是标量，理解正、负功的含义。知道几个力对物体所做的总功，是各个力分别对物体做功的代数和。

3. 理解功率的概念，会运用极限思想得到瞬时功率表达式 $P=Fv$。了解生产生活中常见机械做功、功率大小及其意义。

4. 能分析汽车启动过程中发动机功率一定时，牵引力与速度之间的关系，并能分析解释实际生活中的现象。

二、教学重难点

理解功的概念、正功与负功的意义、瞬时功率的概念。

三、教学设计

基于教材的主题清单	基于初中知识的再认识 基于高中知识的类比学习活动清单		能力提升清单
	教师活动	学生活动	
主题环节1：线下的课前预备 主要内容： 1. 初、高中教材文本研读 2. 任务驱动自主学习	1. 发电子版初中、高中功和功率教材。 2. 设计分层自主学习任务，通过微信群下发，通过作业小程序回收问卷，整理学生主要问题。 分层一：初中知识链接及知识清单。 分层二：知识清单及自主学习问题思考。	1. 分层一填写初中知识链接并提交到作业小程序。 2. 研读教师下发的初中、高中功和功率教材，完成知识清单。 3. 建立学习活动小组，分层二思考讨论自主学习问题，并提出一些待解决问题。	线下活动：培养学生自主学习能力。
主题环节2：线上对功和功率的再认识 主要内容： 1. 概念知识的再认识 2. 类比学习，向前向后延展	**1. 从概念到情境问题** 问题1： 初中功的概念中的高中知识 为何该力不做功？ 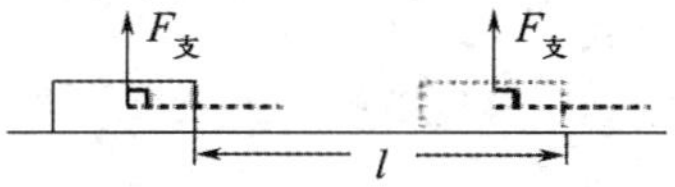 一物体在与水平方向成60°角斜向上的力$F=10\text{N}$的作用下，在光滑水平面上由静止开始移动$l=5\text{ m}$，请你求出力F所做功。 **2. 类比法认识物理量** 问题2： (1) 公式条件的相似类比。 (引导认识功是过程量) (2) 单位的等同性。 (引导与能量的单位相同) (3) 功是标量还是矢量。 **3. 从情境问题到概念** 问题3： 一个质量为150 kg的雪橇，受到与水平方向成37°角斜向上方的	**学生解决问题1：** 力的方向上的距离就是高中知识中的位移 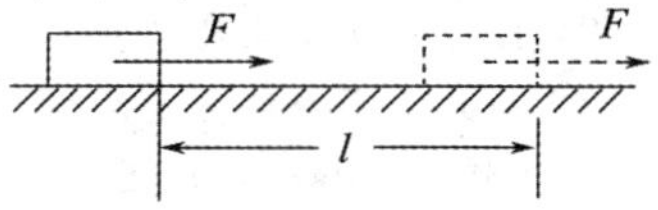 1. 对比分析： 找到高中知识解决问题的依据。 2. 矢量分解： 不同分解角度地建立直角坐标系。 **学生解决问题2：** (1) 可与匀变速直线运动公式类比。 (位移、速度变化量公式) (2) 导出单位与基本单位。 (3) 三个角度体会功是标量。 (定义、物理意义、单位) **学生解决问题3：** 依据一：合力的等效性。 依据二：功的标量性。 (1) 理论推导证明。	线上引导： 1. 培养学生用类比的方法学习新物理量，加深对矢量分解、标矢量、过程状态量、表达式适用条件、量纲、比值定义等内容的理解。 2. 培养学生类比方法、极限思维、推理演绎、微元累积、模型建构等科学思维。

续表 1

基于教材的主题清单	基于初中知识的再认识 基于高中知识的类比学习活动清单		能力提升清单
	教师活动	学生活动	
	拉力，大小为 500 N，在水平地面上移动的距离为 5 m。地面对雪橇的阻力为 100 N，$\cos 37^{\circ}=0.8$。求各力对雪橇做的总功。 思考：求总功方法的理论依据。 证明：合力的功等于各力功的代数和。	（2）数值计算验证。	
	4. 类比法学习思想方法 问题 4： （1）对快慢的理解。 （2）比值定义类比理解。 （3）公式适用条件。 （源于特殊，却适用广泛）	**学生解决问题 4：** （1）类比速度与加速度定义。 （2）类比速度的状态量。 （3）类比速度的平均值与瞬时值公式。 （4）极限思维：从平均功率到瞬时功率。	
	5. 从情境问题到模型建构 问题 5： 汽车的质量 $m=2\times10^{3}$ kg，额定功率为 80×10^{3} W，汽车保持该功率从静止开始行驶，设汽车所受阻力恒为 $F_{阻}=4\times10^{3}$ N。求： （1）汽车行驶能达到的最大速度。 （2）汽车速度为 10 m/s 时的加速度。 分析解决实际问题： 微元累积求变力做功。 （1）功率恒定时的变力功。 （$P-t$ 图像） （2）弹簧弹力做功。 （$F-x$ 图像） （3）圆周中的变力做功。	**学生解决问题 5：** 用功率、牛顿第二运动定律、图像法解决问题。 （1）类比 $v-t$ 图像，微元累积思想，图像的面积代表功。 （2）类比圆周运动中的微元分段累计求和。	

续表 2

基于教材的主题清单	基于初中知识的再认识 基于高中知识的类比学习活动清单		能力提升清单
	教师活动	学生活动	
主题环节 3： 线下绘制知识、思想、方法结构图	1. 线下学习任务一： 分层一：绘制本节知识结构图。 分层二：绘制类比思想方法结构图。 2. 线下学习任务二： 完成本节学习任务后测。 3. 自主研究性课题： (1) 测定人上楼梯时的平均功率。 (2) 测定你跳绳时的平均功率。 (3) 交通工具功率的发展历程。 4. 小视频录制：这题我想这样做。	1. 以小组为活动单位： 分层一：讨论制作知识结构图； 分层二：分工合作，绘制类比思想方法结构图。 2. 提交任务到作业小程序中。 3. 以个人为单位自愿参与，任选题目。 4. 自愿参与，自我展示。	培养学生归纳、总结能力
主题环节 4： 线上分享、评价	1. 微信群分享优秀学生绘制的结构图。 2. 个别辅导学生提交的自主研究性课题。 3. 作业程序中批改评价学习任务后测。	1. 学生学习借鉴优秀结构图。 2. 个别学生与教师沟通完成自主研究课题。 3. 学生后测及改错。	学会借鉴 学会欣赏 学会评价

附件 1：初中知识链接

初中知识链接

	功	功率
公式		
单位		
定义		
相关条件物理意义		
记忆中的其他相关知识内容		
记忆中的一些题目类型		

续表

试一试	1. 用起重机把质量为 2.0×10^3 kg的物体匀速地提高了5 m，钢绳的拉力做了多少功？重力做了多少功？这些力做的总功是多少？ 2. 一位质量为60 kg的滑雪运动员从高为10 m的斜坡自由下滑。如果运动员在下滑过程中受到的阻力为50 N，斜坡的倾角为30°，运动员滑至坡底的过程中，所受的几个力做的功各是多少？这些力做的总功是多少？	1. 一台电动机工作时的输出功率是10 kW，要用它匀速提升 2.7×10^4 kg的货物，提升的速度将是多大？ 2. 一台抽水机每秒能把30 kg的水抽到10 m高的水塔上，这台抽水机输出的功率至少多大？如果保持这一输出功率，半小时内能做多少功？

附件2：知识清单自主学习问题思考

功和功率知识清单自主学习问题思考

知识清单	功	功率
定义		
物理意义		
表达式		
相关概念或相关公式		
备注：在填写上述知识清单时，想一想有哪些内容可以和原来的知识相类比。		
自主学习问题思考	1. 能否说明功是过程量还是状态量？是矢量还是标量？ 2. 当位移的方向与力的方向不一致时，应当如何计算功？你的依据是什么？ 3. 如何求总功？你的依据是什么？ 4. 能否求出弹簧弹力做功？ 5. 如何判定向心力是否做功？ 6. 摩擦力做功有什么特点？	1. 能否从公式说明功率是过程量还是状态量？ 2. 如何理解和使用功率的几个公式？ 3. 尝试画出汽车在恒定功率加速运动和恒定牵引力加速运动过程的 $v-t$ 图像、$F-t$ 图像、$P-t$ 图像。

附件 3：学习任务后测

功和功率学习任务后测

1. 用水平恒力 F 作用于质量 m 的物体，使之在光滑水平面上沿力的方向移动距离 x 过程中，该恒力做功为 W_1；用此恒力作用于质量为 2 m 的物体上，使之在粗糙的水平面上沿力的方向移动同样距离 x 过程中，该恒力做功为 W_2，则两次该恒力做功的关系是（　　）

A. $W_1=2W_2$　　B. $2W_1=W_2$　　C. $W_1=W_2$　　D. 无法确定

2. 以某一初速度竖直向上抛出一个重力为 G 的小球，小球上升的最大高度为 h，空气阻力的大小始终为 f。则从抛出至落回到该出发点的全过程中，重力对小球做的功和空气阻力对小球做的功依次为（　　）

A. 0，0　　B. 0，－2fh　　C. 2Gh，－2fh　　D. 2Gh，0

3. 如图所示，质量均为 m 的三个物体，分别沿底面长度均为 L，倾角依次为 $\theta_1=60°$、$\theta_2=45°$、$\theta_3=30°$的 a、b、c 三个斜面从顶端滑下，物体和斜面间的动摩擦因数相同。物体从三个斜面顶端滑到底端的过程中，克服摩擦力做功分别是 W_1、W_2、W_3。则以下结论正确的是（　　）

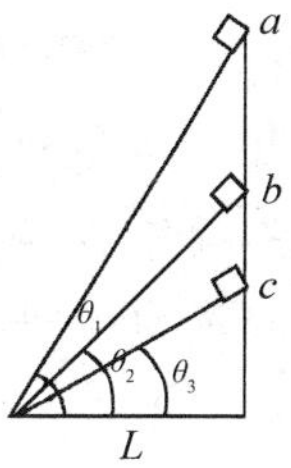

A. $W_1>W_2>W_3$　　B. $W_1=W_3>W_2$

C. $W_1<W_2<W_3$　　D. $W_1=W_2=W_3$

4. 质量为 m 的物体以初速度 v 平抛出去，飞行过程中，当物体的速度与竖直方向成 30°角时刻，重力的瞬时功率是（　　）

A. mgv　　B. 2mgv　　C. mgv　　D. mgv/3

5. 质量为 m 的汽车在平直公路上行驶，阻力 F 保持不变。当它以速度 v、加速度 a 加速前进时，发动机的实际功率正好等于额定功率，从此时开始，发动机始终在额定功率下工作。

（1）汽车的加速度和速度将如何变化？说出理由。

（2）如果公路足够长，汽车最后的速度是多大？

再以美术学科《中国古代人物画》一课为例，教师运用现代化教学设备，打造了一个集视、听、练为一体的混合式教学课堂。课堂上，教师传授知识，学生既获取了真切的审美感受，得到情感陶冶，也提高了美术鉴赏能力。混合式的教学模式产生了超乎预期的教学效果。2017 年 5 月，在中央电化教育馆“第十届全国中小学创新课堂教学实践观摩活动”中，该教学设计荣获现场上课一等奖。

在美术鉴赏教学中发挥现代信息技术的功效

——《中国古代人物画》教学案例

张尊高

一、教学目标

1. 知识与技能：通过赏析《韩熙载夜宴图》，体会中国古代人物画的艺术特点和内涵，掌握中国古代人物画的基本鉴赏方法和评价标准；提高信息检索能力，丰富视觉感受、理解和表达交流的能力；培养图像识读、审美判断和文化理解的美术核心素养。

2. 过程与方法：通过网络、信息资源等渠道收集中国古代人物画的信息，尝试运用中国画的美术术语，借助现代媒体手段，有效地表达、交流自己的观点和认识。在具体的文化情境中，体验多角度鉴赏中国古代人物画的基本方法。在教学互动活动中，体验自主性学习和问题探究的方法。

3. 情感、态度和价值观：借助现代教育媒体，努力使视、听、练有机组成一个既能传授知识、提高美术鉴赏水平，又能获取审美感受、得到情感陶冶的动态功能系统。在积极主动地分析、了解中国古代人物画悠久历史和独特艺术传统的过程中，提高美术鉴赏能力，升华对民族艺术的情感。

二、教学重难点

1. 教学重点：借助移动设备进行信息检索、提炼、概括，重点赏析《韩熙载夜宴图》，了解中国古代人物画的重要艺术特点，掌握中国古代人物画的基本鉴赏方法。

2. 教学难点：学生根据中国古代人物画独特的艺术传统，以及鉴赏美术作品的基本过程和方法，能举一反三，自主完成对其他作品的分析，形成自己的主观感受，逐步提高鉴赏中国古代人物画的水平。

三、教学过程

《中国古代人物画》是人民教育出版社普通高中标准试验教材《美术鉴赏》之中国美术鉴赏的第六课《独树一帜——古代中国画》的第一课时。本课以赏析中国古代人物画的经典作品《韩熙载夜宴图》为主，并运用新媒体技术创新美术鉴赏课堂教学，引导学生从多角度欣赏与认识美术作品。

具体教学过程设计如下：

《中国古代人物画》教学设计

教学阶段	教师活动	学生活动	设置意图
第一阶段：问题导入	1. 欣赏：中国十大传世名画。 2. 判断：其中哪些属于人物画。 3. 教师总结并提出本课主题：中国古代人物画。	学生查阅，思考并回答问题。	欣赏和判断引入，感受中国古代绘画的精美，激发学生学习的好奇心。
第二阶段：分组协作、自主学习	1. 欣赏分析：五代杰出人物画代表——《韩熙载夜宴图》。 提问： （1）描绘了什么内容？ （2）韩熙载是什么人？ （3）奉哪位皇帝的旨意而作？ 2. 介绍故宫2015年出品《韩熙载夜宴图》App，并演示使用方法。  （1）借助《韩熙载夜宴图》，感受中国古代人物画独特的装裱形式、厚重的文化气息，引水、前隔水、后隔水、拖尾介绍。 （2）App查阅信息使用方法介绍。 3. 借助故宫出品的《韩熙载夜宴图》App，分组协作、自主学习。	1. 学生根据课前预习和老师提供的资料，思考回答。 2. 各组利用pad上的《韩熙载夜宴图》App和老师提供的学习资料进行互动探究，完成各组学案。	借助故宫出品的《韩熙载夜宴图》App，进行分组协作、自主学习，增强学习的趣味性和实效性。
第三阶段：分组汇报、互动探究。	教师组织学生分组展示、交流自主学习成果；同时，教师依据学情动态提出新问题，引导学生深入鉴赏。 **场景一：宴罢聆音**  1. 主人韩熙载的神情是怎样的？ 2. 众宾客在听琵琶演奏时的神情是一样的吗？	1. 每组同学派代表分场景介绍作品的内容和表现形式。 2. 依据教师提出的新问题，交流自己的见解和感受。	1. 借助故宫出品《韩熙载夜宴图》App中的音频、视频，还原画中情境，带领学生走进中国古代绘画，增强学生对五代时文化的理解，以此提高课堂效率，总结出中国古代人物画重要的艺术特点之一：传神。

续表 1

教学阶段	教师活动	学生活动	设置意图
	总结：中国古代人物画重要艺术特点之一：传神。 **场景二：击鼓伴舞**  问题：为什么画中人物的高度差如此之大？ **场景三：画屏小憩**  问题：屏风在画中有什么作用？ **场景四：玉人清吹**  问题：五位吹奏乐曲的仕女，在章法布局方面有何特点？ **场景五：夜阑余兴**  问题：与第四场景是如何衔接在一起的？		2. 根据教学情境的变化，运用互动白板批注和截图比较等技术，解决教学难点：分析重点人物，认识作品的章法布局。

续表 2

教学阶段	教师活动	学生活动	设置意图
第四阶段：图像识读、深入鉴赏	1. 中国古代人物画的艺术特点之二：善于运用长卷的形式，突破时间和空间的限制。 结合 App，浏览整幅画面，请寻找一下：整幅画面出现了几个屏风？每个屏风的处理方法是一样的吗？ 2. 中国古代人物画最高审美标准：形神兼备。 抛出问题，深入分析画面中韩熙载的特征。 问题：画家刻画了一个什么样的韩熙载？ 3. 展示实物《韩熙载夜宴图》仿真品。 引导学生鉴赏原作，分析《韩熙载夜宴图》的表现技法，体会工笔重彩人物画的艺术魅力。 观看画面仔细体会： 一看线条的表现力。 二看色彩的独具匠心。 三看韩熙载的须发勾染。	1. 学生依据教师设计的问题链，深入剖析核心人物的性格特征。 2. 学生在老师的引导下，观赏、感受《韩熙载夜宴图》仿真品，着重鉴赏表现技法。	1. 借助问题进行图像识读，得出中国古代人物画的艺术特点之二：善于运用长卷的形式，突破时间和空间的限制。 2. 借助问题链进行图像识读，总结出中国古代人物画最高审美标准：形神兼备。 3. 通过实物展示，使学生直观感受中国古代工笔重彩人物画的杰出成就，提升课堂气氛。
第五阶段：小结与拓展	1. 概述作品赏析的过程与方法。 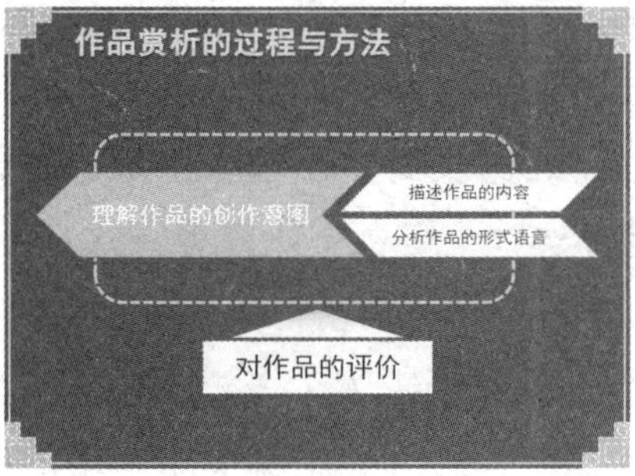 2. 学生评价。 3. 教师评价。 4. 拓展与提高。 通过微信群组，课后交流对《韩熙载夜宴图》的看法。	学生内化美术鉴赏的方法与技巧。	总结鉴赏方法，举一反三，展望下节课教学。

3. 研学实践：身体和心灵同在路上

“读万卷书，行万里路”，每一处旅游胜地，都蕴藏着教室、书房里得不到的学识。在八一学校，研学不是追赶时尚，而是一种扎实的学习体验和实践探索。研学的目的有三点：一是见证文化、梳理思绪，尽可能入乡随俗、身临其境。二是吃苦尝酸、体察真知，使精神随之振奋。虽然研学时间短促，但如果将学习、旅游两者很好地融合起来，就会打开一个人的眼界，进而影响一个人的一生。三是锻炼独立品格，在学途中学会照顾自己，独立生活。总之，研学旅行让学生走进社会大课堂，去了解真实的社会现象，体验社会、认识社会、适应社会。八一学校为不同学段的学生，分主题、分线路设计了丰富多彩的研学活动。

初一年级是习惯成长年，研学主题内容为关爱生命、自尊自律、诚实守信，包括团队之旅、科技之旅、海淀之旅、植物之旅、遗址之旅、生存之旅六大研学主题的若干条线路。初二年级是责任成长年，研学主题内容为勤奋自主、合作进取、诚实守信，包括博物馆之旅、文学之旅、农业之旅、远足之旅、红色之旅、美育之旅六大研学主题的若干条线路。

高中每年两次的研学活动分为“文化线”和“红色线”。文化线，主要选取山东曲阜、江苏南京、河南洛阳、陕西西安及其周边城市作为主要考察城市，开发了四条文化游学线路：齐鲁文化行——走访三孔，登临泰山；江南文化行——访南京，访绍兴；中原文化行——访洛阳，探龙门石窟；西安文化行——游大雁塔，观兵马俑，让学生在行走中触摸古老文明与灿烂文化的脉动。学生通过城市考察、小组合作研究等方式，走访古都名城，了解中国本土文化，探究历史，思考今天。学生通过课程学习、现场考察，真切体会华夏文明的灿烂辉煌和新时期古城新貌，在小组活动中提升了合作交际能力，增强了民族认同感和历史责任感。红色线则主要选取重庆、湖南长沙、阜平及延安等地作为主要考察地点。学生通过考察、小组合作研究等方式，走访红色圣地，了解中国革命历史，增长革命斗争知识，学习革命斗争精神，培育新的时代精神。

研学旅行顾名思义应是“研”和“行”的结合。八一学校通过行前研、行中研、行后研的系统设计，探索实现既“研”又“行”的研学旅行策略。每次研学前，学校都会开展研学教师团队备课、制定活动方案、确定教学目标、制定研学课题等一系列课前准备。在行前课上，老师要对学生进行安全教育，根据学生人数分组，并发布研学报告。研学旅途中，学生要选择研究方向，并与老师确立研学课题。研学后，以小组为单位完成研学报告的撰写。

（1）行前研

行前，研学教师团队集中备课制定活动方案、确定教学目标，通过划分研学小组、召开学生会议、开展行前主题学习、确定小组研究课题，发布学生研学手册，对学生进行系统的行前教育，为研学出行做好准备。

①划分研学小组

让每位组员在研学中都有自己的任务，是实现既“研”又“行”研学旅行的基本要求，因此小组划分的合理性就显得尤为重要。研学小组按照班级分组，每班5—6个小组，每个小组人数不超过10人，在分组时遵循男女生搭配、性格互补等原则，每个小组尽量安排一名班委。同时对研学小组成员内部进行角色分工，选出组长、考勤员、安全员和宣传员等，实现学生内部自我管理。

②召开学生会议

研学前召开会议，强调研学纪律，是实现既“研”又“行”研学旅行的重要保障。班委会主要让学生明确职责，提高安全意识，保持头脑清醒；研学组长主要提醒各组长加强小组管理、细化管理；宣传委员主要布置研学中班级新闻报道、拍照、公众号、总结、汇报、班会等宣传工作；集体班会提出具体要求并对特殊情况进行说明，如游学期间手机管理办法、乘车住宿管理办法等。

③开展行前主题学习

借助年级讲座平台开展研学旅行行前培训，帮助学生确定研究课题方向，厘清研学思路，充分将“研”和“行”有效地结合。以湖南研学旅行为例，教师以“湘遇”为主题，分别从湘楚地的长沙地形、湘江水的伟人诗篇、湘土地的城市规划、湘民居的伟人故居、湘辣子的饮食文化、湘人物的众多名人、湘教育的知名学府七个方面对长沙进行了全面介绍，让学生在出发前就对研学地有了系统了解。

④确定小组研究课题

确定小组研究课题是研学旅行的起点与实践的关键导向。一个好的研学课题需具有探究价值、理论意义和实践意义。因此，教师在集体教研中会依据研学地的特点，组织多学科教师进行研讨，共同制定研学推荐课题清单。学生也可以自主申报课题，对选题进行介绍，说明选题意义及完成课题需要的知识技能和资源支持。指导教师择机选择班会课进行展示，邀请相关学科教师参加，为学生进行相应选题申报与修改。

推荐课题清单展示

序号	推荐课题
1	同为金陵怀古主题，唐朝的诗与宋朝的词在这一主题之下的具体表现有何不同？
2	从南京博物馆看南京历史的变迁。
3	小议文学中的历史。

续表

序号	推荐课题
4	南京和北京都是古都，探索两个古都的地域文化有何差异。
5	人们在外出过程中如何选择适合自己的交通方式，需要考虑哪些因素？
6	查看从北京到南京、南京到北京沿途经过哪些车站，思考交通线路的走向如何，受哪些因素的影响。
7	这条游学线路的设计你是否满意，提出你的修改建议或者为自己量身打造一条旅游线路，提炼出旅游线路的设计需要考虑哪些因素。
8	感悟传统文化，体验现代化的进程，我们应以一种什么样的社会心态来看待中国的现代转型？

小组课题申报表

<table>
<tr><td>汇报时间</td><td></td><td>汇报人</td><td></td><td>指导教师</td><td></td></tr>
<tr><td>小组成员</td><td colspan="5"></td></tr>
<tr><td colspan="6">选题介绍</td></tr>
<tr><td colspan="6"></td></tr>
<tr><td colspan="6">选题意义</td></tr>
<tr><td colspan="6">理论意义：

实践意义：</td></tr>
<tr><td colspan="6">完成课题需要的知识技能和其他资源支持</td></tr>
<tr><td colspan="6">指导教师意见：

可以改进的地方：</td></tr>
</table>

⑤发布学生研学手册

犹如旅行攻略一样，学生研学手册一般包括历史与文化简述、游学经行地介绍、研学城市相关好文推荐、推荐课题与活动分组、活动安排、注意事项与要求、必备物品清单、我的活动记录八大部分内容。通过手册，学生可以有方向地开展自主学习，对研学地加深了解，了解研学的流程与安排，为研究做好充分准备。

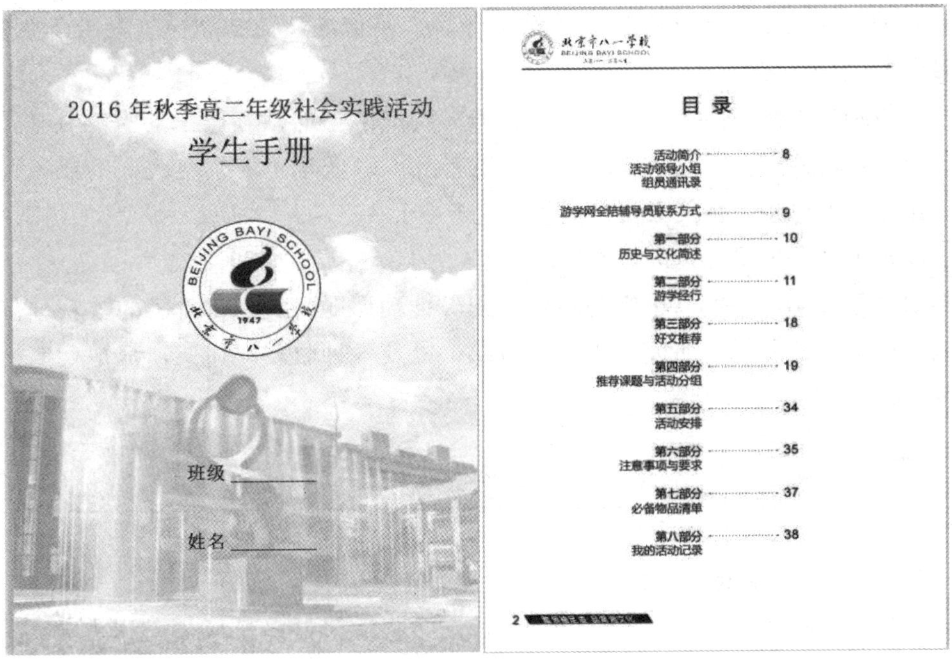

社会实践活动学生手册（局部）

（2）行中研

研学不是简单的参观旅游，而是在研学的过程中实践、学习，做到且行且思。学生带着研究问题实地考察，感受不同地域文化差异，接受当地文化的滋养和浸润，形成包容性的文化理解能力。

①活动设计突出学科特色

在研学活动设计方面突出学科特色。以湖南研学旅行为例，徐亚辉老师所带的高二文科班学生已经具备一定的学科知识和文学素养，湖南研学旅行对于学生而言是一次很好地将学科知识融入生活实践的机会。为了避免学生“只行不学”或“只学不行”的现象，徐老师根据学生不同喜好，组织学生完成了不同的学科活动。

比如开展赠书活动，体现文科班特色。湖南研学安排了与东山学校的交流联谊活动。东山学校是一代伟人毛泽东的母校，八一学校作为习近平总书记的母校，这次活动就带有“寻伟人足迹”的意义。两校以“带本书给家乡孩子”为主题，在联谊活动中安排赠送图书环节。学生时代的友谊是弥足珍贵的，一本书承载一份牵挂、思念和勉励，活动看似简单，但足以凸显立德树人、学科育人的本质。

又如开展征集对联活动，践行传统文化。岳麓山下，橘子洲头，同学们洋洋洒洒写下了“橘子洲头喜橘子挂满枝头；岳麓山林乐岳麓尽染层林”“主席像下赞主席心怀天下；领袖情缘敬领袖湘遇今生”等精美佳联，使传统文化知识更容易被学生接受，显得妙趣横生。

再如鼓励学生撰写美文，提升文学素养。湖南游学的核心行程主要包括追寻革命足迹、传承红色精神。因此，出发前给学生布置了以任意角度撰写美文的任务。同学们用心记录沿途风景，将美文写在这片红色土地上。

②积极推动课题研究，进行过程性记录

在研学过程中，学生以小组为单位，积极推动课题研究，将自己的收获进行过程性记录。研学中的所见、所闻、所思、所感，以及各种收获与遗憾，都是人生的一笔宝贵财富。

学生研学任务单

<table>
<tr><td>课题进展情况</td><td colspan="2"></td><td rowspan="4">个人感悟</td><td rowspan="4"></td></tr>
<tr><td rowspan="3">今天发生的主要事件记录</td><td>今日景观</td><td></td></tr>
<tr><td>整体评述</td><td></td></tr>
<tr><td colspan="2"></td></tr>
</table>

（3）行后研

学校非常重视研学后的反思与总结，要求学生将课题研究成果撰写成论文，并给学生提供研学旅行论文展示平台，设计评价指标体系，组织学生开展小组内评和组间互评，让学生充分反思，分享研学成果。

研学成果展示组内评分标准

组员姓名																				
评分标准	10分	8分	6分	4分	10分	8分	6分	4分	10分	8分	6分	4分	10分	8分	6分	4分	10分	8分	6分	4分
每名组员参与度																				
倾听并尊重他人																				
向他人提供帮助																				

研学成果展示组间评分标准

	1组				2组				3组				4组				5组			
评分标准	10分	8分	6分	4分	10分	8分	6分	4分	10分	8分	6分	4分	10分	8分	6分	4分	10分	8分	6分	4分
完成态度认真																				
选题恰当合理																				
论文写作水平																				
成果具有创新																				
汇报时间把握																				
突出学科特色																				
表达清楚流利																				

以南京研学为例，学生们分组对南京的历史文化、社会经济等展开了课题研究与调查，形成了一批颇有见地的小论文。于震京、刘浩、黄一诺、彭琳雅小组撰写的《对夫子庙景区商业发展模式的探讨及意见》一文结合南京研学之行的所见所闻，分析了夫子庙景区商业规划的不足，并提出意见和建议。

对夫子庙景区商业发展模式的探讨及意见

北京市八一学校 G2016 届 1 班学生 黄一诺 于震京（执笔）

内容摘要：中国近现代以来，随着经济水平的不断发展，夫子庙凭借其独特的历史地位和优越的自然条件逐步发展为南京重要的旅游商业中心之一，形成了独具特色的商业模式。然而对于夫子庙的现状，文人和专家褒贬不一。本课题基于对网上资料的研究和归纳，结合本次南京之行的所见所闻，分析其商业规划的不足，并提出相应的意见和建议。

一、选题原因及意义

去南京，必去夫子庙。

夫子庙始建于东晋年间，历史久远，在我国历史中久负盛名，有着举足轻重的地位。但朱自清的《桨声灯影里的秦淮河》与龚文瑞的《秦淮河上寻桨声》作为关于夫子庙和秦淮河的名篇，却构成了鲜明对比。

这两篇文章使秦淮河吸引了游学中的我们的目光，于是我们打算先通过自己的眼睛找到两篇文章出现极大出入的原因，进而深入研究南京夫子庙的发展变革，以及其商业模式带来的利弊。

二、实地走访

初到夫子庙，我们的第一感觉就是热闹，或者说是嘈杂。川流不息的人群在没有红绿灯的路口和机动车中周旋，往来行人更是形形色色。环顾四周，建筑虽是古色古风，却都是现代重修后的建筑；各种颜色的LED灯，灯光交相辉映。

但与龚文瑞不同，我们没有放弃登船的想法。与文章所述相同，发动机取代了木桨，能容纳20人的观光船取代了曾经悠哉的“七板子”。河岸两旁都是些明艳的饭店招牌，似有似无的琴音也只持续了不到二十秒。

之后在夫子庙游览，台北的鸡排店、北京的布鞋店、各式各样的服装店更是比比皆是，期待已久的南京小吃却是以快餐的形式呈现在我们的饭桌上。再想到龚文瑞文章里写到的“21世纪的市场经济，商业运作古文化”，我们也几乎落俗地全盘接受了这样的观点。

三、数据呈现与分析

面对亲眼所看到的现象，每个组员在实地考察时，都提出了不少问题和困惑。于是回到酒店后，我们开始搜集资料，以解决我们在晚上游览时提出的一些问题和困惑。

首先，关于很大的游览密度以及街道上充斥着拿着购物袋的游客这个现象，我们查阅到了以下有关数据：

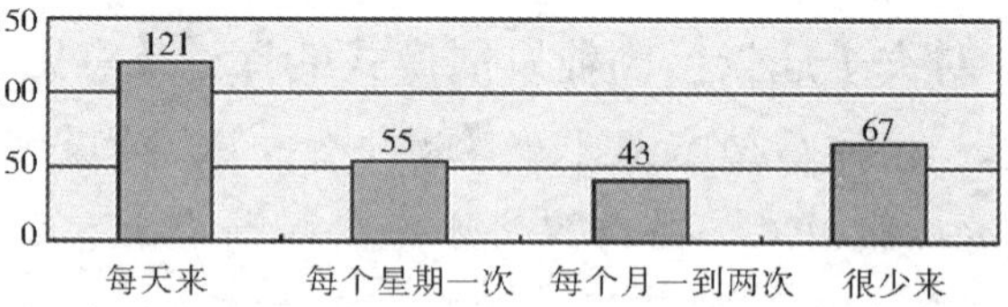

南京当地市民光顾夫子庙的频率

从数据中可以看出，在接受调查的286名南京当地市民中，有121名也就是42%的受访者表示每天都会光顾夫子庙景区。这就很好地解释了我们所见人头攒动的景象，因为人群中其实大部分是南京本地人，而非像我们一样的旅行者。

下面先看网上给出的另一组调查数据：

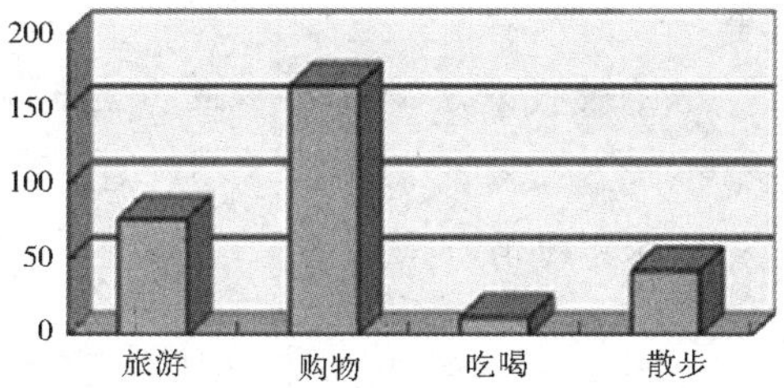

南京当地市民光顾夫子庙的目的

这一幅图就更为直观地说明了问题。我们不难看出，像我们一样以外地游客的身份来体验秦淮河文化的人只占了其客流量很小的一部分。

而夫子庙作为一个著名的文化旅游景点，为什么又会以购物为目的吸引市民前往？是政府规划有意为之，还是真如龚文瑞文章中所说的是文化被现代商业所吞噬？

仅有这些数据，显然无法回答这一系列问题，于是，我们进行了进一步的探索。

四、进一步探索

不只着眼于现在，我们打算从秦淮河的历史中找到一些线索。

夫子庙的历史可谓坎坷。它从宋朝起经历了四毁五建，其中最严重的两次莫过于南宋建炎年间遭兵火焚毁，以及 1937 年南京大屠杀期间被日军焚烧而严重损毁。由此可见，夫子庙古遗址的匮乏决不能单单归结于政府注重商业发展而忽略了文化保护，其实战争的摧残才是夫子庙不复往日的罪魁祸首。而面对几乎被夷为平地的夫子庙，能复原为如今我们眼见这片繁华的景象，政府的投入是值得肯定和褒奖的。1984 年夫子庙复建以来，在政府的大力投入下，大量的古建筑被复原，夜间配以抢眼的灯火，明清时期十里秦淮的景致终于得以再现。30 多年过去了，夫子庙逐步成为南京重要的商业中心，更成为南京的城市标志。

此外，我们也关注到，夫子庙在历史中承担的角色和今天并无太大差异。当年之所以能有“十里秦淮”“六朝烟月之区，金粉荟萃之所”等繁荣景象，同样是因为夫子庙是当时繁华的商业聚集区。可见，无论是在哪个朝代、哪个时代，繁荣一定是要靠商业来带动的，如今的夫子庙，只不过是跟随着时代的进步，把古代的商业内容转换为了现代的商业内容而已。

至此，我们已经可以得出，秦淮河目前的形象是政府经过修整和规划之后的结果。最后，我们同样要明确的是政府对于夫子庙商业规划的本意并不是为了追求经济利益而摒弃传统文化。解放前的夫子庙一带“流氓多，乞丐多，扒手多，妓女多”，呈现出一种病态“繁华”。十三届三中全会后，我国大力发展二、三产业，夫子庙景区也在规划下成为将旅游和商业融为一体的南京商旅中心。此项规划是南京政府响应国家政策做出的一项较为成功的改革。

至于快餐式的小吃店，这是时代发展的必然结果。生活节奏加快，很少有人可以为了一碗鸭血粉丝汤等半个小时。面对北京护国寺小吃也日渐连锁化的趋势，我们对于南京小吃的快餐化也没有批判的理由。

五、建议

基于对以上资料的充分研读，我们认识到夫子庙的商业化绝非单纯的商业行为，而是综合历史、经济乃至社会多种因素的综合规划。因此，在看待这个问题的时候，我们一定要先充分了解夫子庙背后的信息，不能片面地强调商业疯狂发展，为了找问题而找问题，要更加客观地看待夫子庙的现况。此外，我们更要着眼时代，不能举着文化的大旗去肆意批判。

在这里，我们在肯定夫子庙改革的同时，也发现了其中依旧存在的些许不足，并提出以下建议。

1. 将老字号位置进行调整使之聚集

对目前布局杂乱无章的老字号和小吃店铺进行汇集，便于治理当地秩序，统一管理。将夫子庙中的百年老店汇集到贡院街附近，让游人更好地领略夫子庙的历史文化内涵。同时将品牌服装和西式快餐外迁，将消费目的不同的两类游客引向不同区域，减少人流密度。

2. 建立夫子庙网上商城

利用互联网，将夫子庙的部分商品上架官方商城进行出售，这样既可以提高产品质量，方便管理，又可以有效地减少夫子庙景区内商业店铺的数量，同时减少前来购物的人数，还夫子庙一个更清净的氛围，并提高夫子庙旅游景区的名声和影响力。

3. 对众多小吃店进行筛选

目前对于同一种类的小吃，夫子庙一带会有几家甚至十几家不同品牌的店铺，其质量参差不齐，而景区内不仅没有对这些店铺进行择优筛选，也没有着重向游客推荐品质较好的店铺，这导致很多游客靠运气选择就餐地点，容易败兴而归。所以有必要对夫子庙的各种店铺进行审查，防止质量不好或不正宗的店铺滥竽充数。否则，不光会降低游客对夫子庙的评价，甚至出现食品安全问题，得不偿失。

（本研究小组成员——组长：于震京；组员：刘浩、黄一诺、彭琳雅）

随着课程改革步伐的加快，八一学校的课堂正在发生深刻变化，学生的主体地位在教学过程中真正得到充分体现。未来，八一学校将继续探索教与学模式的变革，扎实建设品质课堂，支持学生个性化自主学习，使学生真正成为学习和发展的主体，享受学习带来的乐趣与成就。

（五）突破国际化办学定势，开展中西融合课程创新

为满足学生多元化的成长需求，八一学校国际部于 2013 年成立。在过去几年的发展过程中，国际部经历了不同的历史时期和发展阶段，目前已经进入改弦更张的 4.0 时代。在不断摸索和总结经验中，国际部形成了符合八一学校整体发展的办学特色，其中最为鲜明的就是中西融合课程体系的建立。

1. 传承红色基因，助力学业报国

八一学校国际部在建立初期就意识到，要想培养具有民族自信和文化自信的具有中国精神的国际化人才，纯西式的教育模式并不符合现实，学校需要培养学生的国际视野、批判性创新思维，获取面对世界竞争的能力，同时也要帮助他们找准在世界舞台上的独特定位。八一学校国际部采用的国际教育不是西式教育，学校中美高中课程教育项目是根植八一学校红色传统，秉承聂帅“继往开来，开拓无前”的校训精神，结合国际化办学实际和学校办学愿景而发展起来的。国际部在帮助学生升入国外理想大学的同时，更为学生的长远发展保驾护航，助力学生学成归来报效祖国。

国际部自成立以来就倡导学生传承红色基因，发扬红色精神，以中国人的自信姿态面向未来、走向世界。在不断探索和发展过程中，国际部逐渐明晰办学特色和育人目标，即发扬“为每一个孩子负责”的办学精神和“正、严、实、爱”的校风，将 21 世纪核心素养 5C 技能贯穿教育教学全过程，最终实现“培养拥有民族自信根基、兼具科技人文素养、坚持学业报国理想的国际化人才”的育人目标。

八一学校国际部文化体系

在办学实践中，国际部还确立了“敬畏自然，风险应对，品质情操，学业救国”的十六字教育观。中美合作项目的教育理念和体系的建立经历了多年的梳理和沉淀，在八一学校整体育人目标和红色文化的基础上，结合国际化发展对于人才的需求，逐渐形成了具有鲜明特色的培养模式，在全体师生中间形成氛围、推动实践，进而广泛传播、提高影响力。“红色基因”“学业报国”“为每一个孩子负责”“做一个幸福有温度的中国人”已成为社会及家长对八一学校国际部根深蒂固的印象和标签。

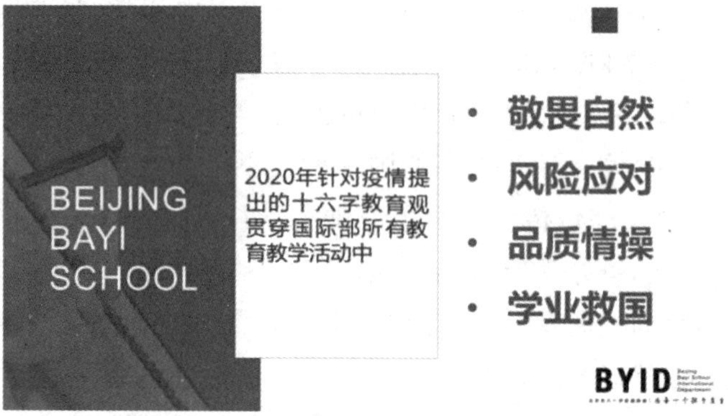

八一学校国际部十六字教育方针

此外，国际部还依照国际形势为学生长远谋划，提出前瞻性的“一体两翼”战略，根据学生的迫切需求和项目实际发展需求升级升学指导职能，由个性化指导向全员升学转变。“一体两翼”战略中，“一体”指以中美合作为主体，继续深化与美国加州橘郡教育局的合作；“两翼”为英国爱丁堡大学及加拿大多伦多大学定向培养项目，以前瞻性的思维为学生全面发展和国际部自身发展提供最佳选择。

2. 建立中西融合课程体系

八一学校国际部秉持先行先试的理念，积极探索中西融合课程改革的新思路与新方法，构建起以中国课程为主的中西融合渗透的课程体系。课程整合两套课标，其中中方通识教育为必修课，各类双语 AP 课程则由学生依据自己兴趣和需求进行选择，再加上外教提供的全英文语言环境，共同组成了具有中国特色的真正的中西融合的国际化课程体系。

（1）开展中西课程课标对照

课标是课程建设的方向标，中西融合课程的构建正是以课程标准为起点。八一学校国际部中西融合课程体系也并非一成不变，而是处在一个动态的不断发展的过程当中。在教育部印发的《普通高中课程方案和语文等学科课程标准（2017 年版 2020 年修

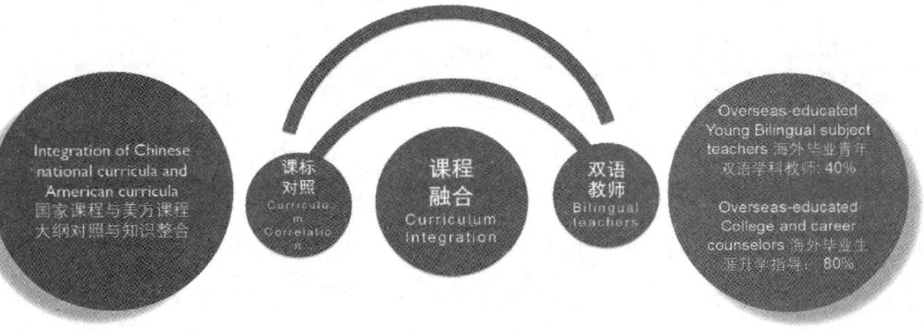

八一学校国际部中西融合课程建设路径

订）》背景之下，2020—2021 学年八一学校国际部再次启动中西课程课标对照工作，将 2020 年修订版国家课程标准细则与美方对应的大学先修 AP 课程标准进行了严密地对照与知识点的整合。此外，中西课程课标对照也让学生在完成中国高中所要求的知识学习的同时，顺利完成美方课程知识的学习，并在课标对照中体会学科知识侧重点的中西方差异，进一步建立更加完善的知识体系。

（2）打造中英双语教师课堂

基础教育国际化不是简单地照搬西方教育模式，而是集中西方教育精华，在日常教育教学的方方面面进行渗透，其中教师团队的构建是关键。近年来，八一国际部的教师队伍已经由 2013 年创办初期的纯外教团队，逐渐向越来越多海外毕业的高学历优秀青年双语教师团队转变。优秀的双语教师毕业于美国、英国、澳大利亚、加拿大等国家，也使得我们的教育更加多元化。

双语的课堂也让国际教育同时具备了国际视野与中国元素，实现了二者的有机融合。我们吸引这些优秀的海外青年教师加入祖国的教育事业，成为青年学生的优秀榜样——这是学业报国的具体实践，也是引导教师成为学生奉献祖国的引路人的最好印证。

（3）积极开展融合教研活动

为进一步促进融合课程的开展，学部倡导中方教师与外教共同工作和开展教研活动。一方面，聘请有教学资质并具有丰富教学经验的外教来校进行英语学科教学，同时安排中方教师进行辅助性教学；另一方面，聘请具有海外留学背景或教学经验丰富的双语教师对数学、科学课程进行主要教学，并在这类课程中安排教学经验丰富的外教进行教学，作为双语教师的补充和支持。此外，学校还聘请海淀区骨干教师、特高级教师、学科带头人、国内重点学校硕士及以上毕业的中方教师来学校对语文、历史、地理、政治等学科进行教学。融合教研活动积极推动教师团队主动对“中西融合”做出更深的思考，有效促进了学科教师日常教学的提升。

（4）持续推进中西教育融合学科活动建设

为了提升课程建设的实效，八一学校国际部将学科活动作为重点，持续推进中西教育融合学科活动建设。学部将项目式学习引入日常的课堂教学，基于中国和全球实际问题，积极开展多元学科融合的探索实践。项目式学习倡导“从做中学”，学生是整个项目的主导，教师则在其中完成由教师到导师的角色转变。希望通过这样的创新尝试，在实践过程中有效培养学生的 21 世纪核心素养。

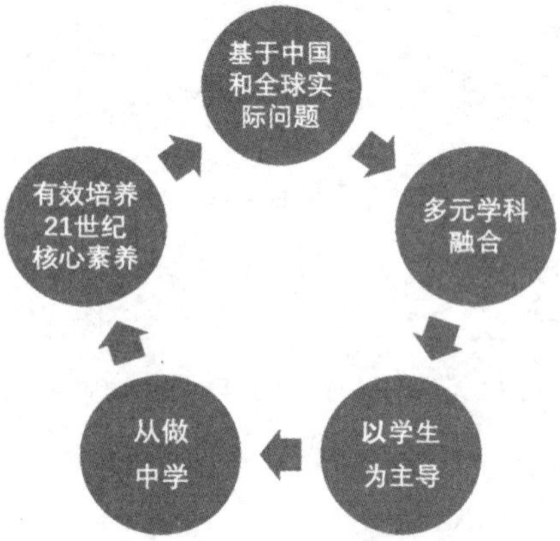

中西教育融合学科活动建设目标

为了让全体教师更加深入地理解学科活动建设的目标，更加直观地了解真实的课堂，也在共享中推动学科教师的专业成长，国际部每个学期都会开展课堂采风活动，将学科教师在学术课堂中有意思的项目和亮点进行公开展现。课堂采风活动以教研组为单位，学部不仅要求每个教研组每个学年都要组织一次大型学科活动，同时要求所有教师每个学期都要在课堂上开展一次学科知识应用实践。通过学科老师的精心设计，国际部呈现出了一批基于“中西融合”背景下的学科活动。

年级	学科	主题
高二	英语	1. “虎妈”教育中的中西文化较量 2. 在英语写作中培养探究技能
高二、高三	物理	1. 世界领袖，万物之理 2. 检测电容器充放电时电路中电流随时间的变化
高二	生物	1. 潜入微观世界 2. 私人订制：爱心中国食谱
高二	化学	1. 紫甘蓝背后的秘密 2. 常见水果的含糖量、种类以及甜度的测定探究
高二、高三	环境科学	中国禁塑令的背后
高二、高三	艺术设计	让美育插上翅膀，点亮生命
高二	历史	看中美历史，览众人智慧
高二、高三	经济	1. 初创公司商业计划 2. 市场分析

“中西融合”背景下的学科活动展示清单

3. 为学生打下红色文化烙印

早在国际部创建之初，学校就明确了“八一学校国际部的学生必须传承红色基因”这一办学原则，将“培养有民族自信根基、兼具科技人文素养、坚持学业报国的国际化人才”作为国际部的使命，将“培养有家国情怀，并且具有学业报国理想的有温度的中国人”作为国际部全体教师的教育理想。国际部的学生未来走向世界，即使英语再流利，身体里也流淌着中国人的血液。国际部的创建不仅要帮助学生升入国外理想大学，更重要的是要培养学生的民族精神和文化自信，让他们成为有学成归来报效祖国的决心的国际化人才。这也是国际部学生未来走向世界，面对多元文化时最具辨识度、最独特、最耀眼的一张名片。

因此，在中西融合课程建设中，中方课程从来都是必修课。除了语文、历史、地理、政治等通识教育课程外，学校还总体规划、设计了文化系列活动课程，通过多种形式，让学生对中国文化有更深刻的体悟，培养孩子们对中国文化独特魅力的感知和认同。

（1）开展红色研学活动

在课程建设中，国际部尤为重视在课程中渗透红色文化，每年会开展红色研学活动。除了组织学生参加“老区寻根”，探寻学校的红色发源地，还为学生打造“在路上的课堂”，带领学生追寻红色足迹，学习革命先烈们的英雄事迹，在传承中华传统文化的同时，增强青少年的文化自信，对学生进行理想、信念、价值观的教育，让家国情怀扎根在学生心里。近年来，国际部持续开展了“两代领袖缘，八一东山情”“探寻巴渝文明，感受红岩文化”等红色研学活动，并先后开展了“我骄傲我是中国人”“不忘来时路”“熔铸中国心”“《长征》主题讲座”等系列红色主题活动。

国际部学生红色研学之旅

国际部学生编写的北京旅行手册

（2）做中国文化传播的使者

国际部的学生是即将走出国门的准留学生，他们更应该多了解家乡，了解中国文化，当好传播中国文化的使者。因此，国际部以导师组为单位，组织学生带着对中华民族文化的思考，一起重新走进北京，用PBL的方式让学生成为学习的主角，重新认识生活的城市和深厚的中国文化。同学们分组参观了北京的各大地标，包括中国国家博物馆、中国美术馆、雍和宫、南锣鼓巷、前门、798艺术区等地，并一起撰写了旅行手册。通过这样的方式，同学们自主学习、研究中国文化，进一步加深了对历史文化知识的理解。师生们在实践探究中，深刻体会了中国传统文化与现代文化相交融时所碰撞出的思想火花和智慧灵感，激扬出对中国文化、北京文化的热爱之情。这也为同学们在今后的海外留学生活中讲好中国故事、传播中华优秀文化打下了良好基础。

（3）开设“文化大师讲堂”

为了积淀学生的文化底蕴，拓展学生的文化视野，加深学生对中华传统文化的认识，国际部开设了“文化大师讲堂”，邀请多位知名文化大咖为同学们带来精彩绝伦的文化大课。以故宫博物院院长单霁翔带来的“匠者仁心——让故宫遗产资源‘活起来’”文化大课为例，在课堂上，同学们被这个“特立独行”的院长要“把壮美的紫禁城完整地交给下一个六百年”的文化理想与坚定信念深深触动。对故宫的了解让学生们在积淀历史文化的同时增强了民族自信和文化自信。

此外，国际部还充分利用学生社团平台，提升学生对中国优秀传统文化的认识，增强学生文化自信和文化传承意识。以书法社为例，书法是中国传统文化中最具代表性的民族艺术，承载着五千年的中华文明。书法艺术作为中国传统文化的精髓，蕴含着极其丰富的人生哲理与思想教育价值。在书法家杨义老师的带领下，每周三下午书法社成员都会开展社团学习活动。杨老师的指导思想是：规规矩矩写字，堂堂正正做人。这正是挖掘书法教育的育人功能，让立德树人“润物无声”。

八一学校国际部从创办至今已经培养了五届共300多名学生。学生们共收到近1000封大学的录取通知书，遍布美国、加拿大、英国、澳大利亚、日本、西班牙等10

单霁翔院长为国际部学生带来文化大课

余个国家的将近200所大学，其中不乏世界级名校，如美国卡耐基梅陇大学、弗吉尼亚大学、南加利福尼亚大学等；世界顶尖艺术院校，如罗德岛设计学院、伦敦艺术学院、加州艺术学院等；文理学院，如卡尔顿学院、哈弗福德学院、科尔比学院等。八一学校国际部走出去的学生有一个鲜明的特点：他们不管身在何方，始终心怀祖国；他们立志成才，学成后报效祖国。

八一学校国际部将继续作为学校基础教育国际化的先行者和试验田，沉淀出符合中国国情和校情、学情的教育精髓，由点至面为基础教育国际化发展提供可复制、可实践、可推广的教育模式。未来，八一学校国际部将持续探索中西教育融合，完善中西融合课程体系，完成从课程到师资、从智育到五育、从招生到升学的全面改革升级，打造拥有八一学校特色的国际化教育典范。

学校的根本任务是育人，育人的根本途径是课程。课程改革是一项关系重大、意义深远的系统工程，是一项牵一发而动全身的系统改革。多年来，八一学校从未停止课程改革的脚步，其目的正是从学生成长的需求出发，让学生真正做学习的主人，瞄准学生能力的真实提升，为学生发展搭建多元通道，为学生的成长注入源源不断的内驱力。

五、特色品牌育人，为学生搭建梦想的舞台

八一学校办学特色独具一格。习近平总书记对八一学校的艺术教育、体育育人发展非常熟悉，并赞扬学校取得的可喜成绩。近年来，八一学校集聚办学优势，擦亮办学名片，形成了历史文化教育、航天科技教育、生态教育、体育教育、艺术教育五大特色名片，为学生搭建个性发展的梦想舞台。这五张名片背后是习近平总书记对教育的核心关切，是对习近平总书记寄予的殷切期望的积极回应和落实：通过历史文化教

育培养学生的文化自信和家国情怀；通过航天科技教育，为国家培养航天和科技后备人才；通过生态教育，贯彻落实习近平总书记生态文明思想，建设美丽中国；通过体育教育，落实习近平总书记关于体育教育的重要指示，牢固树立健康第一的教育理念；通过艺术教育，积极落实习近平总书记提出的关于美育教育的要求和期望。

（一）历史文化教育：扬民族自信

习近平总书记非常关心历史文化遗产的保护，语重心长地指出，历史文化遗产不仅生动述说着过去，也深刻影响着当下和未来；不仅属于我们，也属于子孙后代。保护好、传承好历史文化遗产是对历史负责、对人民负责。

中国历史传统文化是中国文化的基本内容，对学生道德修养和个人良好品质的形成具有深远影响。八一学校从学科课程研发、社会实践活动设计、社团活动引导等多角度入手，尝试渗透历史文化教育，充分挖掘历史文化中的人文精神，激发学生热爱家乡、热爱祖国的感情，培养学生正确的历史观和文化观。

近年来，历史文化教育做得尤为突出的要数玉泉中学的“三山五园”课程。该课程通过对历史文化遗产资源的研究、规划、保护、开发、利用、传播，引导学生正视历史、把握现在、面向未来。

1. “三山五园”课程背景

“三山五园”是北京历史文化名城保护的两大重点区域之一。“三山五园”历史文化景区，集中国园林文化之大成，文化资源高度密集，历史文化价值弥足珍贵，文化发展前景十分广阔。“三山五园”中有诸多需要保护的文物，现存文物点 100 多处，其中世界文化遗产 1 处，全国重点文物保护单位 9 处，市级文物保护单位 9 处。

玉泉中学位于著名的皇家园林旅游区颐和园与香山之间，东临颐和园，西倚玉泉山，独特、优越的地理位置使学校自然而然地树立起“将地域资源有效转化为课程资源”的课程理念，开发建设“三山五园”课程。学校确立“三山五园”校本课程规划的四个着力点：注重多元体验、开展项目研究、开发精品课程、进入课堂教学。课程引导学生从对“三山五园”的体验和探究开始，逐步面向祖国的壮美山川和秀美园林，面向全球的名川大山和峰林庭院，进而对整个世界的自然、人文、科学等有更加全面的认识和理解，让每个学生建树起完整的文化观、历史观和世界观，更好地落实立德树人根本任务。2020 年学校还以“基于核心素养的‘三山五园’校本课程体系建构与实践”为题申请北京市教育科学规划课题。

2. “三山五园”课程框架与内容

“三山五园”校本课程建设统合为两类课程：一类课程依托校内课堂主阵地，在各学科中渗透“三山五园”知识，形成浸润课程，通过情境教学将“三山五园”与学科知识进行关联；一类课程为校内课堂与校外课堂相结合，侧重项目研究，让学生学会研究的方法，形成研究报告。

（1）“三山五园”浸润课程

玉泉中学将“三山五园”课程融入学校上善课程体系的文化理解、科学探究、人文涵养、生命发展四大课程群中，形成让学生“学宽”的四类浸润课程。

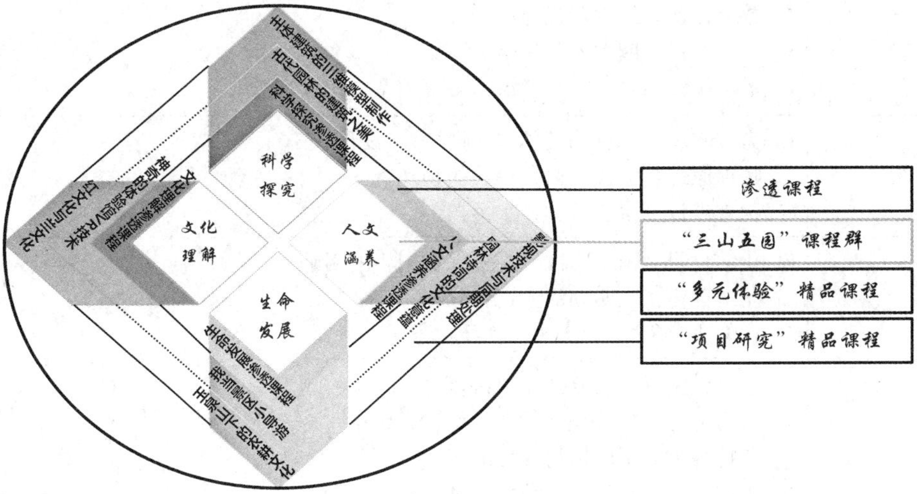

“三山五园”学科实践课程模型

其中，语文、英语学科渗透“文化理解”类知识内容，具体内容如下表所示：

“文化理解”浸润课程内容

学科	浸润课题参考
语文	1. 文学名著：曹雪芹西山故里与《红楼梦》 2. 诗词歌赋：寻找园林中的诗词歌赋 3. 诗词人物：奕譞生活与诗歌中的记忆 4. 传说故事：大西山的传说和典故 5. 楹联文化：“三山五园”匾额、楹联和碑刻赏析 6. 建筑文化：亭台楼阁轩榭廊坊 7. 儒家文化：儒家思想与“三山五园”
英语	1. 文化交流（一）：汉文化宣传 2. 文化交流（二）：“三山五园”中法文化交流的典故 3. 英语翻译：“三山五园”景点英文介绍 4. 文化差异：述说中西园林建筑的差异

数学、物理、化学、生物、信息学科浸润“科学探究”类知识内容，具体内容如下表所示：

“科学探究”浸润课程内容

学科	浸润课题参考
数学	1. 数学测量：亭台楼宇高度测量的方法 2. 数字比例：绘制观光地图的方法 3. 几何图形：园中的几何空间 4. 数量统计：景区旺季与淡季游客数量的统计方法
物理	1. 力学知识：“三山五园”神奇的力学设计 2. 物理原理：清代“样式房”的物理奥秘 3. 物理设计：古建筑的排水妙招
化学	1. 化学材料：雨水腐蚀对古迹保护产生的影响 2. 化学排污：昆明湖的“富营养化” 3. 化学成分：“三山五园”植物化学药剂
生物	1. 生物讲座：植物分类专家讲座 2. 植物生态：“三山五园”的绿道植物设计 3. 植物种类：了解植物品种的辨认方法 4. 生物调查：了解公园种群密度 5. 生物实验：园林植物组织培养
信息	1. 移动端设计（一）：景区微信公众号的设立方法 2. 移动端设计（二）：“三山五园”景点数字版介绍 3. 程序开发：景区 App 开发 4. VR 技术：了解虚拟仿真技术

思品、地理、历史、音乐、美术浸润“人文涵养”类知识内容，具体内容如下表所示：

“人文涵养”浸润课程内容

学科	浸润课题参考
思品	1. 古代政权：“三山五园”与清朝政治中心 2. 法制教育：文化遗产保护法律法规 3. 文明旅游：为景区“文物刻画”行为治理建言 4. 社会经济（一）：电子商务与创意旅游产品开发 5. 社会经济（二）：城市旅游规划小使者

续表

学科	浸润课题参考
地理	1. 自然选址：园林景区的选址奥秘 2. 地形地貌：地图软件中的“三山五园” 3. 自然保护（一）：湿地的开发与保护 4. 自然环保（二）：水土保持 5. 城市规划（一）：景区道路交通疏解员 6. 城市规划（二）：“三山五园”周边村庄的整治与改造
历史	1. 历史典故：“退翁”孙承泽著史 2. 文物考古：圆明园文物的历史踪迹 3. 历史事件（一）：光绪帝被囚颐和园玉澜堂 4. 历史事件（二）：西山脚下革命先驱李大钊 5. 历史事件（三）：碧云寺与众多历史人物 6. 历史事件（四）：“进京赶考”第一站——香山双清别墅 7. 历史史实（一）：“三山五园”与三代皇帝 8. 历史史实（二）：“三山五园”与清代御园理政 9. 历史文化（一）：香山寺中的佛教文化 10. 历史文化（二）：“三山五园”地名起源的门道 11. 古代经济（一）：耕织图景区中看中国古代经济 12. 古代经济（二）：皇家专线与中国通信事业的发展
音乐	1. 宫廷音乐：鉴赏古代宫廷音乐风 2. 音乐故事：《让我荡起双桨》创作故事 3. 音乐创造：大自然声音采集技术与欣赏
美术	1. 绘画训练：户外写生培训 2. 摄影技术：园林遗址摄影技术与方法 3. 动手制作：制作景区纪念品 4. 建筑鉴赏（一）：对比皇家园林建筑之美 5. 建筑鉴赏（二）：品味碧云寺的雕塑艺术价值

体育、心理学科渗透“生命发展”类知识内容，具体内容如下表所示：

“生命发展”渗透课程内容

学科	浸润课题参考
体育	1. 徒步运动：“三山五园”绿道徒步行 2. 生存技能：户外旅行生存技能培训 3. 登山运动：赏枫叶登香山 4. 农庄锻炼：京西御稻学农之旅 5. 红色旅游：行走在红色旅行线上

续表

学科	浸润课题参考
心理	1. 团队合作：昆明湖划船团体竞赛 2. 人际交往：我与外国游客交朋友 3. 放松心情：大自然的心灵氧吧

（2）“三山五园”精品课程

“三山五园”精品课程分为多元体验课程和项目研究课程两种类型。多元体验课程在初一年级开展，以体验学习、激发兴趣为主；项目研究课程在初二年级开展，以任务研究、问题解决为主。为了推进“三山五园”精品课程的研发，玉泉中学积极整合优质资源，与北京联合大学文理学院专家学者联合开发精品课程，组建校内外合作的研发团队，共同推进了“‘三山五园’的园林之美”特色课程建设与研究以及“‘三山五园’诗文”实践课程研究与开发。

“三山五园”精品课程

课程群	课程目标	精品课程		
		年级	课程类型	课程名称
文化理解	文物保护意识 表达交流能力	初一	多元体验课程	神奇的体验馆 VR 技术
		初二	项目研究课程	红文化与兰文化
科学探究	思维分析意识 合作探究能力	初一	多元体验课程	古代园林的建筑之美
		初二	项目研究课程	主体建筑的三维模型制作
人文涵养	人文感知意识 审美鉴赏能力	初一	多元体验课程	园林诗词的文化意蕴
		初二	项目研究课程	摄影技术与后期处理
生命发展	运动健康意识 社会实践能力	初一	多元体验课程	我当景区小导游
		初二	项目研究课程	玉泉山下的农耕文化

以多元体验课程神奇的体验馆 VR 技术为例，课程共分为五部分内容，共计 18 课时，主要通过专家讲座、小组合作、外出参观等实施方式开展，重点培养学生的程序设计能力，提升学生通过现代技术保护古建筑的意识。

神奇的体验馆 VR 技术课程教学设计

课程目标	课程框架	课时安排	实施方式
培养学生的程序设计能力；提升学生通过现代技术保护古建筑的意识	第一部分　了解 VR 技术	2 课时	1. 专家讲座：邀请“三山五园”体验馆专家来校开展数字体验技术讲座。 2. 小组合作：小组合作研究、开发 Unity 程序。 3. 外出参观。利用半天时间参观“三山五园”数字体验馆。
	第二部分　Unity 程序设计基本技术	5 课时	
	第三部分　Unity 程序开发进阶	4 课时	
	第四部分　“三山五园”数字体验之旅	2 课时	
	第五部分　Unity 竞赛类程序设计	5 课时	

3. “三山五园”课程实施

2017 年暑假，为了做好“三山五园”课程的建设，学校对所有老师进行培训，聘请多位专家，为师生作“三山五园”专题讲座。在整个培训中，老师们完成了 13 个项目式学习的教学设计。

2017—2018 学年第一学期，“三山五园”课程正式实施，初一的学生走进“三山五园”体验馆，走上讲台去讲解“三山五园”的知识，即先体验，后表达；初二学生走进实验室、走进景区进行项目研究，形成研究报告，即先研究，后展示。

2017—2018 学期第二学期，“三山五园”课程正式列入课表。教师从园林之美与园林文学空间两个主题出发，共设计七门课，带领学生全方位感受“三山五园”之美。

“三山五园”课程实施课表

班级	一班	二班	三班	四班	五班	六班	七班
第一周	起始课“全面了解‘三山五园’”（报告厅）						
第二周 第三周	陈琳：园林之美——对称	韩井红：园林的文学空间——对联、建筑文学	解立红：园林的文学空间——红文化	李素娟：园林的文学空间——万寿山、昆明湖	郅立成：园林之美——彩绘	周丛丛：园林之美——历史的追溯	丁洪山：园林之美——3D 建模

“三山五园”项目学习教学设计

序号	项目名称	学科教研组
1	说文解字，相约“三山五园”——探寻“三山五园”的匾额、楹联活动方案	语文组
2	人在画中走，争做小导游	语文组
3	颐和园中的古树测量方案设计	数学组
4	“三山五园”中的对称美	数学组
5	探寻颐和园长廊典故，品鉴和传播中国传统文化	英语组

续表

序号	项目名称	学科教研组
6	走进颐和园之我是英语小导游	英语组
7	析万物之理，判清漪园之美	物理组
8	“三山五园”中的“水”	化学组
9	颐和园的古树	生物组
10	探究颐和园建筑背后的文化底蕴	政治组
11	从皇家园林中的耕织图看中国古代农耕文明	历史组
12	畅游颐和园	地理组
13	移步易景，探究“三山五园”文化	音体美

为了让学生进一步感受“三山五园”的文化，玉泉中学还举办了丰富多彩的“三山五园”文化活动，与青龙桥街道办事处、青龙桥学区管理中心联合举办了“三山五园”主题摄影展进校园活动，让学生们在“微体验”中赏美景，感知文化；组织学生走进北京联合大学文理学院“三山五园”体验馆，了解“三山五园”文化的历史环境；邀请圆明园管理处的刘阳老师做“三山五园”变迁的专题讲座；组织学生志愿者参加第 19 届“国际友人环昆明湖长走”活动，向国际友人传播“三山五园”文化等。为充分利用“三山五园”资源，学校还与中国林科院林木遗传育种国家重点实验室达成战略合作，该实验室作为玉泉中学学生学科实践活动基地，学生可以在专家指导下开展相关实验。

“光影忆象·‘三山五园’”摄影展进校园活动

学生在体验馆开启数字体验之旅

“三山五园”是没有围墙的博物馆，这种“无边界”的实践场域，改变了固有的小空间、封闭式、单线条的教学模式，让学生在大空间、开放式、综合化的学习时空中获得更多的文化与文明滋养。“三山五园”课程充分利用北京独特历史文化资源对学生开展历史文化教育，是学校对新时代育人方式的创新探索，因其理念领先、实践成果突出，多次在海淀区示范展出。

（二）航天科技教育：筑强国之梦

科技教育一直是八一学校鲜明的特色之一。建校 70 多年来，学校始终把科技教育助力强国强军梦作为发展的主线，将科技教育的目标明确为党和国家培养国防科技、航空航天科技等国家战略型科技储备人才，打造具有特色和影响力的科技育人模式。

近年来，为进一步做强航天科技教育品牌，助力青少年航天强国之梦，八一学校以航天类课程为基础，以校内外科技活动为常态，以航天小卫星项目为龙头，以金鹏科技团为引领，以创新实验室为契机，多管齐下，逐步摸索出航天科技教育的模式与实施策略，形成了鲜明的航天科技教育特色，并取得了突出的成绩。

1. 三级航天科技课程系统搭建成长阶梯

为了给学生营造更好的航天学习环境，学校筹划落地航天主题实验室，下设四大类：星——卫星主题实验室、箭——火箭主题实验室、站——空间站主题实验室、器——探测器主题实验室，并按照这四大类将航天工程的课程进行系统整合设计。目前，在航天专家的协助下，八一学校航天科技三级课程体系结构已经设计形成。

第一级是普及类课程，面向全体学生开设，目的是激发学生对航天科技的兴趣，帮助学生了解航天相关的科学知识，引导学生了解航天精神、传承航天精神。普及类课程主要包括两大类内容：一类是基础知识，包括航天知识基础、航天发展史、中外航天成就、航天热点与科技民生、典型航天应用展示和体验等；另一类为航天科学素养课程，包括中国航天三大精神、航天人追梦故事等。在普及类课程中，学生有机会动手体验，亲身感受航天科技的飞速发展，比如模拟一个太阳能帆板，在相对简单的航天背景和环境下开展小的卫星研制等。

第二级是提高类课程，主要面向对航天科技领域特别感兴趣、有这方面个性化学习需求，且相对有一定基础的学生开设，目的是让学生对航天科技领域有一定的了解，具备有一定的学科基础知识。提高类课程主要包括三大类内容：第一类是工程过程相关课程，包括航天系统工程、工程试验方法、卫星研制程序等；第二类是航天工程技术相关课程，包括卫星相关、火箭相关、卫星测控相关、发射场与回收、载人航天等几大课程领域；第三类是航天应用相关课程，包括卫星通信、卫星导航、卫星遥感、卫星科学实验、空间技术验证等。提高类课程设置了真实的卫星模块，包括星目系统、热电系统、能源系统，完全符合航天样星要求，相对专业，开放性也更强。

第三级为挑战类项目课程，主要面向在航天科技方面有一定学科特长和创新潜质的学生开设，目的是让学生在真实的航天科技项目中了解科研的全过程，促进学生的特长发展和学科交叉融合，为他们到大学深造打好基础。在课程内容设计方面，挑战类项目课程主要基于星、箭、站、器四个方向的实验室，开设高级航天创客实验室的创新实践项目，通过组建项目团队，结合卫星研制，开展有一定工程目标牵引的科研实践活动。每个实验室设置一个首席科学家，由首席科学家提出项目框架，开设相应课程，包括月球电磁城堡、微重力下果蝇生存状态探究、内角流空间微重力研究、基于卷积神经网络的遥感图像场景分类等课程。

以挑战类项目课程为例，这一类课程以航天作为背景，在设计的过程中与学科进行紧密勾连，让学生在解决真实问题的过程中运用学科所学知识。其中的核心要素一是改变学生的学习方式，二是教会学生工程思维的方法，三是培养学生基于真实问题解决的能力。希望通过这样的课程设计让学生充分关注国家航天事业的发展，亲身参与到这个挑战任务和解决问题中来。挑战类项目课程延续了八一学校航天科技课程的设计思路，旨在激发同学们讲科学、爱科学、学科学、用科学的探索热情，并在真实的航天科技项目中将学科知识融入探究任务设计中，加深对抽象学科概念的理解与运用，提升系统思维及解决真实问题的能力。

航天科技教育课程框架

<table>
<tr><td>挑战类项目课程</td><td>星、箭、船、器实验室课程</td><td colspan="5">月球电磁城堡、微重力下果蝇生存状态探究、内角流空间微重力研究、基于卷积神经网络的遥感图像场景分类</td></tr>
<tr><td rowspan="8">提高类课程</td><td>航天应用相关课程</td><td colspan="5">卫星通信、卫星导航、卫星遥感、卫星科学实验、空间技术验证</td></tr>
<tr><td rowspan="6">航天工程技术相关课程</td><td>卫星相关</td><td>火箭相关</td><td>卫星测控相关</td><td>发射场与回收</td><td>载人航天</td></tr>
<tr><td>卫星任务创意</td><td>飞行动力学</td><td>卫星无线电通信</td><td>发射保障体系</td><td>宇航员生命保障</td></tr>
<tr><td>载荷设计实践</td><td>液体动力技术</td><td>轨道和测控体系</td><td>回收场设计</td><td>长期外空基地设计</td></tr>
<tr><td>卫星姿态控制</td><td>固体发送机</td><td>卫星测轨</td><td>航天器着陆回收</td><td>太空家园创意设计</td></tr>
<tr><td>卫星电源</td><td>轨道设计</td><td>卫星遥测遥控</td><td>再入与交汇</td><td>人类太空移民展望</td></tr>
<tr><td>卫星防隔热</td><td>……</td><td>……</td><td>……</td><td>……</td></tr>
<tr><td>工程过程相关课程</td><td colspan="5">航天系统工程、工程试验方法、卫星研制程序、质量保证、实验探索方法、团队协作、应急预案体系……</td></tr>
<tr><td rowspan="2">普及类课程</td><td>航天科学素养课程</td><td colspan="5">中国航天三大精神、大胆质疑、尊重科学、探索未知勇气、工程思维、奉献精神与爱国主义、人类共命运……</td></tr>
<tr><td>基础知识</td><td colspan="5">航天知识基础、发展史、中外航天成就、航天热点与科技民生、典型航天应用展示和体验等</td></tr>
</table>

月球电磁城堡课程是挑战类项目课程中的一门，它以在月球环境建立超导电磁屏蔽基地为项目背景，以项目式学习的方式结合实验，指导学生认识宇宙射线、辐射、超导、电磁屏蔽等专业内容，学习其中的科学原理与工程设计。该课程设置的真实背景是嫦娥 7 号需要在月球的南极建设一个基地，然而月球上有很强的电磁辐射，需要想办法解决电磁保护的问题。这样一个完全真实的航天项目，在专门机构的支持下，由专业科研人员将项目进行拆解，形成了适合中学生的探究任务。要完成这样的探索任务，学生需要知道电磁、辐射、防辐射条件等相关知识，学生在高二阶段学习的相关物理知识就可以自然地得以应用。这对学生来说又是一个知识迁移和内化的过程，比如超导这部分内容，本身在课本上讲得较少，且以枯燥的概念讲解居多，在这样的真实项目应用中，这些书本中的知识自然地变成了学生的探究任务和实验，形成全新的体验和挑战。

为了有效推动三级航天科技课程的落地实施，学校还采取培养和外聘相结合的方式，重点加强航天科技教师队伍的建设。目前，八一学校已经形成了以院士牵头，科技各领域有突出成绩的中青年科学家和学校基层科技辅导员参与的完整的科技教师队伍。校内聘任热爱科技教育，有一定专业特长的教师担任辅导员，通过以老带新，带动、培养出一批青年教师，组成比较稳定的辅导员队伍。专业性很强的科技教育内容，则由外聘专家和校内辅导员共同完成。此外，学校成立了科技辅导员专家委员会，聘请院士及在科技各领域有突出成绩的中青年科学家，成为学校开展各项科技活动的专家资源保障，定期邀请专家入校对各项科技教育工作进行指导、授课。同时，学校还鼓励科技教师走出去，参与全国及市区各级各类科技培训活动，进一步了解教育政策，感受科学技术发展前沿，提升专业素养。

2. 航天小卫星启明少年航天梦

“你们的小卫星发射时别忘了通知我一下。”这是习近平总书记在 2016 年回到母校，对小卫星团队的队员们说的话。从那以后，八一学校进一步明确了科技教育的重心，将航天科技教育作为培养学生的重要载体，将科普小卫星项目作为科技教育重点项目，在各年级积极落地，不断鼓励学生学习航天知识，探索未知领空。时隔 3 个多月，小卫星发射成功！“中学生主导”“中国首颗”这些字眼让八一学校小卫星项目备受关注。在“八一 01 星”成功发射的带动下，八一学校谨记习近平总书记嘱托，积极带动一批学校推进航天科普，参与到小卫星研制中。

（1）在习近平总书记的鼓励下，“八一 01 星”成功发射

在首个“中国航天日”，八一学校和中国航天人才开发交流中心宣布，将发射一颗由航天专家指导、中学生主导的低轨道科普卫星，以此提升中小学生对航空航天技术的认知。对于中学生发射卫星，学校展开了长达半年的论证，多次接触航天系统专家。目前小卫星技术成熟，中学生参与相应课程学习并进行开发研制并不困难。2013 年，美国的托马斯·杰弗逊科技高中的 49 名中学生，自己动手设计制造了一颗小卫星，在美国航天局的帮助下送入地球轨道。该项目的研究给了八一学校很好的借鉴。

选择小卫星项目作为学校科技教育的重点项目，源于八一学校长期以来在科技教育，特别是 STEM 教育、创客教育上的一些探索与实践。学校经过多年的科技教育积淀，通过“必修＋选修＋实践活动＋研学”相结合的方式，使学生理解科学本质，不断提升科学素养，这些都为小卫星项目的顺利推进打下了扎实的基础。

2016 年 4 月 24 日，是中国首个“国家航天日”，也是中国航天事业创建 60 周年纪念日，北京市八一学校与航天科技集团国际交流中心联合召开了“中国首颗中学生科普小卫星研制、应用及相关课程开发活动”的启动仪式，计划发射一颗由中学生主导研制的卫星，并借此契机在全国范围推广航天特色教育。

2016 年 5 月，八一学校在全校范围内开展了小卫星团队的招募活动。经过专家的面试，从中挑选出几十名同学组成小卫星研制团队。与此同时，学校面向全体学生开展航天讲座，学生们利用课堂上所学的知识，开始动手制作月球车和卫星模型。

2016 年 8 月，小卫星团队的成员参观了中国航天第五研究院展厅、东高地科技馆和中国科学院空间中心等实验室，结合航天专家对航天系统工程的讲解，对航天各个系统有了大致的了解。

在开学前一周，30 余名同学们在学校的通用技术实验室，分成五个组利用通用技术所学的知识，结合之前学习有关卫星的理论知识，进行模拟卫星的设计、制作和调试，并在十余名专家和学校领导面前进行了包括研制团队基本情况、卫星主要功能构想、卫星总体设计、卫星研制进展和活动体会在内的共五部分的总结汇报。

2016 年教师节前夕，习近平总书记赴八一学校参观了卫星实验室，仔细观看了同学们制作的功能模拟卫星、询问同学们有关卫星载荷的创意设计。得知他们正在研发我国首颗中学生科普小卫星，习近平总书记鼓励他们继续开展科学探索。

2016 年 9 月中旬，同学们开始了初样星研制任务。首先开展载荷讨论，最终载荷被确认为对地拍摄、无线电通信、对地传输音频和文件以及快速离轨试验四种任务。随后，学校还邀请业余无线电的老师们对学生操作地面站和无线电通信进行了培训。

2016 年 10 月 14 日，5 名学生代表还参加了在北京市八一学校举行的“八一·少年行”卫星搭载可行性评审会，并得知他们参与的首颗中学生科普小卫星将在 12 月底搭载发射。

2016 年 11 月 12 日，35 名小卫星团队成员前往南京理工大学开始了为期一周的学习，同学们分成结构和热控、星务、轨道、姿态、电源和地面通信六个组系统学习了卫星几大组成的相关知识，并完成了例如电性卫星组装、轨道计算、星务计算机程序编写、磁力矩器制作、整星功耗分析和地面站接收卫星信号等一系列实验任务。各组还进行了各个分系统的学习汇报，并根据将要发射的“八一·少年行”卫星的实际情况提出研究课题，回学校继续开展相关知识的学习和研究。

2016 年 11 月 19 日，5 名小卫星团队成员代表前往南京理工大学观摩学习正样星的总装总测，同学们在老师的指导下参与了正样星的组装和载荷功能的调试与验证，并体验了振动、热真空、磁实验和星地通信等整星出厂前需要经历的测试。

2016 年 11 月 27 日，“八一·少年行”卫星在北京市八一学校完成了出厂评审，小卫星团队代表在出厂评审会上就如何参与卫星研制和卫星运维系统及航天科普活动开展等情况进行了汇报。28 日上午，北京市八一学校举行了“八一·少年行”卫星的出征仪式，并由小卫星团队中的 5 名代表队员参与将小卫星护送到发射场地。12 月 1 日

“八一·少年行”卫星完成最后的星箭联调试验，与弹射装置完成组合并成功安装到火箭。

“八一·少年行”卫星研制团队宣誓

发射前，同学们通过信件向习近平总书记汇报了小卫星的研制情况。习近平总书记回信勉励北京市八一学校科普小卫星研制团队学生：希望你们保持对知识的渴望，保持对探索的兴趣，培育科学精神，刻苦学习，努力实践，带动更多青少年讲科学、爱科学、学科学、用科学，努力成长为祖国的栋梁之材，将来更好为实现中华民族伟大复兴的中国梦贡献力量。

2016 年 12 月 28 日，小卫星研制团队和航天联盟校成员前往太原发射中心，见证了这颗由他们全程参与主导设计的我国首颗中学生科普小卫星的成功发射。与此同时，部分小卫星团队成员

中国共产党中央委员会

八一学校科普小卫星研制团队的同学们：

你们好！知道由你们设计研制的科普小卫星即将发射，我非常高兴。中学生设计研制科普卫星是一次很好的尝试，你们攀登科技高峰的热情和勇气让我感到欣慰。

你们在来信中表示，要让这颗小卫星发挥启明星一样的作用，不断激发自己科学探索的热情。希望你们保持对知识的渴望，保持对探索的兴趣，培育科学精神，刻苦学习，努力实践，带动更多青少年讲科学、爱科学、学科学、用科学，努力成长为祖国的栋梁之材，将来更好为实现中华民族伟大复兴的中国梦贡献力量。

新年即将到来，祝你们和全校师生新年好。

2016 年 12 月 24 日

习近平总书记给八一学校科普小卫星研制团队的回信

前往西安测控中心的喀什测控站，接收到了小卫星第二轨下传的遥测信号，确认卫星工作状态良好。总指挥在太原发射中心宣布“八一·少年行”卫星发射成功。

“八一 01 星”顺利发射升空

受到习近平总书记关注的中国第一颗由中学生全程参与研制并主导载荷设计的科普小卫星“八一 01 星”——“八一·少年行”卫星电性星现已被中国国家博物馆收藏，并作为常规展品展出，展期三年。

（2）依托中国航天科技教育联盟，小卫星项目向全国辐射

“八一·少年行”小卫星研制团队克服一切困难，放飞了自己的航天梦。身处首都北京，八一学校有着全国最优质的教育资源，但学校没有忘记用优势资源辐射、带动、发展其他地区，尤其是偏远地区。2017 年 4 月，八一学校牵头成立了航天科技教育联盟，辐射并带动广大青少年讲科学、爱科学、学科学、用科学，打造学校的航天科技教育特色。

航天科技教育联盟由国家航天局、中国航天科技集团指导支持，中国航天科技国际交流中心、北京八一学校、中国人民大学附属中学、西安交通大学附属中学、北京航空航天大学、北京理工大学、南京理工大学七家单位联合发起成立。联盟充分整合全国各地优质航天科技教育资源，搭建航天科技教育服务平台，凝聚政府、教育界、产业界、学术界以及社会各界的共识与合力，广泛开展国内外航天科技教育领域的资源交流、技术交流、学术交流及教育培训。为落实习近平总书记给八一学校科普小卫星研制团队学生回信的精神，联盟将中国青少年科普卫星工程作为开展航天科普教育

的重要抓手，系列小卫星工程进展顺利。

以“八一 02 星”为例，2017 年 12 月 28 日，该工程正式被命名为“西柏坡号”科普卫星工程。“八一 02 星”采用 2U 立方体卫星构型，由中国航天科技集团有限公司下属航天东方红卫星有限公司研制，石家庄市鹿泉一中和八一学校的同学们全程参与卫星的设计与研制过程，卫星载荷为微型光学遥感相机和可编程教育载荷，设计轨道为 644km 太阳同步轨道，搭乘长征四号乙运载火箭发射。

“八一 02 星”授旗仪式

“西柏坡号”科普卫星将进行四项太空实验任务。①遥感相机拍照实验。卫星搭载微型光学遥感相机，入轨后进行对地拍摄和数据应用，并由学生团队结合地理课程和编程课程设计对卫星的拍照任务进行程序控制。②卫星可编程载荷交互实验。卫星搭载一块可编程教育载荷，学生使用 Python 语言编写程序并实现在轨上传，与卫星进行双向交互，控制卫星完成预定实验任务。③软载荷接收实验。卫星搭载了两项软载荷：与石家庄西柏坡纪念馆合作的西柏坡精神软载荷；与央视少儿频道合作的“快乐向未来”全国青少年梦想软载荷。卫星在轨期间，学生可通过部分学校地面站开展卫星软载荷接受实验。④无线电通联实验。卫星提供 UV 频段通信载荷，业余无线电爱好者可通过卫星开展语音转发和接收卫星遥测信号等实验。

2020 年 7 月 3 日 11 时 10 分，在一声轰鸣巨响中，八一学校学生参与研制的中国青少年科普卫星工程“西柏坡号”科普卫星“八一 02 星”，搭乘“长征四号乙”运载火箭，在太原卫星发射中心成功发射。

“西柏坡号”科普卫星“八一 02 星”成功发射

“八一 03 星”被命名为“太原号”科普卫星，由太原市教育局联合中国航天科技国际交流中心发起，太原市进山中学学生全程参与研制。“八一 03 星”主要用于开展天体遥感观测、对地观测、天地协同编程教育等实验，同时搭载“孩子的声音上太空”大型公益活动芯片，为青少年学生提供了航天科普和教育实践平台。2020 年 11 月 6 日 11 时 19 分，中国在太原卫星发射中心用长征六号运载火箭，成功将“八一 03 星”送入预定轨道，发射获得圆满成功。

“八一 03 星”启动仪式

“八一 04 星”于 2019 年 4 月 23 日在“第三届中国航天科技教育校长论坛”活动中正式启动，由哈工大附中接过小卫星研制的接力棒。

“八一 04 星”开启全球载荷征集计划

“八一 05 星”于 2020 年 9 月 19 日在福州市召开的“第四届中国航天科技教育暨产教融合论坛”上举行授旗仪式，山东济南长清中学接过旗帜。

“八一 05 星”授旗仪式

2021 年 4 月 23 日，在江苏南京召开的“全国青少年航天科普教育论坛暨校长论坛”上举行中国青少年科普卫星“八一 06 星”工程授旗仪式，新疆乌鲁木齐八一中学接过授旗，标志着中国青少年科普卫星“八一 06 星”工程正式启动。

“八一 06 星”授旗仪式

随着“八一 02 星”“八一 03 星”的顺利发射，“八一 04 星”“八一 05 星”“八一 06 星”项目的启动，八一学校小卫星项目的辐射范围越来越广，充分带动了一批学校加入青少年航天科普的行列中来。未来，八一学校还将继续发挥辐射带动作用，将航天课程推广到更多的学校，让航天科技教育“遍地开花”。

（3）传承航天精神，在小卫星项目中收获成长

科普小卫星项目是一个典型的项目式科学实践活动课程。该项目让学生在航天领域专家引导下自主学习，了解卫星的相关知识，之后以小组合作形式设计制作一颗模拟星，再升级成为工程星，通过真实环境下的调试，最终成为能够发射入轨道运行的卫星，升空后地面还可以通过程序设计，接收和发射信号来进行其他的项目研究。卫星设计、建造、测试、发射、地面装置配套和组织各种天地协同的科普活动，为学生们展示了多学科综合的航天科学技术的魅力，引领学生体悟科学研究和实践中的理性思维、批判质疑和科学精神，培养实践创新意识、担当社会责任以及国家发展的社会参与素养。小卫星项目最深刻的意义是通过建立由真实情景引发的创新系列课程带动学校创新教育发展，以卫星发射后顺利工作传导的数据为纽带带动一批航天航空示范校建设，开展天地协同的各项研究。

在小卫星项目中，八一学校的学子们收获巨大，当初参加项目的学生大部分是凭

着兴趣加入，几乎是零基础。来自航天领域的专家和八一学校教师联合组成课程设计和教研团队，开展了多种形式的航天课程设计，包括面向全体学生的科普式教学、面向部分学有余力的学生开展的功能模拟卫星设计与制作课程；面向确定的学生设计团队开展的卫星专业分学科实践；面向卫星地面站及卫星在轨运行的卫星测控与应用课程等。随着科普小卫星项目的推进，学校还组织学生在航天各院所开展了各种深入实践活动：在南京理工大学微纳卫星研究所进行卫星研制的全部设计与实验，在中国航天科技集团公司第八研究院了解运载火箭的结构和相关知识，在西安卫星测控中心喀什测控站进行测控的实地学习，在山西太原火箭发射中心了解发射的相关数据分析……丰富的实践活动也让小卫星项目课程有了更生动的载体。

学生进行电性星结构组装

小卫星项目不仅丰富了学生们的航天专业知识，激发了对航天事业的兴趣，还提升了动手实践能力和研究能力。同时，卫星研制过程是一个团队合作的过程，是一项系统工程，需要从不同的角度出发来思考问题，需要各分系统的紧密沟通、协同和配合。这个过程无疑提升了学生的团队协作能力。此外，整个卫星研制过程，因为有时间节点，有任务要求，还要求必须成功，所以大家都承受了巨大的压力，需要攻关吃苦，这恰恰是航天精神所提倡的——特别能吃苦、特别能攻关、特别能战斗、特别能奉献。

小卫星研制团队成员刘黎明至今仍记得小卫星项目带给他的震撼和成长。

还记得暑假时，我们走进了航天五院，参观了东方红系列卫星平台、“风云”系列气象卫星、早期返回式卫星和中国即将建设的空间站等飞行器，领略了中国航天从创立之初开始经历的点点滴滴，感受到如今中国航天实力的强大。同时，这次不同寻常的参观也使我们对卫星有了一定的了解。卫星研制是需要知识底蕴的，因此为了提高我们的专业水平，学校和航天科技教育集团特地为我们请了无线电、电源、星务等专业领域的专家给我们讲课。这对我来说是十分难得的学习机会。之后，我们还在老师的带领下，大胆展开想象，通过设计、绘图、接线，制作出了模型卫星。虽然模型卫星与真正上天的卫星有很大的差距，但却融入了我们许多新奇的想法。这些想法经过论证后，有四项最终被选为卫星真星的有效载荷——传输校歌、通信中继、拍照和主动加速离轨实验。

小卫星研制团队成员吕清城是一名科技特长生，从进入校园的第一天起，就身处科学氛围。在他看来，小卫星项目的成功离不开学校对科技教育的大力投入。

作为一名科技特长生，我能明显感受到学校对于科技教育的投入，学校的硬件设备在不断更新，大量科技元素也随之融入了校园，如实验楼中的各类展板、崭新的科技教室等，这些随处可见的科技产品在丰富了校园生活的同时，也在同学们的血脉中埋下了科技的种子。这次科普小卫星研制计划在校园中的开展也为我们打开了一扇全新的大门——一扇通向更广阔的未来世界的大门。来自科技领域前沿的专家们带来了最新的设备以及我们未曾了解的知识。这些都使我们明白，站得越高，视野也就越宽阔，为此，我们需要的是更新、更多的知识——不仅仅是课本中的，更是那些在未来的发展中极为重要的知识。

八一学校小卫星研制团队成员赵泽寰通过小卫星项目收获颇丰，其中最大的收获还是在这个真实的项目中学会了如何去更好地发现问题、解决问题。

当初，我因为对航天的浓厚兴趣并且希望能从中学到更多的知识而加入到这个团队中。发射后的遥测工作，是整个过程中最有意义的活动之一。在学校的地面站中，一台台电脑上显示着各式各样的数据和图像，经过老师的培训后，我们便开始了日复一日的监测、采集各种数据的工作。每一次过顶都是一次全新的体验，也是一次挑战，身为数据记录员的我每一次都需要准确地记下遥测发回的数据，一旦记录错误就没有补救的机会。在记录之后我们还要进行总结。每当我们看到发回的数据变为了图像和波形图时，总会有一种收获满满的感觉。小卫星活动给我们带来了很大的收获，让我们学会了如何去更好地发现问题、解决问题，并更好地通过合作和串联知识的办法，去将问题优化和解决。

小卫星项目的指导教师不仅见证了首颗中学生科普小卫星送入太空的历史时刻，也见证了小卫星团队成员在研制过程中的成长。在指导教师看来，经历，即是意义！项目的参与或许不会对学生的学科成绩有特别大的贡献，但重要的是，让学生亲身经历、真实地感受航天人身上一代一代传承的航天精神，这将是学生终身受益的宝贵财富。

小卫星项目，让学生在高中阶段就接触到了专业的航天知识，有机会参与到实际的工程项目实践中，也能够站在哈佛论坛、春晚及央视的舞台上，谈收获与感受，号召全国的青少年一起学科学、爱科学。更重要的是，这种经历让他们感受到了航天人身上那种艰苦奋斗、勇于攻坚、开拓创新和无私奉献的航天精神。我想这也许就是小卫星项目带给他们的意义吧。或许未来这几十名中学生大部分不一定会从事与航天相关的工作，但他们在活动中经历的东西，一定会在未来的某一时刻帮助到他们。

3. 金鹏科技团领航科教前沿

为开展各种科学探究活动，学校成立了 DI、信息学、模型、RWDC、卫星工程、机器人等多个专业科技社团，其中模型及机器人社团是金鹏团分团，竞赛成绩突出，活动影响力大，连续多年在国内外航模比赛中斩获金牌，机器人项目更是获得 VEX 世锦赛金奖、亚锦赛最高荣誉“最佳卓越奖”、美国公开赛冠军。此外，八一学校金鹏模型团还与中国海军招飞办合作，面向全体八一学校高中学生，开设了民航军航飞行员考前培训选修课程，为在高三即将参加民航军航招飞的学生提供直接的升学就业服务。该项目不仅吸引了八一学校高中的学生，还吸引了人大附中、民大附中、十一学校和北工大附中的相关学生参加，招飞办特别授予北京市八一学校为中国海军飞行员培训基地的牌匾。学校通过金鹏团搭建高水平平台，打造机器人、航模、海模等重点科技项目，通过科技项目和竞赛活动激发学生学习内驱力，培养批判思维、创新精神、实践能力和信息素养。

以金鹏机器人社团为例，在取消特长生招生政策后，八一学校积极应对，在课程顶层设计基础上，重新梳理机器人相关课程，确立了十二年一贯的培养机制。小学阶段，以系列课程与竞赛活动相结合，注重激发兴趣、夯实专业基础，建立中学教师课程研发、外部资源基础课程实施、小学教师竞赛指导与课程管理三方协同机制。初中阶段，以提供丰富体验为目的，带领学生广泛参与机器人各项赛事，拓宽视野，丰富经历，给予每个孩子最充分的展示舞台，参与 FLL、大疆创新挑战赛、机器人工程挑战赛、机器人创客竞赛、初中组 VEX、WRO 等多项赛事。高中阶段，围绕特色项目建设，更加关注大学机器人竞赛的开展，重点打造 VEX 项目。

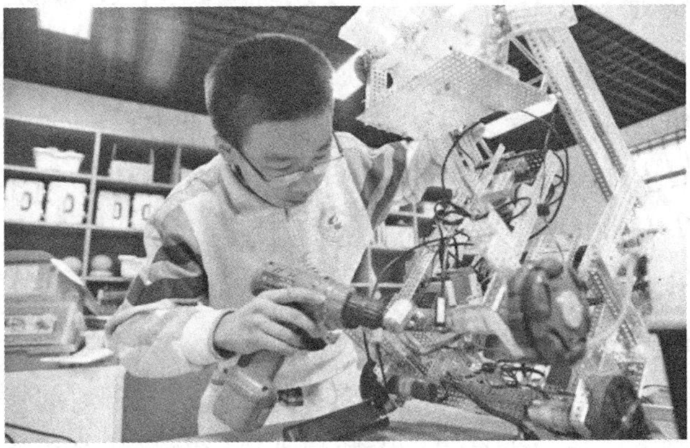

学生参加机器人课程学习

扎实的课程和训练，让八一学校机器人社团实力不断攀升。机器人社团的学生先后参加机器人足球、机器人灭火、FLL 工程挑战赛、综合技能、人形机器人、WER 工程挑战赛等项目比赛，多次获得国内外各项大奖。2018 年 7 月 23 日，对于八一学校 VEX 机器人团队来说是一个不寻常的日子，经过整整一年的训练和比赛，八一学校代表队获得了国内顶级赛事的 VEX 机器人工程挑战赛高中组总冠军，同时获得了代表中国参加世界锦标赛的机会。

机器人社团学生代表学校参加比赛

机器人社团在帮助孩子认识世界的过程中，认识到独一无二的自己。一大批学生在金鹏科技团中得到了专业成长，2016 届高中毕业生李凯悦就是在机器人社团成长起来的代表。2016 年顺利考上北航的他，怀着多年来对机器人的感情以及和校队学生和学校的感情，在学业之余主动回到母校带队比赛，成为国赛教练。回忆起机器人社团带给他的成长，他感触颇深：

我在八一学校学习、生活了六年。也正是在这里，我与机器人结下了不解之缘。大量的全国性乃至国际性质比赛拓宽了我的视野，给了我接触国内外先进理念的机会。外国选手们的激情、令人惊叹的才华和创造力都给我留下了深刻印象。在与外国选手交流的过程中，我不仅锻炼了英语口语，还学到了新思维、新技术，更为他们享受过程、享受比赛的精神深深触动。

我们机器人小组的活动还得到了学校的大力支持，但是学校支持我们参加比赛绝不仅仅是功利地追求名次，而是真诚地希望我们能够从中有所收获，在自主探究的过程中快乐地收获知识。在平时训练中，老师们也不是简单地告诉我们答案，而是教会我们该如何寻找答案。他们会和我们一同攻关到深夜，一起为挫折蹙眉，也一起为成功欢呼。在我们看来，他们是我们探究路上的伙伴。这样单纯的学术氛围正是当今社会所倡导的。

4. 创新实验室搭建航天“梦工厂”

实验室是科学人才的摇篮，是科学研究的基地，是科技发展的源泉。创新实验室突破传统实验室的概念，为学生提供了一种全新的、就在身边的、时刻开放的场所。2017 年，学校改造原行政楼，成立学生发展指导中心，改建 6 间高端实验室，形成了完备的科技教育专用教室及场地，为师生组织各类科技活动提供了空间、资源和工具，充分激发了学生开展探究实验的兴趣。学校科技教室空间设计还被收录北京市青少年科技中心编著的《中小学创客教育调研案例集》一书。

近年来，为了给学生营造更好的航天科技学习环境，学校整合各类科技教育资源，筹划落地航天主题实验室。实验室分为四大类：星——卫星主题实验室、箭——火箭主题实验室、站——空间站主题实验室、器——探月主题实验室。四大类主题实验室的建设旨在建设一个天地一体卫星科学实验室，系统开展卫星科学实验。

卫星主题实验室可满足 40 名学生进行卫星原理学习及实践。实验室主要设备包含地面卫星接收站、3D 打印机、1U 立方星套件等。卫星地面站由学生设置，用于实时接收在轨卫星的信号。

完备的科技教育专用教室及场地

卫星主题实验室效果

火箭主题实验室可满足 40 名学生开展火箭相关主题学习使用。实验室配备专业的风洞实验室，学生可用于开展火箭风洞测验。

火箭主题实验室效果

空间站主题实验室以中国天宫空间站为设计原型，为学生搭建了一个模拟地月（地火）空间站的环境，可供学生展开太空生命科学等项目研究学习。实验室内配备哈尼斯圆桌，可满足 40 名学生同时开展小组讨论学习。

空间站主题实验室效果

探月主题实验室可满足 40 名学生开展探月主题相关学习探究。实验室配备模拟月球地貌，学生在完成月球车项目后可在模拟月球地貌进行测试。

探月主题实验室效果

实验室的公共学习空间可用于参观、学生作品展示以及小组讨论学习。整个空间以航天科技为主题，配备火星模拟地貌、星球重力模拟体验装置、空间站式甬道式连廊。模拟火星地貌用于学生开展火星车测试/竞赛。星球重力模拟装置可以让学生通过拉拽装置中不同天体对应的“行李箱”，感知太阳系中八大行星的不同引力场强。空间站式甬道式连廊打造沉浸式空间站体验感，学生可以利用甬道内的太空植物种植系统，开展太空生命科学探究项目。

公共学习空间——模拟火星地貌效果

公共学习空间——星球重力模拟装置效果

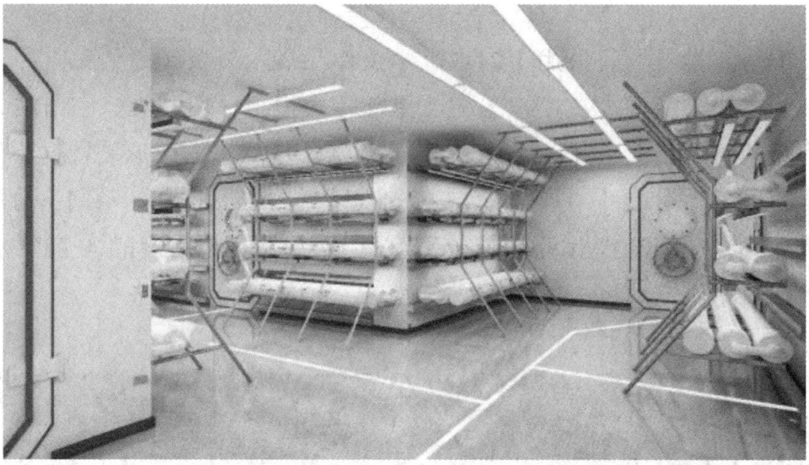

公共学习空间——空间站式甬道式连廊效果

创新实验室的打造，旨在营造浓郁的学习和研究氛围，满足各类学习探究活动的需求，为学生提供自主学习的空间。创新实验室就是一个航天“梦工厂”，让学生在学校就能走进航天的场景，既学到学科知识，又获得科学氛围的熏陶和科学精神的滋养，在浸润式的学习体验中成长。

5. 校内外科技活动营造浓郁科创氛围

为了营造浓郁的科创氛围，培养科技实践能力，提升科学素养，八一学校组织开展了丰富多彩的校内外科技实践活动。在校内主要通过一年一度的科技节、名家科普座谈等方式开展，在校外则通过建设科技教育基地、开展暑期科技实践活动等方式开展。

八一学校的科技节已经开展了 20 届，成为学校科技教育实施的重要载体，也成为每年毕业学生最怀念的校园活动之一。科技节的指导思想始终定位在：营造一种爱科学、学科学、用科学的氛围，让同学们置身于科学殿堂中去体验科学研究过程，印证科学结论，提炼科学方法，体验和感悟科学态度和科学精神，培养学生的实践能力和创新精神。

一年一度的科技节活动

除了保留每个年级固定比赛项目纸箱车、智动小球、智造纸箱车、模拟飞行挑战赛外，每年根据不同主题及社会科技热点，邀请科技领域专家、科学家为学生开展科普讲座，举办科技嘉年华展示活动。近年来，来校进行科普讲座的专家包括：中国工程院院士、环境工程专家钱易，天体化学与地球化学家、中国月球探测工程首席科学家、被誉为“嫦娥之父”的欧阳自远，航天科技集团公司五院天宫二号总设计师朱枞鹏，中国空间技术研究院总体部研究员、嫦娥三号探测器副总设计师、中国航天科技集团五院“天问一号”火星探测器副总设计师贾阳等。为了突出航天科技特色，加强学生对航天科技的兴趣，近年来，学校科技节都突出了航天主题，如聘请航天科技专家做报告。此外，还开展了丰富多彩的航天活动，使学生在趣味盎然的活动中掌握航天科技知识，提升自主学习能力。

除校内活动外，学校还充分利用社会科技教育资源，每学年根据学生的年龄特点，组织学生参加大量社会实践活动。目前学校确立的科技教育基地有航天城五院博物馆、航天系统科学与工程研究院、中科院空间中心、航空博物馆、中国科技馆、自然博物馆、锦绣大地农业园，以及中科院、清华大学、北京航空航天大学、北京理工大学、中国农业大学的国家级实验室等。这些社会资源为学生动手实践创造了良好的条件，特别是航天系统所属的各个资源单位已成为八一学校开展航天科技教育的重要资源场所。

校外资源单位场地、高校实验室

此外，学校还积极借助高校及科研院所优质资源，带领学生开展暑期科技实践活动，参观高新技术企业，HTC、微软、索尼等公司都留下了学生的足迹。

暑期科技实践活动一览表

高校及科研院所	涉及主要内容
北京邮电大学信息与通信工程学院	5G 网络、智慧城市、物联网、MIT 人工智能教授互动
钱学森空间技术实验室 北京航空航天大学宇航学院	航空航天工程、空间科学与空间技术、卫星设计与制造、卫星通信与测控、制作卫星天线接收卫星信号并解析
北京大学工学院	下一代航空航天推进技术、创客实践教育中心学生创新项目
北京航空航天大学交通科学与工程学院	汽车与交通工程、人工智能与无人驾驶

丰富多彩的科技实践活动让学生们开阔了眼界，认识到了最前沿的科学、最新的技术，切实培养了学生科学精神及实践创新能力，让学生们在体验与实践不断收获与成长。

内容丰富的科技研学之旅

在教育改革大环境中，航天科技教育越来越彰显出特有的育人功能，不仅对学生科学素养的提高具有积极的促进作用，而且可以培养学生科学探究的兴趣，引导学生形成科学的思维习惯和科学的实践观。多年来，八一学校坚持以航天精神为导向，以科技教育为载体，大力倡导科学精神，激发学生的爱国热情，提升学生的思想高度，给学生搭建接触、认识航空航天领域高端科学技术的平台，让学生了解祖国航天事业发展的进步，激发航天报国的强大信念。

（三）生态教育：养少年文明

生态兴则文明兴，中华文明积淀了丰富的生态智慧，对青少年开展生态教育尤为重要。“生态立人”是八一学校的办学特色之一。八一学校的生态教育一方面是让学生自觉参与到生态文明的建设中，在探究、创造、实践和服务中，理解国家开展绿色发展、循环发展和低碳发展的主要举措，在实际行动中获得可持续发展的意识；另一方面，是从“教育一个孩子，带动一个家庭，影响整个社会”的价值追求出发，让每个学生能够主动担当起家庭和社会生态观点建立和生态方式形成的责任，让每一个公民都有意识地保护好人类赖以生存的宝贵资源与环境。

从 2011 年被授予“国际生态学校”称号以及确立“生态立人”的办学理念以来，为了将“生态”的价值做深，八一学校以生态教育为核心，深入开展生态教育，将生态育人的理念有机融入学生学习、成长的每个阶段。学校以生态校园建设中的景观、技术等硬件及环境为依托，积极打造生态环境多样性校园，推进碳中和，创建节能绿色生态校园，实现生态环境育人；自主开发打造包含个人生态、环境生态和社会生态三大模块的生态课程群，重点开发京西稻课程，让学生在动手劳动中营造生态之美；开设丰富多彩的生态主题活动，营造“生态立人”的校园氛围，带动更多的学生形成绿色、环保理念，提升国际视野和现代意识。

1. 打造生态校园，在环境中育人

校园是学生每天都置身其中的地方，重要性可见一斑。近年来，八一学校积极打造品质校园，并对“品质”二字不断进行反思。八一学校的品质校园应该什么样？它应该是环保的场所，每一处都体现绿色节能的理念；多彩的文化，彰显古今中外交融的文化魅力；多元的社会，让校园与现实生活、与世界关联。为此，学校将品质校园创设的标准定为：自然与环保属性，身临其境中深化生态意识；教育与教学属性，小品创建下营造育人氛围；文化与艺术属性，建筑艺术里体现教育理念；行业与社会属性，社会认知下理解职业素养。八一学校的生态校园应该是一个多样性生物和事物集合的栖息地，不仅呈现出自然本真的生存形态，也呈现出互为促进的和谐状态；不仅体现为健康优雅的美好姿态，也体现为蓬勃发展的生动意态。

（1）生态宜人，彰显自然之美、人文之美

八一学校地处北京市苏州街。苏州街是乾隆年间颐和园后湖两岸仿江南水乡风貌而建的买卖街，是专供清代帝后逛市游览的宫廷商肆，在建筑特色上沿用南方民舍特有的青瓦、灰砖、白墙等形式。正是基于对苏州街文化传承的情结，学校建筑采用流行于浙西地区的徽派风格设计，平面布局灵活变换，讲究意境美，比如亭台楼阁塔坊的巧妙设计；空间结构造型丰富，讲究韵律美，比如马头墙、小青瓦；建筑雕刻融石雕、木雕、砖雕为一体，讲究艺术美，比如漏窗、楹柱等。走进校园，一种理性、简约、礼数、素雅之风扑面而来，蕴含着中华优秀传统文化的精髓，而这就是当下最需要的自然本真、朴实无华的朴素教育。除了建筑风格尽显文化韵味之外，学校还在校园里营造了被称为中国十大传世名画、山水画最高境界的长卷“富春山居”景观，以清润的笔墨和简远的意境，追求山川浑厚和草木华滋的境界，让同学们在高雅文化的浸染中获得人生境界的升华。

2010 年 9 月，学校启动的“学校人文生态环境建设”项目，以建设体现学校文化内涵的环境，实现环境与文化、环境与课程、环境与学生实践活动的有机融合，创设人性化的、温馨舒适的学习和工作环境为目标。目前校园里统一的徽派建筑风格的教学楼、庭院，改造过的礼堂、体育馆、大操场、实验楼、图书馆，初中部东北侧的花园、长廊、湖畔，还有书法大道、天工苑、开物苑、楼顶花园、新建的跑步步道等，都是该项目的成果。

目之所见、心之所染、耳之所闻、心之所熏，人通过五官得到的信号，最终都将传递给他的心灵。因此，为了把校园营造成一片诗意的栖居之所，八一学校的师生们一直像诗人对待自己的诗作那样，精心布置着校园里的一景一物。师生们在动手美化校园环境的同时，也促进了人与环境的融合。

图书馆楼道的学生作品

实验楼里的错觉画像

学生美化校园

学生设计绘制的卫生间门帘

八一学校的老师们为学校环境的营造倾注了大量心血，譬如：书法大道的 11 块碑帖，是小学部的杨义老师参与挑选的；“十二人才基因”落地、校园环境美化，有美术组张尊高、徐尚卿等老师直接参与；生物组原牡丹老师带领学生统计校园植物信息，设计标牌，对花木进行介绍，对植物进行汇总；语文组在王建稳老师的带领下，将花园原来非常直白的名称修改得极具诗情画意——玉兰园—娇玉灼春、桃花园—碧桃红碎、月季园—春红四时、丁香园—千结素心，还有曲红茹、刘迎慧、史小昌、李锐、常树岩等老师在专业教室的标牌、制度牌设计中，从命名、文字介绍到英文翻译、文字校对等方面都做了大量的工作；实验室的建设融入了单海燕、张红、杨红艳等老师的心血；艺术中心、翱翔俱乐部、科信中心各个特色中心的文化建设，其文字、图片、排版等都有相关领导、老师的精心指导；地理教室的建设，从地面设计到窗帘图案都充分体现了地理学科的特点，渗透了地理组蒋立红等老师的心血……老师们的投入与支持不仅体现了他们对校园的深深热爱，也体现了教师用自己的言行感染、影响着学生。

此外，校园墙壁、井盖、楼道空间、室内门帘等，均经过学生们的设计和绘制，形成了学校特有的校园景观和文化氛围。经过多年的努力，八一学校校园可谓是一步一景、一景一情，情景相映、情理交融。

（2）润物无声，充分发挥校园环境的育人功能

环境育人，就是一部润物细无声的教科书。环境要起到育人的作用，就要与学校育人目标、品质基因甚至是办学特色有机结合，在一草一木、一砖一瓦、一字一句中渗透教育。为此，学校按照“军魂铸人、科技育人、生态立人”的办学特色设计了三类景观。“军魂铸人”方面特别规划了荣臻像、三品松、警世钟等雕塑及景观。为了凸显军队特质，校园内还架设了飞机模型，完善航空主题；建造海军主要舰艇模型群，

梳理展示配套知识；设计坦克模型组群，补充陆战介绍，在校园内营造以海、陆、空为主题的国防教育环境。“科技育人”方面重点规划了中国古代建筑模型、未来学习、工业 4.0、发电模型、世界 500 强商业品牌、学术成果奖等小品与场所，让学生在近距离的接触中，了解当今科学发展的前沿领域与变化趋势，了解世界卓越企业的商业理念与运作模式，了解国际创新人才的职业素养与专业技能。“生态立人”方面主要规划了医疗救护、记忆胶囊、阳光心房、国际多元素质馆等人文类作品与场景。军魂味儿、科技味儿、生态味儿的背后，都承载着学校想要传达给孩子们的基因密码和教育信息。

校园军队特色环境布置

此外，学校还充分发挥校园环境对学生行为养成和品德熏陶的促进作用。在校园环境建设的过程中，充分挖掘校园内的教育元素。比如国际部东侧湖边有一口老井，老八一学校后勤人曾经用这口井水为学生收获了丰富多样的蔬菜，学校恢复老井的外貌旧址，让全体师生睹物思情、心有所获。

为了进一步发挥环境的育人作用，学校还为学生搭建校园环境管理平台，让学生参与环境管理过程。如通过“学生三员自主管理委员会”，带动全校学生积极开展各种适合学生特点的自主管理活动，让学生参与校园安全、公物管理、桌椅维修、在校园公共场所巡检以及志愿者服务等活动，达到爱校、护校、关爱生命的目的，推动学校“品质文化”建设，培养学生讲文明、守纪律、爱公物、重健康、保安全的良好行为习惯和品质修养，进一步锤炼学生的优秀品格。

（3）推动碳中和，创建节能绿色生态校园

一直以来，八一学校把节能减排建设视为学校可持续发展的一项重要举措，在管理体系、人员配备及设施建设等方面统筹推进。经过多年的努力，学校节能减排工作走在了前列，取得了丰硕的成果：学校已经完成节能减排工作的申优工作，先后为市节能办、节水办、市教科院环保课程编写提供相关素材，并于 2016 年获得“市节能领跑者”称号。2017年完成节能环保技术宣教中心中期改造。2018年节能环保技术宣教中心一层设立树叶分化机，用于校园内粉碎加工树叶及细树枝、多种农作物秸秆，生成有机肥料。2020年10月，学校被住房和城乡建设部评为全球环境基金“中国公共建筑能效提升项目”示范项目；同年11月，学校采用合同能源管理的模式开展综合节能和绿色化改造，提升供暖系统、空调系统、配电系统及可再生能源系统能效，最终实现年综合节能量10%—15%。

节能减排不只体现在学校的硬件建设，它更是一种理念的渗透和培养。节能环保意识是学生优秀品行的重要元素。在对可持续发展理念的坚守中，学校力求所有建筑产品、教学设备都尽可能使用低碳环保的材料，办公用品和学习用具也多采用循环绿色的材料，同时在软件、硬件方面逐步实施、落实到位：校园落叶无害化处理，园林垃圾转化绿化肥料，厨余垃圾设备引进，风能、太阳能发电，雨水回收和利用等现代化循环经济系统的投入使用……成为一部活的教科书。学校组织学生参观这些硬件设备，使学生对节能减排、垃圾分类从感性认识上升为理性思考，为学生参与研究实践活动提供了可能。当学生们每天看到的、用到的都是绿色、节能的产品时，他们就会自觉地树立起生态意识，拥有环保素养，学会绿色生活。

屋顶花园及雨水回收系统

太阳能光伏发电系统

为了更好地将节能减排、绿色生态的理念植入学生心中，八一学校还将宣教中心打造为绿色生态校园示范基地，从科普教育、数字化校园建设及教学实践等多个维度出发，围绕绿色节能生态校园设立学生工坊、校园数字化能源环境管理平台及绿色节能技术展示等多个场景，使全校师生可以参与到节能绿色生态校园建设当中。

绿色生态校园技术展示区

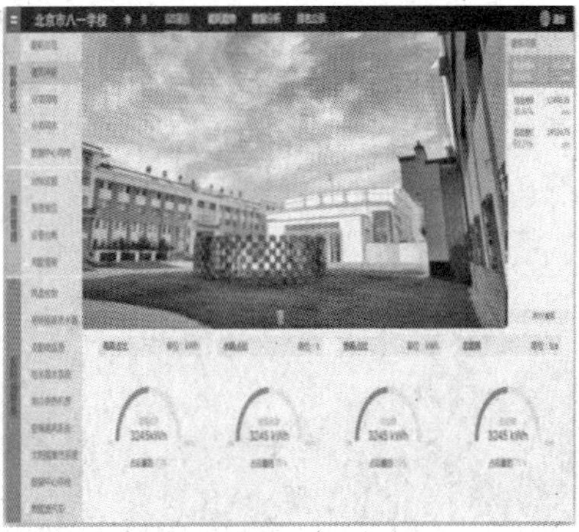

校园数字化能源展示平台

教育是在环境中进行的。学校是育人的重要场所，要提高育人成效，就须营造良好的育人环境，在潜移默化中滋润学生的心田。生态校园，让学生身处其中即能感受到与国际接轨的先进理念，不断拓宽“生态”的视野，自觉关注整个环境的发展，规范自己的言行，从而真正发挥学校环境在育人中的作用。

2. 传承京西稻文化，动手营造生态之美

作为国际生态校园，学校坚持把生态教育进一步扎实推进，丰富其内涵、升华其高度、涵养其气息、塑造其魅力。在“生态立人”办学特色的带动下，玉泉中学率先开始了京西稻课程建设。目前该课程已在集团本部和小学部同步开设。

（1）深挖京西稻的独特教育价值

北京玉泉山下，特有的自然条件孕育出了一种具有深厚底蕴的稻谷——京西稻。相传清朝康熙帝曾亲自培育京西稻，并用“天下第一泉”之水浇灌。此后，历经康熙、雍正、乾隆祖孙三代 130 多年的稻作经营，形成了独特的京西稻文化。“京西稻米香，炊味天知晌，平餐勿需菜，可口又清香”，这是老北京的歌谣，描述了京西稻在百姓心中的地位。如今，京西稻仍然是不少“老北京”念念不忘的回忆。改革开放之后，随着城市化进程的迅速推进，海淀区农田面积急剧减少，特别是北京近几十年干旱缺水，京西稻面积迅速减少。近些年，虽然逐渐恢复了部分京西稻种植，但主要用于体验。因此，京西稻的意义不仅在于供给食物，更多的是作为一种乡土符号、一处田园景观，让大家了解北京的民俗乡情。

“稻花香里说丰年，听取蛙声一片”，稻田的生态之美一直为文人墨客津津乐道。水稻田本身就是一个生态系统，为生物多样性提供支持。水稻是稻田生态系统中最主要的能量转化者和有机物生产者。水稻的根系在浅水下的淤泥中生长，源源不断地吸收泥土中的营养，茎叶挺出水面以上进行光合作用，合成有机物，最后将大量养分输送到秋天的谷粒之中，完成了一个生长季的使命。在稻田生态系统中，植物又为动物提供了基础的食物来源和可以栖身的环境。

玉泉山下的京西稻

传承京西稻文化，不仅让学生在种植、研究、收割的过程中亲身感受到京西稻的生态之美，也让学生有机会跟踪研究水稻田的生态系统。在这个过程中，学生学习科学知识、体验科学过程、习得科学方法，从而对于生态的理解更加立体、全面。同时，学生们还在劳作中亲身体验中国农耕文化，将生活、学习与社会实践融合在一起，传承中国农业文化遗产，提高劳动意识和素养。

（2）开发京西稻特色校本课程

玉泉中学利用其先天的地理优势，自主开发了京西稻特色校本课程。为了有效促使区内历史文化资源转化为学生的社会实践课程资源，玉泉中学将京西稻课程设计为一门跨越多学科知识、重实践参与、培养学生解决问题能力的综合课程。课程以了解水稻、种植水稻、研究水稻为研究思路，对学生进行校外综合实践训练，是学校课堂教育的延伸和知识的拓展。目前，小学部、高中部的社团活动也把京西稻作为研究载体，促使学生进行校外综合实践活动，再把实践成果带到课堂中来，在知行合一中强化劳动观念、锻炼劳动能力。

京西稻课程各学段主题设计

学段	主题
小学	1. 小小水稻、大大奥秘 2. 水稻——大自然的孩子 3. 气候变化与京西稻生长的关系 4. 水稻的一生 5. 京西稻种子萌发生长条件研究

续表

学段	主题
初中	1. 京西稻的历史文化底蕴了解 2. 稗草与水稻性状相似性研究 3. 水肥管理的差异对水稻植株高度的影响 4. 京西稻叶片叶绿体的观察 5. 水稻返祖现象的观察与了解
高中	1. 中国杂交水稻的历程与优势探究 2. 京西稻的植物组织培养 3. 植物激素对京西稻生长的影响 4. 京西稻蛋白质含量的测定 5. 京西稻与其他水稻及植物亲缘关系探究

经过 3 年的实践，玉泉中学完善了玉泉山下的农耕文化课程，利用京西稻展开劳动教育，拓展课外课堂，既增强了学生的体魄和实践能力，又让学生了解了“三山五园”农耕文化的历史。

玉泉山下的农耕文化课程内容

课程目标	课程框架	课时安排	实施方式
增强学生的体魄和实践能力；让学生了解“三山五园”农耕文化的历史	第一部分　了解古代的农耕思想	2 课时	1. 小组合作。让学生分组探究京西稻田的发展史以及古代与现代的农耕技术 2. 学农活动。安排学生走进京西稻田，近距离了解农耕文化，增强体魄
	第二部分　探秘京西稻田的发展史	4 课时	
	第三部分　农作物的物流配送	5 课时	
	第四部分　了解现代农耕技术	4 课时	
	第五部分　京西稻田学农体验	3 课时	

以“京西稻田学农体验”主题为例，为了让学生近距离了解京西稻、动手体验京西稻的种植与收割，2019 年春天，玉泉中学利用学校空地，由生物教研组成立了京西稻种植小组，带领学生在校内体验京西稻种植，进行多学科探究实验。2019 年 10 月、2020 年 10 月，学校与京西稻文化研究会共同组织初二年级学生体验玉东公园收割京西稻活动。学生不仅在活动中聆听京西稻传承人介绍京西稻的历史，还通过务农老师的指导学会使用镰刀，品尝京西稻做的米粥，充分体会到付出之后收获的喜悦。

同学们收割京西稻

值得一提的是，京西稻课程还从玉泉中学走向了集团总校。为了更好地利用京西稻资源，2020 年八一学校在校园北侧空地启动了京西稻种植基地建设，专门给学生开辟一块体验插秧、收割的地方，让学生学习京西稻相关知识，开展自主研究，知道一粥一饭来之不易。如今，京西稻的种植在八一学校全面铺开，相信到了秋天，一幅“水满田畴稻叶齐”“田田流水稻花香”的田园画会让孩子们惊喜万分。

学生在种植基地体验播种乐趣

京西稻对今天的北京意义深远，它是“三山五园”历史文化的底色，是引领城市生态转型的载体，也是连接代代耕耘者的精神乡愁。未来，八一学校还将进一步深挖京西稻的文化内涵和教育价值，让更多的学生在传承京西稻文化中历练、成长，做京西稻文化的时代传人。

3. 创办生态主题活动，培养社会品质公民

八一学校围绕“倡导低碳生活，节约环境资源”教育主题，强化师生社会责任意识，鼓励师生积极参与创建节能减排型教室、校园、家庭与社区的相关活动。

在八一学校，生态主题活动开展得如火如荼。活动主题一方面是对国际生态学校项目主题的进一步分解与深化，比如学校围绕气候变化主题，选择了垃圾和废物与气候变化的子课题开展实践活动。另一方面结合学校生态教育设置的主题活动，开展利乐包装回收、食堂垃圾分类回收、建立“绿色回收银行”、制作资源回收箱活动、“地球一小时”活动、“绿茵计划”、再生纸推广活动、“校园花木及草地认领”活动、救助流浪猫狗的“小爪子”计划等。八一学校经过多年坚持已经积累了大量的活动案例，很多活动已经形成品牌，有效培养了学生的参与意识和领袖素养，深化了学生对环境保护的认知和循环使用资源的意识。

生态主题部分活动一览表

活动类别	活动名称
讲座类	厨余垃圾
	沼气及雨水回收
	太阳能及风能发电
	绿色材料与新型材料
	环保英语
创造类	古代建筑风格探秘
	从苏州街文化看八一校园
	水地图——探访北京周边湿地
	世界气象日——识霾、防霾与治霾
	世界气象日——识霾、防霾与治霾
	环保袋 DIY 创意大赛
	生态环保科普剧
行动类	世界地球日——地球一小时
	绿色天地——利乐枕包装回收
	“绿茵计划”——再生纸推广

续表

活动类别	活动名称
	心田计划——植树与种花
	“小爪子计划”——爱护我们的动物
	世界水日——保护小水滴
	奉献爱心——公益义卖活动
	废油制香皂
	从废纸到再生纸
	“绿色回收银行”
	垃圾分类管理
	报废电子产品回收
服务类	花木及草地认领
	城市街道小医生
	北京景区环保小卫士
	久公益服务
	市花月季进校园
	让鸟儿飞起来
留白类	环保科技铿锵行
	“拾贝杯”环保知识竞赛
	快乐的农场劳动

以“垃圾分类管理”为例，学校不断创新活动形式，先后开展了“变废为宝”“1分钟垃圾分类”“光盘行动”“他国的垃圾分类”“垃圾分类趣味知识问答”“垃圾分类社区行”等丰富多彩的主题活动。这些主题活动帮助学生掌握了垃圾分类的方法，起到了较好的环保教育作用。

组织学生开展垃圾分类实践活动

食堂垃圾分类志愿服务队

“生态立人”将“生态”的视野拓宽，关注整个环境的发展，通过生态理念、生态课程和生态活动的开发推动，让学生珍爱生命、热爱自然、保护环境、理解世界、关注社会、服务人类，让生态文明进入每个人的心中，不断提升自我的品位，最终构建美丽八一学校、美丽北京、美丽中国。

（四）体育教育：强少年体魄

八一学校的体育教育一直是学校的一块金字招牌，早在1979年，学校就被评为首批北京市体育传统学校，1988年又被确定为北京市培养高水平体育后备人才试点校。2010年7月，体育中心的成立进一步提升了体育工作在学校教育教学工作的地位，为学校体育发展注入了新活力。2014年，学校被命名为国家级体育传统学校。2015年，被确立为全国校园足球特色学校。

近年来，八一学校继续探索体育教育改革创新，坚持通过“五个一”，不断提升学校体育教育水平，即构建一套体育课程体系，打造一个体育品牌项目，建设一批高水平运动队，营造一种体育文化氛围，带动集团体育一体发展。因体育工作出色，学校被北京市教委评为“落实体育工作条例市级先进校”。

1. 打造一体化体育课程，让学生在“教”“练”“赛”中成长

八一学校体育教学提倡“以人为本”，突出以学生为中心的教育理念是体育价值观的重要体现。学校将“健康第一”作为学校体育的根本落脚点，通过树立“健康第一”的思想教育，使学生掌握体育实践中的健身、健心、养体、养护等知识和方法。近年来，学校在“健康第一”理念的引导下，系统构建了小初高一体化体育课程体系。同时，学校改革传统体育模式，不断完善和丰富教学活动竞赛课程体系，让学生在“教”“练”“赛”中不断成长。

学校的体育学科一体化课程分为三大类：一是基础课程，主要以国家教材、必修课程、学能衔接培养为主，夯实学生体育基本知识、身体素质和运动技能基础；二是拓展课程，以校本选修、学术课程为主，扩展学生体育知识、运动技能、体育视野；三是广域课程，以学科活动、学科社团、学科节为主，补充和满足学生个性化体育学习需要，形成运动习惯以及终身体育意识。

一体化体育课程体系打通了从小学到高中的体育教育体系，充分整合学校丰富的体育教育资源，三大类课程按照学段的增长呈现阶梯状，为学生搭建了更宽阔、更长远的发展平台与成长通道。其中，小学体育课程主要对教材内容进行游戏化、情景化再设计，使小学生在游戏和故事情节里学习基本跑、跳、投、基本体操、球类运动基本方法，培养运动兴趣，提高身体素质。中学阶段着力开展体育课程校本化，编写足球、健美操、武术以及篮球校本教材，强调学校体育特色项目的普及。此外，学校还

积极引进校外资源，充分发挥学校体育场馆和设备优势，开设台球、击剑、拳击等多种选修课程，为学生提供丰富的体育学习项目；开发与体育项目相关活动的校本课程，比如足球裁判、足球英语等，丰富校园足球内容，营造校园足球文化，进一步满足学生个性化需求。

一体化体育课程的构建，让八一学校的体育教育变得更加体系化，从原来的遍地开花、自主生长的阶段过渡到专业化成长阶段，有效促进了体育学科教师队伍发展，带动了教学形式的改变，提升了学生的学习效果，促进和实现了学生对体育的热爱和运动习惯的养成。

2. 以校园足球为引领，带动学校体育高水平发展

谈到八一学校的体育教育，一个绕不开的话题就是校园足球。八一学校作为足球传统校，校园足球运动的开展有着悠久的历史、雄厚的基础和优良的传统。早在 1979 年，学校就被评为首批“北京市足球传统学校”，1988 年成为首批“北京市培养高水平足球运动后备人才试点校”，2015 年被评为全国校园足球特色学校，2019 年被评为“全国优秀足球特色学校”。多年来，八一学校为各高校及职业队培养了大批高水平足球人才。

习近平总书记曾多次表达对八一学校校园足球开展情况的关心。2016 年教师节前夕，习近平总书记回到母校看望慰问八一学校师生。绿茵场上，他笑着对正在练球的小球员说，“50 多年前我就在这个地方踢过球。那时候还是土场子。”他带着自豪回忆说，“我们的球队在北京市比赛中拿过冠军，在全国比赛得了第四名。”习近平总书记还强调“德智体美劳要全面发展，其中体育对陶冶性情、历练意志有重要作用”。习近平总书记希望学校把足球爱好保持和发展下去，在足球运动中感受集体力量、体验运动乐趣、强健身体素质，希望通过发展校园足球成长一批优秀足球运动员。

八一学校不忘习近平总书记的嘱托，近年来大力发展校园足球，进一步彰显校园足球特色。正是秉承强烈的振兴中国足球的信念，八一学校制订了校园足球发展总体规划方案，以“体育育人”为宗旨，确立了“绿茵军魂、金色足迹”的发展理念，明确了“打造最具精神、最具开放、最具智能、最具典范的校园足球”的发展定位，提出了校园足球旨在培养有足球兴趣的品质少年、足球俱乐部旨在培养有绿茵军魂的足球少年的育人目标，并创新性地构建了“442”校园足球发展模式。经过多年的努力，八一学校形成了足球课程、足球活动、足球运动队相互促进的三位一体的校园足球工作布局。

（1）以“品质文化”引领足球发展

足球文化外在表现为足球设施、足球活动、足球竞赛、足球表演等物质财富，而

内在表现为体育精神、体育观念、体育意识、体育道德、体育风尚等精神财富。在足球文化塑造上，八一学校确立了“绿茵军魂、金色足迹”的足球发展理念：“绿茵军魂”指传承“英勇、坚毅、服从、自律”的军人品格，弘扬“荣誉、协作、公正、利他”的足球精神；“金色足迹”指提升“精神、兴趣、技能、素养”的足球品质，引领“培养、服务、经营、管理”的发展模式。

在足球发展定位上，八一学校致力于“打造最具精神、最具开放、最具智能、最具典范的校园足球”。最具精神指具有尚武精神、骑士精神和绅士精神；最具开放指实现合作开放、学训开放和出口开放；最具智能指拥有现代化管理、现代化装备和现代化平台；最具典范指能够引领教育、引领风尚和引领水平。

（2）因材施教，培养全面足球人才

八一学校在足球发展上既关注普及性，也关注专业性，因此，学校提出了校园足球的两种育人导向：在校园足球发展上培养“有足球兴趣的品质少年”；在足球俱乐部发展上培养“有绿茵军魂的足球少年”。

学校依据基础—拓展—专业的成长路径，结合两种育人导向，系统构建了八一学校校园足球三级课程体系，开展足球递进式教育。基础课程为必修课程，各年级学生每周开设一节足球课。拓展课程为选修课程，面向全体学生开设，由学生自主选择，激发学生对足球的兴趣和热爱。专业课程则面向全体俱乐部成员开设，为限选课程，通过专业培养，使学生成长为具备专业足球技能和足球素养的潜质球员。

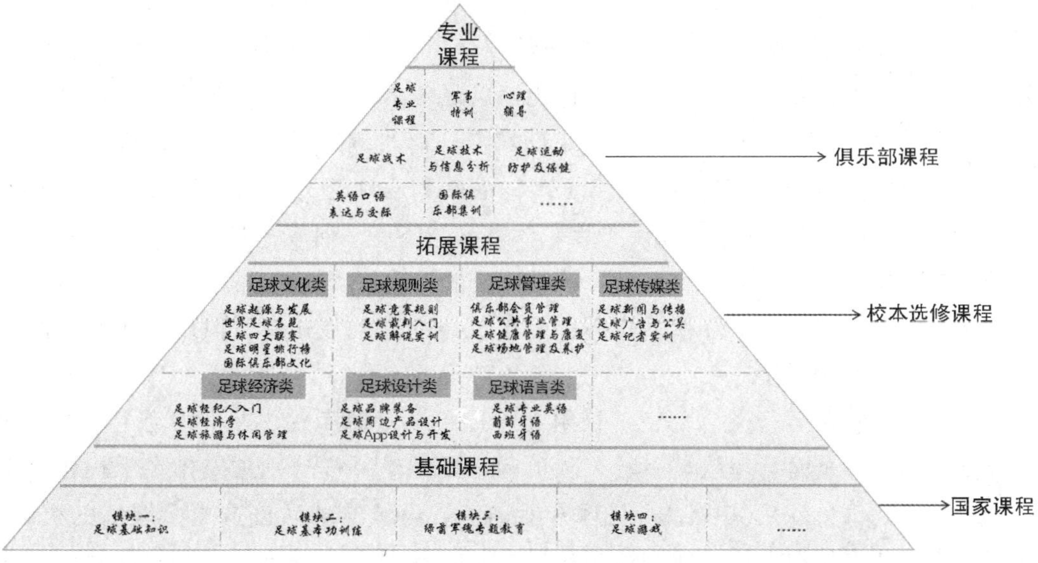

八一学校校园足球课程图谱

培养“有足球兴趣的品质少年”。八一学校坚持“遵循教育规律，奠定足球基础”的发展理念，注重基础性、普及性和体验性，以教育专业的视角来开展足球运动，让所有学生拥有足球兴趣，进而培养足球精神。根据中国要实现“申办国际足联男足世界杯”的远期目标，八一学校积极营造校园足球文化，围绕现代化足球产业链，建设校园足球课程体系，成立校园足球社团，开展校园足球 360°教育，让学生去体验足球产业链上的相关职业。

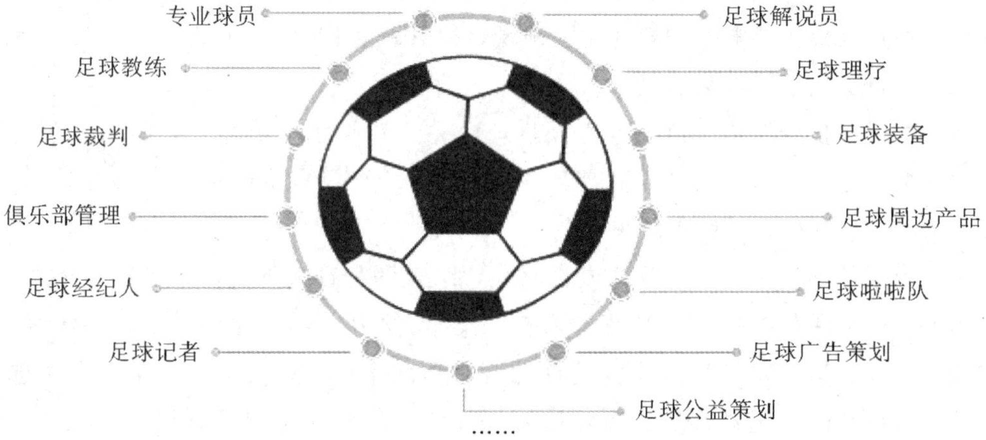

八一学校校园足球 360°教育

培养“有绿茵军魂的足球少年”。八一学校坚持“遵循足球规律，提高专业水平”的发展理念，聚焦专业化、现代化和品牌化，以足球行业的视角来开展足球运动，让俱乐部的学员提高足球技能，进而发展足球素养。针对翱翔足球俱乐部的发展，学校特别打造了足球少年的素养模型，提出了八种品质和八项能力。八种品格中，“英勇、坚毅、服从、自律”来自军人品格，“荣誉、协作、公正、利他”来自足球精神。八项能力中，“学习、适应、自控、应变”是对自我的要求；“组织、执行、沟通、协同”是强调在团队中的能力。学校在严格遵循足球规律的基础上，针对俱乐部成员开设了翱翔足球俱乐部专业课程。

俱乐部一直坚持实行俱乐部、年级组、家长三级管理模式，以学校为主，俱乐部及家长配合学校，全面管理队员。所有队员和普通学生一样分别被安排在学校各年级的各个班学习，每天课后集中进行足球专业训练。为了给球队创造更多锻炼的机会，俱乐部一直保持与外省市的足球交流，积极参与、承办足球赛事与活动。此外，俱乐部还积极参加国际邀请赛，通过组织学生到国外集训等方式逐步提高队员的足球专业水平。翱翔俱乐部作为专业的校内足球组织，还承担着校内品牌足球活动的策划与指导工作。通过品牌足球活动，俱乐部的社会影响力不断扩大，带动了更多的人参与校园足球、喜爱校园足球。同时，积极发挥俱乐部成员的能动性，让他们在更大的平台上得到更深度的历练，引领他们成长为具有绿茵军魂的足球少年。

（3）校园足球取得骄人成绩

在普及方面，除各个年级学生每周确保一节足球课外，学校每年还举办学生广泛参与的小初高年级和班级足球联赛，在开展班级联赛的同时开展足球啦啦操比赛、足球知识竞赛、足球小记者、足球队徽队旗设计等足球相关活动，使校园足球走出踢球这种单一模式，展现出丰富多彩、趣味盎然的足球文化盛景。

在提高方面，翱翔俱乐部拥有 6 支小初高一体化建设的足球梯队，引进俱乐部青训教练（包括主教练、助理教练、守门员教练、体能教练等）长期执教以及青少年培训体系和训练方案，与荷兰海牙俱乐部、英国博尔顿俱乐部等国际著名足球俱乐部建立合作关系，借助国内外足球培训基地进行专业化集训。翱翔俱乐部自 1997 年成立以来，先后获北京市各项比赛冠军 21 个，几乎包揽了小学、初中、高中组的冠军；获全国冠军 3 个；获亚太地区冠军 1 个，实现了冲出国门、走向世界的愿望。

2016—2021 年八一学校足球队竞赛成绩统计表

序号	获奖项目	级别	主办单位	组别	名次
1	2016 北京市中小学生校园足球联赛	市级	北京教委	高中组	第一名
2	2016 北京市中小学生冠军杯比赛	市级	北京教委	高中组	第一名
3	2016 全国高中校园足球联赛（东北赛区）	国家级	中体协	高中组	第一名
4	2016 中国高中足球锦标赛	国家级	中体协	高中组	第七名
5	2016 全国足球学校杯比赛	国家级	体育总局	U17	第四名
6	2017 北京市中小学生校园足球联赛	市级	北京教委	高中组	第三名
7	2017 北京市中小学生冠军杯比赛	市级	北京教委	高中组	第一名
8	2017 北京市耐克杯校园足球联赛	市级	北京教委	高中组	第一名
9	2017 北京市耐克杯校园足球联赛	市级	北京教委	初中组	第一名
10	2017 中国高中足球锦标赛	国家级	中体协	高中组	第八名
11	2018 北京市中小学生足球联赛暨冠军赛	市级	北京教委	高中组	第二名
12	2018 全国高中校园足球联赛（东北赛区）	国家级	中体协	高中组	第四名
13	2018 北京市耐克杯校园足球联赛	市级	北京教委	高中组	第一名
14	2018 北京市耐克杯校园足球联赛	市级	北京教委	初中组	第一名

续表

序号	获奖项目	级别	主办单位	组别	名次
15	2019 中国第二届青年运动会社会俱乐部组五人制男子比赛	国家级	体育总局	U12	第三名
16	2019 中国第二届青年运动会社会俱乐部组十一人制男子比赛	国家级	体育总局	U13	第八名

八一学校足球队在赛场上奋力拼搏

学生为足球队加油助威

C罗为获得冠军的八一学校足球队颁奖

在专业方面，八一学校为各高校及职业队培养了大批高水平足球人才，为大学培养足球骨干200多名，为国安等俱乐部输送20余名运动员，其中万厚良曾入选国家队，张晓彬曾入选国奥队，每年均有2—3名队员入选国少集训队。

刘奕曾是翱翔足球队的一员，目前就读于清华大学，回想起母校的培养，尤其是在八一学校足球队的成长，虽时隔多年，依历历在目。

六年级来到八一学校的时候，我便对这里一见钟情。偌大的校园，优美的环境，孕育了莘莘学子。一晃近10年，在八一学校的7年岁月业已远去。7年的时间里我见证了八一学校的发展，八一也融入了我的青春岁月。这7年，写满了我与八一学校的故事。最难忘的是在足球队的成长，我代表八一学校参加过不少全国大赛，还记得那次在长春，我们一举夺魁，将八一学校的名字刻在了冠军之杯上。7年间，我们历经过低谷，遇到伤病之痛，忍受败仗之苦，而球队从未放弃，每位成员的倾力付出终使我们挺进决赛。面对劲敌，我们毫不退缩，顽强的斗志使我们赢得了最后的胜利。八一学校的冠军之名响彻赛场，那是我的无上荣耀，更是全队的辉煌成就。颁奖典礼上，我激动地喊出八一学校冠军，我们让所有人见证了新王加冕，让八一学校的名字闪耀全国。为校添彩，是烙印在我心中的最光荣的故事。毕业数年，难忘八一学校。7年八一学校情，这份记忆已然成为我自身的一部分，八一学校的气质与精神，将会感染我的一生。

经过多年的努力，八一学校已经形成了以课程和活动为主的足球普及与以足球俱乐部开展专业培训进行提高的相互促进的足球发展模式，不仅从足球技艺、战术和体能的角度，而且从足球素养、足球相关产业以及足球对于人的性格、合作沟通能力、坚强意志培养等一系列品格锻造的角度，探索足球运动的真正价值，真正发挥出足球传统校的典范作用。同时，八一学校积极做校园足球的推广者，将校园足球开展的宝贵经验辐射更多学校，大力支持薄弱地区校园足球建设。

近同年来八一学校承办校园足球重大活动一览表

序号	活动	时间
1	教育部校园足球新长征启动仪式在学校召开	2016 年 5 月 27 日
2	北京市足协主席及各部门领导来学校考察并商谈体教结合合作事项	2017 年 1 月 19 日
3	70 年校庆举办校友足球比赛	2017 年 2 月 26 日
4	中国足协中国足球名宿辅导团启动仪式在学校召开	2017 年 2 月 28 日
5	举办山里娃娃足球队走进八一学校活动	2017 年 3 月 22 日
6	接待内蒙古自治区教育厅百名校园足球校长来学校参观学习交流	2017 年 4 月 26 日

2019 年八一学校被评为“优秀足球特色学校”

2021 年 5 月，在全国青少年校园足球工作领导小组办公室主办的 2019 年全国青少年校园足球工作年度总结活动中，学校荣获“优秀足球特色学校”称号。这一称号对八一学校可以说是实至名归，它既是上级教育主管部门对学校校园足球工作的肯定，也将成为激励学校不断奋进的强大动力。

3. 发展一流运动队，建设星级社团

八一学校拥有全市一流水准的高水平运动队，包括足球、田径、武术、健美操、游泳、排球、篮球以及定向越野队，比赛成绩综合评比连续两年在海淀区获得初中组总冠军和高中组总冠军，学校连续多年被北京市教委评为“体育竞赛突出贡献学校”。高水平运动队充分带动了学校体育发展，通过普及推广活动以及校本课程的教学，学校特色项目的学生群体不断壮大。

（1）金奥武术队

2016 年教师节前夕，习近平总书记回母校访问，观摩了八一学校武术教学。习近平总书记短短几分钟的驻足，给学校武术教育带来了极大鼓舞。

八一学校是全国武术传统项目学校，拥有专业的师资和场地，现有专职教练 3 人，国家级健将 2 人，硕士 2 人。武术队为有特长的学生提供了专业发展的特色教育，培养了学生兼容并包、内敛大气、不怕困难、坚韧不拔的品质。目前已完成了小初高梯队建设，形成了十二年一贯制的多层次螺旋式专业化课程体系。

八一学校武术队学生参加比赛

为了规范学校运动队的工作管理，推动武术队持续发展，学校出台了《武术队训练管理办法条例》，明确武术队的训练时间、教练员规章、运动员规章制度、运动员守则等。武术队有严格的训练计划，日常训练时间为每周一至周五下午 4:30—7:30，寒暑假针对各类比赛开展集训。平时的武术队训练有素，秩序井然，队风严肃；赛场上的武术队朝气蓬勃，一马当先，团结一致。近年来，武术队锐意进取，取得了不凡的成绩，先后在多个国家级、北京市级比赛中获得奖项。武术队的队员们，无论严寒酷暑从未停止训练与比赛的步伐，他们日复一日挥洒汗水，用“奋斗”二字点亮自己的青春年华，他们在竞技比赛中征战沙场，把“荣耀”二字留在自己的学生时代！

2016—2021 年八一学校武术队竞赛成绩统计表

序号	获奖项目	级别	主办单位	组别	名次
1	2021 年北京市体育传统项目学校武术比赛	北京市	北京市教委	小学组团体	第五名
2	2021 年北京市体育传统项目学校武术比赛	北京市	北京市教委	初中组团体 高中组团体	第三名
3	2020 年北京市中小学武术比赛	北京市	北京市教委	初中组团体	第四名
4	2019 年全国传统校联赛武术赛	全国	国家体育总局	集体二段	第三名
5	2019 年全国传统校联赛武术赛	全国	国家体育总局	集体武术操	第二名
6	2019 年全国传统校联赛武术赛	全国	国家体育总局	团体总分	第五名
7	2019 年北京市中小学武术健身操比赛	北京市	北京市教委	集体英雄少年	一等奖
8	2019 年北京市中小学武术健身操比赛	北京市	北京市教委	集体功夫青春	一等奖
9	2019 年北京市中小学武术健身操比赛	北京市	北京市教委	集体长拳	二等奖
10	2019 年北京市体育传统项目学校武术比赛	北京市	北京市教委	初中组团体	第四名
11	2018 年北京市中小学武术冠军赛	北京市	北京市教委	初中组团体	第三名
12	2018 年全国中小学生武术锦标赛	全国	国家体育总局	集体二段	第三名
13	2018 年全国中小学生武术锦标赛	全国	国家体育总局	集体二段	第三名
14	2017 北京市中小学生校园武术健身操比赛	北京市	北京市教委	中学组《功夫青春》	一等奖
15	2017 北京市中小学生校园武术健身操比赛	北京市	北京市教委	中学组《英雄少年》	一等奖
16	2017 北京市中小学生校园武术健身操比赛	北京市	北京市教委	初中组集体	一等奖
17	2017 年北京市体育传统项目学校武术比赛	北京市	北京市教委	初中团体	第三名
18	2017 年北京市体育传统项目学校武术比赛	北京市	北京市教委	高中团体	第三名
19	2016 年北京市中小学武术公开赛	北京市	北京市教委	初中团体	第二名
20	2016 年北京市中小学武术公开赛	北京市	北京市教委	高中团体	第三名

（2）金奥健美操队

八一学校健美操队由中学部和小学部组成。健美操队丰富了学生的校园生活，激发了学生体育锻炼的兴趣以及生命热情和奋发向上的内动力。为了规范学校健美操运动队的管理，学校出台了《八一学校健美操队管理办法》及《健美操队训练计划》，明确了训练时间、训练内容。

健美操队获奖展示

近年来，学校健美操队队伍日益壮大，专业技能不断提升，并多次在区、市、国家乃至国际比赛中获得团体第一的好成绩。同时，初中组队员全部获得国家二级运动员称号，高中组队员全部获国家一级运动员的称号。

2016—2020 年健美操队获奖情况

序号	获奖项目（全称）	级别	主办单位	组别	名次
1	2020 年全国啦啦操比赛	全国	国家体育总局	混合组自选花球	第一名
2	2020 年全国啦啦操比赛	全国	中华儿促会	混合组自选花球	第一名
3	2020 年全国运动训练竞赛联盟锦标赛	全国	国家体育总局	中小学组	第四名
4	2019 年中国中学生健美操锦标赛暨第 18 届世界中学生运动会健美操选拔赛	全国	教育部体协	初中乙组团体	第五名
5	2019 年北京市体育传统项目学校健美操	北京市	北京市教委、体育局	高中组团体	第三名
6	2018 年北京市中小学阳光体育系列活动健美操比赛	北京市	北京市教委、体育局	初中组团体	第三名

续表

序号	获奖项目（全称）	级别	主办单位	组别	名次
7	2018年北京市中小学阳光体育系列活动健美操比赛	北京市	北京市教委、体育局	高中组团体	第二名
8	2018中国中学生健美操比赛	全国	教育部体协	初中组团体	第二名
9	2018中国中学生健美操比赛	全国	教育部体协	高中组甲组团体	第二名
10	2019中国中学生健美操比赛	全国	教育部体协	高中组乙组团体	第四名
11	2018年世界中学生运动会健美操比赛	国际	世界体操联合会	五人集体	第八名
12	2017年中国中学生健美操锦标赛	全国	教育部体协	初中甲组团体	第四名
13	2017年中国中学生健美操锦标赛	全国	教育部体协	优秀会员单位	优秀会员单位
14	2017年青少年校园青春健身操大赛	全国	北京市教委、体育局	团体	一等奖
15	2016中国中学生健美操比赛	全国	教育部体协	初中组	第二名
16	2016中国中学生健美操比赛	全国	教育部体协	高中组	第四名
17	2016—2017中国高中联赛啦啦操比赛	全国	教育部体协	团体	二等奖

（3）大力支持体育社团发展

为了更好地满足学生多元成长的需求，激发同学们参与体育锻炼的兴趣，学校全力支持学生体育社团健康发展。目前，学校有足球社、篮球社、街舞社、健身社、滑板社、乒乓球社等社团，其中不少是星级社团。学校还为学生体育社团配备专业指导教师，使学生在激发兴趣、锻炼身体的同时提高相应技能和水平，帮助学生在体育锻炼中享受乐趣、增强体质、健全人格、锤炼意志。

八一学校体育社团简介

社团名称	社团简介
足球社	以推动足球的普及为目标，积极开展更多活动，愿更多的同学加入到足球爱好者的行列中来
篮球社	掀起八一学校篮球风暴，展现八一学子青春风采
街舞社	丰富学生校园文化生活，增强学生体质，拓展学生运动知识，提升学生自信心，力争成为学生心目中所喜爱的社团活动
健身社	健身不仅能锻炼身体，更能磨炼人的意志，是一项非常有意义和魅力的运动，健身社给爱好健身的同学提供了展示和提高自己的舞台

续表

社团名称	社团简介
滑板社	秉承“用滑板呐喊青春，让汗水成为回忆”的社团宗旨，学会直面挫折，学会付出汗水，遇见更多志同道合的朋友，一起充实在八一学校的高中生活
乒乓球社	运动使人健康，交流使人成长
跳绳社	跳绳既是展示自我竞技水平，又是团队配合的活动。在跳绳社，不仅能在训练中学习各种跳绳方法和花样动作，还能感受到团队合作的愉悦
搏击社	搏击不仅仅强调身体运动，更强调道德品质和心灵的发展，这是成功的基础。搏击训练系统也是一套精神训练系统，不但能健身，更能提高人的注意力、自信心、自律和勇气

八一学校篮球社

八一学校健身社

八一学校滑板社

4. 辐射带动，推进集团体育工作品质化发展

随着八一学校集团化办学步伐的加快，八一学校体育教育作为学校的一块金字招牌也在不断向集团内部辐射，带动集团各校区、各学部齐头并进，共同发展。学校以学生兴趣爱好为切入点，实施中小学一体化管理，将相关训练标准、赛事活动向小学倾斜，实现体育特色项目的贯通建设，为学校高水平运动队培养后备人才。以足球队为例，小学部五年级、六年级分别建立足球队，参与校队的集中训练。再以健美操为例，小学部成立健美操社团，从五、六年级学生中挑选优秀队员跟随中学队训练，采取以大带小模式，队员相互之间的配合逐渐默契。

同时，学校体育中心还对各分校、各学部的体育教育教学工作进行深度指导，不仅在师资队伍培养上给予充分的资源支持，还在课程体系建设、特色品牌项目打造方面给予方向性引领。以玉泉中学曲棍球项目为例，该项目已成为玉泉中学金名片之一，在全区形成了一定的影响力。

2019 年 1 月 17 日，北京市体育传统项目校最新名单出炉，玉泉中学入选曲棍球项目传统校，是海淀区仅有的两所曲棍球传统校之一。该队始建于 2016 年 5 月，由初一、初二的学生组成初中组男、女两个队。建队两年半以来，该队严格按照全国、市、区级的各类规则进行训练和比赛，取得了可喜成绩。

近年来玉泉中学曲棍球项目获得奖项一览表

获奖时间	奖项
2016 年	海淀区中学生曲棍球比赛女子组第二名、男子组第四名
2017 年	中国曲棍球协会授予“国家曲棍球后备人才推广校”
	“乔丹杯”全国青少年曲棍球锦标赛男子 U15 学校组第八名
	“体彩杯”扬中赛区女子 U15 获得第十二名
	北京市中小学生阳光体育系列活动曲棍球比赛男子组第三名、女子组第二名
	海淀区中小学曲棍球比赛初中女子组第二名、男子组第四名
2018 年	全国中学生曲棍球锦标赛暨第十届全国曲棍球后备人才基地夏季训练营内蒙古赛区男子 U15 学校组第三名、女子 U15 第六名
	第十五届北京市运会特殊贡献奖
	中小学生阳光体育系列活动曲棍球比赛初中男子组第三名、女子组第二名
	海淀区中小学曲棍球比赛初中男子组第二名、女子组第一名

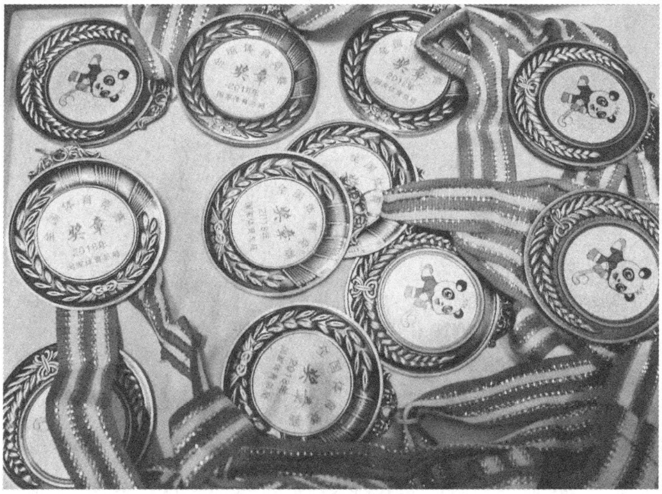

玉泉中学曲棍球队获得的奖章

2017—2018 年，玉泉中学先后有 13 人获国家二级运动员称号，4 名同学被北京芦城体育运动技术学校录取。曲棍球项目为喜爱曲棍球运动的学生铺设了专业化的发展道路。

学校体育教学对学生的成长有着重要影响，其教育价值不仅是学生对体育知识与技能的掌握，更是强健体魄、塑造精神的过程。八一学校明确体育教育的重要意义，积极寻找提高学生体育素养的策略与方法，不断激发学生科学参与运动的意识，培养学生热爱运动的体育精神，锤炼学生坚毅勇敢的意志品质，提高学生的团队精神和合

曲棍球队比赛后队员合影

作能力，从实践层面上落实了学校体育教育的价值，在实践中取得了丰硕的成果，积累了弥足珍贵的宝贵经验。

（五）美育工作：美少年情操

党的十八大以来，习近平总书记高度重视学校美育，从培养担当民族复兴大任的时代新人战略高度，多次对做好美育工作做出重要指示。八一学校作为一所具有红色传统的名校，在办学过程中始终将学校美育工作放在重要位置，培养德智体美劳全面发展的时代新人是学校不变的追求。在八一学校，美育是以生命为中心的教育，是一段音符触碰另一段音符，一颗心温暖另一颗心，一个生命感染另一个生命；美育是养成优秀人格的教育，更是茂盛学生的道德世界和精神家园的教育。学校坚持以立德树人为根本任务，将美育作为落实党的教育方针和实施素质教育的重要载体，成立专门的艺术中心统领学校美育工作，努力练就一支具有强烈的美育使命感和扎实的美育基本功的教师队伍，从课程设计到教学实施，再到实践活动，无不强调弘扬中华美育精神，以美育人、以美化人、以美培元。

经过多年的努力，八一学校的美育工作一直走在前列，始终保持着全市乃至全国一流的高水平。学校不仅涌现出张亚红、张尊高等在全国具有学术影响力的名师，还拥有获得了北京市三“金”两“银”共五个高水平学生艺术社团，包括金帆管乐团、金帆合唱团、金帆书画社、银帆京剧团、银帆舞蹈团。2016 年教师节，学校承办中共中央办公厅“习近平总书记视察北京市八一学校专题现场会”，八一师生承担了校园墙面、井盖美化、欢迎漫画绘制等工作，展示了极高的艺术功底。2018 年，八一学校承办教育部党组与北京市委教工委“健全立德树人，落实机制构建德智体美劳全面培养体系”为主题的联合教研现场会，时任教育部部长陈宝生视察八一书画院陶艺社团和服装设计社团，并给予了高度评价。经过师生的共同努力，近年来学校先后被评为“全国学校艺术教育先进单位”“北京市金帆艺术奖”，学校艺术中心还被授予“北京市先进集体”等荣誉称号。

时任教育部部长陈宝生与师生交流

学校近年来美育教育工作取得的丰硕成果，主要源于艺术中心的“改革五部曲”：一是不断深化课程改革，积极构建符合新时代美育精神、具有八一学校特色的美育课程体系；二是加强品牌项目建设，普及面向全体学生的艺术教育，让每个学生与美相遇；三是打造高水平学生艺术社团，充分发挥金帆团、银帆团的带动作用；四是开展多元美育实践活动，营造浓厚的美育氛围；五是通过辐射带动，提升集团美育工作品质。通过这样的“改革五部曲”，学校也在逐步探索新时代美育发展的新模式。

1. 构建三级课程体系，充分满足学生特色成长需求

近年来，八一学校不断加强课程体系建设，积极构建符合新时代美育精神、具有八一学校特色的美育课程体系，培养了一批具有过硬的思想素质、深厚的人文修养、较高的审美能力和丰富的精神境界的时代新人。学校严格执行国家课程计划，不折不扣、高质高量地完成了“规定动作”。在开齐开足美育课程的基础上，不断拓宽课程领域，丰富课程内容，构建起具有一定广度与深度、满足学生共性与个性、考虑学生持续发展，以及未来人才需求的美育教育课程体系，从课程层面将美育落地、充分体现美育价值。

（1）小学美育课程体系

小学阶段，音乐学科、美术学科分别构建了纵横交织的课程体系。纵向为基础课

程、校本课程、特色课程三级。横向为依据学生核心素养和学科素养确定的课程系列，音乐学科包括学习实践、能力进阶、素养提升三大类；美术学科包括学科素养、学科应用、学科提升三大类。

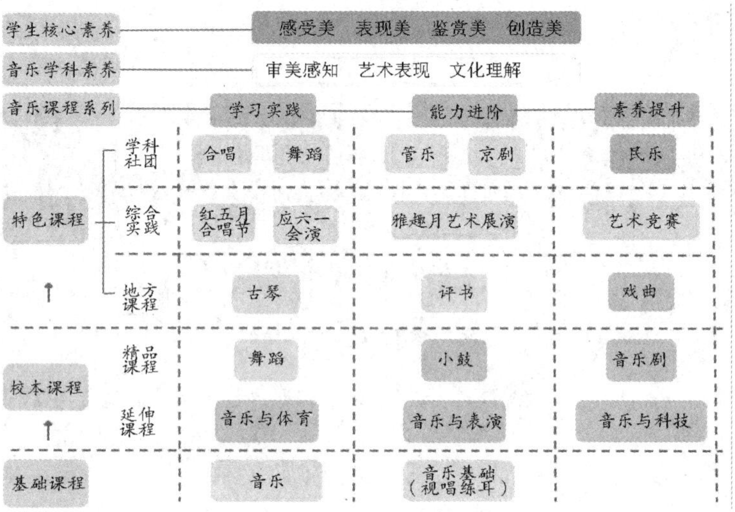

小学音乐学科课程体系

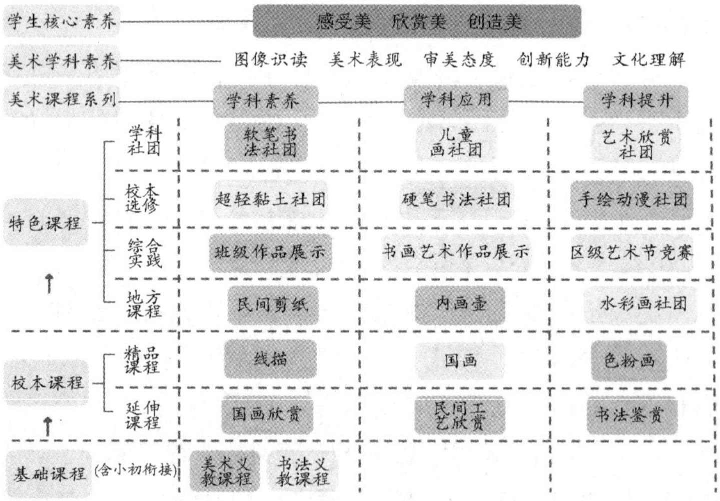

小学美术学科课程体系

（2）初、高中美育课程体系

初、高中美育课程体系以基础课程、拓展课程和广域（学术）课程为阶梯，分别构建了音乐学科和美术学科三级课程模式，将高水平艺术社团建设纳入体系中。就音乐学科来说，初、高中音乐品质课程从整个体系上实现打通，既有特色的延续，又有学段的特点。在音乐课程体系的带动下，音乐教学已经成为素质教育中的重要一环与培养学生良好意志和品质的重要途径。八一学校的音乐教师通过提高学生的音乐素养与美学意识，加深学生对生活的感悟，培养学生高雅的性情与音乐涵养。

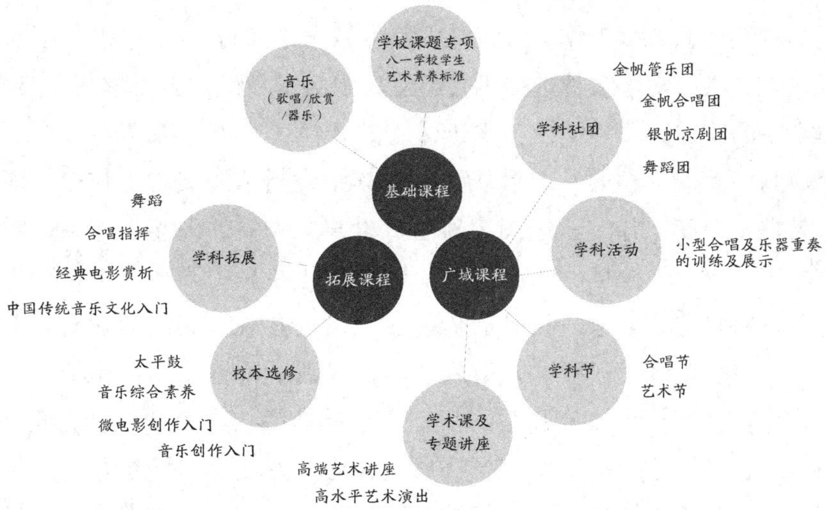

初中音乐品质课程体系

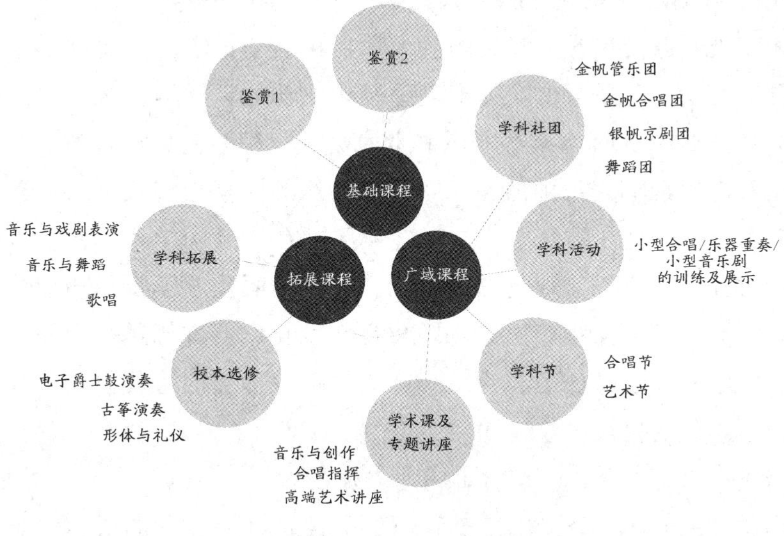

高中音乐品质课程体系

美术学科同样呈现出清晰的三级课程体系：第一层初、高中均为基础课程，即国家规定的必修课程；第二层初、高中均为拓展课程，初中细分课程类型，开设了欣赏述评、造型表现、设计应用、综合探索、书法等课程，高中开设了特色选修课程，包括皮影艺术、服装设计、校园涂鸦、中国画、书法、篆刻、陶艺等；第三层初中为广域课程，包括学科社团、学科讲座、学科节、综合学科活动等，高中则开设了素描研究、插画、油画、漫画、速写等系列大学先修课程，为学生的进一步深造打牢了基础。

通过多年的课改实践，八一学校的美育工作形成了独特的模式。以美术教学为例，学校建立了颇具特色的美术工作室，在高中美术教学中实行“导师制”，设置了丰富多彩的学习模块，提供给学生多种选择机会，使高中美术新课程教学取得了良好的效果，受到了全体学生的欢迎。八一学校美术工作室共开设 9 个专业教室和 1 个学生画廊展厅，分别对应高中美术教学的 9 个模块课程，其中包括传统美术工作室、西方美术工作室、工艺教室、染织工作室、版画工作室、电窑工作室、泥塑工作室、陶艺工作室和新媒体艺术工作室。学校也因此成为海淀区少数能在高中开全美术 9 个模块教学的学校之一。工作室自建立以来，吸引了全国各地来校参观、交流的学校，美术组老师多次承担了国家级、市级、区级等大型公开课，起到了示范作用，使学校高中美术教学和美术工作室在全区、北京市和全国都有了一定的影响力和知名度。此外，学校还创造性地将美术作品展览厅、影壁广场、书法大道等专业美术场馆及活动场所巧妙地融入校园建设中，为学生提供作品展示的场所与平台的同时，打造富有艺术气息和文化韵味的校园环境，让学生在校园中就能享受到美的熏陶。

2. 普及面向全体学生的艺术教育，让每个学生与美相遇

八一学校积极遴选具有普及意义的艺术项目覆盖全体学生，而舞蹈作为艺术的一种形式，深受中小学生喜爱，也发挥着美育教化的功能。舞蹈在八一学校一直是美育的一张闪亮名片。早在 2008 年，学校就在北京舞蹈学院吕艺生教授为首的专家团队的指导下开始实践探索素质教育舞蹈课。经过十几年的探索与实践，八一学校的舞蹈教育无论是在理念上，还是在教育方式上，都经历了在探索中学习、在学习中思考、在反思中成长的过程，扎扎实实地走在了前列。随着集团化办学步伐的加快，学校在小初高各学段均开设了舞蹈课程，推进舞蹈教育普及化，促进舞蹈社团蓬勃发展。舞蹈对于八一学校的学生来说，已经成为一个感知美、表达美的重要方式，八一学校的舞蹈教育也取得了丰硕的育人实效。

（1）坚持面向人人，让每一位学生成为“舞者”

美育不是单纯的对艺术技能的培养，不能只停留在“技”的层面。如果过分强调某方面艺术技能的提高，而忽视了人的全面发展和身心和谐，就会偏离美育的本质。

北京市中小学“素质教育——舞蹈教学现场会”

舞蹈教育常常被误解为以舞蹈为目的的教育。只重视“教舞”或“学舞”本身，会忽视完成作品的整个过程。偏重于舞蹈技艺的培养，而缺失了关于完整的人的教育，这也是当下舞蹈教育长期存在的一大误区。

八一学校在开展舞蹈教育之初，就对舞蹈教育的理念达成了共识：舞蹈教育不是少部分学生的专属品，而是要让每一位学生成为“舞者”。学校舞蹈教育就是要想办法释放孩子们的天性，让舞蹈能成为他们追求与表达美的一种能力、一种方式。

在这样的舞蹈教育理念之下，学校在小学一年级、二年级、六年级、七年级以及高中选修课都相继开设了素质教育舞蹈课。老师们也及时转变舞蹈教育的思维和观念，主动放下专业舞蹈训练的架子，跳出专业舞蹈训练的条条框框，不因技术技巧动作而把大多数孩子拒之门外，而是积极推动舞蹈教育的普及化发展，重点突出对全体中小学生舞蹈审美方面的熏陶，用心去选择符合全体学生接受能力的、有助于全体学生身心和谐健康发展的舞蹈素材，弱化舞蹈技能，强化素质提高，开发学生潜能，让孩子们敢于舞蹈、乐于舞蹈，让每一位学生都成为“舞者”，真正实现从面对少数人到面向全体学生的转变和突破。

（2）透过舞蹈做教育，培养学生健全人格

长期以来，八一学校一直在探究“教育舞蹈”的研究与实践。“教育舞蹈”的目的并非为舞蹈本身，即非让全体学生都成为舞者。用日本舞蹈教育家邦正美的话来说，

“教育舞蹈”是“透过舞蹈的教育”。“教育舞蹈”不具形态，“教育舞蹈”是“舞蹈的教育理念”，不是舞蹈的名称或种类，不需要也不允许有特殊形态的存在。“教育舞蹈”的理念在于“借舞蹈而教育”或“透过舞蹈的教育”。舞蹈是达成教育的手段，核心是教育，宗旨是育人。“教育舞蹈”以塑造完美人格为目的，培养崇高、庄严与和谐之人。

在这样的理念支撑下，学校本着国家对素质教育的要求，参考国际先进教育方法，以全新教育理念和教学方法研创了一门新型舞蹈课程——素质教育舞蹈课。课程遵循新课改精神，在美育理论的指导下，弱化舞蹈技能，强化素质提高，开发学生潜能，其教育对象是“面向全体学生”，教育内容乃“醉翁之意不在舞”，教育目的是“让人成为人”，培养学生健全人格。

学生感受舞蹈的艺术魅力

通过素质教育舞蹈课，学校旨在通过舞蹈这样一个艺术形式，将抽象化的艺术感以更加生动的形式进行展现，充分感染和熏陶学生的精神领域，让学生感受到舞蹈的艺术魅力，进而可以使他们在学习舞蹈的实践中提升自身的审美意识，感受和发扬积极、健康、乐观的思想感情，培养高尚的精神品质。此外，舞蹈教学还可以帮助学生养成优美的举止和正确的体态习惯，增强辨别美的能力；舞蹈活动具有一定的公关交友功能，通过舞蹈能够增进学生之间的团结友爱；舞蹈具有较强的节奏性，在舞蹈中学生的乐感和节奏感能够得到提升，这有助于学生感受事物的有序性；丰富的传统舞蹈和传统的民族民间舞，对学生更是潜移默化的爱国主义教育……可以说，舞蹈在八一学校已不再是一种孤立单纯的艺术技能，而是真正成为服务于学生全面发展的创新美育途径。

（3）积极探索舞蹈教学模式变革

舞蹈教育理念的变化势必要求舞蹈教学模式也要产生相应的变化。近年来，八一学校积极探索舞蹈教学模式变革，本着“以学生为主体、以教师为主导”的课堂观，在课堂教学中充分体现艺术教育的综合性，积极开展游戏化舞蹈教学，为学生搭建充分展示的平台。通过这样的变革，让面向人人的舞蹈教育真正落到实处，并实现健全学生人格，促进学生全面发展的教育目标。

①以学生为主体，以教师为主导。

八一学校在舞蹈教学模式变革方面，首先倡导尊重学生主体地位，强调“以学生为主体、以教师为主导”，鼓励教师研究学生的生理、心理、年龄，运用导入、启发、迁移等多种方式，引导学生对舞蹈产生浓厚的兴趣，并带动学生能将舞蹈体验运用到各种认知上去。在教学中，教师主要起引导作用。教师通过掌握学生情绪、课堂节奏，营造充满激情的良好学习气氛，在身体力行中带动学生积极进入课堂情境之中，重在唤起学生的学习热情，让学生在自我体验和创造中，获得相应的知识和修养。比如，在课堂中，当不同小组的同学已经分别创编了组合，老师会充分发挥学生的主体地位，从舞蹈组成的三大要素——时间、空间、力量三大方面引导学生互相修改、完善舞蹈动作。出面修改的主体是学生自己，这就充分激发了学生的主动性，同时也传播了舞蹈理论知识，教授了舞蹈的重要概念。

②充分体现艺术教育的综合性。

八一学校在舞蹈教学模式变革方面，尤其强调通过舞蹈体现艺术教育的综合性，在教学设计中更加充分体现出教学的综合性，注重在联系与整合中开展融会贯通的立体式教学，加强学科间的联系，最大限度地发挥舞蹈与各种知识的联系，比如带领学生认识中国古典舞与西方芭蕾舞的不同审美，了解中国民族传统文化艺术，体验各民族民间舞、现代舞以及流行爵士等多舞种的风格魅力等，通过立体化高度综合的学习，在主观能动性的自觉状态中促进学生全面、均衡、富有个性地发展。

此外，素质教育舞蹈课还通过舞蹈知识与技能的学习，挖掘学生各方面的潜能，训练学生的思维反应，在每一节课堂上都要体现“五项能力”的培养：观察模仿能力、即兴表现能力、交流合作能力、创造求新能力以及综合融化的能力。“五项能力”的设计是对素质教育舞蹈课综合性的有效检验。在素质教育舞蹈课的构建中，“五项能力”成为最为突出的亮点与创新点，极富原创精神，是对舞蹈教育本质的诠释和彰显。

③开展游戏化舞蹈教学，体现“游艺性”。

席勒的“游戏冲动说”认为：舞蹈艺术本身就具有游戏冲动因素，它可使青少年在带有游戏性的活动中，获得某种人文关怀与人文知识，树立起高尚的人文精神。这里的游戏，不是指嬉戏玩要，而是一种寓教于乐的高尚教育，是避免灌输式、说教式教育的最佳教育方式。在八一学校的舞蹈课堂中，用游戏方式导入舞蹈创作状态的实例占了很大比重，课程教学的全过程围绕着“五项能力”发展进行，体现着游艺性，寓教于乐、寓教于舞。

游戏化舞蹈教学

比如在《传感》一课中，教师根据“多米诺骨牌”的原理，引导学生在力的作用下感受身体产生的动能，在顺其身体的惯性与想象创作中体验一系列连锁反应。根据空间、造型、队形以及动作的连接（这里叫“叠加”），学生们每个组的作品都不一样，在不同风格的音乐氛围中产生不同的连锁反应，有的倒在低空间，有的站在椅子上翘首仰望，有的在做空中滑行，还有的扭着秧歌叠罗汉……学生们在这样一个游戏中，无意识地将舞蹈中的元素都创作了出来。于是，教师又将同样的队形、造型在专业舞蹈精品视频中播放给学生们观看，学生们无不惊叹：我们的动作居然和专业舞蹈一样，我们也能创作舞蹈！在素质教育舞蹈中，随处可见创意的火花。

游戏化舞蹈教学看似是一种玩要，但它在开发学生潜在创造力方面具有无比强大的功能。学生从游戏中寻找活动的乐趣，从“玩”中体会创作的快乐和收获。学生在游戏性活动中不知不觉产生创意，获得灵感，也获得创作方法，其创作思维从不自觉到自觉，当他们反观到自己和同伴迸发出来的聪明智慧，演化成结构方法、动作组织手法、创作和编舞的“技法”时，他们不仅获得创作的快乐，且建立起强大的自信心。

④在课堂中给予学生充分展示的平台。

舞蹈是一种张扬的艺术，在舞蹈中，一举手一投足都体现着一个人的自信。在舞蹈课堂上，孩子们放开自我，大胆尝试，只要能够在课堂上愿意展示自我创作的，课堂都会给予机会和平台，让每一个孩子享受创作与收获的快乐。

在课堂中充分给予学生展示自我的平台

在课堂中，教师会积极设计教学环节，鼓励学生在舞蹈中自主表达。比如，在舞蹈课堂中有这样一个热身活动——“跟我学”，先由一个人开始，在不同的音乐情绪下做一两个动作，表达音乐风格，然后全班同学进行模仿。一个示范完成，下一个示范开始。伴随着迈克·杰克逊的《Beat It》《Remember The Time》，酷龙的《Bingbing-bing》以及《江南 style》等学生喜爱的流行音乐，同学们一会儿遇到“枪林弹雨”全体趴下，一会儿表演贵妃醉酒，一会儿表演变形金刚……摆出了生动逼真的造型。通过这样的课堂设计，学生们完全进入角色，在相互学习、相互模仿中，把胆怯抛在了脑后，热情和自信在心中升腾。

中小学生舞蹈教育，其主要目的是培养学生拥有发现美的眼睛和心灵，拥有完善的人格以及更高的精神境界。如今，素质教育舞蹈课在八一学校已经探索实践了近十三年的时间，它给学校带来的不仅仅是新型美育之路的探索，更重要的是学生在舞蹈艺术中陶冶了自我、发现了自我、展示了自我。通过舞蹈的形式实现面向全体学生的素质教育，真切地实现了以美育人、全面发展的教育目标。

3. 充分发挥金帆、银帆高水平学生艺术社团的引领作用

多年来，八一学校始终高度重视学校美育工作，学校管乐团、合唱团、京剧团、舞蹈团、书画院、戏剧团等艺术社团蓬勃发展，成就了学校艺术社团“三金帆”“两银帆”的佳绩，即金帆管乐团、金帆合唱团、金帆书画社、银帆京剧团、银帆舞蹈团。

高水平学生艺术社团的建设是学校美育的重要组成部分，目的就是促进学校美育工作的普及、均衡和优质发展。配套设施完善、专业教师齐备、组织结构合理的高水平学生艺术社团，在八一学校的学生艺术实践活动中起到了积极的推动作用，培养了众多全面发展且具有一定艺术素养的优秀人才，为学校、海淀区以及北京市赢得了各种荣誉，在国内外展现了北京市艺术教育的丰硕成果和中国中学生的精神风貌，带动了学校美育水平的整体提升。目前，八一学校的高水平学生艺术社团已经全面达到全国一流水平。

（1）金帆管乐团

八一学校金帆管乐团是北京市中学生金帆管乐一团。乐团自 1987 年 8 月 1 日成立以来，先后演出 300 余场，在历年市、区器乐比赛中均获一等奖。30 多年来，八一金帆管乐团坚持“活动中育人”的办团理念，在中国人民解放军军乐团、中央音乐学院及社会各界音乐人士、朋友们的支持、指导下，排练了大量风格迥异的中外作品。

学校金帆管乐团在北京市历届艺术节比赛中，均取得骄人成绩，多次在国家大剧院、维也纳金色大厅、北京音乐厅、中山音乐堂等国内外知名音乐厅举办专场音乐会，学生们精湛的演奏技艺、良好的精神风貌赢得了音乐界专家和社会各界的一致赞誉。乐团曾多次作为北京市中学生代表与来访的美国、加拿大、德国、日本、新加坡等国家及台湾、香港地区的中学生乐团进行友好交流。2007 年 7 月，乐团受市教委委派，赴德国参加第九届萨克森（SAXONIADE）国际管乐节比赛，获比赛金奖和表演最高特别奖；2012 年 12 月，作为当年唯一一支来自中国的管乐团，受邀参加在美国芝加哥举办的第六十六届全美音乐教育大会（The 66th Midwest Clinic），并在主会场举办专场音乐会。2007 年、2010 年，代表北京市，分别参加由教育部主办的第二届、第三届和第四届中小学生艺术展演活动，均获得全国一等奖。2019 年再次代表北京市中学生管乐团亮相第六届中小学生艺术展演活动现场。

八一学校金帆管乐团始终把学生的成长作为己任，让每一名乐团的学生在音乐的陪伴和艺术的滋养下能发自内心地热爱生活、热爱艺术，懂得合作、懂得感恩。乐团尤其注重学生的自我管理，以日常训练和各种实践活动为载体，培养学生的组织能力、团队协作意识，特别注重学生的行为习惯养成和完善人格教育。此外，管乐团还注重培养学生服务社会的意识，把基层演出看作是重要的艺术实践活动，孩子们的足迹遍

金帆管乐团在全国第六届中小学生艺术展演活动现场

金帆管乐团演出现场

布社区、厂矿、部队，他们用身心践行着“认真能把事情做对，用心能把事情做好”的团训，用音乐架起了金帆与社会的桥梁。

正如张亚红副校长所说：“作为美育工作者，我们格外珍惜学生金帆艺术团这一教育平台，利用艺术实践活动引导学生全面发展、学有所长、培养责任感、锻炼能力、勇于创新。多年来，我们从活动中越发体会到乐团排练、演出和比赛并不是最终目的，其根本是育人。所以我们更加注重的是将活动中的每一个过程都转化为教育的过程——教师与学生共同得到锻炼和进步的过程。比起成绩，我们更加注重教师、学生在此活动中有什么收获，得到了什么锻炼……乐团的教师们在工作中和学生一道体验着成长的快乐。”

金帆管乐团展示音乐会现场

金帆管乐团、西安铁一中交流音乐会

30 多年来，乐团为全国各大院校培养和输送了大批品学兼优、出类拔萃的学子，他们是“八一金帆”的财富和骄傲。一届又一届乐团学生从这里走出，在管乐团学习、训练的生活成了她们终生难忘的回忆。G2019 届赵子萱同学曾是金帆管乐团长号声部的一员，多年后回想起在八一学校管乐团的日子，她说：“我想我一定会记住为了几个小节反复练习的场景、为了完美的音准不厌其烦对音的场景。也许过了很多年我已经记不住那些当年熟记于心的谱面上的内容，但那种沉醉于音乐、享受它带来的快乐的感觉我永远都不会忘记。一日金帆人，一生金帆情。”

（2）金帆合唱团

金帆合唱团是北京市教委在 2011 年 7 月经过严格审核批准成立的。金帆合唱团聘请具有较高职业素养和专业水平的专家来校进行指导，在坚持专业、正规训练的同时，也寻求合理解决“男童变声”这一困扰众多童声合唱团的问题的方法。经过不断摸索，合唱团最终取得突破，逐步形成自身演唱特色。在北京市第十一届和十三届合唱节初中变声男童组的比赛中，合唱团连续两届获得一等奖的好成绩，开创了我国合唱界的先例，被评委们誉为“具有划时代意义的演唱”。

合唱团经过十几年的不断实践与发展，成为北京市颇具特色和具有引领作用的中学合唱团。合唱团秉承立德树人的教育信念，坚持“活动中育人”理念，注重培养学生全面发展，多年来培养了大量优秀人才。

金帆合唱团参演庆祝中华人民共和国成立 70 周年文艺晚会

金帆合唱团参加第五届北京国际青少年艺术周

在全体师生的不懈努力下，八一学校合唱团连续 15 年参加北京市历届学生艺术节合唱比赛并蝉联金奖；多次受邀参加国际青少年艺术节及国际合唱比赛并获金奖；先后在国家大剧院、北京音乐厅、中山音乐堂等地举办多场音乐会，受到各界广泛关注和一致好评；多次受邀出访美国、加拿大、德国、法国进行演出，受到多方媒体报道和称赞，为高校输送了大批优秀的艺术人才。

（3）金帆书画院

八一书画院于 2018 年由美术教研组牵头成立，是一个以“八一皮影社”为龙头，集服装设计社团、陶艺社团、书画社团、动漫社团和油画社团等众多美术社团在内的高水平美术教育共同体。八一书画院致力于通过多元美术教育对学生进行审美感知、审美情趣、审美创造的培养。书画院每个社团都配有专职指导教师，社团成员涵盖了从初一到高三各个年级，形成了梯队式后备学生队伍。书画院自成立起发展迅速，学生作品多次在国家、市、区级比赛中获得佳绩。2021 年 4 月，八一书画院成功申报北京市学生金帆书画院，这不仅是对学校美育工作的高度认可，也开启了八一学校美术教育的新篇章。

皮影社团学生参加全国皮影大赛

皮影社团是八一书画院的品牌社团。皮影社团成立于 2011 年，但是八一学校的皮影教育早在 2009 年就已经开始了。2009 年至 2015 年，是学校皮影教育的拓展期，以初二、高二年级美术课堂教学、课外活动以及社团活动为主。2015 年至 2019 年，学校皮影教育逐步进入成熟期，将皮影制作教学和皮影表演教学分步进行，纳入高二年级选择性必修课教学课程和皮影社团活动等。学生们以皮影为载体，创编了很多和校园生活有关的作品，在制作皮影和设计表演的过程中，让这项中华优秀传统文化在新时代的学生群体中焕发了新的生机和光芒。2019 年，学校皮影社团学生参加全国少儿皮影大赛并获得银奖。目前，全校接受过皮影制作教育课程和活动的学生逐年递增。皮影已经成为八一学校艺术教育的一张闪亮名片。

同时，学校还多方面整合皮影专业教育资源，与北京京西皮影剧团建立了合作关系，聘请河北师范大学魏力群教授、京西皮影传人王熙等作为专家顾问，定期对教师的专业工作进行针对性指导，包括皮影理论发展研讨、社团皮影剧本研发、皮影课程代替材料开发等。此外，学校还经常邀请皮影传人和皮影专家来校对学生开展普及性讲座，进行专业指导，让更多的学生了解这项非物质文化遗产。在学校领导的大力支持和专家的引领下，皮影社自 2011 年成立以来不仅自身得到了蓬勃发展，还积极带动了学校服装设计社团、油画社团、动漫社团、书画社团和陶艺社团等多个社团的发展。

皮影专家到八一学校指导

服装设计社团是八一书画院的特色艺术社团之一。服装设计社团成立于 2015 年 9 月。在这里，学生们不仅是时尚界宠儿、走秀模特，也是为模特量体裁衣的私人订制设计师。在社团中，指导老师鼓励学生创新，摆脱传统服装设计理念的束缚，大胆设计、拒绝平庸。学生们会主动深挖中国传统文化的内涵，比如以“行走的非遗”“山海经来了”“汉服的畅想”为主题，提取出不同文化特征进行再设计，感受和体验服装的民族性、艺术性和多样性，用多种手法进行设计制作，以表达自己对传统文化的深层理解。

服装设计社团学生参加展演活动

服装设计社团学生动手制作服装

服装设计社团学生与挪威师生交流

服装设计社团定期展示学生的作品，为学生搭建展示自我、赏识自我的平台。如每学期最后两周，是服装作品展演的时间，通过展演策划、布置舞台、选拔模特、预定场地等环节，学生们既锻炼了组织协调能力，又体会到从无到有的喜悦和满足，提高了审美素养。每年，北京市乃至全国举办的大大小小服装展演赛事也是学生参与实践的重要舞台。比如 2019 年 4 月，服装设计社团参加了北京市中小学生纸服装创意大赛“行走的非遗”——剪纸主题和五大窑主题。2021 年 1 月，服装设计社团参加了在稻香湖举办的“向阳而生、美动心灵”八一学校教育集团美育成果展。

在八一书画院，有这样一群学生，他们用手中的陶泥制作出各种设计精巧的作品，他们就是陶艺社团的学生们。陶艺是一门无声语言的表达课，一门意象思维的启发课，更是一门立体思维的训练课。陶艺社团创建的初衷是为了让更多的学生了解陶艺，能够通过陶艺社团这个集体锻炼自己的动手能力和创造力，同时满足学生们的学习兴趣，丰富校园文化，提高学生的综合素质，寓教于乐。

时任教育部部长陈宝生来校参观指导陶艺社团活动

在社团内容设计上，教师充分考虑到既能激发学生的学习兴趣又能落实陶艺知识、陶艺技能和陶艺文化的教育，不仅仅停留在手工技法的基础上，还带领学生走近中国陶瓷文化，感受中国陶瓷文化的源远流长，培育民族精神。专业的陶艺教室更给学生提供了一个充分展示自己的创意空间。学生们在教师的带领下通过个人创作和多人合作的方式，体验陶艺制作的全过程，感受陶艺的独特艺术魅力。丰富的社团活动解放了学生们的天性，培养了学生的兴趣，丰富了学生的学习生活。学生通过陶艺的立体造型锻炼了立体思维能力、动手动脑的能力，了解了中国传统文化，拓展了知识面，提高了艺术鉴赏能力。

陶艺社团学生瓦当主题作品

陶艺社团对外交流活动

书画艺术具有悠久的历史，贯穿整个中华文明史。它穿越时空束缚，成为民族文化的一部分。书画社团聚集了校内一批有一定书画基础的书画爱好者以及对书画有着浓厚兴趣的学生，他们共同交流促进，提高自身的艺术涵养和文化修养，展示出当代青少年的书画水平，活跃着校内的书画艺术气氛。

书画社团通过书法、国画教育对学生进行书写基本技能、基础审美的培养，以及书画艺术的熏陶，培养学生良好的品德和坚强的意志。为营造良好的书画艺术学习氛围，支持金帆书画院建设，学校不仅建设了专门的书法教室和国画教室，还在教学楼之间修建书法大道，在校园装饰墙壁上绘制国画图样，在教学楼走廊展示学生书画作品，针对本校学情编写书法校本资料，支持广大学子在书画的世界里翱翔。

此外，书画社团还充分运用中国传统文化搭建与国际学校交流的平台，弘扬优秀传统文化的同时，用艺术传播中国人包容、广博的精神内涵。历年来在接待外方学校来校参观时，书画社团的学生都以国画、书法为媒介，积极开展对外交流活动，让外方学生亲身体验中国传统书画的魅力。

书法教室

国画教室

书画社团学生与美国友好校学生交流

书画社团学生作品

八一动漫社成立于 2008 年，经过了十余年的发展，已成为学生最喜爱的社团之一。从社团成员的个人画展到立体地画的集体绘制，再从人人参与的趣味绘画到专业性极强的主题训练，学生们在这样的平台有着各种收获，充分地展示着自己。近年来，动漫社团的成员们开展了包括校园立体地画的绘制、错觉艺术绘画、校园井盖涂鸦，以及多次社团成员个人画展等在校内外非常有影响力的活动，动漫社的各类特色活动也在每一届传承着。社团自成立至今，为顶尖院校的动画、影视等专业输送了大量人才。从社团走出的成员，如今多已成为动画、影视、游戏设计等领域的优秀从业者。社团秉持与时俱进的精神，在指导老师徐尚卿的带领下，大胆创新，积极置身于新兴文化创意产业的发展。

八一动漫社做客 CCTV 新科动漫频道

八一动漫社学生作品

油画是世界民族艺术的焦点。它以色彩绚烂夺目而构成独特的绘画视觉艺术。八一油画社成立于 2011 年，社团宗旨是：重点培养一部分对绘画感兴趣的学生在油画技法方面的能力，在掌握更深层次技巧的基础上，提高艺术作品的鉴赏水平，利用校园和多景点写生或参观的模式，拓展校园社团活动方向。经过多年的建设，油画社团在校内具有了一定的影响力，汇聚了一批又一批对油画艺术感兴趣的学生。多年来，油画社团还辅导大量学生参加各级艺术比赛，并获得大量奖项。

油画社学生外出写生

金帆书画院的建立不仅引领着学校美术教育教学方法的持续创新，也为学生的成长搭建了更为多元、立体的教育平台，是学校高水平美术教育体系中的重要一环，将“以美引善、以美启真、以美怡情”的育人思想真正落实做细，彰显了学校以美育人的卓越品质。

（4）银帆京剧团

八一学校银帆京剧团是学校在推进教育部“京剧进课堂”试点工作的基础上，于2008年9月成立的一个学生社团。京剧团遵循“弘扬祖国优秀文化，传承国粹京剧”的建团理念，在中国戏曲学院客座教授、原战友京剧团编剧、导演、杨派老生李崇林老师等多位专家的指导下，排演了《贵妃醉酒》《二进宫》《游湖》《扈家庄》《卖水》《孙悟空斗罗汉》《野猪林》《白蛇传——游湖》《天女散花》等传统经典剧目，既丰富了学生的校园文化生活，又让更多的八一学生了解京剧、走进京剧、喜爱上了京剧。

银帆京剧团表演《天女散花》

为了更好地传承国粹文化，京剧团从2012年开始尝试进行新编京剧的创作。在充分了解中学生的审美以及学校校园文化的基础上，京剧团结合社会主义核心价值观，决定从成语典故入手进行创编，走一条传承京剧的创新之路。京剧团先后创编了《孔子拜项橐》《老子说》和《封金育子》三部成语典故新编京剧，均获得各项比赛一等奖，并在中央电视台戏曲频道和北京电视台文艺频道播出。以京剧《封金育子》为例，这是一部鲜活的家庭教育剧目，源于《资治通鉴》真实的历史故事。此剧真实地再现了“路不拾遗”的中华美德，展现了“人贵品质似金玉，分文果实自耕犁”的中国传统家庭教育理念。创编这些有教育意义的校园国剧，走出了一条传承京剧文化、践行“活动中育人”理念的新路。学校还将这几部剧与北京市一些兄弟学校分享，让更多的学校来共享京剧传承的创新成果。

银帆京剧团表演校园国剧《封金育子》

银帆京剧团作为学校传承优秀传统文化的重要窗口，近几年来，代表学校参与了各项演出、交流，先后出访了美国、德国、韩国、英国等国家，宣扬国粹艺术，也多次参加各项比赛活动，均取得优异成绩。2013 年 9 月，八一学校京剧团被评为海淀区“银帆”京剧团。2017 年 1 月 19 日在学校荣臻礼堂举行了京剧团“校园国剧”专场演出，北京电视台对现场演出进行全程录制。

（5）银帆舞蹈团

八一学校舞蹈团成立于 2004 年。自成立之日起，舞蹈团便遵循“艺术面向全体学生”的理念，承担着重要的特色教育和培养学生艺术审美和素养的功能，严格遵守舞蹈团团规——“细心、得体、严谨、规范”。舞团在培养孩子专业技术能力的同时，注重对学生的思想品德、行为习惯的培养。教师以身作则，长期形成“一帮一”“大带小”的优秀传统。

八一学校为舞蹈团配备了近 200 平方米的排练厅，厅内设备齐全，聘请中国人民解放军艺术学院的王怡风教授为舞蹈团的常任指导。八一学校舞蹈团成立以来在北京市和全国的比赛中屡创佳绩，展现了八一学子卓越的舞蹈风采。舞团每年参加区级以上个人、集体比赛，多支优秀舞蹈作品均获一等奖，连续被海淀区推荐参加“海淀区中小学春晚”演出，多次受邀参加公益演出活动。

多年来，舞蹈团创作了《烽火摇篮》《擦擦擦》《逆 · 爱》《time，我们》《超越》《沐春风》等一批经典作品。这些作品不仅在校园内广受欢迎，还在北京市艺术节展演等多个比赛中获得奖项。尤其值得一提的是《烽火摇篮》，作品演绎了北京市八一学校的成立历史，表现了战火纷飞的年代，革命先辈们在枪林弹雨中渴望学习的真实故事，已成为八一学校开学典礼展示给全体新生和家长们的保留作品。

舞蹈作品《超越》获北京市第二十二届学生艺术节一等奖

2017 北京市舞蹈比赛金奖作品《沐春风》

此外，舞蹈团在老师的带领下还积极投身社会实践活动，在实践中不断发展壮大。学生们向社会学习、向人民学习，用艺术的形式传播先进的文化、民族的精神。丰富多彩的实践活动，铸造了舞蹈团独特的文化品格，展示了艺术教育的成果。阜平爱心公益活动是舞蹈团的特色活动，2017 年至今一直坚持着。舞团成员每年多次前往阜平向阳庄八一小学进行爱心探访，长期救助当地 8 名贫困儿童，带给老区孩子温暖和安慰。舞蹈团的成员们积极参与社会公益活动，常年前往养老院做慰问、做义工等，带着阳光般灿烂的笑容和优美的舞姿温暖着他人。人有多善良，就有多闪亮。舞蹈团的团员们不仅仅是舞台上颗颗闪亮的明星，更是人世间善良的爱心志愿者。她们种下感恩，收获幸福；种下乐善，收获快乐；种下大我，收获博爱！

舞蹈团还多次圆满完成学校的重大庆祝活动和外事接待任务，受到了中外人士的一致好评。作为中国人民的友好使者，舞蹈团出访了 5 个国家和地区，进行国际文化交流活动，用精湛的演技向世界展示了中华民族优秀的文化传统，展现了中国青少年学生良好的文化素养和精神风貌。

金帆、银帆艺术社团是学校美育工作的一张金色名片，在校内外均起到了积极的辐射带动作用。金帆艺术团最重要的意义是为广大学生打开了一扇了解艺术的窗口，并在学校普及性的艺术教育活动中起到了很好的示范引领作用，引导广大学生感受艺术之美，从而带动整个学校的美育工作发展。此外，金帆、银帆艺术社团还通过公开展示、实践交流、争相竞技等活动积极发挥其校外辐射作用，在为学校赢得良好的社会声誉的同时，也为首都美育工作高质量发展积极贡献力量。

4. 开展多元美育实践活动，营造浓厚的美育氛围

美育实践活动对于青少年审美素养的提升、情操的陶冶、心灵的滋养、创新创造活力的激发、精神风貌的激扬等都具有重大的意义。长期以来，八一学校以“活动中育人”为指导理念，将美育实践活动作为美育的重要载体和方式，一方面以合唱节、艺术节作为主渠道，通过面向全体学生的艺术类节日活动，激发学生的参与热情，引领校园精神文化风尚；另一方面不断创新活动内容与形式，为学生创设多元立体的活动平台，开展丰富多彩的艺术实践活动，满足学生多样化成长需求，从而营造浓厚的美育氛围，引导广大学生向真、向善、向美、向上，在多元活动中认识美、体验美、欣赏美、创造美。

(1) 将艺术节、合唱节作为校园传统节日，开展面向全体学生的美育实践活动

校园合唱节、艺术节是八一学校校园内一年一度的艺术盛典，合唱节在每年的 5 月召开，艺术节则在每年的 12 月召开。时至今日，校园合唱节、艺术节已经成功举办了 36 届，一代一代的八一学子在校园合唱节、艺术节中一展风采，这两个节日也成为八一校园中独具特色的重大活动，深受学生们的喜爱。作为学校的传统大型活动，合唱节、艺术节坚持面向全体学生，以年级为单位，为学生们搭建舞台，让学生以最鲜活的形象、最灵动的姿态，共享艺术盛会，展现青春风采和精神风貌。

以校园艺术节为例，作为学校的传统节日，艺术节旨在为学生搭建一个展现青春风采、享受艺术之美的平台，通过文艺会演、合唱、舞蹈、舞台剧、书画展、手工艺品展等丰富多彩的艺术形式加深学生对艺术的理解，陶冶学生的艺术情操，提升学生的艺术修养，展示校园内积极向上的精神风貌。

每年的艺术节都会有一个鲜明的主题，在各个年级的艺术节专场演出中，各班学生都会围绕艺术节主题，充分发挥创造性，表演形式新颖、内容多样的艺术节目，包

快板儿表演《北京风景》

括朗诵、歌唱、舞蹈、情景剧、武术、京剧等。同学们还精心准备道具和服装，为全校师生呈上了一场场精美绝伦的视听盛宴。

以第 33 届艺术节为例，2018 年恰逢改革开放 40 周年，该届艺术节主题即为“颂四十年祖国辉煌，扬五千年民族活力”，鼓励同学们围绕艺术节主题，展现改革开放 40 周年成果，将爱国情怀、爱校情愫用艺术的形式呈现给大家。

再以第 35 届艺术节为例，2020 年一场突如其来的疫情席卷中华大地，该届艺术节以“抗击新冠疫情”为主题，鼓励同学们关注社会和校园中的正能量，用心感悟爱的力量，并以丰富多彩的艺术形式进行再现。各个年级的同学们充分发挥创意，将一幕幕感人至深的场景搬上舞台，在艺术演出的同时也实现了德育教育的渗透。

学生自编情景剧《我终于懂了》

歌曲表演《我们向光前行》

此外，艺术节还为广大师生搭建了展现艺术教育成果的平台，先后举办了多场学生书画展、师生书画展、学生个人美术特长风采展、学生手工艺品展，还配合活动举办了学生皮影、服装设计课程展演以及陶艺、书法篆刻、扎染等课程成果展示活动，得到全校学生们的积极响应与参与。2019 年第 34 届艺术节中还增加了中国传统建筑门环立体造型、团扇、雨燕等形式，为美丽的校园增添了许多趣味。

除了艺术节外，合唱节也是八一学校一年一度的传统节日。同样，每一届合唱节也有一个独特的主题，比如第31届合唱节的主题为“品鉴经典，激扬青春”，第33届合唱节的主题为“曲绕行云，歌入八一”。在不同的合唱节主题之下，各班同学在班主任的带领下，精选歌曲、认真排练，校园里乐声阵阵、歌声飞扬，营造了班班有歌声、生生唱五月、人人抒情怀的浓烈氛围，不仅培养了学生的团队精神、协作精神和竞争意识，锻炼了学生的意志力和专注力，还增强了班级的凝聚力和集体荣誉感，充分展现了八一学生朝气蓬勃、健康向上的精神风貌。

学生参加合唱节活动（一）

学生参加合唱节活动（二）

校园艺术节、合唱节作为八一学校传统的重大节日、校园文化活动的重要形式，是学校美育的重要组成部分。在校园艺术节、合唱节活动的组织策划上，学校还充分发挥学生的主观能动性，让更多学生参与到活动组织的过程中来，充分发挥学生的自主性，并利用审美活动具有个性化和创造性的特点，加强学生的艺术实践能力，造就其个性意识和创造能力。

校园艺术节、合唱节不仅能营造积极向上的校园文化氛围，激发学生对艺术的兴趣和爱好，更重要的是能引导学生发展其在学习生活中的审美素养。通过校园艺术节、合唱节，学生体验美、创造美，提高了对真善美的判断能力及对美好事物的敏锐感知力。

（2）开展丰富多彩的艺术实践活动，满足学生多样化成长需求

为普及美育工作，满足学生多样化的兴趣需求，八一学校不断创新艺术活动形式，丰富艺术活动内容，鼓励各学部、各年级根据学生和学情特点，开展有特色、灵活多样的学生艺术活动，如戏剧节活动、电影节活动、英文歌曲演唱节活动、校园立体地画的制作活动、校园井盖涂鸦活动、街舞活动、摇滚活动、动漫活动等，为学生个性、多元发展构建灵活选择、自主选择、自主参与的艺术实践大舞台，确保每个学生都能参与到美育实践活动中，让所有在校学生都享有接受美育的机会。

以戏剧活动为例，八一学校作为教育部“京剧进课堂”试点学校，不仅在音乐课堂上教初一学生演唱京剧的内容，还在语文和英语课堂中加入课本剧和自编剧目，如学生先后编排了《哈姆雷特》《鲁镇的革命》等经典作品，初中英语每年组织“圣诞英语短剧排演与展示”。此外，学校还开设了《音乐与戏剧表演》《话剧欣赏与表演》《体验莎翁戏剧表演》等校本选修课程。在这样的戏剧教育之下，学生对戏剧的热情空前高涨，创编了全国首部中学生理科实验剧《$E=mc^2$》，展现了当代青少年热爱理科学习、追求科学探索的精神和对科学未来的无限憧憬与遐想。此外，校内戏剧类社团也得到了蓬勃发展，在校内外公演了一系列经典剧目，如晨曦话剧社公演了话剧《我的西南联大》，星空文学社公演了话剧《雷雨》，艺缘京剧社公演了系列校园国剧《老子说》《孔子拜项橐》《封金育子》，莎翁剧社公演了莎士比亚经典戏剧等。

再以电影节活动为例，为了让学生掌握电影知识，提高电影技巧，八一学校开创性地举办电影节，为学生们参与剧本创作、审核、拍摄、宣传及公映创造机会，促进学生在沟通能力、团队合作能力、组织策划能力、想象力等方面的锻炼与提高。同时，八一学校电影节精选影片，通过教师精心指导，帮助学生透彻理解影视内容、分析影视主题、提高鉴赏能力。

此外，学校还积极搭建平台，开展了丰富多彩的美育实践活动。比如，2017 年恰逢中国人民解放军建军 90 周年、八一学校建校 70 周年，为响应习近平总书记的号召，同时作为学校建校 70 周年主题系列教育活动之一，艺术中心精心策划了“寻伟人足

迹、扬红色传统”红色游学之旅。暑假期间，艺术中心组织各团近200名师生赴革命圣地延安开展实践活动。

全国首部中学生理科实验剧《$E=mc^2$》

晨曦话剧社公演《我的西南联大》

又如，70周年校庆期间，艺术中心联合体育中心排练了行进打击乐大型情景场地表演——《追梦》，将行进打击乐、舞蹈、旗舞等多种艺术形式整合在一起，展示了八一学校的过去、现在和未来。

再如，2019年，学校以管乐团、舞蹈团为主体的90余名学生，经过一个夏天的辛苦训练，光荣地参与了新中国成立70周年群众游行情景3方阵的表演，金帆合唱团60余名师生参与了“奋斗吧，中华儿女”大型表演活动。

……

丰富多彩的美育实践活动，不仅营造了积极向上的校园文化氛围，激发了学生的艺术兴趣和爱好，更引导学生在艺术活动中汲取成长的力量，学会用美的方式表达情感与思想，提高审美能力，发展审美素养，让美好的艺术为孩子的生命打下和谐优美的成长底色。

5. 辐射带动，推进集团美育工作品质化发展

作为学校的一块金字招牌，八一学校美育工作在不断巩固和完善改革成果的过程中，也积极推动全集团美育工作的品质化发展。学校抓住课程建设“主战场”，积极构建十二年一贯的美育课程体系，明确各个阶段美育课程目标，不断完善课程设置。同时，学校牢牢抓住课堂这一核心阵地，全面深化美育教学改革，并将此作为推进集团美育工作品质化发展的关键点，通过教师培训、联合教研、课题带动等多种方式，积极转变教学模式，推进高质量的美育精品课程建设，落实立德树人根本任务，引领学生树立正确的审美观念、陶冶高尚的道德情操、塑造美好心灵。

此外，学校艺术中心还对各分校、各学部的美育工作进行深度指导，积极支持各分校、各学部的课程建设、师资培养等工作，并帮助各校区、各分校打造符合自身定位与资源特色的美育品牌项目，通过品牌项目引领，提升学生对艺术的兴趣，带动美育水平的提升。以玉泉中学的咚哒鼓项目为例，在张亚红副校长的大力倡导下，在艺术中心老师们的全力支持下，目前咚哒鼓已经成为玉泉中学美育工作的闪亮名片，并在全区形成了一定的影响力。

世界著名三大教学法之一的奥尔夫教学法认为，音乐构成的第一要素是节奏，不是旋律。奥尔夫强调节奏是音乐的生命，是音乐生命里的源泉。奥尔夫的元素性教学始于原始的音乐——用鼓来敲击并伴有基本的拍子，这是人类最原始的音乐体验。作为一位资深的艺术教育工作者，张亚红副校长深感于此，在她看来，人生就像一段旋律，在跳动的音符中完成生命的过程。节奏不仅仅是音乐中的元素，它更是生活中必不可少的部分。钟表的转动、心脏的跳动、四季的更替、太阳的东升西落……无不是一种节奏。对于一个人来说，人生更是无处不节奏，当一个人内在的节奏不稳定，那么他外在的节奏一定是乱的。在张亚红副校长的倡导下，经过多轮研讨，玉泉中学最终引入咚哒鼓作为特色艺术项目，面向全体学生开设。之所以做出这样的规划设计，主要出于以下几点考虑：

一是咚哒鼓是从非洲鼓演变而来的一种民族传统乐器，它的外形和非洲鼓相似，通过这种极具中国民族感的乐器学习，希望能让学生感受具有民族风格的音乐，建立民族自豪感和民族文化自信。

二是咚哒鼓是以“咚哒”的鼓点节奏命名，希望用“咚哒”的鼓声，让学生逐步感知节奏、体验节奏、表现节奏，教会学生把控人生节奏感，形成稳定的内在节奏。

三是咚哒鼓入门简单，且携带方便，是一种投入低、见效快的乐器。以咚哒鼓为载体，把艺术教育引入玉泉中学，更能够实现让每一名学生学会一种乐器的可能，培

养学生的艺术爱好。

四是咚哒鼓不只能简单节奏，还能主奏，音色丰富，有跳跃的律动感，高、中、低音强劲明显；不仅能几十人几百人同时演奏，还能和许多乐器配合演奏，不受年龄、身体条件和居室环境限制，是一种非常适合集体展示的乐器。

同时，咚哒鼓外观印有青花瓷图案和玉泉中学的标志，能够加强学生的校园文化认同感。希望通过咚哒鼓的学习，能让学生收获成就感，建立自信心，并在团体协作中提升合作能力和集体荣誉感。

学生集体表演咚哒鼓

玉泉中学从2018级学生开始学习咚哒鼓课程，帮助学生掌握演奏方法，完成歌曲合奏，除在初一、初二年级开设咚哒鼓选修课外，还针对初一学生专门成立了社团，作为普及之后的提高。咚哒鼓节奏律动课程打破了传统教学模式，通过双手的配合，进行从简单到复杂的肢体同向、斜向、时间错位、协调性、速度、耐力等训练，对大脑进行刺激，尤其注重对右脑的刺激，激发被闲置不用的大脑空间，提高学生对节奏的平衡性、敏感性、准确性以及其快速的反应能力，使其在兴奋的状态中轻松完成所有课程。此外，咚哒鼓也可以提高学生对音乐的兴趣，释放压力、激发潜能。

在咚哒鼓练习和演奏中，学生不仅在热汗的洒落中快乐地锻炼了身体，还增强了四肢的协调性，增加了手脑的协调能力，激发了思考的创意。在咚哒鼓学习的课堂上，学生的大脑很快达到a波状态，又有效提升了注意力。

学习咚哒鼓不仅仅是学习一门乐器，而是通过咚哒鼓的学习，培养学生的节奏律动感，增强音乐感知能力，为其学习其他艺术形式，如歌唱、舞蹈、管乐等，打下扎实的基础。正所谓节奏人生，人生节奏。学习咚哒鼓，更深远的意义还在于充分激发学生的兴趣和潜能，激发学生成长的内在动力，引导学生学会把握人生节奏，能够掌控好自己的学习与生活，从而收获更加多姿多彩的人生。

学校是培养人才的摇篮，学生的成长与发展是学校最大的追求。学生的进步与变化毫无疑问是衡量学校教育质量首要的、最直接的、最重要的指标。八一学校通过五大行动系统，积极探索德智体美劳五育并举与融合之路，不断进行育人模式创新与变革，真正对学生的终身发展负责、对人民的教育期待负责、对民族的基业长青负责。

第五篇　引家校协同之路：同心协力，共助成长

家庭是人生的第一所学校，家长是孩子的第一任老师。家庭教育是学校教育的基础和补充。正如苏霍姆林斯基所说："只有学校教育而无家庭教育，或只有家庭教育而无学校教育，都不能完成培养人这一极其细致、复杂的任务。"学生在成长的过程中，除了接受学校的教育外，父母的影响是最深刻而持久的。家庭和学校是青少年成长的两个最重要的场所，两者对于青少年的成长影响最大，也最为直接。家校合作就是指对学生最具影响的两个主体——家庭和学校形成合力，使学校在教育学生时能得到来自家庭的支持，而家长在教育子女时也能得到学校方面的指导，为学生的健康成长共同营造一个良好的环境。

长期以来，八一学校高度重视家校关系，将家长作为育人路上的同行者，通过营造和谐的家校共育环境，秉持"以爱为本"的沟通原则，以尊重理解作为交流前提，以情感共识作为主线，拉近与每位家长的心灵距离，建立起学校、家庭、社会三位一体的教育网络，形成家校协同发展的六大策略：通过建立家校沟通机制，实时增进家校沟通；通过预约家长会，叩开家长"心门"；通过家长开放日，为家长开启一扇通往学校的窗口；通过家长讲堂，让家长成为教育的同行者；通过家长学校，让家长同孩子和时代一起成长；通过特色亲子活动，让家长在陪伴学生成长中永不离场。六大策略深度推进了家校间的亲密协作，开创出全程、全员、全方位育人的新格局。

一、建立家校沟通机制，实时增进家校沟通

学校和家庭作为两个"教育者"，不仅要一致行动，更要志同道合，抱有一致的信念。家长是孩子的第一任教师，家长的一举一动、一言一行，都对孩子性格和品德的形成起着潜移默化的作用，而学校教育比较系统、规范，多从大处着眼，理论性强，如果两者相得益彰则可以形成良性循环。家校之间及时的信息交流和沟通是建立良好家校合作关系的基础，是合作和共享资源的前提。八一学校不断创新家校沟通方式，

在建好三级家委会的基础上，通过微信、钉钉、家校联盟公众号等各种信息化沟通平台，实时增进家校沟通，打造“传统＋现代”的全新家校沟通机制，让家校沟通更加灵活、多彩、高效。

（一）建好家委会，民主管理落实处

家委会是家庭参与学校教育的平台，能够有效增强班级与家长之间、家长与家长之间的沟通和交流，对于建立学校、家庭与社会教育协同机制，提高家长的教育素养和家庭教育水平，具有重要意义。八一学校历来重视家委会的建设，通过三级家委会的构建，充分保障家长参与、监督学校办学的权利。为充分发挥家委会的民主性，家委会候选人完全遵从家长意愿，学校不指定人员。近几年，八一学校三级家委会不断走向规范化、制度化。

以八一学校小学部为例，目前，学部已经建立了班级、年级、校级三级家委会工作机制，完善了组织框架和机构分工，制定了各级家委会成员产生的流程和标准。校级家委会下设宣传部、活动实践部、志愿者工作部和家校联络部。

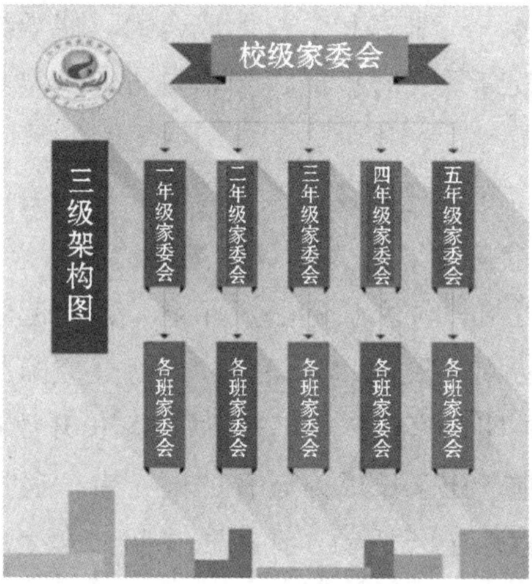

小学部家委会组织框架

再以国际部为例，国际部通过家委会与家长们建立起了定期联系机制，建立并完善家委会例会制度。在国际部，每月都会召开一次月度家委会，在三个多小时的会议中，老师们就学校近期大事向家长进行详细说明，并和家长共同讨论学生成长中的重要问题，针对家长的各种困惑做出翔实、中肯的解答，让家委会例会发挥真作用、解决真问题。

家委会的成立为学校的发展注入了新活力、新动力。为了更好地发挥家委会的桥梁作用，学校还尤为重视对家委会成员的培训与指导。以玉泉中学为例，学校先后对家委会成员进行“如何胜任家委会工作”“梦想激励，生涯规划”等专题培训，组织家委会成员参加区级课题组组织的“家校共育合作体系和实施路径”等专题研讨会，帮助家委会成员认识到家委会存在的重要性和使命感，明确家委会工作的思路：以成就学生、服务家长、发展学校为目标，聚焦重点难点，整体推进家校合作共育，努力构建“共识、共育、共建、共生”的家校合作模式，实现学校、孩子、家长的共同发展。在学习的过程中，很多家委会成员收获了来自自身的惊喜，看到了自己潜在的才能和天赋。

（二）创建班级微信群，家校沟通零距离

八一学校各班级均建有微信群。微信群的建立拉近了教师与家长之间的距离，家长可以第一时间了解孩子在学校的学习、生活情况，教师也能及时了解孩子在家里的学习和生活情况。

“不以规矩，不能成方圆。”班级群建立了完善的管理制度，围绕“营造健康、积极向上的家校沟通交流环境”的目标制定了群公约。同时，各班主任重视班级群的合理运用，包括及时发布学校重要活动和通知、共享优质教学资源等。此外，部分班级还建立微信作业讲解群，邀请各学科教师参与其中，让家长和孩子通过文字、图片、语音、视频等形式寻求帮助，各学科教师耐心解答，解决孩子在学习中遇到的各种问题，为家校沟通助力。

卢梦蝶老师是八一学校小学部低年级的一名班主任，她在与家长的沟通中注重积累经验与主动反思，系统总结了与家长沟通的原则、技巧和实例。

浅谈在“双向配合”下与家长的沟通技巧

卢梦蝶

古罗马著名政治家西塞罗说过：“理性和语言是人类交往过程中的纽带。”人与人之间的沟通异常重要，尤其是对于教育工作者来说。与家长沟通时，教师需时刻秉持着“双向配合”的理念，即不仅需要家长配合老师的教育工作，老师也应该配合家长的教育工作，理解家长的难处。因此，老师下发每个通知、做出每个决定、说每一句话时，都需要懂得换位思考、推己及人，只有这样才能被家长理解、认可，迎来家校共赢的局面。

一、家长群的使用规则

1. 建立“班级家长通知群”

学校、班主任及各科老师的通知，需要在“班级家长通知群”中告知，故群主需为班主任本人，且有重要通知时以“@所有人”的形式告知，以便家长在忙碌之中能及时看到。

2. 非必要，不发语音

文字通知更方便家长反复阅读，在不方便收听时也能准确看到。笔者担任班主任工作以来，几乎从不在此群中发语音。

3. 专群专用

在班级家长通知群中，尽可能只发通知，不交流讨论，以便家长随时翻找前期的通知、文件、链接等。

4. 用词委婉、准确、简明扼要

苏联著名作家高尔基说过："作为一种感人的力量，语言的美产生于言辞的准确、明晰和动听。"因此，在班级群中发信息时要注意用词委婉、准确、简明扼要。如开篇用"家长您好""同学你好""家长、同学们好"等词，既有礼貌，且对象明确。又如每类信息的开头，笔者都会用"【】"括出关键词，使读信息者直接看出信息类别和主题，如"【数学】""【医务室】""【食堂】""【心理】"等。沟通用词尽量选用"请家长协助孩子……""已提醒学生，麻烦家长留意……"等，明确任务不是布置给家长，而是让家长帮助孩子养成独立完成任务的习惯。再如结束语多用"感谢……""辛苦……""祝……愉快"等，以示互相理解。尽量条分缕析地将重点事宜告知，减少零碎语言。涉及具体开始结束时间、地点、操作方式、上交形式等需明确提出，减少事后补充，避免朝令夕改。

5. 建立"班级家长交流群"，且在可控范围

绝大多数家长是通情达理的，懂得老师事务繁忙，不能及时回复一些疑问，但家长们需要一个交流讨论、抒发情感、答疑解问的平台。因此，在班主任的默许下，家长也自发地建立了一个"班级家长交流群"。此群老师不参与，也给予家长互通有无的空间。与此同时，此群也便于家委会协助老师传达一些家长自愿报名、征求意见的通知，家长们还能互相认识、互相帮助、互相理解，节省了老师对一些琐事一一回复的时间，从侧面也避免了一些不必要的麻烦。

当然，事先挑选一些得力的家委也是必不可少的。这些家委应起到模范带头作用，有计策、公平公正、办事能力强、为班级着想，一旦发现恶性事件的苗头，能及时制止并向班主任沟通汇报。

二、与家长个人的沟通原则

1. 礼貌结束对话，善用表情图

在与家长对话时，家长多以"谢谢老师""老师辛苦了"作为结语，此时老师随手回复一句"您客气""您也辛苦"，甚至只发个表情，如一朵花、一个笑脸、一个握手、一个拥抱、一个红心作为回复，都是好的，使家长感到感谢有了回应，也完整地结束

了对话。

2. 家长细心感谢，老师认真回复

在一些事件、一些阶段结束后，个别细心的家长会回以真挚的感谢。此时，老师也应该耐心回复，以示礼貌。

如学期结束时，有的家长会说："收到寄语、成绩单和证书，工作场合也没忍住瞬间泪目，特别感恩您，又智慧又慈爱，孩子和我们遇到您特别幸运、幸福，我们一定好好珍惜，未来的日子一定继续努力，一定积极接受您的督导并积极配合您的工作……""谢谢卢老师，能遇见您这样细心负责、赏罚分明的老师是他的幸运。感谢您的悉心教育与付出，××会继续努力让自己变优秀，不负您的期望，祝假期愉快。""谢谢卢老师对孩子们的付出，××每一个进步都是您细心耐心教导的成果。作为家长，除了感恩，更应该高质量地陪伴孩子，家校配合，共同见证孩子的成长!"……

这些家长一方面关注孩子成长，另一方面能看到老师的付出、懂得老师的辛苦，所以也要用心回复。如"家长这一学期也辛苦了!""孩子的优秀离不开自身的努力和身后家长的大力支持"。

3. 家长寻求特别关注，委婉回绝

许多家长总会在与老师的私信中，希望老师尤其关注自己家孩子，甚至很明显地表达意愿。此时不能含糊其辞，需委婉且明确地回绝。如"作为班主任，我会公平地对待每一个孩子，当然，是金子总会发光，我相信如果孩子是有能力的，早晚会在班级中脱颖而出，也会获得同学们的支持。"侧面告诉家长，提高自己孩子的能力才是正道。

三、沟通方式的选择与应用

当前，微信等软件成了人们主要的沟通方式，在非必要、非紧急时，笔者一般不选用实时通话的方式。这里的实时通话包括打电话、微信语音通话等。然而，以下情况，笔者认为有必要引起教师的高度重视，与家长及时通话联系。

1. 学生出现学习问题，在提醒学生无果、家长群里提醒无果后，应与家长通话联系。约谈时，注意婉转，如："××家长您好，想跟家长聊一聊孩子近期的学习情况，您什么时间有空电联?"

2. 家长很关注孩子，但对老师的一些做法存在疑虑，信息沟通效果不佳时，可通话联系。沟通时，需先认真倾听家长的倾诉，准确判断问题所在，再有理有据地提供真实信息，强调老师与家长的目标一致，使其关注到孩子的自身问题，并提供解决方案，共同努力，从而取得家长信任，打消家长疑虑。此种情况多出现在前期学生较优秀，后期家长放手或不持续关注，导致学生成绩下滑严重，家长一时难以接受的情况。

笔者担任班主任 6 年，有问题与家长及时沟通，无家长投诉，与家长关系融洽，学生的各类事件均能圆满地解决。作为班主任要善于及时总结、反思与家长沟通的原则和技巧，不断地改进方式方法，相信班主任工作会越做越顺！

（三）开通微信公众号，学校动态尽在掌中

微信公众号是学校宣传的重要阵地，早在 2014 年，八一学校就开设了集团微信公众号，由八一校园记者站组织编写，集结校园内的大事小情，分享学生记者的青年视角。8 年来，“八一校园记者站”公众号发表文章 3000 余篇，已成为家长和社会各界人士了解学校动态的重要窗口。此外，不少学部和校区也开设了独立的微信公众平台，利用公众号积极进行展示和宣传。以八一学校小学部为例，“北京市八一学校小学部家校联盟”公众号自 2019 年 9 月投入使用以来，微信关注人数目前已超过 3000 人，共推出了近 200 篇微信文章。目前，公众号推送文章主要包括家校工作报道、学校德育活动报道、学校公告公示、亲子沟通指导、家庭亲子生活展示、原创亲子漫画、防疫知识宣传等多种类型。

（四）开展“一对一线上家访”，解锁家访新模式

家访是一种传统的家校沟通方式，是教师前往学生家中进行访问，与家长沟通情况、交流感情，并进行个别家庭教育指导的一种方式。由于孩子情况各异、家长的培养方法各不相同，个别化沟通就显得尤其必要。传统家访的劣势也非常明显：家长和教师双方的时间难以协调；家访因为触及家庭隐私，也客观存在部分家庭较为排斥家访的现象。八一学校转变家访方式，开展“一对一线上家访”。以 2020 届初三年级为例，期末班主任对重点学生群体做了“一对一线上家访”。线上家访架起了学校与家庭沟通的桥梁，让老师及时对学生进行健康学习生活指导和心理关怀引导，使学校和家庭、老师和家长、孩子和父母更加紧密地联系在一起。

班主任开展线上家访

二、预约制家长会：叩开家长“心门”

家长会是教师和家长交流的必要形式，是家校沟通与合作的有效途径。然而，传统形式的家长会也存在一些问题：第一，形式流程简单呆板，家长参与度低。在传统家长会上，家长很少有发言机会，大多时间都是倾听班主任及部分任课教师的讲话，甚至有一些家长只记录无反馈。尽管家长会上有个别家长进行发言，但每个孩子的情况不一样，反映的问题也会不一样，教师的答案可能并不符合自己孩子的需求。第二，每学期召开家长会的次数和时间有限，班主任与家长之间缺乏有效连接，班主任对家长提出的要求无法做到后续追踪，家长也无法得到在实施过程中问题的解答，导致家长会效率低下。

（一）“预约问诊”式家长会，在双向选择中提升沟通成效

为了充分发挥家长会的作用，促进家校合作，有效提高家庭教育与学校教育的密切联系，八一学校首创“预约问诊”式家长会，利用个性化的预约方式让家长和教师实现双向选择，让家长会更加聚焦、更加有针对性。

“预约问诊”式家长会最初源于高中课改后选课走班制引发的矛盾——由于每个学生所选课程基本不相同，无法开展传统意义的家长会。经过老师们的群策群力，在一系列探索和实践研究之后，最终确定了年级家长会、班级家长会、预约制家长会三个层级的家长会制度。

年级家长会主要统一向家长说明本学期学校的规章制度、对学生的要求、学生当前的身心发育特点、先进的教育理念和科学的教育方法等，让家长理解学校各项政策，达成教育共识，使家长能与学校统一步调。

班级家长会主要组织家长进班，由班主任向家长说明班级整体情况、学生所取得的进步以及存在的问题、本学期的活动安排和课程设置情况、就当前孩子心理发育特点应该如何引导等，班主任与家长进一步沟通交流学生在校和在家的情况，具体问题具体分析，或用典型事例做群体分析，并给家长更多的建议。

预约制家长会，利用学生选课系统，由家长选择最想约谈的 3—4 个学科老师，老师拿到名单后再反选最需要见面的 8 位家长。家长在会前还可以给老师发小纸条聚焦关键问题。为了保障预约制家长会有序、高效地开展，学校还设计了科学合理的会议流程和注意事项。

家长会现场，每位教师面前设置一个桌牌，教师对号入座。教师需要着正装，注意言谈举止，提前准备好每个学生的成长数据，包括作业提交率、上课表现、小题得分等。在家长会现场，教师主要围绕学生近期成长状态、未来发展等问题与家长展开面对面咨询与沟通，不允许谈论学生排名和班级分数。现场由学生志愿者做“分诊”，每个学生家长约谈设置固定时长，每位家长不超过 8 分钟，由志愿者到时提醒。

预约制家长会能让更多的老师参与家校沟通，聚焦个体学生问题，帮助家长走出观念和行动上的困境，解决学生当前面临的各种问题，提升学生各方面能力。目前预约制家长会已在八一学校初中和高中学段全面实行。

（二）“一对一约谈”，以精准思维为每个学生发展负责

“一对一约谈”是八一学校国际部的传统之一，是加入八一学校国际部的每一位学生和家长都必经的“仪式”与“聚会”。学校希望点对点形式，更精准地向家长反映孩子在学校的表现，让家长了解学校，帮助孩子尽早规划，明确自己的目标，把握正确的发展方向。

不同于普通的家长会，八一学校国际部会在新生入学、高一开启、每学期末都举行一次由校方参与的“特殊家长会”：由国际部主管校长、主任、学术总监、升学指导、德育主任、年级组长、班主任、心理老师共同组成的教师团队，与每一个学生家庭一起面对面约谈，让因材施教和为每个孩子负责的理念落到实处，让每一位参与约谈的家长都能够清晰明了地获取学生在校表现、长远目标、学习建议与下一步行动的有关信息。

学生家长与教师团队“一对一约谈”

“一对一约谈”从 2018 年首次开始，延续至今，受到了家长和学生的广泛认可与好评，国际部也越来越坚信“一对一约谈”是一件正确的事情。在坚守的同时，国际部也不断思考如何做得更好。目前，国际部“一对一约谈”主要通过思想引领，帮他们站得更高、看得更远，与那个努力后更好的自己不期而遇；通过制定阶段性任务清单的方式，让学生明确目标，让家长了解学生的成长过程；设计阶段反馈，跟踪学生约谈后的学习成长情况，老师和家长合力帮助在爬坡路上的孩子们能够始终不忘目标，不少动力，不缺阶段性的支持与肯定；为学生全程规划，帮助学生尽早了解留学的相关流程，明确成长与升学目标，在学生眼前铺开整个留学准备路上的一个个路标，等待孩子们用努力和汗水篆刻每一个属于自己的里程碑。

通过“一对一约谈”发到家长们手中的每一份学生的资料，都倾注了国际部每个老师背后加班加点的辛苦付出，但看到家长们约谈后释然的神情、孩子们坚定的眼神和跃跃欲试的姿态，老师深感一切付出都是值得的。

家长感言节选

马荣宇家长：“一对一约谈”，让家长和学生都感受到了学校和老师们的担当与责任心。这次约谈是一次重要的同时也是面向未来的一次沟通，更是学校、家长、学生的三方互动。通过这次沟通，家长解除了许多疑惑和担忧。各位老师分别从不同的角度分享了开学一个月以来孩子在学校的学习与表现情况：何老师和刘主任介绍了孩子在校表现和各科成绩，并指出了目前存在的问题；学术总监 Tracy 介绍了学校 AP 课程的设置，可供孩子在有了专业方向时进行选择学习；升学指导杨老师为我们明确了孩子目标校所需的标化成绩要求及课外活动要求；祝校长讲述了学校未来以学生为中心的办学理念及具体措施，让学生和家长明确了努力的大方向以及各个阶段的小目标。学校通过和家长的交流全方位地了解了孩子目前的基本状况及未来愿景。对于老师们提出的建议和改进方法，我们家长会及时与孩子进行有效交流和沟通，一定会积极配合老师们的工作，携手帮助孩子更快、更好地成长。

张悦家长：约谈过程是严肃而认真的，我感受颇深，感觉女儿真的在进步。在托福学习、学术表现、校规校纪、学校活动和科学竞赛方面，老师们对她给予了肯定和鼓励，最重要的是指出了不足，并提出了解决问题的方案，实在令我备受鼓舞、信心满满。我们随后立即制定了新的学习任务和进度安排。另外，老师还给我们做了升学指导规划。约谈过程是亲切的，校长提出对孩子要多鼓励。老师们对孩子的肯定和赞许，以及新的期望，都鼓励着我们向前！

三、家长开放日：开启一扇通往学校的新窗口

家长开放日是学校开展的一项面向学生家长的活动，希望通过让学生家长走进校园，参与学校课程体验、活动体验等，深入了解孩子在学校的学习环境、生活环境，深度感受学校办学理念，了解学校的教育教学水平，增加学校办学的透明度。家长开

放日作为家校合作的重要形式，是家长了解学校教育教学活动、了解孩子在校学习和生活的窗口。

从 2016 年教师节前夕习近平总书记重返母校看望师生之后，八一学校的社会影响力迅速扩大。为了更好地让外界了解八一学校，全面展示八一学校的办学特色和办学实力，吸引优秀学子就读，八一学校从 2017 年开始，分学部开展校园开放日活动，组织家长走进校园，体验孩子的学校生活，感受学校丰富多彩的活动，让家校零距离接触，搭建家校交流的桥梁。开放日开放的内容是八一校园开放日活动的核心。经过学校领导团队的多轮研讨，最终将校园开放日活动定位于三大部分：开放课程、开放活动、开放校园。

（一）开放课程，邀家长身临其境品质课堂

课程是学校教育教学的核心，课堂更是教育的主阵地。学校的课程建设情况历来是家长们关注的核心问题，也是家长开放日的重头戏。家长开放日，首先要对家长开放的就是课程。课程开放重在展示学校教学理念、教学模式，与家长分享学校课程改革与建设的成果，帮助家长深度了解学校的教育教学工作。家长通过开放日活动零距离接触学校的教育教学活动，既能够透过课堂深刻地感知学校的教育理念，也能够直观地看到教师的精神风貌，领略教师的教学风采，有助于育人共识的达成。

为了更好地开放课堂，校领导亲自主持全体教师会，动员全体教师“文化自信、课堂自信”，鼓励教师将优秀的教研能力通过精彩的课堂展示出来，让更多的家长走进孩子的课堂，感受国家课改给课堂带来的变化。各学部数次召开年级组、教研组组长会，商讨课堂注意事项，制作教学设计模板，督促教师精心设计每一堂课。各学部还充分利用教研组活动时间，进行集体备课和教师说课，以团队之力打磨教学的每一个环节。

老师们参加教研活动

为了系统展示八一学校课程体系，各学部精心筹划、制作展示海报，介绍校园开放日的日程安排、课程体系及校本精品课程，展示各年级特色活动和德育体系及各学科课程体系和学科特色活动。除此之外，各学部还为每一位来访家长准备了“开放日手册”。手册系统介绍了学校历史与现状、品质课程、日程安排、开放日课表和校园生活花絮。

家长阅读展示海报

1. 九年一贯制课程开放

为了使对口片区学校的小学生、家长和八一学校在读初中学生家长能够了解八一学校的办学优势和课程特色，八一学校小学部与初中部从 2017 年开始，每年都联合举办九年一贯制校园开放日。在开放课程的选择上，重在向家长展示九年一贯制课程的建设情况，包括国家必修课程和精品校本选修课程，让家长在一天之内看到学校的课程全貌，真切感受到学生平时在校上课的课堂气氛。

以 2017 年“品质教育铸就品质人生”九年一贯制校园开放日活动为例：

2017 年 5 月 6 日，是八一学校首次九年一贯制校园开放日。学校经过 3 个多月的精心筹备，共推出 90 节课，包含 34 节必修课、56 节选修课，同时面向社会开放。当天共有逾 4000 名家长、学生慕名而来，走进八一学校独具特色的校园，领略八一学校追求品质的学校文化。

一、常规之中出精品——走进必修课课堂

34 节必修课的内容既涵盖语数外等中考科目，也包括促进学生全面发展的科学课、素养课、地方课、书法课等特色课程，如谢玉洁老师的语文课《朝花带露夕拾香》、任心玥老师的数学课《扑克牌中的数学》、王娜老师的英语课《Princess Pip's Holiday》、宋晓萌老师的科学课《探究蜡烛燃烧的原理》、张剑冰老师的道法课《如何凝聚、增强班级集体力量》等。

老师们深入贯彻深度教学的理念，致力于提升学生的综合素养，教学形式自由灵活。课堂上，学生主动参与，以小组合作的形式深入探究问题，在探究的过程中提升了能力。开放日的必修课呈现了老师们的深厚功底、精心准备，师生之间的默契，以及学生在日常学习中培养出的良好学习习惯。

家长走进数学课堂

英语开放课堂

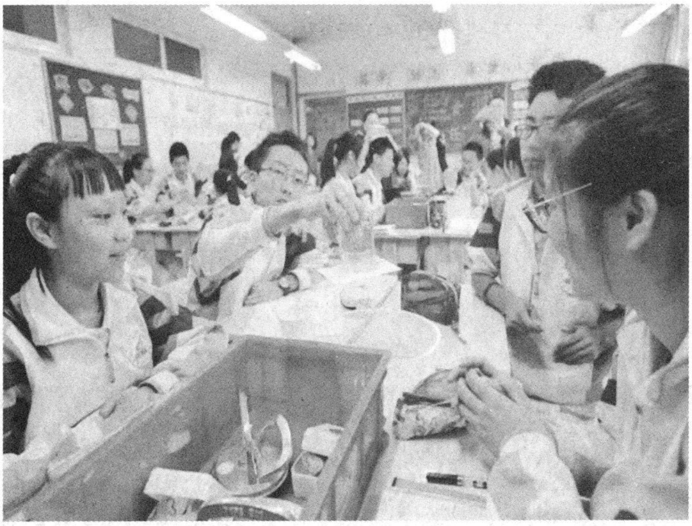

科学开放课堂

小学部在九年一贯制校园开放日中也为家长们带来了精彩纷呈的课程。数学课程构建了阅读、实践、游戏、写作等快乐数学活动模式，重点呈现了孩子们互动的数学游戏世界：一年级七巧板、二年级华容道、三年级 24 点、四年级魔方、五年级数独。小学英语和语文等科目，也分别用校园剧、知识问答、朗诵等方式，向来访者展现了各自的学科特色。

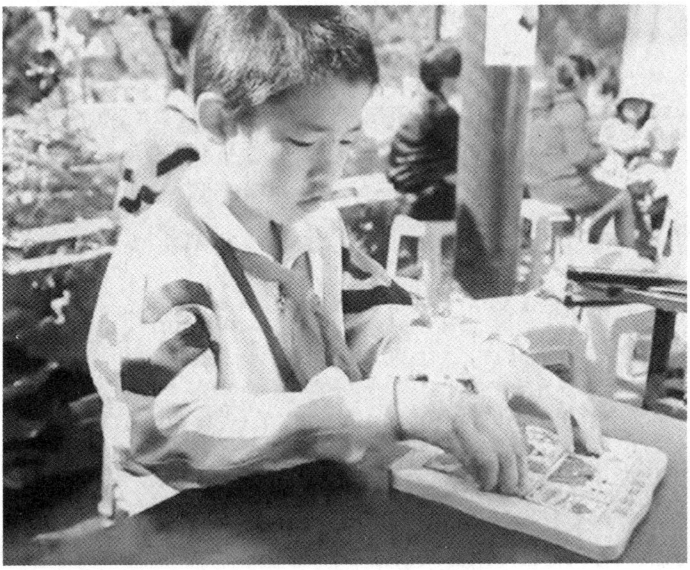

华容道开放课堂

二、创新之中出精品——走进校本选修课课堂

此次校本选修课展示共56节，课程内容丰富多彩，涉及各个领域，如语文的《诗词品读》《楹联文化》《唐之韵》等，数学的《玩转几何画板》《好玩的编织》《数独》《生活中的博弈论》等，英语的《英语趣配音》《英语电影赏析》等，还涉及物理、生物、化学、政治、历史、地理、心理、音乐、美术、体育、竞技、科技、电教、人文、劳技、信息等学科，如《显微镜技术》《C++程序设计》《沙盘游戏》《太平鼓》《机器人》《STEAM》《钩针编织艺术》《船模小组》等。

家长参与选修课开放活动（一）

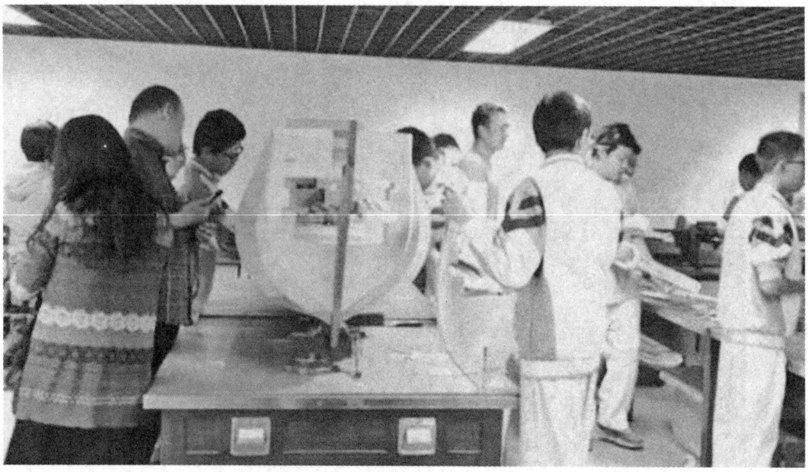

家长参与选修课开放活动（二）

家长参与选修课开放活动（三）

学生在动脑思考、动手实践的过程中增长了知识，开阔了眼界，增强了信心；教师们也在精彩的课堂中展示了优秀的校本课程开发能力和教研能力。家长在听完课后评价道："特别感谢学校给我们提供了这样的机会，让我们能了解孩子在学校里的学习情况和学习环境。学校能为孩子们提供这么丰富的课程，孩子们真的是太幸福了！"

2. 高中课程开放

为了让初三学生及家长全面了解高中教育特色、校园风貌和丰富多彩的高中校园生活，高中部从 2017 年起，每年开展校园开放日活动。活动以主题形式呈现，内容丰富，形式多样。在开放课程的选择上，高中部精选项目式课程、特色选修、名师讲堂、高校名师学者讲堂等课程对外开放。

以 2017 年高中部"品质教育铸就品质人生"校园开放日为例：

2017 年 6 月 3 日上午，北京市八一学校高中部 2017 年"品质教育铸就品质人生"主题校园开放日成功举办。高中校园开放日以全面开放的姿态呈现给关心八一学校发展的朋友，在活动设计原则上，既要让参观者能观校园全貌，又能走进课堂、设身处地了解教学动态。开放日当日，700 多位家长来到学校进行参观与互动，场面十分热闹。

在开放日当天，高中部两个年级精选项目式课程、特色选修、名师讲堂、高校名师学者讲堂等课程对外开放，共展出国学、名著阅读、批判性阅读与写作、基于 STEAM 的机器人、无人机原理与制作、音乐与戏剧表演、八一创业营、生活中的金融学、心理学、走进艺术、职业规划等 30 门课程。

一、项目式课程

项目式课程是八一学校的一大特色，在本次校园开放日活动中，学校特别开放了高一年级的项目式课程，组织家长走进真实的课堂，深入了解当前八一学校课程改革的成果。

在活动中开放的项目式课程清单

课程主题	课程名称
以卫星为核心	无人机原理与制作
	北斗卫星导航原理
	模拟卫星设计
	卫星测控与应用
清华大学 I-CENTER 创客中心的合作项目	设计制作一台 3D 打印机
	设计制作一台排爆机器人
	基于智能家居的 STEAM 课程
我校自主研发的项目	神奇的日用化学品——我为宇航员助力
	神奇的生命世界——星球移民
	传感器的物理学探究
	批判性阅读与写作
	八一创业营

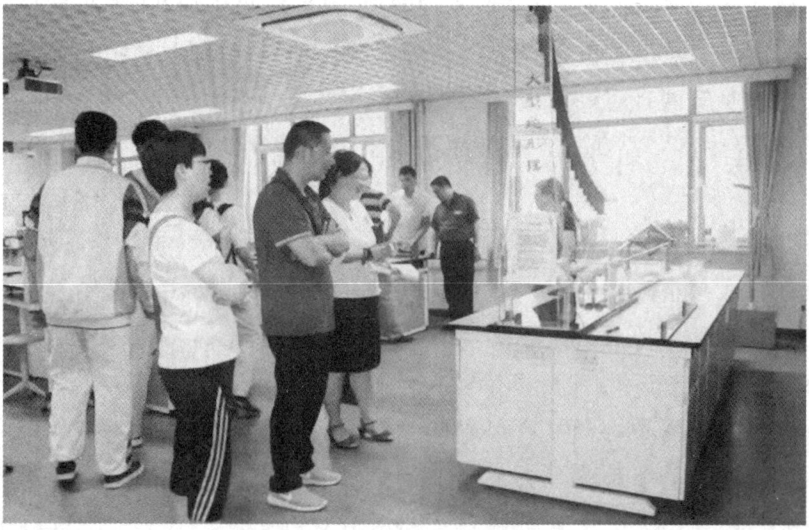

家长参观项目式课程实验室

在项目式课程中，教师采用问题式引导法，以实际生活为例，引出项目的核心学习内容，引发学生思考新问题，引导学生建立从生活中发现问题、了解问题的思维方法，并通过课程训练帮助学生获取解决问题的能力。打破常规的教学方式，加上基于真实世界的项目式学习，不仅让项目式课程受到学生的欢迎和喜爱，也让家长们眼前一亮。

项目式课程公开课现场（一）

项目式课程公开课现场（二）

二、特色选修课程

选修课程立足本校实际构建，作为学校基础课程的延伸，是学校实现育人目标最重要的保障，能够有效地拓展学科外延知识，开阔学生眼界，发展学生兴趣特长，满足学生在多方面不同基础上的发展需要，是其他课程的强力支撑，共同服务于八一学校的育人目标和办学特色。本次开放日当天开放了高二年级部分选修课程：

家长开放日的选修课程

学科	主题
语文	先秦诸子选读
数学	数学思维选讲
英语	英语高阶阅读
生物	研制生态花肥
地理	海洋地理
政治	国家和国际组织
美术	泥浮雕——瓦当创作
美术	中国古代人物画——韩熙载夜宴图
金融	生活中的金融学
心理	性格解析
物理	物理中的类比
英语	影音在线

其中高二年级的政治课堂热闹非凡。“老师，给我一颗!”同学们争先恐后地从老师手中接过什么。“这是美国的巧克力，这是加拿大的奶糖，这是日本的蜜饯……”细心的同学发现，这些糖果的产地无一例外都来自“一带一路”沿线国家。“我们就从‘舌尖上的“一带一路”’开始，进行今天的课程‘世界向东，中国向西’。”任课教师王坤伦别出心裁，买来各国糖果发给学生，开辟“可以吃的政治课”，极大地调动起同学们对《国家与国际组织》这节课的兴趣，希望同学们从热点政治事件中体会到合作与共赢、挑战与发展等融通逻辑。

选修课程教学现场

三、名师讲堂

本次开放日邀请外校的初三学子，走进高中课堂，和高一、高二的学生一起体验课堂乐趣。学校组织王建稳、徐存臣、黄虹、张亚红四位特级教师给同学们准备了每节课 30 人的体验课位，学生与特级名师互动，获益匪浅。

名师课堂课程安排

学科及教师	课程名称
语文——王建稳	和你一起读名著
物理——徐存臣	科学创新意识培养
体育——黄虹	体能训练
音乐——张亚红	音乐与戏剧表演

初三学生与名师面对面交流

四、高校名师学者讲堂

随着学校的进一步发展和对外合作交流的紧密，八一学校已经与全国几十所高校形成多种合作模式，其中的“高端讲座”顺应人才发展需求而诞生，每学期高中部都要举办多场大学名师讲座。学校邀请多个高校的优质资源——名师来我校讲学，为学生提供多种主题，内容涉及学科前沿、艺术人文、职业生涯等方面。高端讲座为学生提供“菜单”，由学生自主选择感兴趣的内容，让学生走近大师，感受科学。

高校名师学者讲堂课程安排

学校名称	课程名称
对外经济贸易大学	高中生向大学生角色转变与职业规划
南京大学	万能材料石墨烯

本次校园开放日活动，也向家长特别展出了与对外经济贸易大学合作开设的高中生向大学生角色转变与职业规划以及与南京大学合作开设的万能材料石墨烯两门课程，引发了家长们的关注。

课堂的精彩，源自点滴的日常积累。走出八一学校的课堂，家长们纷纷表示耳目一新、脑洞大开。有家长谈道："特别感谢学校给我们提供了这样的机会，让我们能了解孩子在学校里的学习情况和学习环境，更让我们体会到了各位老师的教育艰辛，在课堂上始终能照顾到全部的孩子，每时每刻都在关注孩子的听课、发言等各种学习习惯，而且孩子们也能以满腔的激情跟老师一起学习。八一学校的课堂使我耳目一新，感谢学校的付出及各位老师的辛勤教育，相信我们的孩子在你们的教育、呵护下会茁壮成长！"

（二）开放活动，邀家长自主体验多彩活动

除了课堂学习，丰富多彩的社团活动也是学生在校生活的重要组成部分。八一学校学生社团发展繁荣，其宗旨是把同学们组织起来，有领导、有计划、有成效地开展第二课堂活动，以扩大知识面、丰富课外生活、培养广泛的爱好与志趣、锻炼组织活动能力为出发点，为同学们全面素质的培养和成材创造良好的条件。

因此，在校园开放日活动中，学校将学生活动作为一个重要的开放内容，通过学生社团活动，邀请家长加入到学生活动中，帮助家长进一步了解学校的先进教育理念，了解学生在学校中的多元成长与体验。

以 2017 年"品质教育铸就品质人生"九年一贯制校园开放日活动为例：

在这次开放日上，除了精心准备的 90 节精品课程，学校还为家长带来了丰富的学生活动展示。

艺术中心各社团带来的精彩演出在荣臻礼堂上演：《红旗颂》《草原夜色美》《思念》……

一个个精彩纷呈的节目赢得台下阵阵掌声。艺术中心的同学们用精湛的技艺和富有激情的表演，向到场观众展现了自己的青春风采和学校艺术教育的成果。

金帆乐团演奏

操场上的科技嘉年华展示了学校科技中心引入的各项科技课程，参观的家长和学生纷纷摩拳擦掌，积极参与到动手实践中去。

家长体验科技社团

此外，学校还向参观家长开放展示了三个星级社团：

1. “根与芽”社团。该社团成立于2004年，同学们通过关心社区、关心动物、关心自然环境的行动，践行珍·古道尔博士“每个人都很重要、每个人都能发挥作用、每个人都能带来变化”的环保理念。

2. 动漫社。动漫社学生向家长们展示了开放式地面彩绘活动。社团将画布空白区域切分成120个格子，让孩子们“自定义绘画”。

3. VR社团。该社团是一个由初中生创办的新兴科技社团。社团主动完成了八一学校全景观测和制作，为推进全校师生了解VR做出了巨大贡献。

八一学校高水准的艺术演出、脑洞大开的科技嘉年华活动、妙趣横生的动漫涂鸦活动，给每一位来访的家长和孩子留下了深刻的印象。

八一学校高中部的社团活动更是精彩纷呈，以2017年高中部“品质教育铸就品质人生”校园开放日为例：

高中部开放日当天，“根与芽”社团、VR社、BIO生物社、CC化学社、动漫社、机器人社团、校园记者站等优秀社团在教学楼前的甬道上以及礼堂里进行了展示活动。社团前聚集了大量参观的家长与同学，八一学校校园记者站还首次把四届金牌记者集结在一起分享他们的成长与收获，吸引了不少来访者的关注。

“根与芽”社团展示活动

从制作精美的宣传海报，到社团成员现场的实验操作、绘制漫画、机器人展示，再到组织参观者VR体验、实验探究等，处处都充满了学生社团的活力和有序。“根与芽”社团和多个国际项目活动接轨。很生活的CC化学社，用生活中的废油制作香皂，用开椰子实验证明非牛顿流体的性质。丰富多彩的社团里还可以玩中有学，学有所得，如机器人社团FLL、VEX、机器人足球等多个项目获海淀区、北京市、全国一等奖，亚太机器人锦标赛金奖，世界机器人锦标赛亚军等荣誉。BIO 生物社获海淀区金鹏科技论坛一等奖、“环球自然日”北京赛区三等奖等荣誉。

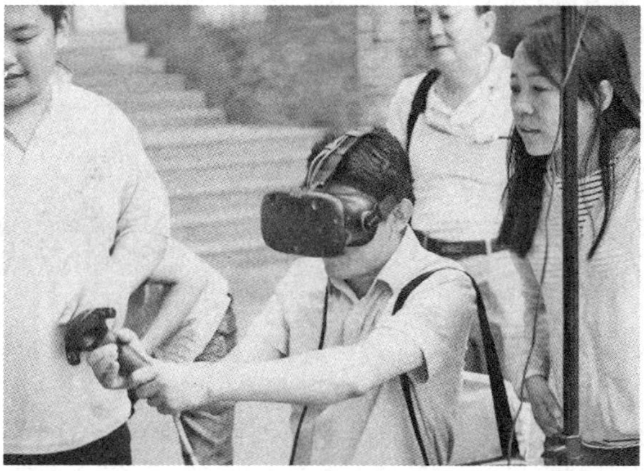

家长体验社团活动

在学校“品质文化”宣讲会上，学校还为家长和学生展示了学校金帆管乐团、金帆合唱团的精彩节目。金帆合唱团的同学们为大家演唱了改编的《北京市八一学校校歌》，并巧妙引入京剧社团同学前来客串表演，优美的歌声和精湛的演技赢得了观众的热烈掌声。长笛二重奏《弄臣幻想曲》片段、铜管五重奏《号手的节日》、次中音重奏《浪漫曲》，尽显音乐之美。

“品质文化”宣讲会

此外，将中国舞与京剧巧妙结合的舞蹈《沐春风》，让观众耳目一新，孩子们化着精美的京剧妆容，挥舞起水袖，为观众带来一场视听盛宴。

舞蹈《沐春风》展示

宣讲会上还特别加入社团展示环节，八一校园记者站、81TV、BIO 生物社作为代表社团，以多种形式向家长们展示了异彩纷呈的社团文化。

（三）开放校园，邀家长深度参观美丽校园

在校园开放日活动中，为了使家长深切地感受校园，学校将校园作为一个重要的开放内容，邀请家长参观校园、走进食堂，零距离了解孩子在校的生活环境。在校园开放日活动中，学校精心设计了“翰墨飘香”“主席之路”“科技之光”和“艺术之旅”4 条线路，引导家长参观校园；美术教研组精心制作八一学校校园手绘版地图，方便家长游览校园；后勤部门加班加点布置校园，摆放家长座椅；安保部门全力支持，保证开放日活动顺利进行。通过主题参观，家长领略到开放式图书馆的藏书之多，欣赏到玉兰园里的春花繁盛，也感受到绿茵场上足球小将的拼搏热情。

校园开放日活动现场

前来参加八一学校校园开放日的家长，既有打扮时尚的年轻父母，也有须发皆白的爷爷奶奶，他们在各个展区流连忘返，不时举起手机拍照留念。

家长参观校园（一）

家长参观校园（二）

为了便于学生家长全方位地了解学校环境，开物苑、图书馆、美术中心、天宫苑、实验楼、艺术中心的每个专业教室还配备了专门的学生志愿者进行专业讲解。

家长的有序参观离不开学生志愿者，他们被称为开放日里流动的风景线。有来访家长这样评论他们："当我遇见你时，你给我的是一个温暖的微笑；当我靠近你时，你给我的是一次不求回报的帮助。"正是因为有了这些可爱的校园志愿者，校园开放日才得以有序进行。

学生志愿者在校门口进行引导工作

学生志愿者向家长介绍校园环境

为了保证此次活动的顺利开展，使到访者能够更好地了解八一学校的传统、文化，学校多次召开志愿者培训会。活动当天，所有的志愿者早上7:00前便来到学校，摆放桌椅、资料，迎接家长，发放校园开放日手册和教室地图，并适时对有需要的家长进行引导和帮助。

志愿者们遍布校园的各个地方，他们引导家长参观学校教育教学设施及教学环境，展示教育教学成果，让家长亲身感受校园的育人氛围，灵活机动地为每一位需要帮助的家长和学生提供贴心的服务。

八一学校的家长开放日活动不仅吸引了家长的广泛参与，还面向社会开放，有力地促进了家庭、学校、社会的协同育人。家长开放日活动有利于家长更好地了解学校，

学生志愿者为家长解答疑问

全方位地了解学生在学校的学习、活动和生活，实现家庭教育与学校教育的无缝对接和延伸，增进双方的理解和信任，建立起家校间彼此的安全感。同时，家长开放日还有利于家长更好地参与学校管理，有助于家长主动成长为学校发展的智囊团，从不同的角度发现问题、分析问题，为学校的发展献计献策。

四、家长讲堂：让家长成为教育的同行者

教育是一项社会系统工程，学校教育、家庭教育、社会教育是现代教育的三大支柱。学校要争取家长的理解、支持和主动参与，通过有效的组织提高家长的教育能力，广泛吸取家长优质资源，构建良好的家校合作平台，使家长成为有效课程资源的来源和教育的同行者。

八一学校倡导“家长亦为师”的理念，在充分了解学生成长需求和兴趣点的基础上，充分调研家长群体的职业背景，面向家长群体开展课题征集，精心打造家长讲堂，有力地补充了学校的课程资源，为教师、学生、家长搭建起交流、共享的有效平台，从而形成家庭参与教育、教育服务社会的良性互动机制。到目前为止，八一学校小学、初中、高中、国际部等多个校区都已构建了家长讲堂的常态化机制，构建了系统的家长讲堂课程体系，现已形成书香家长课堂、家长品质讲堂、家长职业精英大讲堂等多个家长讲堂品牌项目。

（一）书香家长课堂：为校园营造更浓郁的书香氛围

凤栖梧桐，书韵飘香。八一学校小学部拥有非常丰富的家长资源，学部选择以阅读为抓手，将丰富的家长资源进行整合，打造了书香家长课堂这一传统项目。小学部将“家校携手，让父母成为孩子的榜样；开阔视野，共同守护每一个孩子的成长”作

为书香家长课堂的目标。每学期初，学部联合三级家委会组织面向全体学生家长发放招募令，征集课程内容。

书香家长课堂招募令

家长们也非常支持书香家长课堂的创办，纷纷积极踊跃报名。家长讲堂内容涵盖了科技创新、传统文化、航天、建筑、气象、法律、中医等方方面面。

2019—2020 学年二年级书香家长课堂课题名称

班级	课题名称
二年级 1 班	陈星宇家长：“给孩子讲量子力学”
	李佳骏家长：“小猪变形记”
	李欣宸家长：“我不跟你走”
	马延礼家长：“神奇花园”
	赵浩翔家长：“爱看书的男孩”
	赵梓昂家长：“探索宇宙神秘隐身人”

续表

班级	课题名称
二年级 2 班	赵婉初家长："绘本名称：人类简史"
	董沐鑫家长："揭秘天气"
	李佩泽家长："绘本名称：盘中餐"
	尤启光家长："绘本名称：恐龙邮票"
	张紫菡家长："航空发动机与航空飞行"
二年级 3 班	陈葭茵家长："无人机的种类和实际运用"
	马梓洋家长："肚子里有个火车站"
	王博杨家长："蚯蚓的日记"
	魏暄琦家长："南水北调江水进京的缘由、建设过程和重要意义"
	薛子愚家长："我的五官体验书"
二年级 4 班	袁翊宸家长："我是绘本'小主角'"
	周玲羽家长："塔克的郊外"
二年级 6 班	曾昭铭家长："森林报故事绘本《各种各样的储藏室》"
	冀柳一家长："视觉的扩展——千里眼雷达"
	李承恩家长："古诗词"
	宋孟桐家长："绘本名称：我的身体"
二年级 7 班	金诗诗家长："不一样的卡梅拉"
	李若陶家长："探索自然"
	刘浩翔家长："了解中国古代著名建筑物"
	欧阳铧风家长："太阳系行星科学、天体陨石学"
	高恺齐家长："从海底到太空——图解著名运载工具"
	黄义涵家长："曾国藩的少年趣事"
二年级 8 班	吴林谦家长："儿童安全绘本——《我来保护你》系列"
	吴雨桐家长："鼍龟"
	聂尚家长："公园的声音"
二年级 9 班	雷逸轩家长："绘本名称：细胞大冒险"
	方博骁家长："绘本名称：如果艺术家是建筑师"
	李骐勋家长："绘本名称：雨林野疯狂"
	李珉宇家长："海洋"
二年级 10 班	赵梓熙家长："人类简史"
	胡羽知家长："数学魔术师"
	吴天泽家长："星空下的梦想"
	宗瀚辰家长："我们的中国——写给孩子的中国地理"

书香家长课堂采取学生自主选课的方式开展，由学生们从家长申报的课题中进行自主选择。得票率高的课题被选中后统一规划，提前安排进各班课表，全力保障书香家长课堂的顺利组织与开展。

除了书香家长课堂进班级外，每年学部还会从本年度优秀家长课题中选择优秀的课题作为书香家长大课堂，面向全校开展。以 2019—2020 学年第一学期为例，参与书香家长课堂的家长志愿者接近 400 人，上课家长达到 130 人，为了让优质的家长资源能够辐射到更多的学生，学部从 130 节课中精选出 4 节课“地球有脾气——地震”“鸟类大揭秘与初探仿生学”“小小吃货大闹厨房!”“航空知识科普之飞行安全”，升级成为书香家长大课堂，面向全校师生、家长开展家长讲坛成果汇报展示。

从发布招募令，到家长准备教案、制作课件，再到排课，书香家长课堂几乎贯穿整个学期。在书香家长课堂活动中，八一学校以一种更主动、更多元、更友好、更温暖的方式，邀请家长走进校园，走进课堂，不仅让家长看到八一学校教育的情怀，也让家长看到学校在各方面做出的努力。有家长在参与书香家长课堂后这样说道：“孩子把最美的童年时光留在了八一学校，八一学校于我们家长也有了不一样的含义，有了牵挂，有了寄托。”

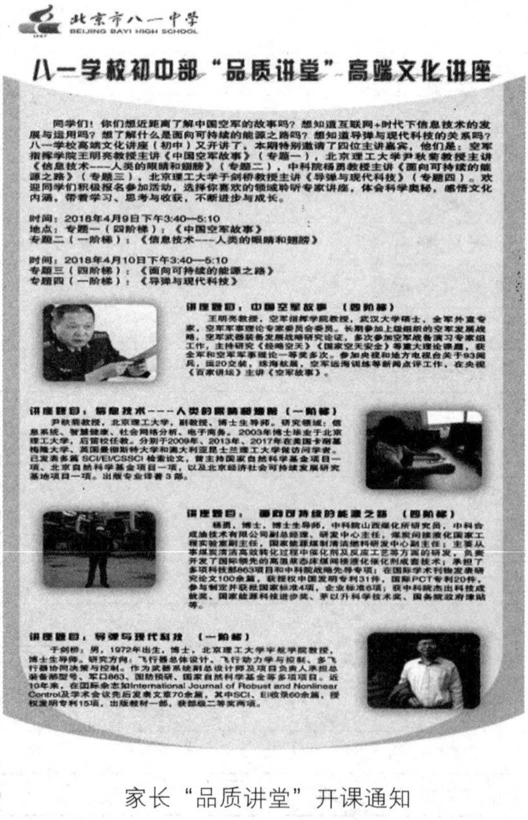
北京市八一中学
BEIJING BAYI HIGH SCHOOL

八一学校初中部“品质讲堂”高端文化讲座

同学们！你们想近距离了解中国空军的故事吗？想知道互联网+时代下信息技术的发展与运用吗？想了解什么是面向可持续的能源之路吗？想知道导弹与现代科技的关系吗？八一学校高端文化讲座（初中）又开讲了，本期特别邀请了四位主讲嘉宾，他们是：空军指挥学院王明亮教授主讲《中国空军故事》（专题一），北京理工大学尹秋菊教授主讲《信息技术——人类的眼睛和翅膀》（专题二），中科院杨勇教授主讲《面向可持续的能源之路》（专题三），北京理工大学于剑桥教授主讲《导弹与现代科技》（专题四）。欢迎同学们积极报名参加活动，选择你喜欢的领域聆听专家讲座，体会科学奥秘，感悟文化内涵，带着学习、思考与收获，不断进步与成长。

时间：2018年4月9日下午3:40—5:10
地点：专题一（四阶梯）：《中国空军故事》
专题二（一阶梯）：《信息技术——人类的眼睛和翅膀》

时间：2018年4月10日下午3:40—5:10
专题三（四阶梯）：《面向可持续的能源之路》
专题四（一阶梯）：《导弹与现代科技》

讲座题目：中国空军故事（四阶梯）

王明亮教授，空军指挥学院教授，武汉大学硕士，全军外宣专家，空军军事理论专家委员会委员。长期参加上级组织的空军发展战略、空军武器装备发展战略研究论证，多次参加空军战备演习专家组工作，主持研究《经略空天》《国家空天安全》等重大理论课题，获全军和空军军事理论一等奖多次。参加央视和地方电视台关于93阅兵、歼20交付、珠海航展、空军远海训练等新闻点评工作，在央视《百家讲坛》主讲《空军故事》。

讲座题目：信息技术———人类的眼睛和翅膀（一阶梯）

尹秋菊教授，北京理工大学，副教授、博士生导师。研究领域：信息系统、智慧健康、社会网络分析、电子商务。2003年博士毕业于北京理工大学，后留校任教。分别于2009年、2013年、2017年在美国卡耐基梅隆大学、英国曼彻斯特大学和澳大利亚昆士兰理工大学做访问学者。已发表多篇SCI/EI/CSSCI检索论文，曾主持国家自然科学基金项目一项、北京自然科学基金项目一项，以及北京经济社会可持续发展研究基地项目一项。出版专业译著3部。

讲座题目：面向可持续的能源之路（四阶梯）

杨勇，博士，博士生导师，中科院山西煤化所研究员，中科合成油技术有限公司副总经理、研发中心主任，煤炭间接液化国家工程实验室副主任，国家能源煤制清洁燃料研发中心副主任；主要从事煤炭清洁高效转化过程中催化剂及反应工艺等方面的研发，负责开发了国际领先的高温浆态床煤间接液化催化剂成套技术；承担了多项科技部863项目和中科院战略先导专项；在国际学术刊物发表研究论文100余篇，获授权中国发明专利31件，国际PCT专利20件，参与制定并获批国家标准4项，企业标准6项；获中科院杰出科技成就奖、国家能源科技进步奖、[illegible]科学技术奖、国务院政府津贴等。

讲座题目：导弹与现代科技（一阶梯）

于剑桥，男，1972年出生，博士，北京理工大学宇航学院教授，博士生导师。研究方向：飞行器总体设计、飞行动力学与控制、多飞行器协同决策与控制。作为武器系统副总设计师及项目负责人承担总装备部型号、军口863、国防预研、国家自然科学基金等多项项目。近10年来，在国际杂志如International Journal of Robust and Nonlinear Control及学术会议先后发表文章70余篇，其中SCI、EI收录60余篇，授权发明专利15项，出版教材一部，获部级二等奖两项。

家长“品质讲堂”开课通知

书香家长课堂长效机制的确立，既实现了优秀家长群体的多层次和多样性的有效利用，给学生带来课本所学不到的各方面社会实践知识，也发挥了家长在学校发展、学生道德养成等方面的积极作用，为学校提供了有力支持，形成了家校合作的教育合力。

（二）家长品质讲堂：为品质增添一抹更亮的光彩

在初中部，每学期定期举办家长“品质讲堂”高端文化讲座活动，每次 4 个主题，同时举办 4 场，内容丰富多彩，涵盖多个学科和领域，由学生根据自己的兴趣爱好进行自主选择。家长“品质讲堂”主要利用家长和社会人才资源为学生开阔视野、提升多方面素养、培育品格及未来发展奠定坚实基础。

通过多年的建设和积累，家长“品质讲堂”已经成为初中部的一大特色品牌，讲堂课题涉及传统文化、航天科技、信息技术、生态保护、艺术赏析等多个领域。家长“品质讲堂”充分整合优质家长资源，学生家长结合他们丰富的人生阅历、自身专业和特长，精心备课，悉心传授，为学生提供相应的专业知识，带给学生全新的上课感受，真正体现了“父母是孩子最好的老师”。家长们的精彩讲解，既丰富了孩子们的课外知识，同时也是对学校教学的有益补充。

以 2016 学年开设的品质讲堂为例，为了提高学生的专业知识储量、增强专业素养，八一学校初中部借助家长资源，为同学们提供了《奇妙的低温世界》《我们身边的水》《植物也疯狂》《知识产权与现代生活》4 大专题，供初一、初二的学生自主选择。

中科院理化技术研究所刘立强教授讲授《奇妙的低温世界》

中科院生态环境研究中心齐嵘博士讲授《我们身边的水》

中国科学院植物研究所孔宏智教授讲授《植物也疯狂》

中国政法大学陈健教授讲授《知识产权与现代生活》

家长的积极参与，有效拓展了学校的教育资源，良好的家校育人氛围让学校和家长建立了深厚的感情，部分优秀家长还成为学校"品质讲堂"特聘专家和各项活动的校外辅导员。

（三）家长职业精英大讲堂：为学生带来更全面的职业认知

《礼记·中庸》有云："凡事预则立，不预则废。"在一个文化、经济、个人多元化发展的时代，青少年越早认识自我，越早认识职业，就能越早地认识教育与职业的关系、规划职业、学会职业决策，能从小根据自己感兴趣的职业目标，从知识、技能和综合素质等方面锻炼自己的职业竞争力。

八一学校非常重视学生的职业生涯教育，目前，八一学校高中部、国际部均定期开设“家长职业精英大讲堂”活动，邀请各行业领域的精英家长以及社会人才资源，系统向学生讲述该职业领域的发展，以及所需要的知识、技能和综合素质，帮助学生不断认识自我、把握自我、挑战自我，明确职业规划，让学生能主动强化相关职业知识和技能的学习，有目标地做好知识储备，提高相关职业需要的从业能力，为以后的职业生涯做好充足的准备。

“家长职业精英大讲堂”是促进家校共融的有效途径，在学生发展中心的倡议和组织下，各级家委会充分调研，层层筛选，提前系统设计每次讲座的职业方向，邀请相关领域精英家长，帮助学生建立职业规划的意识，加强学生对不同行业现状和发展前景的了解，有机会以直观和近距离的方式收获宝贵的职业经验。

以 2017 年国际部组织的一次“家长职业精英大讲堂”为例，在这次活动上，学校邀请了 4 位嘉宾：中科院未来网络技术与应用实验室主任周旭博士、京通天泰房地产公司工程部经理兼北京释胜律师事务所律师田强老师、斑马科技大中华区业务拓展部总监陈阳老师以及在职业素质教育和跨文化沟通方面有丰富经验的马威老师。他们既是行业内的精英翘楚，又有着另一个特殊的身份——家长。4 位家长分别与同学们分享了在大数据、建筑、IT 和职业素养方面的深刻体验与感悟，分享了他们丰富的行业经验和职业成长历程，并为国际部同学们的成长发展提出了宝贵建议。

周旭博士揭秘 5G 网络

田强老师介绍建筑行业

陈阳老师分析未来科技

马威老师介绍咨询行业

职业规划一项重要的工作就是帮助孩子发现自己，引导学生找到兴趣、点燃热情、激发潜能。家长们的宝贵经验和分享，为同学们提供了与达人近距离深入交流的机会，有助于解开同学们对职业选择的疑问与困惑，帮助学生更好地认识自我、认识职业，为热情和梦想做出自己的人生选择，并深爱自己所选择的行业。

可以说，八一学校在家长讲堂的建设方面扎实地走出了创新之路，不仅开阔了学生的眼界，拓宽了学生的思维，也使家长真正成为学校的协作者、支持者和参与者，让家庭教育和学校教育真正地有机结合，形成合力。

五、家长学校：让家长与时代同行，与孩子共成长

家庭是孩子成长的天然土壤，家长是孩子的第一任导师。学生在成长的过程中，除了接受学校的教育外，父母的影响是最深刻而持久的。家庭教育是一切教育的基础，它伴随孩子的一生，对孩子的成长起到至关重要的作用。当今社会，人们所面临的生存、生活环境与过去大不相同，家庭教育的新情况、新问题也层出不穷，家长们迫切需要有一个途径能够在教育问题上给予有效帮助。学校是专门的教育机构，教师是从事教育工作的专业人员，学校有能力、有条件也有责任指导家庭教育的开展。因此，建立家长学校，发挥学校在家庭教育工作中的作用，为家长提供家庭教育指导，对于家长提升家庭教育质量来说非常有帮助。

长期以来，八一学校高度重视对家庭教育的引导，坚持做家长成长的引路人，积极适应新时期家庭教育发展的新需求，高水平建设家长学校。八一学校充分发挥本校名师的辐射带动作用，组建了以名师、名班主任为主体的内部讲师团队，主动研究家长成长需求，结合校情和学段特征，从教育政策解读、家庭教育理念与方法、青少年身心发展、青春期教育、亲子沟通等多个模块出发，系统构建家长学校课程体系，并从家庭教育的实际问题出发，不断丰富教学内容，满足不同层次家长的需求。目前，小学部、初中部、高中部、国际部都形成了鲜明的家长学校特色，切实提高了学生家长的教育素质和家庭教育水平。

（一）聚焦家长关心问题，开设系列专题讲座

小学部家长学校的建设思路非常明晰。早在家长学校创办伊始，学部就开始探索九年一贯制体系下家校共育新模式，增加家长们对最新政策、孩子们的发展方向、心理健康等内容的了解，通过系列专题讲座，有效提升家庭教育水平，受到了家长们的好评。家长学校的成功举办离不开充分调研和周密组织。学部设计了精细化的活动准备流程，通过“设计家长关心的问题调研问卷——组织调研，明确家长学校课题——主讲方案设计与研讨——线下席位家长抢票——组织举办及效果反思”五大步骤系统

开展家长学校的组织工作。

以 2020 学年为例，学期初学部面向 1400 余位家长开展了线上调研，在调研中选出家长最感兴趣的讲座选题 6 项，包括：八一文化滋养下九年一贯制学校课程设置，北京市中考、高考新政策解读，小学部社团培养攻略；小学生心理健康，良好的学习习惯养成，及如何正确面对和处理校园霸凌；体育运动对青少年发展的重要性以及对升学的帮助；科技创新对于学生未来的影响；“别人家的孩子”的学霸成长之路；在疫情常态化条件下，学生如何做好健康防护。

王华蓓老师讲座海报

2020 年 11 月 21 日，学部针对家长们最为关心的“八一文化滋养下九年一贯制学校课程设置，北京市中考、高考新政策解读，小学部社团培养攻略”这一课题，邀请八一学校常务副校长、北京市语文学科骨干教师、北京市优秀教师、海淀区高中工作专家组成员王华蓓老师进行专题讲座，拉开了 2020 年度家长学校主题讲座的序幕。

王华蓓老师以“面向未来的品质教育”为题，分别解答了九年一贯制的学习方式、中高考的政策变化、小学部社团活动等家长们关心的话题，对孩子的心理健康培养、德智体全面发展、科技创新活动进行了深入浅出的解读和介绍。

经会后调查，与会的 500 多名家长收获满满，不仅解除了心中疑惑，更对未来的家长学校充满期待，对孩子的未来充满期待。

王华蓓老师面向家长答疑解惑

（二）共识孩子心智发展，共同关注青春期教育

初中部的家长学校讲座已经开展了多年，形成了生命教育与生涯规划、亲子沟通、青春期教育、学业指导等几大经典主题，初中部家长学校的建设经验也为八一学校家长学校顶层设计贡献了思路和经验。

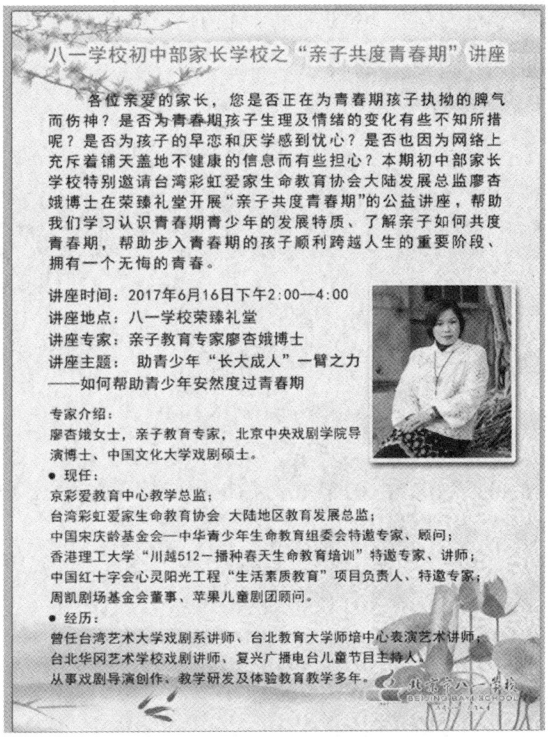

家长学校“亲子共度青春期”系列讲座海报

青春期是同学们挖掘自我潜能的黄金期。初中部的同学们正值青春期，作为陪伴成长的家长，既要面对繁重的工作，更要了解孩子成长的心智密码，帮助孩子塑造积极的心态，度过人生的重要时刻。初中部家长讲堂，重点关注学生青春期教育，开设了“亲子共读青春期”“焕发青春动力、破译教子密码”等多期精彩纷呈的讲座，在家长中引起了热烈反响。

以讲座“亲子共度青春期”为例，廖杏娥博士和家长们探讨了青春期孩子与家长面对的困惑和挑战，并从生理和心理的角度解释了这些问题产生的机制，从全人发展的角度介绍了青少年成长的需求，从生理、情绪、人际关系、智能、品德五方面指导家长该如何与青春期的孩子共同成长。

讲座结束后，初中部家长纷纷表示讲座的专业知识非常有用，部分家长在讲座结束后还专程留下与廖博士继续沟通亲子教育问题。

（三）提升家庭教育智慧，构建和谐亲子关系

高中对家长和学生来说不仅是一个崭新的开始，也是一个全新的挑战。进入高中以后，学生对家长浅层次的需求减少了，对家长深层次的需求增多了，这个时候往往家长的智慧增长比不过孩子成长的速度，因此学会做智慧家长对高中阶段的学生家长来说尤为重要。高中部、国际部在这方面开展了积极的尝试与探索，除了常规的家长培训、家长指导外，重点构建和谐亲子关系，引导家长做智慧型父母。

以“亲子关系中榜样的力量”培训活动为例，国际部家长学校邀请美国卡内基唯一授权中国区副总经理郑斐老师，面向高一年级的家长，举办了主题为“亲子关系中榜样的力量”培训活动，旨在与家长一起探讨如何与孩子更加有效地沟通，引导并帮助孩子做更好的自己。

郑斐老师为家长们进行讲解

郑斐老师在培训过程中，以生动的语言和丰富的案例结合多种互动方式，围绕以下几方面进行：

1. 家长及孩子最欣赏自己及孩子的优点是什么？最近亲子互动中很开心的一件事

情是什么？

2. 两两家长互动分享：日常生活中，家长总是关注到孩子的缺点，而对孩子的优点赞赏不够。欣赏发现孩子的优点对于孩子的成长是非常重要的。

3. 家庭互动关系典范：（1）不批评，不责备，不抱怨；（2）给予他人真诚的欣赏和感谢；（3）引发他人内心的渴望；（4）真诚关心他人；（5）经常微笑；（6）姓名对每个人而言都是最悦耳的声音；（7）聆听，鼓励他人多谈他自己的事情；（8）谈论他感兴趣的话题；（9）衷心让他觉得很重要。

4. 孩子们对家长的期待：要求降低、心平气和、尊重他们的想法、支持他们的爱好、多多鼓励他们、换位思考、互相平等、合理运用“权利”、多与他们谈心、以身作则。

家长们在愉快的互动式体验学习中收获了知识。培训结束后，家长们感谢郑老师之余，纷纷感慨收获颇多。

（四）利用数字媒介，打造家长线上学习平台

近年来，随着信息化水平的不断提升，学校也开始积极思考家长学校的创新与转型，利用数字媒介，以线上微课堂、线上家校共育学习平台等方式建设数字家长学校。

以小学部为例，为了让家长随时随地接受更多的专业指导，小学部利用微信公众平台，开设“家长微课堂”。学部制订了“家长微课堂”具体实施方案，对微课程的内容进行整体把握，有计划、有组织地深入开展形式多样的家长微课堂活动，丰富了学习途径，优化了学习效能，增进了亲子关系，密切了家校联系。

再以玉泉中学为例，学校专门开设了家校共育学习平台，开启线上和线下相结合的“空中课堂＋体验式工作坊”，形成家长自主参与的互动培训模式。学校通过家校共育平台指导家长通过校园公众号、班级微信群、短信等方式关注教委及学校下发的指导意见和方法，了解学校发布的信息，知晓学校工作安排，不断提升家庭教育的水平。仅 2019—2020 学年下学期，学校就先后通过线上线下相结合的方式，为家长推出了 16 次讲座。2019 年 11—12 月，学校还邀请专家到校，对不同年级的家长分别开设家庭教育大讲堂，对家长进行《如何助力即将高考的孩子》《关系能量》等家庭教育能力提升的培训。为了帮助毕业年级家长缓解焦虑情绪，更好地帮助孩子进行中、高考冲刺，学校还利用家校共育学习平台组织毕业年级家长参加了 4 次由海淀教科院陈尧老师、张弛老师进行的心理课程培训，帮助家长舒缓情绪，建立更加和谐的亲子关系。

学校教育是教育体系中具有规范性、制度性、系统性、科学性特征的教育形式，对家庭教育有着示范引领、指导促进作用；家庭教育是教育体系的重要组成部分，与学校教育相互促进、相辅相成。八一学校家长学校在家长们的大力支持下，各项工作扎实推进、稳步有序开展，已经成为宣传科学的家庭教育理念、普及科学的家庭教育知识、引导家长更新教育方法、建立良好的家庭教育新风尚的重要阵地。家长学校的建设有效地优化了学校家庭教育指导服务体系、提升了学校家庭教育指导服务水平，充分发挥了学校在家庭教育工作中的作用，有利于发挥学校和家庭的联动作用。家长学校通过多种形式为家长提供指导和服务，帮助家长解决家庭教育中的难点问题，提升家长教育培养子女的能力和水平，有助于形成学校组织、家长参与、社会支持的家庭教育工作格局。

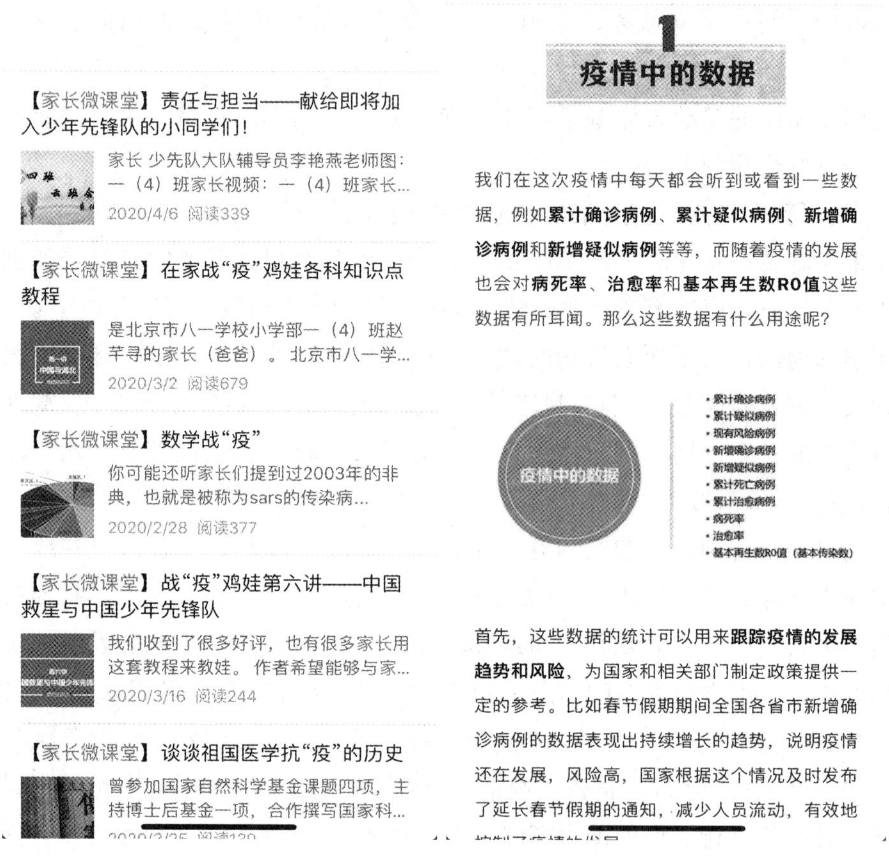

家长微课堂专业知识课程

六、特色亲子活动：让家长在学生成长中不缺席、不越位

英国教育家托马斯·阿诺德说：“父母的言行就是无声的老师，自觉或不自觉的榜样，强有力地发挥着潜移默化的作用。”身为家长，不仅要在生活情感上去关爱孩子，

还要在言行举止上身体力行，为孩子做好表率。亲子教育活动正提供了这样一个教育契机。亲子教育活动是家庭教育与学校教育的重要衔接，是家校共育的重要途径和组织形式。

八一学校精心设计，积极探索生动有效的亲子活动形式，通过亲子班会活动、亲子成长活动等，充分发挥学校和家庭的联动作用，通过丰富多彩的亲子活动增进亲子之间的沟通和交流，加深亲子间的感情维系，让家长和孩子在活动中共同成长进步。此外，学校通过亲子活动还旨在有效提高家长的教育理念和技能，让家长在孩子成长中学会定位自己的角色：既不缺位，学会高质量陪伴；也不越位，让孩子自己经历、自主选择。

（一）亲子班会活动：迈好青春第一步，相携同行共成长

邀请家长参加班会课，开展亲子班会活动，在八一学校有着悠久的历史。从1983年持续至今，八一学校坚持了近40年。

人生的定义，离不开青春的命题。14岁，正是青春的一个起点。青春期，是决定形成什么样人生观的时期，是塑造什么样人格的时期，它直接影响一个人今后的发展趋向，甚至影响一个人一生的思想行为和事业成败。

学校将亲子班会活动定在初二年级，恰逢学生们14岁，正值迈入青春大门的时候开展，让学生与家长共同回顾14年的成长历程，并以此为契机，引导学生能够心怀感恩，促进亲子之间的交流与沟通。

亲子班会活动主要聚焦“迈好青春第一步”主题，如儿时照片的“猜猜看”、成长照片的回顾、学生们各具所长的才艺表演以及家长们亲笔写下的一封封厚厚的家书。在班会中，家长与学生、老师一起探讨关于理想、未来的话题，也让学生对人生理想的规划以及实现理想的途径多了几分思考。

亲子班会活动在八一学校是一个重要的传统活动，年级组积极筹备亲子班会的相关工作，反复与班主任研讨、确认每个班级亲子班会活动的题目和特色。

C2018届各班会主题

班级	班会题目	班会特色
1	奔跑吧，青春	仰望星空，脚踏实地
2	梦想点亮青春，责任铸就成长	目标务实，重视沟通
3	梦想的青春	朴实无华，浑然天成
4	逐梦青春，靓丽你我	感动思考，交流梦想
5	遇见青春	凝神定气，俯拾仰取

续表

班级	班会题目	班会特色
6	亲情在屋檐下，责任在付出中	感悟亲情，承担责任
7	岁月如歌，征途似虹	全员上阵，大家点评
8	怒放的青春	桃之夭夭，青春怒放
9	因为爱，所以青春	紧扣主题，贴近实际
10	雨季·梦·青春	有效沟通，共同成长
11	青春飞扬，责任前行	情景再现，实验说理
12	青春扬帆·相伴你我	动之以情，晓之以理
13	背上青春的行囊去旅行	语言平实，微言大义
14	行走在青春的路上	情怀远大，踏实务实
15	行走的青春	源于生活，朴实朴质
16	青春纪念册	温情氤氲，责任流淌
17	正青春·在路上	解读青春，触碰心灵
18	最美青春	娓娓道来，师生默契

为了让亲子班会活动达到更好效果，年级组还召集所有班主任老师，做了关于主题班会的案例分享，回顾和学习关于主题班会的流程，分析往届优秀亲子主题班会案例中的闪光之处，带领班主任老师认真观看和学习，总结经验，借鉴所长，不断创新活动设计。

同时，年级组还为班主任老师提供了召开家长会的工具包，帮助班主任老师把握几个关键点：主题班会的定位与作用；树立家长在主题班会上的主人翁角色；家长需要做的准备工作及时间节点；家长信的建议及参考信件。此外，年级还选出有带班经验的班主任老师，做主题班会的示范班会。在年级组的带动下，亲子班会活动的设计越来越成熟，呈现了较好的活动效果。

亲子班会活动不仅让班主任老师从幕后走到台前，成为班会重要部分的主持人或点评人，也让家长的角色发生了巨大的变化。首先，家长真实参与到班会的设计策划中；其次，家长在班会实施的过程中，从原来观摩班会转变为真正参与其中；再次，亲子班会的开放性、交流性，使得在班会中成长的不仅仅是孩子，还有家长。

亲子班会活动让学生、家长、老师三方，在一个开放、真诚、轻松的氛围下，一起研究探讨一个充满魅力的话题，在形式上给人一种新鲜感，家长脱离了家庭中单纯的“父母”的角色，脱离了家庭关系的层面，而成为一个与孩子保持一定距离的、更客观和更冷静的一个新父母的角色。三方交流平台的搭建，带给家长和学生的潜移默化的影响，无疑是亲子班会的最大亮点。

（二）亲子成长活动：弘扬正能量，言传身教好榜样

家长是孩子最好的榜样。身为家长，不仅要在生活情感上去关爱孩子，还要在言行举止上身体力行，为孩子做好表率。亲子成长活动是八一学校特色亲子活动的重要组成部分，主要包括家长志愿者服务、“伴童亲子公益”、阅读成长计划等多种形式。亲子成长活动通过组织亲子共同参加各种活动，让家长学会做孩子的榜样，让孩子从家长身上汲取成长的正能量，从而实现亲子共成长的目的。

1. 家长志愿者服务

每天上下学时段，校园门口车水马龙、人流密集，学生出行存在较大安全隐患。为了更好地维持上学放学时学校周边及校门口的交通秩序，小学部设置了家长交通志愿者服务岗，协助学校开展交通疏导，规范车辆停放，维护交通秩序等。身着蓝色或红色马甲的家长志愿者，和值周老师、片区警察、学校保安共同维护校园门口的秩序，疏导周边道路上的车流，为学生们撑起了一把“校园安全保护伞”。

家长交通志愿者维持校门口交通秩序

为了扩大家长交通志愿服务岗的影响力，学校及时抓住教育契机，将家长交通志愿服务岗与学生礼仪岗相结合，让家长和学生在同一天走上校园服务岗位，让学生在父母的言传身教中，学会为他人和集体服务。每天清晨 7 点左右，礼仪岗的小志愿者便和志愿者家长一同来到学校。志愿者爸爸妈妈们穿上醒目的“红马甲”或“蓝马甲”，挥起指示牌，尽心尽责地维护着校门口的交通秩序。学生志愿者则身佩礼仪绶带，整理好仪表，精神抖擞地奔向自己的岗位，用热情迎接着到校的每一位师生。

学生礼仪岗志愿者与家长交通志愿者共同值周

值周活动也让家长和学生多了一项交流内容。上岗前，学生会生动形象地模仿志愿者早上都为他们做什么，并提醒自己的爸爸妈妈要注意安全；上岗后，家长也会与学生分享当志愿者的激动心情：穿上志愿者的服装顿时感觉自己的形象高大了许多。

值周活动为学生每天早晨安全进入校园、每天下午放学安全回家搭建了一条绿色的安全通道。这个有意义的亲子志愿活动，也如接力棒一般在各班传递着，每年都有超过 1200 个家庭参加到执勤工作中来。无论春夏秋冬，还是刮风下雨，他们总能在天微微亮就出现在学校门口，轻声提醒，有序引导，全面保障学生和家长的顺畅出行。红蓝色的工作服、频繁在车流中摇动的“让”字牌，已然成为校门口最亮丽的风景线。

50 分钟的执勤，家长们虽然很辛苦，但能与学校共筑安全通道，为孩子们撑起安全保护伞，家长们倍感自豪。同时，家长们也更深切地体会到，家校共育不仅体现在学科知识的共培养上，还体现在家长们以身为范、以行为规，用自己的行为于无声处影响孩子。

2.“伴童亲子公益”

家长是孩子的第一任老师，一个家庭中缺少助人为乐的氛围，就很难培养出乐于助人的孩子。特别对于年纪较小的孩子而言，其身心尚未成熟，对行为的选择往往是根据观察和学习所得。在家庭教育中，父母的“身教”比“言传”更能影响孩子的行为模式。因此要想培养乐于分享、善于关心、主动帮助他人的孩子，父母们需要首先做出表率。

“伴童亲子公益”是八一学校与家委会共同创立的亲子成长活动，旨在通过亲子共同做公益的形式，在锻炼学生自身能力的同时，帮助更多有困难、有需要的人，做一些力所能及的事情，让社会更加美好和谐。我们希望通过参加亲子公益活动，更好地对学生进行价值观的正确引导，丰富孩子们的生活体验，加深学生对社会的了解，升华学生的精神认知，培养学生主动承担社会责任意识，在实践中学会服务他人与社会。

在“伴童亲子公益”启动仪式上，现场501个家庭自愿加入到亲子公益的队伍中，并影响着身边更多的家庭参与到公益活动中，让越来越多的八一学子在父母的言传身教中热心公益，并在公益活动中学会大爱，懂得感恩，让成长更有品质。

“伴童亲子公益”启动仪式

“伴童亲子公益”自启动以来，组织了丰富多彩的亲子公益活动，学生们和家长们不仅服务校园师生，也将温暖与关怀带向社会，带给那些需要帮助和关怀的人。海淀区清顺静和养老院的老人们就是“伴童亲子公益”尤为牵挂的一群人，孩子们和家长们多次带着慰问品和精彩的节目来到这里慰问。

2020 年元旦前夕家长和孩子们一起慰问老人

公益活动并不是一时兴起，而是需要付出大量的时间和精力，公益活动贵在走心，更贵在坚持。“伴童亲子公益”的孩子们和家长们用坚持、用行动为身边的人带来越来越多的温暖，贡献着越来越强大的力量。

3. 亲子阅读成长计划

书是人类进步的阶梯，是人类的精神食粮。高尔基说：“我读书越多，书籍就使我和世界越接近，生活对我也变得越加光明和有意义。”从小培养阅读习惯非常重要，阅读是帮助学生认识世界，形成对人生和未来的基本态度和价值观的一种重要路径。苏霍姆林斯基也曾指出：“所有那些有教养、品行端正、值得信赖的年轻人，他们大多出自对书籍有着热忱的爱心的家庭。”阅读的过程不但是一次知识摄取的过程，更是一次心灵洗礼和滋润的过程。大量有益的阅读，如同得到甘露的滋润，受益终身。

八一学校将阅读作为育人的重要媒介，学校联合家委会共同打造亲子阅读成长计划，倡议亲子共读，以“阅读”为切入点推动家校社共育，帮助学生营造一个静心阅读的常态化氛围，从而有效地激发孩子的阅读兴趣、培养阅读习惯、提升阅读能力。同时，以阅读为切入点共育好家风，共建好班风。

亲子阅读成长计划邀请函

亲子阅读，以书为媒，以阅读为纽带，让孩子和家长共同分享多种形式的阅读过程，在学生成长中起到重要的作用，也是让孩子爱上阅读的最好方式之一。当爸爸妈妈和孩子共读一本书时，很容易会让孩子觉得读书是一件非常快乐的事情，进而更愿意自发地去进行阅读，培养自身良好的阅读习惯。共读，为父母与孩子创造了共同学习、一同成长的机会；共读，为父母创造了与孩子沟通的机会，分享读书的感动和乐趣；共读，带给孩子欢喜、智慧、希望、勇气、热情和信心。而良好的阅读习惯也会使孩子受用终生，会给孩子将来的学习、社会适应、文化修养等打下良好的基础。

亲子阅读成长计划不仅重视日常亲子的共读共享，定期分享阅读书单和阅读反思与收获，还聘请公益亲子阅读创始人刘英男女士开展主题绘本的现场阅读活动。整个活动分 5 期，每期 2 个班，现场热烈非凡，感染力极强，孩子们在活动中都发掘出了对阅读的无穷热情、自信和潜力，受到了家长和同学们的广泛欢迎。

阅读成长计划活动现场

阅读是最简单、直接、有效的情感交流和学习方式。亲子阅读成长计划让家长和孩子们在亲子阅读中共读、共悟、共成长。越来越多的孩子因此爱上了阅读，养成了阅读的好习惯。亲子阅读也让家长们更加深刻地认识到“陪伴成长，共同成长”的重要性，让亲子沟通变得越来越顺畅，让亲子关系变得越来越和谐。

在当今社会，教育不再是孤岛。随着社会的不断发展，教育越来越引起全社会的关注。建立并维系良好的家校关系一直是教育者探索的永恒话题，也是教育过程顺利开展的聚焦点之一。父母好好学习，孩子天天向上。好学校不仅应该是学生们学习的乐园，还应该是家长们成长的天地。八一学校积极探索家校合作新模式，充分发挥学校在家庭教育中的重要作用，让家长更多地参与学校生活，并从方法、能力和意识上给予家长示范引导，帮助家长转变观念、知行合一，有效地提升家庭教育的智慧与水平，使家庭教育与学校教育协同互补、互相促进，最终实现家庭、学校教育的协调发展，引领家长与孩子共同成长。